Sara Weydner
Recht im Exil

Histoire | Band 220

Sara Weydner, geb. 1988, ist Lektorin. Die Geschichtswissenschaftlerin promovierte von 2017 bis 2022 im von der VolkswagenStiftung finanzierten Projekt »The London Moment« an der Humboldt-Universität zu Berlin. 2018 erhielt sie ein Stipendium des Deutschen Historischen Instituts London. Ihre Masterarbeit zu Margaret Sanger und der International Planned Parenthood Federation an der Freien Universität Berlin wurde 2015 mit dem Preis des Fachbereichs Geschichts- und Kulturwissenschaften für Geschlechterforschung ausgezeichnet.

Sara Weydner

Recht im Exil

Europäische Pioniere des internationalen Strafrechts
während des Zweiten Weltkriegs

[transcript]

Im Rahmen des Promotionsverfahrens an der Philosophischen Fakultät der Humboldt-Universität zu Berlin als Dissertationsschrift mit dem Titel »Recht im Exil: Europäische Emigranten in England und das internationale Strafrecht als Friedensprojekt während des Zweiten Weltkriegs« vorgelegt.

Erstgutachterin: Dr. Julia Eichenberg
Zweitgutachterin: Prof. Dr. Annette Weinke
Drittgutachterin: Prof. Dr. Gabriele Metzler
Dekan: Prof. Dr. Thomas Sandkühler
Datum der Promotion: 02.09.2022

Gefördert durch die VolkswagenStiftung

Bibliografische Information der Deutschen Nationalbibliothek
Die Deutsche Nationalbibliothek verzeichnet diese Publikation in der Deutschen Nationalbibliografie; detaillierte bibliografische Daten sind im Internet über https://dnb.dnb.de/ abrufbar.

Umschlaggestaltung: Maria Arndt, Bielefeld
Umschlagabbildung: Nationaal Archief, Den Haag, Nr. 935-0659, © public domain
Druck: Elanders Waiblingen GmbH, Waiblingen
https://doi.org/10.14361/9783839472255
Print-ISBN: 978-3-8376-7225-1
PDF-ISBN: 978-3-8394-7225-5
Buchreihen-ISSN: 2702-9409
Buchreihen-eISSN: 2702-9417

Gedruckt auf alterungsbeständigem Papier mit chlorfrei gebleichtem Zellstoff.

Inhalt

Danksagung

Zum Zeitpunkt der Drucklegung dieser Dissertation steht das internationale Strafrecht einmal mehr unter vielfältigem Druck. Die Idee, dass es allgemeingültige Rechte und Regeln im internationalen Raum gibt, die dem Miteinander von Staaten und dem Zusammenleben von Individuen in Friedens- und Kriegszeiten einen Rahmen geben, ist spätestens seit dem großangelegten russischen Angriffskrieg auf die Ukraine im Februar 2022, aber auch angesichts des Wegbrechens gemeinsamer Kommunikations- und Verständnisräume auf internationaler Ebene brüchig geworden. Nie war klarer, dass zwischenstaatliche Konflikte aktiv verhindert werden müssen, es eine aktive Friedenspolitik geben muss. Dies erfordert wiederum eine internationale Ordnung, in der dies von allen Seiten überhaupt als erstrebenswert angesehen wird. Wie ein solcher (Diskurs-)Raum selbst unter dem Eindruck von Krieg und Exilerfahrung entstehen und von Menschen ausgestaltet werden kann, ist Thema dieses Buchs. Eine ganz zentrale Erkenntnis darin ist: Um neue Ideen bezüglich des Völkerstrafrechts und des Strafrechts im internationalen und transnationalen Raum zu entwickeln, braucht es viele Menschen – jeder Gedanke wird im Zusammenspiel mit vielen anderen Gedanken entwickelt, jeder Geistesblitz entsteht im (mehr oder weniger energetischen) Zusammentreffen verschiedener Argumente und Wissensbestände.

Bei einer Dissertation ist das nicht anders. Ohne die vielfältigen Diskussionsräume an der Humboldt-Universität zu Berlin würde es diese Arbeit nicht geben – denn diese sind nie nur Orte für wissenschaftliche Debatten, sondern auch Orte der Unterstützung, Ermutigung und neuen Blickwinkel. Besonders danken möchte ich dem Team des Volkswagen-Projekts »London Moment«, insbesondere unserer Forschungsgruppenleiterin Julia Eichenberg, die mich inhaltlich inspiriert und auf Augenhöhe begleitet hat. Insbesondere während der Coronapandemie konnte ich bei ihr immer ein offenes Ohr und pragmatische Lösungsvorschläge für die zahlreichen neuen Herausforderungen finden, die diese Zeit an uns gestellt hat. Simeon Marty war ein hervorragender Kollege, mit dem ich viele Ideen geteilt habe. Francisco Lopez Vallejo hat einen Teil der Dissertation in beeindruckender Genauigkeit Korrektur gelesen. Gemeinsam haben wir den Blog »The London Moment« aufgebaut, auf dem wir unsere Forschungsprojekte vorstellen und auch mal den Nebenschauplätzen unserer Arbeiten nachgehen konnten.

Großzügig finanziert wurden meine Promotionsstelle an der Humboldt-Universität zu Berlin, Archivreisen, Sachmittel und diese Publikation von der VolkswagenStiftung, wofür ich mich bedanken möchte. Das Deutsche Historische Institut in London ermöglichte mir 2018 mit seiner Promotionsförderung einen sehr ertragreichen Forschungsaufenthalt in England.

Für die Gelegenheiten, mein Projekt im Arbeitskreis Geschichte, Recht, Rechtsgeschichte (2018), im Arbeitskreis Historische Friedens- und Konfliktforschung (2019) und in den Kolloquien von Gabriele Metzler (2018/2021) und Jan Eckel (2021) sowie des DHI London (2018) vorzustellen, möchte ich mich auch sehr herzlich bedanken. Ebenfalls profitierte diese Arbeit immens von den Rückmeldungen bei der Konferenz »›Hidden Figures‹: The United Nations War Crimes Commission and the Codification of the International Criminal Law« (2020) und dem Joint Mainz-Oxford-Graduate Workshop (2021). Auf dem Workshop »Law in Transnational Spaces: Cross-border Biographies in Legal History in the 19th and 20th Century« (2020) und dem gemeinsam mit Simeon Marty organisierten Junior-Workshop des Arbeitskreises Großbritannien-Forschung (2021) habe ich enorm von den Diskussionen mit den Teilnehmenden profitiert.

Schließlich gebührt meiner Zweitbetreuerin Annette Weinke großer Dank für ihre stete Unterstützung und ihre Bereitschaft, das Zweitgutachten für die Dissertation zu verfassen. Gabriele Metzler danke ich für das Drittgutachten und ihrem Lehrstuhl, insbesondere Nina Kremer, für die wertvolle organisatorische Unterstützung. Unverzichtbar war auch die große Hilfsbereitschaft, die mir in den besuchten Archiven zuteilwurde. Herausheben möchte ich Jacqueline Laughton-Scott, die mich in ihrem Zuhause willkommen hieß und den Nachlass Marcel de Baers zugänglich machte, und Carl Erich Kesper (Universitätsarchiv Bonn).

Ohne den Doktorand:innenkreis wäre vieles schwerer gewesen: Laetitia Lenel, Kevin Lenk, Helge Pösche und Martin Wagner waren unverzichtbare Sparringspartner und große Vorbilder. Mein größter Dank aber gilt meiner Familie: Anselm für das Korrekturlesen, Martina, Julia, Sebastian für den steten Zuspruch – und natürlich Nikolas und Jonathan.

Sara Weydner, im April 2024

Einleitung

Als am 14. November 1941 Juristen aus elf europäischen Ländern an der Universität Cambridge zusammentrafen, um über die Entwicklung des Strafrechts und der internationalen Ordnung nach dem Krieg zu sprechen, geschah dies vor dem Hintergrund des wohl tödlichsten Konflikts der Menschheitsgeschichte. Der Zweite Weltkrieg forderte mehr als 70 Millionen Menschenleben, darunter sechs Millionen Juden, die dem Holocaust zum Opfer fielen.[1] Unzählige Menschen waren von Vertreibung, Verwüstung und Hunger betroffen; etwa 12 Millionen Zwangsarbeiter wurden umgesiedelt, ungefähr eine halbe Million Menschen – größtenteils Juden – flohen aus dem nationalsozialistischen Deutschland, viele entgingen dem sicheren Tod nur knapp.[2] Nach dem Angriff Deutschlands auf Polen am 1. September 1939 und der Kriegserklärung Frankreichs und Großbritanniens an Deutschland zwei Tage später entstanden Fluchtbewegungen aus den besetzen Staaten Europas. In Großbritannien – das für die meisten Zivilisten ein Transitland blieb – fanden nach und nach neun Exilregierungen und Nationalkomitees Zuflucht: Belgien, das Freie Frankreich, Griechenland, Jugoslawien, Luxemburg, die Niederlande, Norwegen, Polen und die Tschechoslowakei.[3] Sie hofften, von hier aus Einfluss auf die Alliierten nehmen und den Kontakt zu ihrer Heimat aufrechterhalten zu können. Nachdem sich 1941 der Krieg auf Südeuropa und Nordafrika ausgeweitet hatte, kamen das Nationalkomitee des Freien Frankreichs (September) sowie die Exilregierungen von Jugoslawien (April) und Griechenland (September) dazu.[4] Mit den Regierungen

---

1 Statista, Zahl der Toten nach Staaten im Zweiten Weltkrieg in den Jahren 1939 bis 1945, 2022, https://de.statista.com/statistik/daten/studie/1055110/umfrage/zahl-der-toten-nach-staaten-im-zweiten-weltkrieg/ (abgerufen 21.1.2022).

2 Jochen Oltmer, Migration und Zwangswanderungen im Nationalsozialismus, 15.3.2005, https://www.bpb.de/gesellschaft/migration/dossier-migration-ALT/56358/nationalsozialismus (abgerufen 21.1.2022).

3 Julia Eichenberg, Legal Legwork: How Exiled Jurists Negotiated Recognition and Legitimacy in Wartime London, 1939–1945, in: Marcus M. Payk/Kim Christian Priemel (Hg.), Crafting the International Order: Practitioners and Practices of International Law Since c. 1800, Oxford 2021, S. 162–190, Table 8.4, S. 184.

4 Martin Conway/José Gotovitch (Hg.), Europe in Exile: European Exile Communities in Britain, 1940–1945, New York 2001; Jan Lanicek/James Jordan (Hg.), Governments-in-Exile and the

erreichten zahlreiche ehemalige Beamte und Oppositionelle Englands Küsten und veränderten das Stadtbild Londons, aber auch das von Oxford und Cambridge nachhaltig – unter anderem auch für das internationale Strafrecht war dies der Beginn des »London Moment«.[5]

Trotz heftiger deutscher Bombenangriffe konnte sich in der relativen Sicherheit Londons ein europäischer »Mikrokosmos« entfalten, in dem sich Europäer und Europäerinnen untereinander und mit Vertretern der britischen Politik, Wissenschaft und Zivilgesellschaft vernetzten.[6] Auch im Alltag entstanden neue Muster der Interaktion und transnationaler Kommunikation. Von Beginn an gehörte (neben zahlreichen Konflikten) Kooperation auch zur politischen Strategie der Exilregierungen, um ihre nationalen Interessen durchzusetzen. Das galt insbesondere gegenüber dem Gastland Großbritannien, von dem Exilantinnen und Exilanten in vielerlei Hinsicht abhängig waren. Gerade über komplexe Sachfragen fanden aber auch emigrierte Experten zusammen, um aktuelle Probleme und die zu erwartende Lage nach Kriegsende zu diskutieren und gemeinsame Lösungen zu entwickeln. Juristen unter ihnen versuchten, zentrale Pfeiler einer rechtsstaatlichen Zukunftsordnung zu entwickeln, und antworteten damit auf die Erfahrung einer beispiellosen Macht- und Kriegspolitik.

So war der Zweite Weltkrieg eine Gestationszeit, in der nichtstaatliche Akteure und dann zunehmend auch staatliche Institutionen Ideen für die Nachkriegsordnung debattierten, zirkulieren ließen, verwarfen oder weiterentwickelten. Diese Imaginationen entsprangen alten und neuen Wissensbeständen über die wirtschaftliche, politische, soziale und insbesondere die rechtliche Verfasstheit der internationalen Ordnung. Das Recht spielte als normative Ordnung eine zentrale Rolle – nicht nur, weil viele Exilanten eine juristische Ausbildung hatten, sondern auch, weil das nationalsozialistische Deutschland als Unrechtsstaat begriffen wurde. Daraus speiste sich das Projekt, rechtliche Grundpfeiler für eine internationale Ordnung zu entwickeln. Das internationale Strafrecht war der Dreh- und Angelpunkt, um den sich diese Ordnungsvorstellungen drehten. Es wurde als Prüfstein demokratischer Verfassungen verstanden; als Messlatte für die Frage, ob ein Staat zur gedachten »Gemeinschaft zivilisierter Staaten« gehöre. Wenn sich ein eigentlich als

---

Jews During the Second World War (Holocaust Studies 18), Edgware 2012; Vít Smetana/Kathleen Brenda Geaney (Hg.), Exile in London: The Experience of Czechoslovakia and the other Occupied Nations, 1939–1945, Prague 2017; Julia Eichenberg, Macht auf der Flucht: Europäische Regierungen in London, 1940–1944, in: Zeithistorische Forschungen/Studies in Contemporary History 15 (2018), https://doi.org/10.14765/zzf.dok.4.1291.

5 Julia Eichenberg, The London Moment: European Governments-in-Exile During the Second World War, Habilitation HU Berlin 2023. Die vorliegende Dissertation ist als Teilprojekt der Forschungsgruppe »The London Moment« an der Humboldt-Universität zu Berlin entstanden.

6 Siehe Eichenberg, Macht auf der Flucht.

»zivilisiert« erachteter Staat wie Deutschland außerhalb dieser Gruppe bewegte, so die Annahme, gefährdete dies automatisch die Stabilität der internationalen Ordnung.

So kam es im Herbst und Winter 1941 zu einer Institutionalisierung transnationaler juristischer Zusammenarbeit im Bereich des internationalen Strafrechts. Den Blick auf die Zukunft des Strafrechts – die »penal reconstruction« nach dem Krieg – richteten insbesondere zwei Gruppierungen: die im Herbst 1941 vom Department of Criminal Science der Universität Cambridge gegründete International Commission for Penal Reconstruction and Development (im Folgenden Cambridge Commission) und das International Committee der zivilgesellschaftlichen Organisation Howard League for Penal Reform (HLPR). Beide Expertengremien generierten Wissen über internationale Aspekte des Strafrechts und können somit als »Honigwaben« in der transnationalen Geschichte des »London Moment« angesehen werden.[7] Die Mitglieder der Cambridge Commission (die vor allem aus den besetzten Gebieten Europas sowie Großbritannien kamen) befassten sich 1942 und 1943 schwerpunktmäßig mit der Ahndung von Kriegsverbrechen und den Rechten von Angeklagten sowie 1944 mit der Reform des Strafrechts in den sogenannten Achsenstaaten und den von Deutschland besetzten Gebieten. Im Internationalen Komitee stieß die HLPR erfolgreich eine Debatte über Reformen in der europäischen Jugendgerichtsbarkeit nach dem Krieg an und legte so den Grundstein für eine enge internationale Vernetzung in der Kriminologie und der Strafrechtsreformbewegung nach dem Krieg.

Exiljuristen bot sich damit im Krieg die Gelegenheit, in Austausch darüber zu treten, welche rechtsstaatlichen Standards dem Völkerstrafrecht und der nationalen Strafgerichtsbarkeit zugrunde liegen sollten. Ihre Debatten werfen ein Schlaglicht auf die Wissensgeschichte des internationalen Strafrechts im Zweiten Weltkrieg, die entscheidend durch den Austausch zwischen britischen und kontinentaleuropäischen Juristen (und zu einem geringen Grad auch Juristinnen) geprägt wurde.[8] Exiljuristen wurden somit zu zentralen Akteuren in den Debatten über internationale Verbrechen, über das Verhalten von Individuen und Staaten im internationalen Raum und die grundlegende Funktion von Strafrecht als Instrument der Stabilisierung der internationalen Ordnung. So erstellten sie bereits 1942 eine Agenda für die Beschäftigung mit dem Völkerstrafrecht im »London Moment« und richteten den Fokus auf internationale Strafgerichtsbarkeit und individuelle strafrechtliche Verantwortung als Kernelemente einer Nachkriegsjustiz. Überdies beschleunigte die Einwanderung kontinentaleuropäischer Juristen die Herausbildung kriminalwis-

---

7 Das Bild der Honigwabe *(honeycomb)* stammt von Patricia Clavin, Defining Transnationalism, in: Contemporary European History 14 (2005) 4, S. 421–439, hier S. 438.

8 Der Begriff Kontinentaleuropa wird verwendet, weil »Europa« das Vereinigte Königreich miteinschließen würde.

senschaftlicher Wissensräume in Großbritannien und bereitete den Weg für eine Internationalisierung der Kriminalpolitik nach dem Krieg.

Recht im Exil: Erkenntnisinteresse und Thesen

Der Gründung der Cambridge Commission und des Internationalen Komitees ging die folgende Beobachtung des Department of Criminal Science und der HLPR voraus: Der Krieg müsse Katalysator für all jene Reformen im Strafrecht sein, die bereits während der Zwischenkriegszeit vielfach debattiert worden waren. Insbesondere J. W. Cecil Turner und Leon Radzinowicz in Cambridge sowie Margery Fry und Cicely Craven in London dachten Strafrecht – eigentlich ureigener Ausdruck staatlicher Souveränität – in seinen internationalen und transnationalen Zusammenhängen. Sie begriffen Strafrecht als Eichung des »Zivilisationsgrads« eines Staats. Eine rückläufige Entwicklung in diesem Bereich, die sich in der Missachtung rechtsstaatlicher Prinzipien wie dem Schutz von Angeklagten ausdrückte, führte in dieser Deutung unweigerlich zum Konflikt mit anderen Staaten. In ihrer Perspektive diente »penal reconstruction and development« nach dem Krieg vor allem der Vermeidung zwischenstaatlicher Konflikte.

Der Anstoß für die Institutionalisierung transnationaler Zusammenarbeit in London (im Sinne nichtstaatlicher Kooperation über »Nationen« hinweg) war also 1941 nicht, wie man aus heutiger Sicht leicht vermuten könnte, die deutsche Rassen- und Vernichtungspolitik – der Genozid an den europäischen Juden wurde erst 1942 zum Politikum. Die Organisatoren und Mitglieder transnationaler Verständigungsstrukturen in London begriffen ihre Arbeit als Beitrag zur Nachkriegsordnung im Sinne eines internationalen Systems, das nicht auf dem Recht des Stärkeren, sondern auf der Einhegung staatlicher Souveränität durch Recht basieren sollte. Dabei kam dem Wiederaufbau der Strafjustizsysteme, internationaler Kooperation im Strafrecht und der Bestrafung von Kriegsverbrechen eine zentrale Bedeutung zu. Die Exilanten sollten dabei das notwendige Wissen beisteuern, um Konflikte zwischen nationalstaatlichen Jurisdiktionen zu antizipieren und Lösungsvorschläge zu machen.

Beide Organisationen, Cambridge Commission und das Internationale Komitee der HLPR, sind Gegenstand der vorliegenden Untersuchung, weil sie vielfältige Berührungspunkte, teilweise sogar dieselben Mitglieder hatten, und primär als wissenschaftliche Expertengruppen organisiert waren, die nur indirekt auf die Politik Einfluss zu nehmen versuchten. Im Mittelpunkt steht das Erkenntnisinteresse, welche Rolle Emigranten bei der Produktion und Zirkulation von Wissen über das Strafrecht spielten und welche institutionellen, finanziellen, akademischen und sozialen Strukturen des »London Moment« die transnationale Kooperation von Briten und Exiljuristen ermöglichten aber bisweilen auch verhinderten. Gegenstand der Untersuchung ist die Frage, wie die beteiligten Akteure Kriminalität in ihren internationalen und transnationalen Bezügen verstanden und welches Verständnis »internationaler Verbrechen« und ihrer Einhegung sie hatten. Dabei wird mitgedacht, dass Internationalismen nicht per se »progressiv« sind und Begegnungen im transnationalen Raum nicht frei von Machtverhältnissen und mitunter ambivalenten Eigeninteressen sind.[9] Im Sinne einer »transnational history of international institutions« wird mit Fokus auf die Cambridge Commission und das Internationale Komitee der HLPR eine Wissensgeschichte des internationalen Strafrechts im »London Moment« geschrieben, die diese Prägungen mit einem akteurszentrierten Ansatz in den Blick nimmt.[10]

Zwei Thesen strukturieren die Untersuchung: Erstens, dass internationales Strafrecht, wie es die hier untersuchten Akteure im »London Moment« verstanden, alle Aspekte internationaler und transnationaler Kooperation im Strafrecht umfasste, nicht nur das humanitäre Völkerrecht. Die zweite These zielt darauf ab, die Nachkriegsplanungen der Exiljuristen und ihrer Mitstreiter im Kontext der Geschichte des Internationalismus zu sehen.

Auch wenn die Cambridge Commission heute vor allem als »Vorgänger« der United Nations War Crimes Commission (UNWCC) bekannt ist und sich schwerpunktmäßig mit dem Völkerstrafrecht befasste, sollte die Geschichte des internationalen Strafrechts nicht nur von »Nürnberg« – dem interalliierten Militärtribunal, vor dem 1945 die deutschen Hauptkriegsverbrecher angeklagt wurden, sowie die sogenannten Nachfolgeprozesse – aus gedacht werden.[11] So begreift Martti Koskenniemi das »Projekt« des internationalen Strafrechts als »argumentative practice« über das Verhalten von Staaten und Individuen im transnationalen Raum, als ein Deuten von Verbrechen durch unterschiedliche ideologische Linsen.[12]

---

9 Clavin, Defining Transnationalism, S. 424; dies./Sluga, Rethinking the History of Internationalism, S. 11. Siehe auch David Armitage, The International Turn in Intellectual History, in: Darrin M. McMahon/Samuel Moyn (Hg.), Rethinking Modern European Intellectual History, Oxford 2014, S. 232–252; Glenda Sluga, Turning International: Foundations of Modern International Thought and New Paradigms for Intellectual History, in: History of European Ideas 41 (2015) 1, S. 103–115.

10 Glenda Sluga, Editorial – the Transnational History of International Institutions, in: Journal of Global History 6 (2011) 2, S. 219–222.

11 Arieh J. Kochavi, Prelude to Nuremberg: Allied War Crimes Policy and the Question of Punishment, Chapel Hill/London 1998; Kerstin von Lingen, Setting the Path for the UNWCC: The Representation of European Exile Governments on the London International Assembly and the Commission for Penal Reconstruction and Development, 1941–1944, in: Criminal Law Forum 25 (2014) 1–2, S. 45–76.

12 Martti Koskenniemi, Law, Teleology and International Relations: An Essay in Counterdisciplinarity, in: International Relations 26 (2012) 1, S. 3–34, hier S. 19. Siehe auch Frédéric Mégret/Immi Tallgren, Introduction, in: dies. (Hg.), The Dawn of a Discipline: International Criminal Justice and Its Early Exponents, Cambridge 2020, S. 1–23, hier S. 10f.

Diese aufgrund der involvierten transnationalen Akteure notwendigerweise immer auch nichtstaatliche argumentative Praxis umfasst nicht nur völkerstrafrechtliche Tatbestände wie Verbrechen gegen die Menschlichkeit und Kriegsverbrechen. Wenn man der Definition von Christoph Safferling folgt, beinhaltet sie gerade in historischer Perspektive »all diejenigen strafrechtlichen Normen oder Kriminalitätssachverhalte, die nicht ausschließlich nationalen Bezug haben«.[13] Die Geschichte des internationalen Strafrechts ausschließlich als Geschichte der sogenannten »international core crimes« zu schreiben, trägt dessen Genese als Disziplin und argumentative Praxis in seiner Komplexität nicht Rechnung.[14]

So folgt zwar die Geschichte des *international criminal law* im Sinne grenzüberschreitender strafrechtlicher Zusammenhänge anderen Logiken als die Geschichte des humanitären Völkerrechts und der Menschenrechte. Diese Ausdifferenzierung war aber nicht zwangsläufig. Noch in der Zwischenkriegszeit beschäftigten sich nicht nur Völkerrechtler, sondern zahlreiche kriminologisch versierte Juristen mit Fragen des internationalen Strafrechts.[15] Selbst der Weg hin zur Definition völkerstrafrechtlicher Tatbestände in den 1940er Jahren war nicht linear, sondern durch das Nebeneinander kriminologischer und strafrechtswissenschaftlicher Diskurse, zahlreiche Fehlschläge, erfolglose Projekte, letztlich durch eine der Geschichte inhärente Unbestimmtheit geprägt. Mit dem Eintreffen der Exiljuristen in London war 1940 keineswegs ausgemacht, dass am Ende die internationalen Militärgerichtshöfe von Nürnberg und Tokio stehen würden, in denen erstmals die genannten Straftatbestände definiert und angewandt wurden. Vielmehr traten diese Rechtsnormen aus dem Dickicht verschiedener Argumentationsstränge über Verbrechen und Strafen im internationalen Raum hervor, die vornehmlich in den USA und Großbritannien an Universitäten, in Forschungseinrichtungen, privaten Organisationen und Ministerien entwickelt wurden.

Vor dem Hintergrund der komplexen Geschichte des internationalen Strafrechts erklärt sich die Bandbreite an Themen, die 1941 auf der Agenda der Cambridge Commission und des Internationalen Komitees der HLPR standen: eben nicht nur die Ahndung von »Verstößen gegen das internationale Recht« durch nationale oder internationale Gerichte, sondern auch der Vergleich und die Angleichung von

---

13 Christoph Safferling, Internationales Strafrecht: Strafanwendungsrecht, Völkerstrafrecht, Europäisches Strafrecht, Heidelberg 2011, S. 3. Im angelsächsischen Raum beschreibt *international criminal law* hingegen nur das Völkerstrafrecht. Vgl. ebd.; Karl Härter, Die Formierung transnationaler Strafrechtsregime, in: Rechtsgeschichte/Legal History (2011) 18, S. 36–65, hier S. 36f.

14 Vgl. Frédéric Mégret, International Criminal Justice History Writing as Anachronism: The Past that Did Not Lead to the Present, in: Immi Tallgren/Thomas Skouteris (Hg.), The New Histories of International Criminal Law: Retrials, Oxford 2019, S. 72–89.

15 Mark Lewis, The Birth of the New Justice: The Internationalization of Crime and Punishment, 1919–1950, Oxford 2014, S. 297.

Standards in der Jugendgerichtsbarkeit, der Behandlung von Rückfallkriminalität und der Auslieferung sowie die Rechte von Angeklagten. Diese Themen verstanden die beteiligten Akteure als entscheidend für die Frage, ob man nach dem Krieg eine friedliche internationale Ordnung herstellen könne, in der Rechtssicherheit und Vertragstreue herrschen könnten. Was sie hingegen in den ersten Kriegsjahren nicht priorisierten, war die strafrechtliche Einordung des Holocaust und die Entwicklung eines Rechtsrahmens für die Bestrafung der Täter. Während dies für das Gründungsjahr noch mit Unwissen erklärt werden könnte, lässt sich die Ausklammerung dieser Frage 1943 auf die bewusste Entscheidung zurückführen, sich der Linie Whitehalls anzuschließen und keine als »politisch« erachtete Empfehlung abzugeben.[16]

Daraus ergibt sich die zweite These: Die Zusammenarbeit im »London Moment«, wie sie sich in der Cambridge Commission und dem Internationalen Komitee manifestierte, folgte »Mechanismen des Internationalismus«, die sich aus dem Zusammenspiel der britischen Erfahrungen in der internationalen Strafrechtsreformbewegung und der Agenda der Exiljuristen ergaben. Mit dem Begriff der »Mechanismen« zielen Martin H. Geyer und Johannes Paulmann auf »the forms taken by internationalism, the means employed, and the paths travelled by ideas, commodities, and people« ab. Sie verweisen auf Praktiken, Ideen und Akteure und umschreiben prägnant sowohl den Internationalismus als Bewegung als auch den Prozess der Internationalisierung bestimmter Gesellschaftsbereiche.[17] So war 1941 die Etablierung der Cambridge Commission und des Internationalen Komitees unter anderem das Ergebnis britischer Bemühungen, die englische Kriminologie zu verwissenschaftlichen und in internationale Netzwerke einzubinden. 1940 gründeten Cambridger Juristen und der polnische Kriminologe Leon Radzinowicz mit dem Department of Criminal Science die erste kriminologische Forschungseinrichtung dieser Art in England; die HLPR war bereits seit Mitte der 1920er Jahre auf dem internationalen Parkett des Völkerbunds vertreten und hatte dort bis zum Kriegsausbruch eine internationale Konvention zum Schutz von Angeklagten vorangetrieben. Nachdem in den 1930er Jahren deutsche Wissenschaftler Zuflucht in Großbritannien gefunden hatten und 1940 weitere europäische Exiljuristen nach England gekommen waren, verstanden das Department und die HLPR die Kooperation mit diesen als Chance, sich durch vergleichende Studien weiter wissenschaftlich zu profilieren und die Agenda der Strafrechtsreformbewegung –

16 Zur Linie Großbritanniens und zur Behandlung des Holocaust in der UNWCC siehe Michael Fleming, In the Shadow of the Holocaust: Poland, the United Nations War Crimes Commission, and the Search for Justice, Cambridge 2021.

17 Martin H. Geyer/Johannes Paulmann, Introduction: The Mechanics of Internationalism, in: dies. (Hg.), The Mechanics of Internationalism: Culture, Society, and Politics from the 1840s to the First World War, Oxford 2001, S. 1–26, Zitat S. 8.

die wissenschaftliche Untersuchung von Kriminalität und die internationale Vereinheitlichung in Strafrecht und Strafjustiz – voranzutreiben. Insbesondere J. W. Cecil Turner, Strafrechtler in Cambridge, und Margery Fry, prominenteste Figur der britischen Strafrechtsreformbewegung, spielten eine entscheidende Rolle als *broker,* oder »Vermittler«, die 1941 die Strukturen für transnationale Kooperation schufen.[18]

Der hier praktizierte Internationalismus wurde aber auch maßgeblich von den Mitgliedern der Cambridge Commission und des Internationalen Komitees beeinflusst – den Exiljuristen.[19] Ihre Debatten wurden angestoßen durch die im Krieg begangenen Verbrechen, die das Projekt des internationalen Strafrechts vor neue Herausforderungen stellten, aber auch ihre persönliche Situation als Exilantinnen und Exilanten spielte eine Rolle. Sie nutzten ihr Rechtswissen, um das durch die Emigration verlorene kulturelle Kapital zu kompensieren und ihre Legitimität als Experten in Einfluss auf die Nachkriegsrechtsordnung umzuwandeln.[20] Die transnationale Zusammenarbeit in Cambridge Commission und HLPR, aber auch in anderen Organisationen wie der London International Assembly (LIA) oder später der UNWCC, war für diese Exiljuristen eine wissenschaftliche und politische Ressource: Hier konnte Wissen über nationale Rechtsordnungen, die Möglichkeiten der Vereinheitlichung des Strafrechts und das humanitäre Völkerrecht geteilt, Argumente ausgetauscht und gemeinsame Forderungen an die Staatengemeinschaft formuliert werden. So nutzten Exiljuristen diese internationalen Foren auch für persönliche Zwecke.[21] Der Zugang zu internationalen Institutionen war ein Weg, um die Erfahrung der eigenen Marginalisierung zu überwinden und den eigenen Forderungen mehr Gewicht zu verleihen. Die Zugehörigkeit zu diesen Institutionen legitimierte Exiljuristen als Experten, als Träger von Wissen. Indem sich Exiljuristen transnational vernetzten, versuchten sie die Beschränkungen des Exils in einer Welt starker nationaler Identitäten durch ihr strafrechtliches Fachwissen und das Anrufen internationalistischer Ideale zu überwinden.

---

18 Dazu Antje Dietze, Cultural Brokers and Mediators, in: Matthias Middell (Hg.), The Routledge Handbook of Transregional Studies, London 2018, S. 494–502.

19 Ich verstehe darunter ausgebildete Juristen, die unfreiwillig, aber nicht notwendigerweise unter Zwang ihre Heimat verlassen mussten und in England juristisch tätig wurden. In einigen Fällen führte das Exil zur dauerhaften Emigration; dennoch verwende ich den Begriff Exilant statt Emigrant, um die Vertreibungserfahrung widerzuspiegeln.

20 Simone Lässig/Swen Steinberg, Knowledge on the Move: New Approaches toward a History of Migrant Knowledge, in: Geschichte und Gesellschaft 43 (2017) 3, S. 313–346, hier S. 336–338.

21 Patricia Clavin/Glenda Sluga, Rethinking the History of Internationalism, in: dies. (Hg.), Internationalisms: A Twentieth-Century History, Cambridge 2016, S. 3–16, hier S. 10. Zum Exil als »discontinuous state of being« siehe Edward W. Said, Reflections on Exile and Other Literary and Cultural Essays, London 2001.

Durch die Anwesenheit der Exiljuristen in London setzte sich die Forderung nach einer Reform der Nachkriegsrechtsordnung durch. Die in London, Oxford oder Cambridge lebenden Exiljuristen übernahmen dabei – ganz in der Tradition der »Netzwerkdiplomatie« des Völkerbunds – mitunter konfligierende Rollen als Akademiker, Richter und Politiker.[22] So blieben die Grenzen zwischen staatlichem und nichtstaatlichem Handeln bis mindestens zur Gründung der UNWCC verschwommen. Dies wiederum eröffnete den britischen Vermittlern und den Exiljuristen einen Handlungsspielraum, in dem sie sich in als »nichtstaatlich« deklarierten Organisationen wie der Cambridge Commission mit Fragen des (Völker-)Strafrechts befassen konnten, zu denen sich Regierungen (noch) nicht äußern wollten.[23] Exiljuristen konnten eine Mittlerrolle zwischen akademischen Studien und internationaler Politik einnehmen, weil sie einerseits über eine juristische Ausbildung verfügten und sich darüber ein persönliches Netzwerk in Großbritannien aufbauten und andererseits als juristische Berater oder sogar als Justizminister die nationalen Interessen ihrer Exilregierungen beeinflussen konnten. Die Mechanismen des Internationalismus im »London Moment« strukturierten also die »argumentative Praxis« des internationalen Strafrechts.

Wissensgeschichtliche Perspektiven auf die Geschichte des internationalen Strafrechts: Vorgehen und methodischer Ansatz

Obwohl die Arbeit der Cambridge Commission und der HLPR im »London Moment« den Aufbau der Arbeit strukturieren, ist das Ziel der vorliegenden Arbeit nicht, eine vergleichende Institutionengeschichte zu schreiben. Stattdessen werden diese Organisationen als Räume begriffen, die die Produktion von Wissen über das internationale Strafrecht ermöglichten und strukturierten. In diesen trafen Akteure aufeinander, die unter verschiedenen Umständen und mit unterschiedlichen Erfahrungs- und Erwartungshorizonten und Wissensbeständen nach England kamen: Zuerst Emigranten wie der erwähnte Leon Radzinowicz, der 1938 im Auftrag der polnischen Regierung ein Forschungsprojekt in England durchführen sollte. Er entschied sich wohl auch aufgrund seiner jüdischen »Abstammung« für ein Bleiben und

22 Madeleine Herren/Isabella Löhr, Being International in Times of War: Arthur Sweetser and the Shifting of the League of Nations to the United Nations, in: European Review of History 25 (2018) 3–4, S. 535–552, hier S. 536. Zur Verortung internationaler Juristen zwischen ihrer individuellen Handlungsfähigkeit und strukturellen Bedingungen siehe Marcus M. Payk/Kim Christian Priemel, Introduction: Thinking Law, Talking Law, Doing Law. How Lawyers Craft(ed) the International Order, in: dies. (Hg.), Crafting the International Order: Practitioners and Practices of International Law Since c. 1800, Oxford 2021, S. 1–20.

23 Vgl. auch Eichenberg, Legal Legwork.

wurde einer der Mitbegründer der britischen Kriminologie. Ähnlich wichtig für diese Disziplin sollten Max Grünhut und Hermann Mannheim werden, deren Fluchtbiografie jedoch durch den Ausschluss vom deutschen Universitätsbetrieb und der zumindest in Grünhuts Fall dramatischen Flucht aus Deutschland geprägt war. Diese geflüchteten Wissenschaftler nahmen an zentralen Stellen an den Nachkriegsplanungen für eine »penal reconstruction« nach dem Krieg teil. Zahlenmäßig die größere Gruppe waren die Exiljuristen, die Beamte in den nun von Deutschland besetzten oder mit den Achsenmächten verbündeten Staaten gewesen waren und die im Krieg für die in London ansässigen Exilregierungen arbeiteten, so etwa der ehemalige Richter Marcel de Baer aus Belgien, der Richter Johannes M. de Moor aus den Niederlanden, aber auch der Anwalt und ehemalige Professor für Strafrecht Stefan Glaser. Diese Exiljuristen trafen auf Wissensbroker, die britischen »Ermöglicher« der transnationalen Kooperation, wie J. W. Cecil Turner und Margery Fry.

Der Blick auf die Akteure hinter den Organisationen und die damit verbundene Quellenauswahl ergeben sich aus den epistemologischen Annahmen der Wissensgeschichte, die Teil der Neuen Ideengeschichte ist. Die Neue Ideengeschichte spürt, so der programmatische Anspruch Lutz Raphaels, der »Wechselwirkung zwischen sozialen Situationen, materiellen Bedingungen, lebensweltlichen Konstellationen einerseits und generalisierungsfähigen und generalisierten Gedankensystemen, Diskursen oder Denkgebäuden« andererseits nach.[24] Das Ziel ist, Ideen im Sinne von Ordnungsvorstellungen in ihre jeweiligen Kontexte einzuordnen und, wie Silke Mende präzise formuliert hat, die »Rahmenbedingungen für deren Resonanz und Relevanz in einem spezifischen zeitlichen und räumlichen Umfeld« zu berücksichtigen.[25]

Für die Analyse wissenschaftlicher Ideenproduktion sind daher wissenssoziologische Ansätze von besonderer Bedeutung, die die spezifischen örtlichen Bedingungen in den Blick nehmen.[26] So ist insbesondere die Wissensgeschichte – mehr noch als die Wissenschaftsgeschichte – geeignet, um Exiljuristen als historische Akteure und die von ihnen reproduzierten oder hervorgebrachten Wissensbestände/-ordnungen und -praktiken zu fassen.[27] Die Wissensgeschichte knüpft an Überlegungen Karl Mannheims, Ludwik Flecks und Thomas Kuhns an,

24 Lutz Raphael, »Ideen als gesellschaftliche Gestaltungskraft im Europa der Neuzeit«: Bemerkungen zur Bilanz eines DFG-Schwerpunktprogramms, in: ders./Heinz-Elmar Tenorth (Hg.), Ideen als gesellschaftliche Gestaltungskraft im Europa der Neuzeit: Beiträge für eine erneuerte Geistesgeschichte, München 2006, S. 11–30, hier S. 12.

25 Silke Mende, »Nicht rechts, nicht links, sondern vorn«: Eine Geschichte der Gründungsgrünen, München 2011, S. 16.

26 Eine prägnante Einführung gibt Jan Eckel, Hans Rothfels: Eine intellektuelle Biographie im 20. Jahrhundert, Göttingen 2005, S. 15.

27 Eine Engführung auf die Rechtswissenschaft würde Akteure am Rande oder außerhalb akademischer Wissensräume ausschließen, obwohl gerade im Zweiten Weltkrieg die Grenzen

die die »Seinsgebundenheit« von Wissen zum Ausgangspunkt haben, sowie an poststrukturalistische Ansätze bei Michel Foucault und Pierre Bourdieu, die den Blick auf die unüberwindbare Verknüpfung sozialer Beziehungen mit Machtfragen gelenkt haben.[28] Kern wissensgeschichtlicher Untersuchungen ist die Frage, warum und wie sich Wissen ausbildet.

Rechtsgeschichte als Wissensgeschichte

Recht als Wissen zu begreifen, heißt, seine soziale Dimension über das gesetzte Recht hinaus zu erfassen. Es geht darum, die politischen, ökonomischen und sozialen Wissensstrukturen zu erfassen, die die Deutung von Recht beeinflussen.[29] Daraus ergeben sich unter anderem folgende Fragen: Wie wird darüber kommuniziert, was gerecht und richtig ist, welche Wissensbestände werden dabei abgerufen, wer wird als legitimer Teilnehmer an der Produktion von neuem Wissen über die Rolle des internationalen Strafrechts in der Nachkriegsordnung zugelassen, welche Praktiken strukturieren die Wissensproduktion?[30] Das Sprechen über Recht im »London Moment« war geleitet von Interessen, Überzeugungen und Konflikten der Gegenwart.

Dabei ist zu bedenken, dass die neutrale und unpersönliche Sprache der Juristen oftmals verschleiert, dass Rechtssysteme nicht unpolitisch, sondern das Produkt historischer Prozesse und sozialer Machtverhältnisse sind.[31] So hat Annette Weinke darauf verwiesen, dass »Auffassungen darüber, was ›gerecht‹ und ›fair‹ im Sinne

---

zwischen Politik und Wissenschaft verschwammen und Experten eine neue Stellung im Regierungshandeln bekamen.

28 Vgl. Elke Seefried, Zukünfte: Aufstieg und Krise der Zukunftsforschung 1945–1980, Berlin 2015, S. 16f. Programmatisch für den deutschsprachigen Raum sind Philipp Sarasin, Was ist Wissensgeschichte?, in: Internationales Archiv für Sozialgeschichte der deutschen Literatur 36 (2011) 1, S. 159–172; Daniel Speich Chassé/David Gugerli, Wissensgeschichte: Eine Standortbestimmung, in: traverse 18 (2012), S. 85–100; Simone Lässig, The History of Knowledge and the Expansion of the Historical Research Agenda, in: Bulletin of the German Historical Institute 59 (2016), S. 29–58; Jakob Vogel, Von der Wissenschafts- zur Wissensgeschichte. Für eine Historisierung der »Wissensgesellschaft«, in: Geschichte und Gesellschaft 30 (2004) 4, S. 639–660. Zur breiteren Einführung siehe Peter Burke, What Is the History of Knowledge?, Cambridge 2016.

29 Martti Koskenniemi, A History of International Law Histories, in: Bardo Fassbender/Anne Peters (Hg.), The Oxford Handbook of the History of International Law, Oxford 2012, S. 937–971, hier S. 962.

30 Monika Dommann/Svenja Goltermann/Kijan Espahangizi, Editorial, in: Monika Dommann (Hg.), Wissen, was Recht ist, Zürich 2015, S. 7–11, hier S. 8.

31 Yves Dezalay/Mikael Rask Madsen, The Force of Law and Lawyers: Pierre Bourdieu and the Reflexive Sociology of Law, in: Annual Review of Law and Social Science 8 (2012), S. 433–452, hier S. 443.

des Rechts sei, nicht a priori vorhanden«, sondern historisch umkämpft sind.[32] Aus rechtsgeschichtlicher Sicht hat Thomas Duve gefordert, Gegenstand rechtshistorischer Untersuchungen müsse »die Kommunikation der Beteiligten darüber sein, was als richtig oder nicht richtig anzusehen ist.« Da Recht nicht nur das positive, gesetzte Recht sei, sondern auch ein »gesellschaftliches Symbolsystem«, sei es umso wichtiger, auch den lokalen Kontext der Konstruktion von Recht zu erschließen.[33]

Eine Wissensgeschichte des Rechts untersucht zuallererst die »Systematisierung und Ordnungen des Wissens« durch Diskurse, also Kategorien, zentrale Begriffe und Argumente.[34] In einer Geschichte des Rechts handelt es sich hierbei um konkrete Rechtsnormen und -definitionen, die aber nie losgelöst von den Diskursteilnehmern und ihren Praktiken betrachtet werden können. Die Exiljuristen während des Zweiten Weltkriegs, die sich transnational vernetzten und so Wissen über die internationale Rechtsordnung produzierten, konnten an ein Repertoire aus Praktiken der internationalen Zusammenarbeit im Völkerbund und – allgemeiner gesprochen – an »Praktiken des Internationalismus« anknüpfen.[35] So fanden etablierte Funktionsweisen internationaler juristischer Konferenzen in England Anwendung, was man an der Organisation der Cambridge Commission in thematische Komitees und Unterkomitees mit Vorsitzenden oder Berichterstattern sehen kann. Diese so selbstverständlich und damit nicht erklärungsbedürftig erscheinenden Vorgänge waren tief verwurzelt in der Tradition akademischer Konferenzen, also Ergebnis historisch gewachsener Praktiken.

Legitimierungspraktiken in »Räumen des Wissens«

Praktiken und Repräsentationsformen von Wissen sind an Orte gebunden. Denn auch wenn Wissen »keinen klaren, das heißt entweder logisch-systematisch definierbaren oder sozial distinkten Ausgangspunkt hat«, erfordert die Forschungspraxis einen identifizierbaren Ort.[36] Institutionen sind also ein Prisma, durch das Akteure und ihre Handlungen begriffen werden können.[37] Erst konkrete »Räume des

---

32 Annette Weinke, Von »Gentlemen Lawyers« und »barfüßigen Richtern«: Zum Einfluss juridischer Felder auf Menschenrechtsdiskurse und -praktiken seit 1945, in: Geschichte in Wissenschaft und Unterricht 66 (2015) 1/2, S. 25–45, hier S. 27.

33 Thomas Duve, Von der Europäischen Rechtsgeschichte zu einer Rechtsgeschichte Europas in globalhistorischer Perspektive, in: Rechtsgeschichte 20 (2012), S. 18–71, hier S. 50.

34 Sarasin, Wissensgeschichte, S. 168.

35 Geyer und Paulmann verstehen darunter »the forms taken by internationalism, the means employed, and the paths travelled by ideas, commodities, and people«. Geyer/Paulmann, Mechanics of Internationalism, S. 8.

36 Sarasin, Wissensgeschichte, S. 166.

37 Jessica Reinisch, Introduction: Agents of Internationalism, in: Contemporary European History 25 (2016) 2, S. 195–205, hier S. 202; Clavin, Defining Transnationalism, S. 426.

Wissens« schaffen Voraussetzungen und Produktionsbedingungen für Wissen, die analysiert werden können.[38] Derartige Wissensräume sind, folgt man Margit Szöllösi-Janze, »weit gefaßt: Sie reichen von konkreten Institutionen über die sogenannten ›invisible colleges‹ (D. Crane), also die informellen, aber effektiven Netzwerke wissenschaftlicher Eliten, bis hin zu kulturellen Symbolräumen und Bedeutungssystemen«.[39] So sind auch London, Cambridge und Oxford Wissensräume, da ihre städtische und universitäre Raumanordnung Interaktionen von Exiljuristen und anderen Akteuren bündelte. Für die vorliegende Arbeit ist es jedoch zweckmäßiger, die Räume des Rechtswissens enger einzugrenzen und sich primär auf Institutionen zu fokussieren, in denen die transnationale Arbeit der Exiljuristen stattfand, in diesem Fall die Cambridge Commission und das Internationale Komitee der HLPR.

Diese Institutionen waren »loci of struggles to determine the conditions and criteria of legitimate membership and legitimate hierarchy«.[40] Hier wurde also verhandelt, wer an dem Prozess der Wissensproduktion teilhaben durfte.[41] Für Exiljuristen mit einer Ausbildung in einem nationalen Rechtssystem, nicht im internationalen Recht, war die Frage nach Legitimität und Akzeptanz besonders relevant: In einem neuen Rechtssystem wie dem gewohnheitsrechtlich geprägten britischen System hatte ihr kontinentaleuropäisches Rechtswissen erst einmal wenig Nutzen. Generell eignet sich das Strafrecht an sich nur bedingt zur Zirkulation, ist es doch an nationale Gesetze, Rechtsprechung und das staatliche Gewaltmonopol gebunden. Exiljuristen mussten also Expertise und Legitimation, die sie früher aus sozialem Status, Beruf, Ausbildung und Habitus gezogen hatten, neu erwerben.[42] Neben der Arbeit für Exilregierungen war die transnationale Kooperation für viele europäische Exiljuristen eine Möglichkeit, ihr Rechtswissen nutzbar zu machen – die Analyse der Kriegsverbrecherfrage in der Cambridge Commission beruhte zu Beginn auf dem Vergleich nationaler Strafrechtsregime und hing daher von der Expertise von Exiljuristen ab. Dabei stellte das kontinentaleuropäische Strafrecht keine Einheit dar, sondern war geprägt von verschiedenen rechtlichen Traditionen und Systemen,

---

38 Mitchell G. Ash, Räume des Wissens: Was und wo sind sie? Einleitung in das Thema, in: Berichte zur Wissenschaftsgeschichte 23 (2000) 3, S. 235–242.

39 Margit Szöllösi-Janze, Wissensgesellschaft in Deutschland: Überlegungen zur Neubestimmung der deutschen Zeitgeschichte über Verwissenschaftlichungsprozesse, in: Geschichte und Gesellschaft (2004), S. 277–313, hier S. 291.

40 Timothy Lenoir, Instituting Science: The Cultural Production of Scientific Disciplines, Redwood City, CA 1997, S. 17.

41 Zur Bedeutung intersektionaler Ansätze bei der Analyse der Legitimierungspraktiken siehe Lässig/Steinberg, Knowledge on the Move, S. 341.

42 Ebd., S. 327–329, hier S. 338; Miriam Rürup, Legal Expertise and Biographical Experience: Statelessness, Migrants, and the Shaping of New Legal Knowledge in the Postwar World, in: Geschichte und Gesellschaft 43 (2017) 3, S. 438–465, hier S. 441.

die von Land zu Land variierten, wie beispielsweise dem germanischen und romanischen Rechtssystem. Gemein war diesen Systemen jedoch, dass sie hauptsächlich von kodifiziertem Recht und Gesetzestexten bestimmt waren, während das britische Strafrecht stark von Common-Law-Prinzipien geprägt war, die auf gerichtlichen Entscheidungen und Präzedenzfällen basieren.[43] Da, wie noch dargestellt werden wird, das Studium ausländischer Rechtssysteme in Großbritannien keinen großen Stellenwert hatte, griff man eben auf die Expertise der Exiljuristen zurück, die für Cambridge Commission und HLPR analysierten, welche Regelungen etwa zur Bestrafung von Kriegsverbrechen in ihren Heimatländern bereits bestanden oder welche Grundlagen das Jugendstrafrecht hatte.

Paradoxerweise konnte so gerade das in der nationalen Praxis vor dem Krieg erworbene Rechtswissen ein Weg sein, den Verlust des sozialen Status zu kompensieren. Auf dieser Grundlage gelang es einigen Exiljuristen sogar, Legitimität als »Experte« für die internationale Rechtsordnung zu erlangen, so zum Beispiel Marcel de Baer. Aber auch »interdisciplinary crossings« zwischen Wissensfeldern wie dem Strafrecht und der Kriminologie waren ein Weg, sich den Lebensunterhalt zu verdienen und im Idealfall sogar eine neue Karriere aufzubauen.[44] So stellte für Exiljuristen die juristische Arbeit in Großbritannien in jedem Fall eine enorme Anpassungsanstrengung dar.

Exiljuristen als transnationale Akteure des Wissens

Am Anfang des »London Moment« stand die grenzüberschreitende Migration von Kontinentaleuropa nach England. Während des Zweiten Weltkriegs fand dann ein transnationaler Wissensaustausch statt; transnational sowohl in dem Sinn, dass Wissen vom Herkunftsland nach England transferiert wurde, als auch im Sinn von nichtstaatlicher Zusammenarbeit durch Vertreter unterschiedlicher Nationen in London, Oxford und Cambridge. Grundsätzlich untersucht ein transnationaler Forschungsansatz »the movement of peoples, ideas, technologies and institutions across national boundaries«.[45] Zwar ist die Nation immer noch ein »Referenzpunkt«, aber es werden Konnektivitäten über Grenzen hinweg und »abseits der

---

43 Als Überblick eignet sich Heikki Pihlajamäki/Markus D. Dubber/Mark Godfrey (Hg.), The Oxford Handbook of European Legal History, Oxford 2018.

44 So veränderten die bereits genannten deutschen Strafrechtler Max Grünhut und Hermann Mannheim ihren Forschungsschwerpunkt und spezialisierten sich auf die Kriminologie, um Anstellungen an einer britischen Universität zu bekommen. Siehe Kapitel I und allgemeiner Lässig/Steinberg, Knowledge on the Move, S. 328.

45 Ian Tyrrell, Transnational Nation: United States History in Global Perspective Since 1789, 2. Aufl., London 2015, S. 3.

diplomatischen Beziehungen« betont.[46] Der wissensgeschichtliche Ansatz mit seinem Fokus auf Akteure und lokale Praktiken eignet sich besonders, um die Verbreitung von Wissen über nationale Grenzen hinweg zu analysieren, ist er doch explizit in Abgrenzung zum methodologischen Nationalismus entwickelt worden.[47] Er kann so den Anspruch transnationaler Forschungsansätze einlösen, das grenzüberschreitende Zirkulieren von Ideen an Akteure, Orte und Praktiken zu koppeln: »Transnationalism [...] is first and foremost about people: the social space that they inhabit, the networks they form and the ideas they exchange.«[48]

Daraus folgt, dass die Biografien der handelnden Akteure, in diesem Fall die Gründer, Mitglieder und Netzwerke der Cambridge Commission und der HLPR im »London Moment«, einen wichtigen methodischen Zugriff auf die Wissensgeschichte des internationalen Strafrechts bieten. Wie von Volker Depkat herausgearbeitet, ist die Biografie ein wichtiges Instrument für die transnationale Geschichte.[49] Während das Individuum an sich ein »Analyseobjekt mit begrenzter

---

46 Seefried, Zukünfte, S. 19f. Damit unterscheidet sich die transnationale von der Neuen Internationalen Geschichte. Siehe Iris Schröder, Die Wiederkehr des Internationalen: Eine einführende Skizze, in: Zeithistorische Forschungen/Studies in Contemporary History 8 (2011) 3, S. 340–349; Susan Zimmermann, International–transnational: Forschungsfelder und Forschungsperspektiven, in: Berthold Unfried/Jürgen Mittag/Marcel van der Linden (Hg.), Transnationale Netzwerke im 20. Jahrhundert: Historische Erkundungen zu Ideen und Praktiken, Individuen und Organisationen, Wien 2008, S. 27–46.

47 Zur Historisierung der Nation und des Nationalstaats durch die transnationale und Globalgeschichte vgl. Jürgen Osterhammel, Globalgeschichte, in: Hans-Jürgen Goertz (Hg.), Geschichte: Ein Grundkurs, 3. Aufl., Reinbek bei Hamburg 2007, S. 592–610, hier S. 597. Zur Zirkulation von Wissen: Lässig/Steinberg, Knowledge on the Move, S. 322f.; James A. Secord, Knowledge in Transit, in: Isis 95 (2004) 4, S. 654–672; Kapil Raj, Beyond Postcolonialism ... and Postpositivism: Circulation and the Global History of Science, in: Isis 104 (2013) 2, S. 337–347.

48 Clavin, Defining Transnationalism, S. 422. Grundlegend: Jürgen Osterhammel, Die Verwandlung der Welt: Eine Geschichte des 19. Jahrhunderts, München 2009; Christopher A. Bayly et al., Conversations on Transnational History, in: The American Historical Review 111 (2006) 5, S. 1441–1464; Akira Iriye, Nationale Geschichte, Internationale Geschichte, Globale Geschichte, in: Manfred Berg/Philipp Gassert (Hg.), Deutschland und die USA in der Internationalen Geschichte des 20. Jahrhunderts, Stuttgart 2004, S. 21–39. Siehe auch Pierre-Yves Saunier, Transnational History, Basingstoke 2013; Gunilla Budde/Sebastian Conrad/Oliver Janz (Hg.), Transnationale Geschichte: Themen, Tendenzen und Theorien, Göttingen 2006.

49 Volker Depkat, Biographieforschung im Kontext transnationaler und globaler Geschichtsschreibung, in: BIOS–Zeitschrift für Biographieforschung, Oral History und Lebensverlaufsanalysen 2 (2015) 1–2, S. 3–18, hier S. 10. Siehe auch Volker R. Berghahn/Simone Lässig (Hg.), Biography Between Structure and Agency: Central European Lives in International Historiography, New York 2008; Isabella Löhr, Lives beyond Borders, or: How to Trace Global Biographies, 1880–1950, in: dies./Madeleine Herren (Hg.), Lives Beyond Borders: A Social History, Leipzig 2014, S. 6–20.

Reichweite« ist, eröffnen individuelle Lebensläufe ein Blickfeld auf die Handlungsbedingungen und -möglichkeiten von Exiljuristen im transnationalen Raum.[50] Biografien, also die »faktenbasierte Rekonstruktion und imaginierte Konstruktion eines gelebten Lebens«[51], sind eine »heuristische Sonde, die Aufschluß über eine bestimmte historische Fragestellung geben soll«, im vorliegenden Fall die transnationale Produktion und Zirkulation von Rechtswissen.[52]

In der Exilforschung gibt es die Tendenz, die Figur des Exilanten zu generalisieren und romantisieren.[53] Stattdessen ist es geboten, sich von dieser stilisierten Figur des Exilanten zu lösen und konkrete Handlungsbedingungen dieser Akteure zu eruieren.[54] Dies bedeutet, die kontingenten Erfahrungen und Auswirkungen von Flucht und Marginalisierung sowie unterschiedliche intellektuelle Prädispositionen in den Blick zu nehmen, statt die erzwungene Emigration der Exiljuristen als hinreichenden Beweis für einen liberalen Internationalismus anzunehmen. So war Stefan Glasers Internationalismus in seiner Nähe zum Katholizismus begründet; de Baer war ein ehemaliger Kolonialbeamter und sah die Bestrafung von Verbrechen an Zivilisten unter anderem als Instrument für die Wiederherstellung der »Gemeinschaft der zivilisierten Völker« an; und Hermann Mannheim sah die mangelnde wissenschaftliche Erforschung internationaler Kriminalität als eine Ursache des Kriegs an. Zwar einte sie alle der Glaube an das Paradigma »Frieden durch Recht«.[55] So ist die Beschreibung der Exiljuristen im »London Moment« als epistemische Gemeinschaft oder als Denkkollektiv durchaus hilfreich, wenn man die kollektiven Erfahrungen der europäischen Exiljuristen in den Blick nimmt.[56] Von der Geschichte des internationalen Strafrechts als Idee und Praxis ausgehend, sollen in dieser Arbeit aber eher die individuellen Erfahrungen, Handlungsspielräume und Motivationen der Exiljuristen analysiert werden, um die vielfältigen Entwicklungsstränge dieses Wissensfelds offenzulegen. Daher wird der Begriff des *legal entrepreneurs* gewählt, um das Augenmerk auf die sozialen Profile der Exiljuristen zu lenken, die die Wis-

50 Vgl. Eckel, Rothfels, S. 20.

51 Depkat, Biographieforschung, S. 5.

52 Eckel, Rothfels, S. 20.

53 Zu dieser Kritik siehe Claus-Dieter Krohn, Exilforschung, Version: 1.0, 20.12.2012, DOI: http://dx.doi.org/10.14765/zzf.dok.2.253.v1.

54 Andreas Hackl, Key Figure of Mobility: The Exile, in: Social Anthropology 25 (2017) 1, S. 55–68, hier S. 55–58.

55 Siehe Marcus M. Payk, Frieden durch Recht? Der Aufstieg des modernen Völkerrechts und der Friedensschluss nach dem Ersten Weltkrieg, Berlin 2018.

56 Kerstin von Lingen, »Crimes against Humanity«: Eine Ideengeschichte der Zivilisierung von Kriegsgewalt 1864–1945, Paderborn 2018, Teil II. Zum Begriff der *epistemic community* siehe Peter M. Haas, Introduction: Epistemic Communities and International Policy Coordination, in: International Organization 46 (1992) 1, S. 1–35.

sensräume des »London Moment« bevölkerten.[57] Er verweist auf die Bedeutung von Akteuren für die Wissensgeschichte des internationalen Rechts, das als Wissensfeld in einem steten Wandel begriffen ist und in den 1940er Jahren unter dem Eindruck der Gewalt- und Vernichtungspolitik der Nationalsozialisten und durch die Arbeit der Exiljuristen einen entscheidenden Schub erfuhr.

Ein besonderer Fokus wird auf Marcel de Baer, Johannes M. de Moor und Stefan Glaser in der Cambridge Commission sowie auf Hermann Mannheim und Max Grünhut in der HLPR gelegt. Erstere bieten sich hierfür an, weil sie Schlüsselstellen besetzten und als Agenda-Setter die Debatten lenken konnten: De Baer über internationale Gerichtsbarkeit, de Moor über individuelle strafrechtliche Verantwortung, Glaser über die Rechte von Angeklagten und Fragen der Rechtsstaatlichkeit. Mannheim und Grünhut eignen sich wiederum besonders, um herauszuarbeiten, wie geflüchtete Wissenschaftler Fuß im britischen Universitätsbetrieb fassten, welche Strategien sie hierfür anwandten und wie sich die Etablierung der Kriminologie als universitäre Disziplin in England und die Nachkriegsplanungen gegenseitig befruchteten. Aber nicht nur die Migranten, auch ihre Kontaktpersonen in Großbritannien – Vertreter von Wissenschaftlerhilfsorganisationen und Akteure wie J. W. Cecil Turner und Margery Fry – waren zentral für die Wissensproduktion zur internationalen Rechtsordnung. Sie ermöglichten transnationale Kooperation, agierten aber auch als Gatekeeper, die regelten, wer Zugang zu Orten der Nachkriegsplanung erhielt und wer nicht, welche Wissensbestände priorisiert und welche delegitimiert wurden.[58]

Quellen

Um den akteurszentrierten Ansatz anwenden zu können, wurden nach Möglichkeit Quellen herangezogen, die einen Zugriff auf individuelle Erfahrungen und persönliche Kommunikation erlauben: also Briefe, Sitzungsprotokolle und private Notizen.

Es wurden die Akten und die Korrespondenz der Cambridge Commission ausgewertet, die sich in den United Nations Archives und im Nachlass Leon Radzinowiczs in den Florida State University Libraries befinden. Die Protokolle und Veröf-

---

57 Mikael Rask Madsen/Antonin Cohen, Cold War Law: Legal Entrepreneurs and the Emergence of a European Legal Field (1945–1965), in: Volkmar Gessner/David Nelken (Hg.), European Ways of Law: Towards a European Sociology of Law, Oxford 2007, S. 175–202, bes. S. 176. Siehe auch Antoine Vauchez, The Making of the European Union's Constitutional Foundations: The Brokering Role of Legal Entrepreneurs and Networks, Transnational Networks in Regional Integration, Basingstoke 2010, S. 108–128; Yves Dezalay/Mikael Rask Madsen, The Force of Law and Lawyers: Pierre Bourdieu and the Reflexive Sociology of Law, in: Annual Review of Law and Social Science 8 (2012), S. 433–452.

58 Vgl. Lässig, History of Knowledge, S. 37f.

fentlichungen der Howard League for Penal Reform sind im Modern Records Centre der Warwick University und der British Library in London zugänglich. Außerdem greift die Arbeit auf Quellen des »London Moment« zurück. Mit ihrer Hilfe können Cambridge Commission und HLPR im komplexen Geflecht der Nachkriegsplanungen verortet werden, sowohl was die Reaktion der britischen Regierung als auch was die weiteren Tätigkeitsfelder der Exiljuristen wie die LIA und die UNWCC betrifft. Die National Archives in Kew, London, und die digitalisierten Akten der UNWCC sind hier hervorzuheben, aber auch die Chatham House Archives in London, die Akten der Barnett House Association in den Oxford University Archives und die Akten der Anglo-Jewish Association in der University of Southampton waren äußerst hilfreich.

Des Weiteren erwiesen sich die Nachlässe von Marcel de Baer (privat) und Stefan Glaser (Polish Institute and Sikorski Museum) in London sowie die Nachlässe von Johannes M. de Moor im Nederlands Instituut voor Oorlogsdocumentatie in Amsterdam und der von Margery Fry im Somerville College in Oxford als besonders ergiebig. Zu Max Grünhut finden sich Akten im Universitätsarchiv Bonn und den Oxford University Archives.

Die Akten der Society for the Protection of Science and Learning in den Bodleian Libraries der Universität Oxford und die Verlagsarchive von George Allen & Unwin und Oxford University Press halfen, die Inklusions- und Exklusionsmechanismen in Großbritannien während des Zweiten Weltkriegs offenzulegen. Die Quellenbestände im Centre d'Etude Guerre et Société (CegeSoma) in Brüssel und im KADOC der KU Leuven zu Albert de Vleeschauwer, in den Archives Nationales in Paris zu René Cassin, in den Bodleian Libraries in Oxford zu Arthur Goodhart und John Simon und in der Harvard Law School Library zu Sheldon Glueck machten es möglich, Netzwerke nachzuvollziehen und weitere biografische Hintergründe zu recherchieren. Schließlich wurden Publikationen ausgewählter Personen sowie von Cambridge Commission und HLPR hinzugezogen, um die von ihnen genutzten Außendarstellungen und Legitimationsmuster herauszuarbeiten.

Die Auswahl dieses Quellenmaterials erfolgte unter folgender Zielsetzung: die Gründung und Arbeitsweisen von Cambridge Commission und HLPR detailliert darzustellen, die dahinterstehenden Netzwerke und Zielsetzungen zu analysieren sowie die involvierten Akteure kritisch zu beleuchten. Dies sollte aus so vielen Blickwinkeln wie möglich erfolgen, weswegen die Auswahl der Quellen möglichst breit war und sowohl private und offizielle Korrespondenz, Protokolle, Rechtsquellen und Regierungsakten als auch veröffentlichte Stellungnahmen beinhaltet. Dabei stand das Ziel im Vordergrund, insbesondere die juristischen Textgattungen zu dekodieren und die dahinterstehenden Ideen und Bewertungsmuster herauszuarbeiten. Wo immer möglich, wurde zudem die Performanz der Legitimierungspraktiken in den genannten Wissensräumen in den Blick genommen und anhand von Quellen wie Büroadressen sowie Orten und Organisation der Zusammenkünfte analysiert.

Dadurch ergibt sich ein vielschichtiges Bild, welcher Strategien sich die Exiljuristen bedienten, um im Diskurs um die Zukunft des internationalen Strafrechts im »London Moment« sprechfähig zu werden und ihre Visionen für die Nachkriegsordnung zu verfolgen.

Forschungsstand

Die Geschichte der Cambridge Commission und der HLPR im Zweiten Weltkrieg ist bisher nicht gemeinsam untersucht worden. Dies ist damit zu erklären, dass beide jeweils Gegenstand der historischen Forschung zum Völkerstrafrecht respektive zur Kriminologie oder zur Geschichte sozialer Bewegungen sind, und sich diese Forschungsstränge selten kreuzen. Allerdings haben schon der Sammelband »The Dawn of a Discipline« sowie die Studie »The Birth of the New Justice« von Marc Lewis eindrücklich gezeigt, wie komplex die Ideen- und Wissensgeschichte des internationalen Strafrechts ist und welche vielfältigen Entwicklungsstränge dazu führten, dass und wie im Zweiten Weltkrieg über internationale Verbrechen, Angriffskriege, Verbrechen an Zivilisten und eine internationale Strafjustiz gesprochen wurde.[59] Im Völkerbund etwa wurden Fragen des Strafrechts und des Strafvollzugs mit internationalem Bezug als soziale, humanitäre Frage verhandelt, weniger als juristische – den Strafvollzugsreformern ging es um die Verbesserung sozialer Verhältnisse durch einen humaneren, auf Rehabilitation zielenden Strafvollzug.[60] Nach Ausbruch des Zweiten Weltkriegs und der Emigration europäischer Juristen und Praktiker aus dem Strafvollzug wollten das Department of Criminal Science und die HLPR diese Tradition weiterführen, wie in der vorliegenden Arbeit ausführlich erläutert wird.

Bei dieser Neuverortung der Geschichte des internationalen Strafrechts im »London Moment« durch wissensgeschichtliche Ansätze kann grob gesprochen auf drei Forschungsbereiche zurückgegriffen werden: Die Rolle von Exiljuristen in London während des Zweiten Weltkriegs wird erstens in Untersuchungen zur Geschichte des Völkerstrafrechts mit Fokus auf die 1940er Jahre thematisiert, zweitens in Studien zum Exil im Zweiten Weltkrieg, und drittens in der Historiografie zur internationalen Strafrechtsreformbewegung.

---

59 Lewis, Birth of the New Justice, insb. S. 102; Mégret/Tallgren, Dawn of a Discipline.

60 Charles Howard Ellis, The Origin, Structure and Working of the League of Nations, Clark/NJ 2003, S. 135; Howard League for Penal Reform, International Co-operation in Penal Matters, London 1930. Laut Pederson waren soziale Fragen eine Möglichkeit, über politische und ideologische Gräben hinweg zusammenzuarbeiten und er bescheinigt dem Völkerbund hier seine größten Erfolge: Susan Pedersen, Back to the League of Nations, in: The American Historical Review 112 (2007) 4, S. 1091–1117.

Die Historiografie zur Entwicklung des Völkerstrafrechts im Zweiten Weltkrieg fokussiert auf die Frage, welche juristischen Vorarbeiten für die Nürnberger Kriegsverbrecherprozesse geleistet wurden.[61] Dabei wird einerseits mit nationalgeschichtlichem Fokus die Haltung einzelner Regierungen zur Kriegsverbrecherfrage analysiert, also ob Kriegsverbrecher überhaupt auf juristischem Wege bestraft oder etwa standrechtlich exekutiert werden sollten, wie man der Angeklagten überhaupt habhaft werden könne und welche Rechtsdogmen und welches Strafprozessrecht angewendet werden sollten.[62] Hervorzuheben sind Untersuchungen zur belgischen Exilregierung, die die Cambridge Commission und ihre belgischen Mitglieder in den Blick nehmen.[63] Andererseits untersuchen Studien die internationale Kooperation, die insbesondere in London zu enormer Produktivität unter (Exil)Juristen geführt hat. Hervorzuheben ist die Entdeckung der UNWCC als ergiebiges Forschungsfeld Ende der 1990er Jahre.[64] Diese Geschichten des humanitären Völkerrechts beziehungsweise des Völkerstrafrechts erwähnen häufig die Cambridge Commission als Organisation, in der Vorarbeit für die UNWCC geleistet und somit der Grundstein für den Internationalen Militärgerichtshof in Nürnberg gelegt wurde. Dass die Kommission aber auch Ausgangspunkt für die Gründung der ersten Forschungseinrichtung für Kriminologie in Großbritannien war und deren internationale Ausrichtung entscheidend mitprägte, ist bisher nicht beleuchtet worden. Dabei zeigt gerade der Umstand, dass in der Kommission juristische Praktiker, Strafrechtswissenschaftler und Völkerrechtler zusammenarbeiteten, wie fluide das Wissensfeld des internationalen Strafrechts zu diesem Zeitpunkt (noch) war.

---

61 Zum Einstieg: Arieh J. Kochavi, Prelude to Nuremberg: Allied War Crimes Policy and the Question of Punishment, Chapel Hill/London 1998; Kim Priemel, The Betrayal: The Nuremberg Trials and German Divergence, Oxford 2016, Kap. 3; Guillaume Mouralis, Le moment Nuremberg: Le procès international, les lawyers et la question raciale, Paris 2019, Kap. 2; Daniel Marc Segesser, Recht statt Rache oder Rache durch Recht? Die Ahndung von Kriegsverbrechen in der internationalen wissenschaftlichen Debatte, 1872–1945, Paderborn 2010, Kap. 5.

62 Z.B. Graham Cox, Seeking Justice for the Holocaust: Herbert C. Pell Versus the US State Department, in: Criminal Law Forum 25 (2014) 1–2, S. 77–110; Arieh J. Kochavi, Britain and the Establishment of the United Nations War Crimes Commission, in: The English Historical Review 107 (1992) 423, S. 323–349.

63 Maxime Brebant, International Cooperation and the Prosecution of German War Criminals: France, Belgium and the United Kingdom (1942–1954), Dissertation University of Reading 2013; Marie-Anne Weisers, La justice belge, les bourreaux allemands et la Shoah, Brüssel 2020.

64 Von Lingen, Setting the Path; William Schabas et al., The United Nations War Crimes Commission and the Origins of International Criminal Justice, in: Criminal Law Forum 25 (2014), S. 1–7; siehe auch Sabina Ferhadbegović/Kerstin von Lingen/Julia Eichenberg (Hg.), The United Nations War Crimes Commission (UNWCC), 1943–1948, and the Codification of International Criminal Law, in: Journal of the History of International Law 24 (2022) 3.

Der Großteil der genannten Studien zieht die Akten der jeweiligen Kommissionen und publizierte juristische Analysen heran, insbesondere die offizielle Geschichte der UNWCC von 1948.[65] Aber auch akteurszentrierte Methoden finden seit einigen Jahren immer prominenter Niederschlag in der Rechtsgeschichte. Ein wachsendes Forschungsfeld widmet sich unter dem Schlagwort *émigré lawyers* dem Zusammenspiel zwischen biografischer Prägung und der rechtlichen Ideengeschichte und betont dabei die historische Kontingenz des Rechts.[66] Im besten Fall zeigt dieser methodische Zugriff die Vielschichtigkeit von Internationalismen im Recht auf und macht sichtbar, dass auch das internationale Recht kein wertfreies, abstraktes System ist. So ist die Entwicklung des internationalen Rechts als »gentle civilizer of nations« untrennbar verbunden mit dem Zivilisationsparadigma und der Hierarchisierung zivilisierter und nicht zivilisierter Staaten, die Machtansprüche im internationalen System determinierten.[67]

Dieser Ansatz wird auch von Kerstin von Lingen verfolgt, die auf Grundlage der Nachlässe der Exiljuristen Marcel de Baer und Bohuslav Ečer beschreibt, wie eine »epistemische Gemeinschaft« von Exiljuristen im »London hub« die Definition des Straftatbestands »Verbrechen gegen die Menschlichkeit« vorbereitete, die am Internationalen Militärgerichtshof in Nürnberg Anwendung fand.[68] Die vorliegende Arbeit knüpft an diese Studie an, greift aber auf eine breitere Quellenbasis zurück und

---

65 United Nations War Crimes Commission, History of the United Nations War Crimes Commission and the Development of the Laws of War, London 1948.

66 James Loeffler/Moria Paz (Hg.), The Law of Strangers: Jewish Lawyers and International Law in the Twentieth Century, Cambridge 2019; Annette Weinke/Leora Bilsky (Hg.), Jewish-European Émigré Lawyers: Twentieth Century International Humanitarian Law as Idea and Profession, Göttingen 2021; Kerstin von Lingen, Legal Flows: Contributions of Exiled Lawyers to the Concept of »Crimes Against Humanity« During the Second World War, in: Modern Intellectual History 17 (2020) 2, S. 507–525. Insbesondere Hersch Lauterpacht und Raphael Lemkin stehen paradigmatisch für die mitteleuropäischen Juden, die vor dem Krieg nach England bzw. in die USA emigrierten und das internationale Recht prägten. Siehe u.a. Ana Filipa Vrdoljak, Human Rights and Genocide: The Work of Lauterpacht and Lemkin in Modern International Law, in: European Journal of International Law 20 (2010), S. 1184–1186.

67 Jörg Fisch, Internationalizing Civilization by Dissolving International Society: The Status of Non-European Territories in Nineteenth-Century International Law, in: Geyer/Paulmann, Mechanics of Internationalism, S. 235–258, hier S. 252f. Grundlegend ist Martti Koskenniemi, The Gentle Civilizer of Nations: The Rise and Fall of International Law 1870–1960, Cambridge 2001. Aus postkolonialer Perspektive: Antony Anghie, Imperialism, Sovereignty and the Making of International Law, Cambridge 2005; Arnulf Becker Lorca, Mestizo International Law: A Global Intellectual History 1842–1933, Cambridge 2015. Siehe auch Mark Mazower, Ende der Zivilisation und Aufstieg der Menschenrechte: Die konzeptionelle Trennung Mitte des 20. Jahrhunderts, in: Stefan-Ludwig Hoffmann (Hg.), Moralpolitik: Geschichte der Menschenrechte im 20. Jahrhundert, Göttingen 2010, S. 41–62.

68 Von Lingen, Crimes against Humanity, Teil II.

verortet, wie ausgeführt, die Arbeit der Cambridge Commission nicht nur in der Geschichte des humanitären Völkerrechts, sondern in den Bemühungen europäischer Exiljuristen, durch Strafrechtsreformen – etwa Reformen des Strafprozessrechts – die viel beschworene »Gemeinschaft zivilisierter Völker« wiederherzustellen.[69] Die aktuelle Debatte um Linearität und Brüche in der Geschichte des Völkerstrafrechts – stellten die Straftatbestände des Nürnberger Hauptkriegsverbrecherprozesses, insbesondere die Kriminalisierung von Angriffskriegen im Zusammenhang mit individueller strafrechtlicher Verantwortung, eine Erneuerung oder eine Fortführung der Debatten der Zwischenkriegszeit dar und gibt es eine lineare Erfolgsgeschichte des Völkerstrafrechts? – kann so um eine weitere Beobachtung ergänzt werden. Der Einsatz für die Etablierung eines Straftatbestands »Crimes against Humanity« durch die Exiljuristen muss auch von der Warte des Sicherheitsgedanken aus verstanden werden, der die Überlegungen zum internationalen Strafrecht in den 1940er Jahren stark prägte.[70]

Zweitens bietet die Forschung zum Exil im Zweiten Weltkrieg vielfältige empirische und theoretische Anregungen für eine Wissensgeschichte des internationalen Strafrechts im Zweiten Weltkrieg. Exil ist eine Kategorie von Gewaltmigration, die »sich alternativlos aus einer Nötigung zur Abwanderung aus politischen, ethno-nationalen, rassistischen oder religiösen Gründen« ergibt. Länge, Zeitpunkt und Distanz dieser Gewaltmigration konnte nicht von den betroffenen Personen beeinflusst werden.[71] Dabei muss im Hinblick auf die Forschungen zu London als Exilort zwischen politischem und wissenschaftlichem Exil unterschieden werden.[72]

69 Vgl. Priemel, The Betrayal. Siehe auch Annette Weinke, The Tale of the »Two Germanies«: Twentieth-Century Germany in the Debates of Anglo-American International Lawyers and Transitional Justice Experts, in: Jens Steffek/Leonie Holthaus (Hg.), Prussians, Nazis and Peaceniks: Changing images of Germany in International Relations, Manchester 2020, S. 123–144.

70 Frédéric Mégret, International Criminal Justice as a Peace Project, in: European Journal of International Law 29 (2018) 3, S. 835–858; Samuel Moyn, From Aggression to Atrocity: Rethinking the History of International Criminal Law, in: Kevin Heller et al. (Hg.), The Oxford Handbook of International Criminal Law, Oxford, New York 2020, S. 341–360; Annette Weinke, Individualizing Guilt at Nuremberg, in: Stefanie Bock/Eckart Conze (Hg.), Rethinking the Crime of Aggression: International and Interdisciplinary Perspectives, Den Haag 2022, S. 209–223.

71 Zitat aus Jochen Oltmer, Globale Migration: Geschichte und Gegenwart, 2. Aufl., München 2016, S. 21; Kristina Schulz, Exilforschung und Migrationsgeschichte: Berührungspunkte und Perspektiven, in: Matthieu Gillabert/Robert Tiphaine (Hg.), Zuflucht suchen: Phasen des Exils aus Osteuropa im Kalten Krieg, Basel 2017, S. 42.

72 Grundsätzlich zum politischen Exil: Hans Henning Hahn, Möglichkeiten und Formen politischen Handelns in der Emigration: Ein historisch-systematischer Deutungsversuch am Beispiel des Exils in Europa nach 1830 und ein Plädoyer für eine international vergleichende Exilforschung, in: Archiv für Sozialgeschichte 23 (1983), S. 123–161; Idesbald Goddeeris, The Temptation of Legitimacy: Exile Politics from a Comparative Perspective, in: Contemporary European History 16 (2007) 3, S. 395–405. Einleitend zur Geschichte wissenschaftlichen Exils

So lenkt auf der einen Seite ein wachsender Forschungszweig zu den europäischen Exilregierungen in London den Blick auf die Konstitution von staatlicher Souveränität im Exil, die Kriegsverbrecherpolitik und die Nachkriegsplanungen einzelner Exilregierungen. Dabei spielten die Deutschlandplanungen sowie die Reaktionen einzelner Exilregierungen auf den Holocaust, aber natürlich auch der britischen Regierung eine herausragende Rolle.[73] Vergleichende Untersuchungen stellen die Gemeinsamkeiten und Unterschiede der Exilregierungen heraus. Ihr primäres Erkenntnisinteresse ist also die jeweilige Nationalgeschichte.[74] Eine transnationale Perspektive nimmt hingegen Julia Eichenberg ein, die die Kooperation der Exilregierungen und transnationale Netzwerke in London untersucht.[75]

Auf der anderen Seite befasst sich die Exilforschung mit der deutschsprachigen wissenschaftlichen, literarischen und politischen Emigration nach England.[76] Häufig mit einem gewissen »moralische[n] Impetus« versehen und von einer Tendenz zur Romantisierung der Differenzerfahrung von Exilanten geprägt, beleuch-

---

im Zweiten Weltkrieg: Mitchell G. Ash/Alfons Söllner (Hg.), Forced Migration and Scientific Change: Emigré German-Speaking Scientists, Cambridge 1996.

73 Zu den Deutschlandplanungen siehe Priemel, The Betrayal, S. 23–59. Immer noch lesenswert ist Lothar Kettenacker, Krieg zur Friedenssicherung: Die Deutschlandplanung der britischen Regierung während des Zweiten Weltkrieges, Göttingen 1989. Einen ersten Überblick zu den Reaktionen der Exilregierungen auf den Holocaust bieten Lanicek/Jordan, Governments-in-Exile and the Jews. Zu Großbritannien siehe z.B. Louise London, Whitehall and the Jews, 1933–1948: British Immigration Policy, Jewish Refugees and the Holocaust, Cambridge 2001; Fleming, In the Shadow of the Holocaust.

74 Conway/Gotovitch, Europe in Exile; Smetana/Geaney, Exile in London. Hinzu kommen zahlreiche Einzelstudien zu bekannten Persönlichkeiten, von denen hier beispielhaft genannt seien: Antoine Prost/Jay Winter, René Cassin and Human Rights: From the Great War to the Universal Declaration, Cambridge 2013; Detlef Brandes, Die Exilpolitik von Edvard Beneš 1939–1945, in: Arnold Suppan/Elisabeth Vyslonzil (Hg.), Edvard Beneš und die tschechoslowakische Außenpolitik: 1918–1948, Frankfurt a. M. 2003, S. 157–164.

75 Eichenberg, Macht auf der Flucht.

76 Einführend: Marion Berghahn, Continental Britons: German-Jewish Refugees from Nazi Germany, Oxford 2007. Zur juristischen Emigration siehe Jack Beatson, Aliens, Enemy Aliens, and Friendly Enemy Aliens: Britain as a Home for Émigré and Refugee Lawyers, in: ders./Reinhard Zimmermann (Hg.), Jurists Uprooted: German-Speaking Emigré Lawyers in Twentieth Century Britain, Oxford 2014, S. 73–104; Kurt Lipstein, The History of the Contribution to Law by German-Speaking Jewish Refugees in the United Kingdom, in: Werner E. Mosse (Hg.), Second Chance: Two Centuries of German-speaking Jews in the United Kingdom, Tübingen 1991, S. 221–228; Ulrike Walton-Jordan, Safeguards Against Tyranny: The Impact of German Émigré Lawyers on British Legal Policy Towards Germany, 1942–1946, in: Anthony Grenville (Hg.), German-Speaking Exiles in Great Britain, Amsterdam 2000, S. 1–24; Martina Jabs, Die Emigration deutscher Juristen nach Großbritannien: Der Beitrag deutscher Emigranten zum englischen Rechtsleben nach 1933, Osnabrück 1999. Hinzu kommen Einzelstudien zu bekannten Juristen wie Georg Schwarzenberger: Stephanie Steinle, Völkerrecht und Machtpolitik: Georg Schwarzenberger (1908–1991), Baden-Baden 2002.

tet diese primär individuelle Exilerfahrungen.[77] Die deutschsprachige Forschung zur wissenschaftlichen Emigration hingegen begann in den 1980er Jahren, sich vom Narrativ des Beitrags der Emigranten zur Wissenschaftskultur des Aufnahmelandes vom »loss« und »gain« zu lösen, das in der Forschung zu politischen und literarischen Emigranten prävalent war. In der Folge wurden weitere Wissenschaftlergruppen untersucht, angeregt durch den Blick auf die Prozesse und Umstände, die wissenschaftliches Arbeiten im Exil strukturierten.[78] Hier klingen bereits die Forderungen einer Wissenschaftsgeschichte an, die sich konstruktivistischen Fragestellungen öffnet und Wissen(-schaft) und die »Akkulturation« von Wissenschaftlern nicht als statisch und monolithisch zu verstehen beginnt, sondern als lokal, wandelbar und akteursgetrieben.[79] Die Exilforschung zeichnet bis heute ein Fokus auf Elitenwanderung aus, anhand derer transnationale Transferprozesse nachgezeichnet werden sollen.[80] Dabei fokussieren Untersuchungen häufig auf bestimmte Wissensfelder oder akademische Disziplinen wie auch die Rechtswissenschaft.[81]

Die bereits erwähnten Untersuchungen zur Emigration von Rechtswissenschaftlern aus dem deutschsprachigen Raum werden in der vorliegenden Arbeit nutzbar gemacht, um das Narrativ von britischen Universitäten als »sicheren Häfen« für Exilwissenschaftler kritisch zu hinterfragen und die Bedingungen wissenschaftlichen, juristischen Arbeitens im Exil offenzulegen.[82] Ein besonderer Fokus gilt Wissenschaftlern der Universitäten in London, Oxford und Cambridge und Organisationen wie der HLPR, aber auch der Hilfsorganisation Society for the Protection of Science and Learning, denen insbesondere vor Kriegsausbruch eine zentrale Rolle bei der oftmals lebensentscheidenden Frage zukam, welche

---

77 Schulz, Exilforschung und Migrationsgeschichte, S. 29; Claus-Dieter Krohn, Emigration 1933–1945/1950, in: Europäische Geschichte Online, 2011, http://ieg-ego.eu/de/threads/europa-unterwegs/politische-migration/claus-dieter-krohn-emigration–1933-1945-19502011 (abgerufen 20.3.2020).

78 Werner Röder/Herbert A. Strauss (Hg.), Biographisches Handbuch der deutschsprachigen Emigration nach 1933, München 1980. Vgl. Alfons Söllner/Mitchell G. Ash, Introduction, in: dies., Forced Migration, S. 1–6.

79 Söllner/Ash, Introduction, S. 11–14.

80 Z.B. Jan Logemann, Transatlantische Karrieren und transnationale Leben: Zum Verhältnis von von Migrantenbiographien und transnationaler Geschichte, in: BIOS 28 (2015) 1–2, S. 80–101, hier S. 85f.

81 Siehe z.B. Felix Rösch (Hg.), Émigré Scholars and the Genesis of International Relations: A European Discipline in America?, Basingstoke 2014; Alfons Söllner, Vom Staatsrecht zur »political science«? Die Emigration deutscher Wissenschaftler nach 1933, ihr Einfluß auf die Transformation einer Disziplin, in: Politische Vierteljahresschrift 31 (1990) 4, S. 627–654.

82 Sally Crawford/Katharina Ulmschneider/Jaś Elsner (Hg.), Ark of Civilization: Refugee Scholars and Oxford University, 1930–1945, Oxford 2017; William Henry Beveridge, A Defence of Free Learning, London 1959.

deutschsprachigen Wissenschaftler Zuflucht in Großbritannien fanden.[83] Dabei wird deutlich, dass Exiljuristen – wie so viele Exilantinnen und Exilanten – kreativ mit den Beschränkungen des Exils umgingen. Ob sie sich auf ein neues Fach wie die Kriminologie spezialisierten oder sich zu Fürsprechern eines internationalen Strafgerichtshofs machten, sie erschufen sich Möglichkeitsräume in einer Situation, in der sie die Kontrolle über viele Aspekte ihres Lebens verloren hatten.

Für die Frage, warum gerade das Department of Criminal Science in Cambridge und die HLPR zu Wissensräumen für diese Exiljuristen wurden, ist ein dritter Forschungsstrang zentral, der sich mit der Geschichte der Kriminologie und der internationalen Strafrechtsreform beschäftigt. Besonders die in der Strafrechtsreformbewegung des Völkerbunds verankerte HLPR, aber auch Leon Radzinowicz in Cambridge trugen Wissensbestände und Erwartungshaltungen zur Debatte über die Nachkriegsrechtsordnung bei, die sich von denen der aus Europa emigrierten Richter unterschieden. Die Historiografie zur HLPR, zur Kriminologie und zur internationalen Kriminalpolitik sind ein wichtiger Baustein, um die Entwicklungsstränge zu rekonstruieren, die zur Gründung von Cambridge Commission und Internationalem Komitee der HLPR führten.

Dabei hat das Internationale Komitee der HLPR bisher wenig Aufmerksamkeit erfahren. Institutionengeschichtliche Darstellungen der HLPR wie »The Struggle for Penal Reform« von Gordon Rose beschäftigen sich kaum mit den ideengeschichtlichen Hintergründen der internationalen Kooperation der HLPR.[84] Die Geschichtsschreibung der Kriminalpolitik der Vereinten Nationen ist ebenfalls rein politikgeschichtlich und spart an der Kontextualisierung. Die Vorarbeiten während des Kriegs finden kaum Erwähnung.[85] Andersherum behandelt die Literatur zur internationalen Strafrechts- und Gefängnisreformbewegung vorwiegend die im 19. Jahrhundert wurzelnde Kongressbewegung, die mit der internationalen Gefängniskonferenz 1935 in Berlin ein vorläufiges Ende fand.[86] Einen weiteren Blick

---

83 Dazu: Beatson, Aliens, Enemy Aliens, and Friendly Enemy Aliens; Isabella Löhr, Solidarity and the Academic Community: The Support Networks for Refugee Scholars in the 1930s, in: Journal of Modern European History 12 (2014) 2, S. 231–246; Christian Fleck, The Role of Refugee Help Organizations in the Placement of German and Austrian Scholars Abroad, in: Edward Timms/Jon Hughes (Hg.), Intellectual Migration and Cultural Transformation: Refugees from National Socialism in the English-Speaking World, Wien 2003, S. 21–36.

84 Gordon Rose, The Struggle for Penal Reform: The Howard League and its Predecessors, London 1961, S. 242.

85 Z.B. Benedict Solomon Alper/Jerry F. Boren, Crime – International Agenda: Concern and Action in the Prevention of Crime and Treatment of Offenders, 1846–1972, Lexington 1972; M. Cherif Bassiouni (Hg.), The Contributions of Specialized Institutes and Non-Governmental Organizations to the United Nations Criminal Justice Program, The Hague 1995.

86 Hervorzuheben sind die Sammelbände Sabine Freitag/Désirée Schauz (Hg.), Verbrecher im Visier der Experten: Kriminalpolitik zwischen Wissenschaft und Praxis im 19. und frühen 20. Jahrhundert, Stuttgart 2007; Sylvia Kesper-Biermann/Petra Overath (Hg.), Die Interna-

auf die internationale Arbeit der HLPR erlauben biografische Arbeiten über deren Vizepräsidentin Margery Fry.[87] Besonders Anne Logan hat auf die enge Verzahnung der Geschichte der Strafrechtsreformbewegung mit der englischen Frauenbewegung verwiesen und beschreibt, wie sich ein britisches »feminist-criminal-justice reform network« im Völkerbund für soziale Reformen – unter anderem die Verbesserung von Haftbedingungen weltweit – einsetzte. Hier wird das Internationale Komitee zurecht als Versuch gedeutet, diese Netzwerke im Krieg wiederzubeleben.[88] Wiederum aus einer anderen Perspektive hat Adnan Sattar die internationale Kampagne der HLPR im Völkerbund als Menschenrechtsfrage gedeutet und argumentiert, dass für die HLPR die »zivilisierte« Behandlung von Straftätern und ihre Rehabilitation eine Frage sozialer Gerechtigkeit und ein »human right« gewesen sei, gespeist aus ihrem christlich-progressiven Erbe und einer Nähe zu den Idealen der positivistischen Kriminologie.[89]

Schließlich helfen Arbeiten zur Geschichte der britischen Kriminologie und Biografien der Mitglieder der HLPR, die wissenschaftspolitische Dimension des »London Moment« zu erfassen.[90] Während die HLPR und das Department of Criminal Science die Anwesenheit der Exilanten als Chance begriffen, die internationale Strafrechtsreformbewegung wiederzubeleben und vergleichende, strafrechtswissenschaftliche Studien anzustoßen, war die Kooperation mit diesen Institutionen und die transnationale Zusammenarbeit für die geflüchteten Strafrechtswissenschaftler und -reformer eine Chance, sich inhaltlich zu profilieren und akademisch Fuß zu fassen. Dass diese Akteure dabei das Völkerstrafrecht und das nationale Strafrecht nicht als zwei getrennte Sphären verstanden, sondern als eng zusammenhängende Wissensfelder, zeigt die vorliegende Arbeit. Die hier vorgestellten Akteure sahen die internationale Zusammenarbeit bei der Bestrafung von Verbrechen – ob in Kriegszeiten oder nicht – als unbedingte Voraussetzung für eine Friedensordnung.

---

tionalisierung von Strafrechtswissenschaft und Kriminalpolitik (1870–1930): Deutschland im Vergleich, Berlin 2007; Sabine Freitag, Kriminologie in der Zivilgesellschaft: Wissenschaftsdiskurse und die britische Öffentlichkeit, 1830–1945, München 2014, Kap. 3.10.

87 Enid H. Jones, Margery Fry: The Essential Amateur, Yorck 1990.

88 Anne Logan, The Politics of Penal Reform: Margery Fry and the Howard League, London 2017, Kap. 5; dies., Feminism and Criminology in Britain, 1910–1950, in: Sara L. Kimble/Marion Röwekamp (Hg.), New Perspectives on European Women's Legal History, New York 2017, S. 272–291.

89 Adnan Sattar, Criminal Punishment and Human Rights: Convenient Morality, London 2019, S. 128–132.

90 Siehe David Garland, Of Crimes and Criminals: The Development of Criminology in Britain, in: Mike Maguire/Rod Morgan/Robert Reiner (Hg.), The Oxford Handbook of Criminology, Oxford 1997, S. 11–56; Roger Hood, Hermann Mannheim and Max Grünhut: Criminological Pioneers in London and Oxford, in: The British Journal of Criminology 44 (2004) 4, S. 469–495; Leon Radzinowicz, Adventures in Criminology, London 1998.

Aufbau der Arbeit

In Kapitel I werden mit Max Grünhut, Hermann Mannheim, Leon Radzinowicz und Marcel de Baer vier Exiljuristen näher vorgestellt, deren Emigration nach England Einblick in die Strukturen des wissenschaftlichen und politischen Exils im Zweiten Weltkrieg gibt. Im Vordergrund stehen dabei die Strategien dieser Akteure, um an eine Aufenthalts- und Arbeitserlaubnis in England zu gelangen und um als legitime Gesprächspartner in den Debatten um die rechtliche Nachkriegsordnung wahrgenommen zu werden – innerhalb ihrer direkten Peergroup an den Universitäten oder den Exilregierungen, aber auch in der transnationalen Kommunikationsgemeinschaft, die über das internationale Strafrecht als Zivilisierungs- und Friedensinstrument diskutierte.

Um die Gründung des Internationalen Komitees der HLPR und der Cambridge Commission 1941 einzuordnen, sind aber nicht nur diese Biografien des Exils wichtig; auch die existierenden Wissensbestände, Praktiken und Netzwerke sind relevant. So werden in Kapitel II die im weitesten Sinn kriminologischen Annahmen analysiert, von denen die HLPR und das Department of Criminal Science zu Beginn des Kriegs ausgingen. Zuerst wird die internationale Arbeit der HLPR in den 1920er und 1930er Jahren mit einem besonderen Fokus auf Margery Fry und die zugrunde liegenden Annahmen und Praktiken des Internationalismus dargestellt; anschließend wird die Gründung des Department of Criminal Science nachgezeichnet.

In Kapitel III folgt eine detaillierte Rekonstruktion der Gründung des Internationalen Komitees, der HLPR und der Cambridge Commission. Auch weil die britische Regierung sich in Zurückhaltung übte, gingen die Planungen für eine international abgestimmte »penal reconstruction« nach dem Krieg entschieden von zivilgesellschaftlichen Akteuren aus. Diese gründeten erklärterweise nicht politisch ausgerichtete, sondern wissenschaftliche Organisationen, um die Zusammenarbeit von Staaten im Strafrecht nach dem Krieg sowie eine internationale Kriminalpolitik vorzubereiten. Das Department of Criminal Science verfolgte dabei auch das Ziel, die Kriminologie als Fach zu etablieren und international zu verankern, während die HLPR Standards für Reformen der Strafjustiz nach dem Krieg formulieren wollte, die der Verhinderung zwischenstaatlicher Konflikte dienen sollten. Beiden gemein war die Annahme, dass eine vernunftgeleitete, wissensbasierte Politik automatisch zu einem humanen, auf Rehabilitation zielenden Strafvollzug, gesellschaftlichem Ausgleich und Kooperation mit anderen Staaten führen würde.

In der praktischen Zusammenarbeit wurde diese Agendasetzung durch den Fokus der Exiljuristen auf die Kriegsverbrecherfrage herausgefordert. Wie Kapitel IV zeigt, setzten diese den Schwerpunkt ihrer knappen Zeitressourcen auf das vom britischen Völkerrechtler Arnold McNair geleitete Komitee für Verstöße gegen das Völkerrecht. Mit einem Fokus auf die Positionen, die Briten und Exilanten gegenüber der Frage einnahmen, ob die Einrichtung eines internationalen Strafgerichts für die

Verfolgung von im Krieg verübten Verbrechen wünschenswert sei, werden die Debatten darüber analysiert, was überhaupt als internationales Verbrechen zu gelten habe und wie internationale Kooperation im humanitären Völkerrecht nach dem Krieg institutionell und rechtlich gestaltet werden solle. Mit Blick auf die Kontroverse zwischen den Exiljuristen Marcel de Baer, den Völkerrechtlern Hersch Lauterpacht und Arnold McNair sowie dem World Jewish Congress und unter Berücksichtigung biografischer Aspekte kann so die Cambridge Commission als Wissensraum charakterisiert werden, in dem das Völkerstrafrecht als Instrument zur Friedenssicherung verhandelt wurde.

Kapitel V spürt einem weiteren Aspekt dieser Frage nach: Ziel dieser internationalen Rechtsordnung sollte die Neuordnung des Zusammenlebens »zivilisierter Völker« auf Grundlage rechtsstaatlicher Standards sein. Das Kapitel fokussiert auf Grundlage der Biografien des niederländischen Richters Johannes M. de Moor und des polnischen Strafrechtlers Stefan Glaser einerseits auf die strafrechtliche Verteidigung mit einem Befehlsnotstand als Frage individueller strafrechtlicher Verantwortung im Völkerstrafrecht, andererseits auf die Rechte von Angeklagten. Anhand dieser Themen kann gezeigt werden, dass sich die *legal entrepreneurs* im »London Moment« durch ihre jahrelange praktische und persönliche Erfahrung vor dem Krieg und aus einem »Geist der Sicherheit« (Jan Eckel) heraus verpflichtet fühlten, Teil der internationalen Neuordnung des Strafrechts zu werden, und dass sie zentral für die Zirkulation von Wissen über die internationale Vereinheitlichung strafrechtlicher Grundsätze nach London und darüber hinaus waren.

Dass diese Neuordnung zwar »international« gedacht war, aber vor allem auf den europäischen Rechtsraum abzielte, macht abschließend Kapitel VI deutlich. Hier werden die Bemühungen der Cambridge Commission und des Internationalen Komitees der HLPR analysiert, durch die Analyse der Entwicklung des Strafrechts beziehungsweise des Strafvollzugs in den von Deutschland besetzten Staaten sowie auch den sogenannten Achsenstaaten die Nachkriegsplanungen zu beeinflussen. Während das Department of Criminal Science ganz im Sinne der internationalen Strafrechtsreformbewegung 1943 Analysen der Veränderungen europäischer Strafrechtsregime während des Kriegs anstieß und damit noch einmal die Expertise der Exiljuristen anzapfte, um eigene wissenschaftliche Ambitionen zu verwirklichen, widmete sich die HLPR vor allem der Reform der Jugendgerichtsbarkeit nach dem Krieg. Die Analyse der zugrunde liegenden Mechanismen des Internationalismus, insbesondere, was nationale Herkunft und Geschlecht angeht, bildet die Grundlage eines abschließenden Vergleichs der beiden Institutionen, die die Wissensgeschichte des internationalen Strafrechts im »London Moment« prägten.

I Biografien des Exils
Europäische Juristen in England

Die Entscheidung, zu emigrieren und sich ins Exil zu begeben, trafen vor Kriegsausbruch 1939 zahlreiche von Berufsverboten und Verfolgung betroffene Deutsche, darunter Intellektuelle, Wissenschaftler, Künstler, Politiker. Mit der Besetzung ost- und dann westeuropäischer Staaten durch Deutschland folgte eine zweite Welle der Emigration. Für beide Gruppen war dies nie eine einfache Entscheidung. Das Exil bedeutete Entwurzelung, zerrissene Karrieren und menschliche Beziehungen, finanzielle Unsicherheit. Im »London Moment« trafen viele dieser Europäer aufeinander. In London etablierten sich Exilregierungen, hier sowie in Oxford und Cambridge fanden Wissenschaftler eine (wenn auch oft prekäre) Beschäftigung. Schließlich wurden hier auch zahlreiche transnationale Organisationen aus der Taufe gehoben, die sich der Nachkriegsplanung widmeten. Exilanten erhoben den Anspruch, die Ordnung der Welt nach dem Krieg mitzugestalten, und kooperierten für dieses Ziel miteinander und mit reformwilligen Briten. Das internationale Strafrecht spielte dabei aus zwei Gründen eine zentrale Rolle: Exiljuristen begannen angesichts der eskalierenden Gewaltspirale des deutschen Angriffskriegs früh damit, darüber nachzudenken, wie die »Gemeinschaft der zivilisierten Völker« darauf mit rechtlichen Mitteln reagieren könnte. Zudem trafen exilierte Wissenschaftler auf britische Akademiker und zivilgesellschaftliche Akteure, mit denen sie das Ziel einer europäischen Strafrechtsreform teilten, die die Angleichung der Methoden der Bestrafung und des Strafvollzugs in den Mittelpunkt stellte. Dabei standen beide Aspekte des internationalen Strafrechts – das Völkerstrafrecht sowie die internationale Zusammenarbeit im Strafrecht mit dem Ziel seiner Reformierung – personell und institutionell in einem engen Zusammenhang, wie die in den folgenden Kapiteln dargestellte Geschichte der International Commission for Penal Reconstruction and Development (Cambridge Commission) und des Internationalen Komitees der Howard League for Penal Reform (HLPR) zeigt.

Cambridge Commission und HLPR waren im Krieg zwei entscheidende Institutionen, in denen Wissen über die Reform des Strafrechts produziert und geteilt wurde. Die hier praktizierte transnationale Zusammenarbeit stellte gleichzeitig einen Möglichkeitsraum für die Exiljuristen dar, in dem sie sich als Experten etablieren und die Beschränkungen des Exils überwinden konnten. Die Cambridge Commission hätte es ohne die Expertise der in London anwesenden Exiljuristen und den polnischen Kriminologen Leon Radzinowicz nicht gegeben und das Internationale Komitee der HLPR wäre ohne die Anwesenheit ausländischer Strafrechtler nicht gegründet worden. Ihre Geschichte zeigt also, wie – um den Titel dieser Arbeit zu zitieren – »Recht im Exil« gemacht wurde, welche Mechanismen des Internationalismus zur Anwendung kamen, um produktive Wissensräume zu schaffen und wie Exilanten diese kreativ nutzten.

Als im Herbst 1941 Cambridge Commission und Internationales Komitee gegründet wurden, griffen zwei Faktoren ineinander: Zum einen wollten Exiljuristen durch die Produktion von Wissen die Nachkriegsplanungen beeinflussen und sich zu diesem Zweck transnational vernetzen. Zum anderen hatte sich an der Universität von Cambridge 1940 ein Department of Criminal Science gegründet, das von Anfang an international ausgerichtet war. Gleiches galt für die HLPR, die ihre internationale Arbeit der 1930er Jahre nun lokal weiterführen wollte. Während Kapitel II die britischen Wissensbroker in den Blick nimmt, die die nötigen Strukturen für die transnationale Kooperation schufen, wird im folgenden Kapitel herausgearbeitet, welche Strategien Exilanten anwandten, um sich in eine Position zu bringen, in der sie Zugang zu den genannten Wissensräumen bekamen. Zuerst zeigen die Biografien der exilierten Wissenschaftler Max Grünhut, Hermann Mannheim und Leon Radzinowicz, wie diese als »optimal marginals« (Neil McLaughlin) Forschungsschwerpunkte auf kriminologische Fragen legten, um eine Lücke im englischen Wissenschaftssystem zu besetzen und eine spezifische Expertise aufzubauen, die sie wiederum nutzen konnten, um Teil der Nachkriegsplanungen zu werden. Abschließend wird der ganz anders gelagerte Fall des exilierten belgischen Richters Marcel de Baer hervorgehoben, um exemplarisch zu zeigen, dass biografische Erfahrungen sowie eine exponierte Position innerhalb der Exilregierungen den Ausgangspunkt bildeten, dass sich Exiljuristen als *legal entrepreneurs* in die Nachkriegsplanungen einschalteten.

1 Exiljuristen und die englische Strafrechtswissenschaft

Die Emigration von Rechtswissenschaftlern vor dem Krieg fand in einem Spannungsfeld zwischen der Solidarität mit von den Nationalsozialisten vertriebenen Wissenschaftlern und einer universitären Insel-Mentalität statt. Internationales Recht, Rechtsvergleichung und Kriminologie – die akademischen Disziplinen, die internationale Aspekte des Strafrechts behandeln – wurden in Großbritannien vor der Einwanderung europäischer Rechtswissenschaftler eher stiefmütterlich behandelt oder waren noch überhaupt nicht institutionalisiert. Dies erschwerte einerseits die Platzierung geflüchteter Strafrechtler an englischen Universitäten, weil es weniger Institute und Stellen gab, andererseits bot sich eine zu besetzende Lücke an, in der es weniger Konkurrenz mit englischen Wissenschaftlern gab als in anderen Bereichen. Diese Situation wird im Folgenden vor dem Hintergrund der juristischen Wissenschaftsemigration aus Deutschland sowie der Reaktion britischer Universitäten dargestellt, bevor die Biografien des Exils von Max Grünhut aus Bonn, Hermann Mannheim aus Berlin und Leon Radzinowicz aus Warschau und ihre jeweiligen Strategien, sich eine neue (akademische) Heimat aufzubauen, analysiert werden.

Die juristische Wissenschaftsemigration aus Deutschland

Als die Nationalsozialisten 1933 die Macht übernahmen, war rasch klar, dass jüdische Wissenschaftlerinnen und Wissenschaftler von ihren Positionen entfernt werden würden. Bereits am 7. April 1933 wurde das »Gesetz zur Wiederherstellung des Berufsbeamtentums« verabschiedet, infolgedessen alle »nichtarischen« Beamten aus dem öffentlichen Dienst entlassen wurden (zunächst noch mit Ausnahme von Veteranen des Ersten Weltkriegs). Rechtsanwälte waren auch betroffen, da ihnen die Gerichtszulassung entzogen wurde. Ein Jahr später waren 2000 Beamte im Justizdienst und etwa 4000 Anwälte aus ihren Berufen vertrieben worden.[1] Die meisten emigrierten Juden blieben vorerst in Mitteleuropa und hofften auf eine Rückkehr nach Deutschland. Bis 1938 vermieden auch viele Juristen die Emigration, hofften auf eine baldige Besserung der politischen Lage und versuchten berufsnah zu arbeiten, etwa als juristische Berater für die Auswanderung aus Deutschland. Auch im Ausland schätzte man ihre Chancen, sich neu zu etablieren, gering ein. Wie Leonie Breunung herausstellt, war nicht nur die Rechtswissenschaft als Disziplin nationalstaatlich geprägt, sondern sind das kodifizierte deutsche und das auf Richtersprüchen basierende angloamerikanische Recht »zwei grundlegend unterschiedlich strukturierte Rechtssysteme«.[2] So bedauerte James L. Brierly, Professor für Internationales Recht in Oxford, 1933: »Except for the internationalists, for whom openings are very few, it will be literally impossible for the English Universities to use them at all. Of course if they come to us, we must do our best, but their best course is to look to the Continental countries.«[3] Die Pogrome vom

1 Ernst C. Stiefel/Frank Mecklenburg, Deutsche Juristen im amerikanischen Exil (1933–1950), Tübingen 1991, S. 2.

2 Leonie Breunung, Rechtswissenschaften, in: Claus-Dieter Krohn u.a. (Hg.), Handbuch der deutschsprachigen Emigration 1933–1945, 2., unveränd. Aufl., Darmstadt 2008, S. 869–883, hier S. 880.

3 University of Oxford, Bodleian Libraries [Bod], Papers of the Society for the Protection of Science and Learning [SPSL], 17/8, James L. Brierly an Gent (Secretary, Academic Assistance Council), 30.9.1933, fol. 625.

9. November sowie der Entzug der Anwaltszulassung für alle »Nichtarier« zerstörten auch diese Hoffnungen und die Auswanderungszahlen stiegen stark an.[4] Auch nach Großbritannien kam der Großteil der deutschen Emigranten zwischen dem »Anschluss« Österreichs, der Sudetenkrise und den Novemberpogromen 1938 sowie Kriegsbeginn. So waren es vor 1935 weniger als 2500 deutsche Flüchtlinge, die sich zur selben Zeit in Großbritannien aufhielten, bis zum Sommer 1937 waren es lediglich 8000 deutsche Emigranten. Zu Kriegsausbruch im September 1939 befanden sich dann etwa 40 000 jüdische Flüchtlinge aus Deutschland, Österreich und der Tschechoslowakei in Großbritannien.[5]

Dies ist nicht nur mit der geringen Auswanderungsquote zu erklären. Da es kein internationales Asylrecht gab, fielen jüdische Flüchtlinge aus dem rechtlichen Netz der Verantwortung von Nationalstaaten für ihre Bürger heraus und konnten auch staatenlos werden.[6] Ob ihnen Schutz gewährt wurde, oblag dem Ermessen der jeweiligen Regierungen. Die britische Migrationspolitik der 1930er Jahre stand ihrerseits ganz im Zeichen der Appeasement-Politik gegenüber Deutschland sowie der schlechten wirtschaftlichen Lage nach der Weltwirtschaftskrise 1929, der man mit Wirtschaftsnationalismus begegnete. Als Schutzsuchende akzeptiert wurden vor allem Transit-Emigranten, die Großbritannien nur als Zwischenstation nutzten, und Menschen, die in sogenannten Mangelberufen eine Anstellung gefunden hatten. Alle Bewerber für ein Visum mussten nachweisen, dass sie über genügend finanzielle Mittel verfügten, um dem britischen Staat nicht zur Last zu fallen. Für jüdische Flüchtlinge übernahm diese Garantie die britisch-jüdische Gemeinde.[7] Für Wissenschaftler verlangte das Innenministerium eine Einkommensgarantie von 200 Pfund pro Jahr.[8]

Die gesamte Migration nach Großbritannien lässt sich, da vor 1939 keine amtlichen Daten erhoben wurden, nur schätzen: Die höchste Zahl findet sich bei Louise London, die angibt, dass Großbritannien zwischen 1933 und 1939 90 000 Flüchtlinge

---

4 Nachdem zwischen 1934 und 1937 nicht mehr als 25 000 Juden im Jahr ausgewandert waren, waren es 1938/39 viermal so viele. 1940/41 schafften es immerhin noch 23 000 Juden zu emigrieren, bevor ab Oktober 1941 die Auswanderung verboten wurde. Vgl. Stiefel/Mecklenburg, Deutsche Juristen, S. 2f.

5 Waltraud Strickhausen, Großbritannien, in: Krohn, Handbuch, S. 251–269, hier S. 253.

6 Anne Klein, Flüchtlingspolitik und Flüchtlingshilfe 1940–1942: Varian Fry und die Komitees zur Rettung politisch Verfolgter in New York und Marseille, Berlin 2007, S. 35. Zur Staatenlosigkeit siehe Kathrin Kollmeier, Staatenlos in einer staatlich geordneten Welt: Eine politische Signatur des 20. Jahrhunderts im Spannungsfeld von Souveränität, Menschenrechten und Zugehörigkeit, in: Neue Politische Literatur (2012) 1, S. 49–66.

7 Strickhausen, Großbritannien, S. 252f.

8 Vgl. Oxford University Press Archive [OUP Archive], CG 62, Kenneth Sisam (OUP) an William Adams (All Souls College), 19.12.1940.

aufnahm, von denen etwa 90 Prozent Juden waren.[9] Dies stimmt ungefähr überein mit den Angaben des britischen Innenministeriums 1943, nach denen sich bei Ausbruch des Kriegs im September 1939 78 000 Flüchtlinge im Land befanden, darunter 70 000 Juden.[10] Weitere 10 000 Juden gelangten während des Kriegs nach Großbritannien.[11] Gemessen an der halben Million Emigranten, die Deutschland zwischen 1933 und 1941 verließen, ist das eine recht geringe Zahl.[12] So kommt Louise London zu dem Schluss: »[E]scape to Britain was an exception for a lucky few; exclusion was the fate of the majority.«[13] Auch der Anteil der 650 deutschen emigrierten Wissenschaftler, die bis 1935 eine feste Anstellung in Großbritannien fanden, ist mit 57 Prozent niedrig.[14] Geflüchtete Wissenschaftler sollten nicht langfristig in Großbritannien bleiben. Stattdessen wurden britische Universitäten eher als Zwischenstopp auf dem Weg in ein neues Leben gesehen.[15]

Für die deutsche Rechtswissenschaft hat Leonie Breunung eine gruppenbiografische Auswertung vorgenommen und kommt zu folgendem Ergebnis: Nach 1933 wurden 132 Personen von deutschen Jurafakultäten ausgeschlossen, ein Drittel aus politischen Gründen, 88 wegen ihrer jüdischen »Herkunft«. 69 (überwiegend jüdische) Rechtswissenschaftler entschieden sich zur Emigration, 15 davon gingen nach Großbritannien, 24 in die USA. Von den 69 Emigranten führten 48 ihre wissenschaftliche Karriere erfolgreich fort, allerdings meist in anderen Fachbereichen als der deutschen Rechtslehre.[16] Die im Ausland erfolgreichen Exiljuristen waren vor ihrer Flucht größtenteils ordentliche Professoren gewesen. Jüngere, weniger gut ausgebildete und vernetzte Juristen, aber auch ältere, kurz vor ihrer Pensionierung stehende Juristen emigrierten nicht.[17] So fanden lediglich sechs der deutschen Juristen, die 1933 entlassen worden waren, vor oder während des Kriegs eine feste

---

9 Louise London, Whitehall and the Jews, 1933–1948: British Immigration Policy, Jewish Refugees and the Holocaust, Cambridge 2001, S. 12f.

10 Strickhausen, Großbritannien, S. 254.

11 Colin Holmes, British Government Policy Towards Wartime Refugees, in: Martin Conway/José Gotovitch (Hg.), Europe in Exile: European Exile Communities in Britain 1940–45, New York 2001, S. 11–34, hier S. 13.

12 Reinhard Zimmermann, »Was Heimat hieß, nun heißt es Hölle«: The Emigration of Lawyers from Hitler's Germany. Political Background, Legal Framework, and Cultural Context, in: Jack Beatson/Reinhard Zimmermann (Hg.), Jurists Uprooted: German-Speaking Emigré Lawyers in Twentieth Century Britain, Oxford 2014, S. 1–72, hier S. 25.

13 London, Whitehall, S. 13.

14 Allerdings wurden zudem 155 befristete Lehr- oder Forschungsverträge vergeben. Strickhausen, Großbritannien, S. 256.

15 Norman Bentwich zit.n. Jack Beatson, Aliens, Enemy Aliens, and Friendly Enemy Aliens: Britain as a Home for Émigré and Refugee Lawyers, in: Beatson/Zimmermann, Jurists Uprooted, S. 73–104, hier S. 88.

16 Breunung, Rechtswissenschaften, S. 870–876.

17 Ebd., S. 875.

Anstellung an britischen juristischen Fakultäten. Es handelt sich um Otto Kahn-Freund (LSE), Wolfgang Friedmann (auch LSE), David Daube (Caius College, Cambridge), Georg Schwarzenberger (University College London), Fritz Pringsheim (Oxford) und Josef Unger (University College of Wales). Hermann Mannheim, Berliner Professor für Strafrecht, bekam einen Lehrauftrag am Institut für Soziologie der LSE. Andere deutsche Juristen wurden nach dem Krieg auf Stellen an britischen Universitäten berufen.[18]

Gerade beruflich so spezialisierte Flüchtlinge wie Juristen hatten es also nicht leicht, auf dem britischen Arbeitsmarkt eine ihrer Qualifikation entsprechende Anstellung zu finden. Viele Exiljuristen nahmen sogar vollkommen andere Berufe auf, zum Beispiel im Bankensektor.[19] Bis in die 1930er Jahre kann das britische Universitätssystem als in sich geschlossen beschrieben werden.[20] Insgesamt schätzt etwa Leonie Breunung den Einfluss der juristischen Wissenschaftsemigration auf die Rechtswissenschaft Großbritanniens als gering ein. Die Voraussetzungen für einen Transfer zwischen der kontinentaleuropäischen und der angelsächsischen Rechts- und Wissenschaftskultur seien in den 1930er und 40er Jahren eher schlecht gewesen. Die »stärker pragmatisch, auf Verwertbarkeit ausgerichtete angloamerikanische Wissenschaftstradition« habe wenig Anschlusspunkte für die »fundamentale Theorie- und Systembildung« kontinentaleuropäischer Juristen geboten.[21] Die entscheidenden Faktoren, die über die Erfolgsaussichten der Exiljuristen bestimmten, seien ein hoher akademischer Status und ein fachlicher Schwerpunkt in Fächern wie der Rechtsgeschichte und der Rechtsphilosophie, die nicht explizit an den Nationalstaat gebunden waren, und in randständigen Rechtsgebieten wie dem internationalen Privatrecht und der Rechtsvergleichung.[22] So »bot neben dem Völkerrecht die Kriminologie eine der wenigen Beschäftigungsmöglichkeiten, bei denen sie [deutsche Juristen im Exil] an ihre Ausbildung und ihr Interesse an Rechtsfragen anknüpfen konnten«.[23] Der Sammelband »Jurists Uprooted« (2004), insbesondere der Beitrag Jack Beatsons, weist auch darauf hin, dass die Bedeutung geflüchteter Rechtswissenschaftler vor allem in der »injection of an international and comparative approach« gelegen habe.[24]

---

18 Vgl. Beatson, Émigré and Refugee Lawyers, S. 88.

19 Marion Berghahn, Continental Britons: German-Jewish Refugees from Nazi Germany, überarb. Aufl., Oxford 2007, S. 88f.

20 Anthony Grenville, Academic Refugees in Wartime Oxford: An Overview, in: Sally Crawford/Katharina Ulmschneider/Jaś Elsner (Hg.), Ark of Civilization: Refugee Scholars and Oxford University, 1930–1945, Oxford 2017, S. 50–76, hier S. 51.

21 Breunung, Rechtswissenschaften, S. 880.

22 Ebd., S. 874f.

23 Hubertus Buchstein/Lisa Klingsporn (Hg.), Otto Kirchheimer. Gesammelte Schriften, Band 3: Kriminologische Schriften, Baden-Baden 2019, S. 8.

24 Beatson, Émigré and Refugee Lawyers, S. 103.

Anhand der wissenschaftlichen Biografien von Max Grünhut, Hermann Mannheim und Leon Radzinowicz können die Mechanismen dieses Wissenstransfers und die lokalen Ermöglichungsstrukturen der Wissensproduktion durch Emigranten aufgezeigt werden. Es wird gezeigt, dass der Transfer von Wissen und wissenschaftlicher Arbeit kein unilinearer Prozess ist, in dem Konzepte und Ideen mit ihren Urhebern »mitreisen« und unverändert in das Aufnahmeland »verpflanzt« werden. Vielmehr braucht es eine Art Andockstation: Es muss eine aufnahmebereite Wissenschaftsgemeinschaft geben, die diese Ideen rezipiert und in die eigene Wissenschaftstradition übersetzt.[25] So hat Breunung im Sinne der Wissensgeschichte beobachtet, »dass wissenschaftliche ›Erfindungen‹ sich eben nur im Wege ihrer Rezeption durch die wissenschaftliche Fachgemeinschaft durchsetzen können und im Zuge des Rezeptionsprozesses Änderungen ihrer ursprünglichen Gestalt erfahren«.[26] Auch hier spielen Individuen, die ihrerseits in akademische und diskursive Traditionen eingebettet sind, eine Rolle. Britinnen und Briten wie J. W. Cecil Turner und Margery Fry agierten als Vermittler, die neue Wissensbestände rezipierten und sie über ihr eigenes kulturelles Kapital legitimierten. Sie vermittelten Wissen, Ressourcen und Kontakte, die die Emigranten benötigten, um sich akademisch und sozial zu etablieren.

Ein »ark of civilization«? Britische Universitäten und geflüchtete Wissenschaftler

Waren die britischen Universitäten eine »ark of civilization«[27], wie 2017 postuliert wurde, und wenn ja, für wen? Für diese These spricht, dass sich eine große Zahl an Individuen und wissenschaftlichen Institutionen der Hilfe für Emigranten verschrieben. Ohne diese zivilen Hilfsorganisationen war die Wissenschaftsemigration nach Großbritannien im Zuge der nationalsozialistischen Politik nicht denkbar. Sie ist nicht auf staatliche Steuerung zurückzuführen, sondern auf die Gründung von privaten Initiativen, die sich zum Ziel setzten, Akademiker an britische Universitäten zu vermitteln. 1934 kam es infolge der Vertreibung jüdischer Wissenschaftler aus dem Staatsdienst zu einer Welle von Sympathiebekundungen und es formierten sich private Initiativen zur Hilfe für vertriebene Wissenschaftler. In England waren dies neben dem Jewish Academic Committee, der International Federation of University Women und der Notgemeinschaft Deutscher Wissenschaftler

25 Zur Zirkulation von Wissen: Johan Östling et al., The History of Knowledge and the Circulation of Knowledge: An Introduction, in: dies. (Hg)., Circulation of Knowledge: Explorations in the History of Knowledge, Lund 2018, S. 9–33; James A. Secord, Knowledge in Transit, in: Isis 95 (2004) 4, S. 654–672.

26 Breunung, Rechtswissenschaften, S. 881.

27 Crawford et al., Ark of Civilization.

im Ausland das Academic Assistance Council (AAC).[28] Dessen Gründer Sir William Beveridge nutzte die Empörung, die das »Gesetz zur Wiederherstellung des Berufsbeamtentums« auch im Ausland generiert hatte, und warb mithilfe eines von Wissenschaftlern und Personen des öffentlichen Lebens unterzeichneten Aufrufs eine erste Tranche an Spendengeldern ein, mit denen er das AAC gründete.[29] Unter ihnen war Margery Fry. Sie hatte den Aufruf auf Bitten Beveridges unterschrieben, der befand, dass man noch eine Frau als Unterzeichnerin benötige, war danach jedoch eher eine passive Unterstützerin als aktive Vermittlerin von Geldern und/oder Stellen.[30] Bis 1937 waren für die Unterstützung von über 1200 geflüchteten Wissenschaftlern 75 000 Pfund Spendengelder gesammelt worden.[31] 1935 waren bereits 1200 Hilfegesuche eingegangen,[32] davon 71 Akademiker, die der Kategorie »Law« zugerechnet wurden und von denen wiederum sieben Personen eine feste Anstellung fanden.[33] Auf Grundlage der Bewertung durch Fachkollegen nach den Kategorien A (»outstanding«) bis D (»weak«) wurden diejenigen Akademiker identifiziert, die zum einen besonderer materieller Unterstützung bedurften und denen zum anderen zugetraut wurde, sich akademisch im Ausland zu etablieren und langfristig ihren Lebensunterhalt selbst zu verdienen. Sie sollten in keinem Fall mit den in Großbritannien beheimateten Wissenschaftlern in Wettbewerb um universitäre Ressourcen treten.[34] Es bestand eine gewisse Abwehrhaltung innerhalb der eng-

---

28 Einschlägig zum ACC William Henry Beveridge, A Defence of Free Learning, London 1959. Vgl. Christian Fleck, The Role of Refugee Help Organizations in the Placement of German and Austrian Scholars Abroad, in: Edward Timms/Jon Hughes (Hg.), Intellectual Migration and Cultural Transformation: Refugees from National Socialism in the English-Speaking World, Wien 2003, S. 21–36; Isabella Löhr, Solidarity and the Academic Community: The Support Networks for Refugee Scholars in the 1930s, in: Journal of Modern European History 12 (2014) 2, S. 231–246; Johannes Feichtinger, Wissenschaft zwischen den Kulturen: Österreichische Hochschullehrer in der Emigration 1933–1945, Frankfurt a. M. 2001.

29 Fleck, Refugee Help Organizations, S. 25.

30 Bod, SPSL 20/4, William H. Beveridge an Margery Fry, 16.5.1933, fol. 69.

31 Bod, SPSL 59/1, AAC, Informal Meeting at Oxford (Confidential Documentation), 13.11.1937, fol. 1. Die Antwort der Colleges fiel dabei sehr unterschiedlich aus. Für Oxford waren All Souls, Balliol, Christ Church, Magdalen und University College zentral in der Wissenschaftshilfe, siehe Paul Weindling, The Impact of German Medical Scientists on British Medicine: A Case Study of Oxford, 1933–45, in: Mitchell G. Ash/Alfons Söllner (Hg.), Forced Migration and Scientific Change: Emigré German-Speaking Scientists, Cambridge 1996, S. 86–115, hier S. 91.

32 Beatson, Émigré and Refugee Lawyers, S. 87.

33 Damit standen Juristen an vierter Stelle, nach 267 Medizinern, 124 Chemikern und 101 Volkswirten. Bod, SPSL 59/2, AAC, Report on the Placing of Dispossessed University Teachers (confidential), ca. 1935, fol. 69. Die vertrauliche Liste hat kein Datum, zählt aber »über tausend« registrierte Anfragen.

34 Vgl. Bod, SPSL 17/8, AAC, Suggested draft personal appeal, 1933, fol. 613. Vgl. auch Löhr, Solidarity and the Academic Community, S. 241.

lischen Akademie gegenüber den Neuankömmlingen, die den Wettbewerb um die wenigen Stellen weiter verschärften.[35]

So präsentierte das AAC seine Arbeit »as a measure of defence for academic and scientific freedom, and not specifically as a Jewish question«.[36] Beides – Wissenschaftshilfe und die Verfolgung der Juden – war offensichtlich nicht voneinander zu trennen, jedoch versuchte man sich nicht als »jüdische«, sondern als akademische Hilfsorganisation zu präsentieren.[37] Auch wollte man sich nicht als Wohltätigkeitsorganisation verstanden wissen: »The task is not a purely charitable one. The Council ardently desires to preserve the scholarship and learning which our colleagues possess, and to maintain an active support for the principle of academic freedom.«[38] Die Arbeit des AAC beruhte auf der Annahme – oder zumindest der Beschwörung – einer transnationalen Wissens- und Wissenschaftsgemeinschaft, in der Forschung unabhängig von politischer Einstellung, nationaler Herkunft und lokaler Tradition neutral und objektiv vorangetrieben wurde.[39]

1937 stellte man selbstkritisch fest, dass man aus Mangel an Erfahrung und Koordination unter den nationalen Hilfskomitees in einigen Fällen Hilfsangebote finanzieller und nicht finanzieller Art nicht effizient genug verteilt habe. So hätten einige Wissenschaftler Hilfe erhalten, wo diese überflüssig war, und anderen Stellen seien vermittelt worden, die kein langfristiges Auskommen sicherten.[40] Um einige dieser Ineffizienzen zu beheben, kollaborierte das AAC eng mit der Notgemeinschaft Deutscher Wissenschaftler im Ausland. Man teilte sich nicht nur ein Büro in London, sondern nutzte auch gemeinsam ein Zentralregister aller vertriebenen deutschen Wissenschaftler.[41] Die Notgemeinschaft war 1933 von Fritz Demuth in Zürich gegründet worden und funktionierte nicht als Geldgeber, sondern als »placefinding and information service« für deutsche Wissenschaftler und Akademiker.[42]

Was die Hilfe für Strafrechtler betrifft, war die Einschätzung der Zeitgenossen 1934 einhellig: Eigentlich interessierte sich die juristische Zunft in Großbritanni-

35 Laurence Brockliss, Welcoming and Supporting Refugee Scholars: The Role of Oxford's Colleges, in: Crawford et al., Ark of Civilization, S. 62–76, insb. S. 65.

36 Zit. n. Ralf Dahrendorf, LSE: A History of the London School of Economics and Political Science, 1895–1995, Oxford 1995, S. 293.

37 Vgl. das Selbstporträt der SPSL: Bod, SPSL 59/1, AAC, Informal Meeting at Oxford (Confidential Documentation), 13.11.1937, fol. 1f.

38 Bod, SPSL 59/1, AAC, Spendenaufruf, vermutl. 2.3.1934, fol. 14. Siehe auch Bod, SPSL 59/1, AAC, Informal Meeting at Oxford (Confidential Documentation), 13.11.1937, fol. 8.

39 Vgl. Löhr, Academic Solidarity.

40 Bod, SPSL 59/1, AAC, Informal Meeting at Oxford (Confidential Documentation), 13.11.1937, fol. 7.

41 Ebd., fol. 1 und 8.

42 Ebd., fol. 3.

en nicht für kriminologische Themen.[43] Zu dieser Zeit steckte die Kriminologie in Großbritannien noch in ihren Kinderschuhen und fand nur peripheres Interesse in den Rechtswissenschaften.[44] Als sich die Kriminologie Ende des 19. Jahrhunderts als distinkte wissenschaftliche Praxis in Kontinentaleuropa entwickelte, weckte dies kaum Interesse in Großbritannien. Das wissenschaftliche Studium von Kriminalität und Kriminellen wurde vor allem von Gefängnisärzten und Psychiatern betrieben, die selbst eng mit den Institutionen des Strafvollzugs verbunden waren und den abstrakten Theorien eines Cesare Lombroso wenig abgewinnen konnten. Diese »medico-legal tradition« wirkte auf die weitere Entwicklung der Kriminologie in Großbritannien ein, und auch die enge Verzahnung mit staatlichen Institutionen blieb bestehen.[45] Die ersten großen empirischen Studien wurden in den 1930ern von der Gefängniskommission (Prison Commission) und dem Innenministerium angestoßen, die sich davon direkten politischen Nutzen und eine praktische Anwendung versprachen.[46] Wie David Garland herausgearbeitet hat, bildete sich die Kriminologie Mitte der 1930er Jahre als akademische Disziplin mit einer »distinctive disciplinary identity, with its own journals, professional associations, professorships and institutes« heraus.[47] Während des Kriegs wurden erste Schritte hin zur Akademisierung gemacht, und in den 1950ern fand die von Radzinowicz, Mannheim und Grünhut entwickelte Kriminologie die (finanzielle) Unterstützung der Regierung.[48]

Nicht zu Unrecht galten Grünhut, Mannheim und Radzinowicz schon Zeitgenossen als Gründungsväter der Kriminologie.[49] Roger Hood, der bis 2003 die Professur für Kriminologie in Oxford innehatte, rief 2004 in seiner detaillierten biografischen Studie zu Grünhut und Mannheim dazu auf, beiden die Anerkennung zukommen zu lassen, die diese verdienten.[50] Auch andere Kriminologie-Lehrbücher folgen dem Narrativ der Pioniere, oder dem »tale of icons and demons«, wie

---

43 »It is a subject which does not attract a great deal of academic attention.« Bod, SPSL 270/2, Robert S. T. Chorley (LSE) an AAC, 2.2.1934, fol. 38. Um das Völkerrecht als Disziplin in England war es ein wenig besser bestellt: »The number of posts available is small, but English scholars tend to neglect the subject so that there is from time to time a need for a good man.« Ebd., fol. 39.

44 Vgl. Terence Morris, British Criminology: 1935–48, in: The British Journal of Criminology 28 (1988) 2, S. 20–34.

45 David Garland, Of Crimes and Criminals: The Development of Criminology in Britain, in: Mike Maguire/Rod Morgan/Robert Reiner (Hg.), The Oxford Handbook of Criminology, 2. überarb. Aufl., Oxford, New York 1997, S. 11–56, hier S. 37.

46 Garland, Of Crimes and Criminals, S. 34–40 und S. 44 (Zitat).

47 Ebd., S. 11 und 44.

48 Ebd., S. 46.

49 Siehe z.B. Terence Morris, Father of Criminology, in: OBS, 12.12.1965, zit.n. Bod, SPSL 270/2, fol. 260.

50 Roger Hood, Hermann Mannheim and Max Grünhut: Criminological Pioneers in London and Oxford, in: The British Journal of Criminology 44 (2004) 4, S. 469–495, hier S. 479.

es Garland so elegant formuliert hat.[51] Diese Fortschrittserzählung, an deren Ende die aufgeklärte Kriminologie der Gegenwart steht, kann verkompliziert werden. Tatsächlich führte die Einwanderung der deutschen Strafrechtler Max Grünhut aus Bonn und Hermann Mannheim aus Berlin sowie Leon Radzinowicz aus Warschau langfristig zu einer Institutionalisierung der Kriminologie. Es ist jedoch nicht allein diesen »Pionieren« zuzuschreiben, dass sich die Kriminologie in den 1940er und 1950er Jahren etablierte und zur akademisch verfassten Disziplin wurde. Das Geschehen stellt sich als komplexe Austauschbeziehung dar. In der Interaktion der kontinentalen Vorliebe für Theoriebildung, die sich bei allen drei Juristen beobachten lässt, und einem angelsächsischen Pragmatismus bildete sich eine spezifische Prägung britischer Kriminologie aus, den Roger Hood als pragmatische und humanistische Herangehensweise charakterisiert hat.[52] Die Biografien von Grünhut, Mannheim und Radzinowicz zeigen diesen Aspekt der Wissenschaftsgeschichte der Kriminologie eindrücklich, was wiederum den Hintergrund bildet, vor dem 1941 die Cambridge Commission und das Internationale Komitee der HLPR gegründet wurden.

2 Anpassungsstrategien im »London Moment«

Max Grünhut: Ein Strafrechtsreformer am All Souls College in Oxford

Max Grünhut wurde 1893 geboren und begann 1912 ein Jurastudium in Heidelberg.[53] Grünhut wurde 1920 promoviert und habilitierte sich 1922 in Hamburg mit einer Arbeit zu Anselm von Feuerbach, der 1801 das Prinzip *nulla poena sine lege* begrifflich prägnant formulierte.[54] 1925 wurde er in Jena zum ordentlichen Professor für Straf- und Prozessrecht ernannt, und wechselte 1928 nach Bonn, wo er bei der Machtübernahme der Nationalsozialisten 1933 noch lehrte. Grünhut war Vorstandsmitglied der Deutschen Landesgruppe der Internationalen Kriminalistischen Vereinigung (auch

51 Garland, Of Crimes and Criminals, S. 14.

52 Hood, Pioneers, S. 470.

53 Bod, SPSL 265/8, Curriculum Vitae Dr. Max Grünhut, fol. 306 und Bod, SPSL 265/8, Lebenslauf Dr. Max Grünhut, fol. 315f.

54 Max Grünhut, Die geschichtliche Bedeutung von Feuerbachs »Revision der Grundsätze und Grundbegriffe des positiven peinlichen Rechts«, Dissertation Universität Hamburg 1921; Max Grünhut, Anselm v. Feuerbach und das Problem der strafrechtlichen Zurechnung., Hamburg 1922. S. auch Hood, Pioneers; Carsten Bernoth, Max Grünhut, in: Mathias Schmoeckel (Hg.), Die Juristen der Universität Bonn im »Dritten Reich«, Köln 2004, S. 251–279; Ulrike Fontaine, Max Grünhut (1893–1964): Leben und wissenschaftliches Wirken eines deutschen Strafrechtlers jüdischer Herkunft, Frankfurt a. M. 1998.

Mannheim war Mitglied im IKV)[55] und Mitherausgeber der *Zeitschrift für die gesamte Strafrechtswissenschaft*. 1933 wurde er dann mit gerade einmal 40 Jahren wegen seiner »nichtarischen Abstammung« in den Ruhestand versetzt, obwohl er konvertiert war und sich nicht der jüdischen Gemeinde zurechnete. Seine Rentenansprüche wurden von der Universität abgelehnt, aber für vorerst zwei Jahre sollte ihm ein Härteausgleich gezahlt werden.[56]

Daraufhin wandte er sich 1934 an das AAC, ermutigt von Fritz Demuth, Gründer der Notgemeinschaft deutscher Wissenschaftler im Ausland.[57] In seinem Feld war er, so sollte sein der AAC vorgelegter Lebenslauf vermitteln, ein etablierter Wissenschaftler mit internationalen Verbindungen.[58] Als Referenz gab Grünhut unter anderem Ernst Delaquis an, Professor für Strafrecht in Hamburg und eine Schlüsselfigur in der internationalen Reformbewegung.[59] Grünhut versuchte zu vermeiden, sich als Experte für das deutsche Strafrecht zu positionieren, und betonte, dass er sich auf Anregung seines Lehrers Moritz Liepmann (ein Vertreter der Reformgedanken von Liszts) schon seit Beginn seiner wissenschaftlichen Karriere mit den sogenannten Grenzgebieten des Faches – den »sozialen und psychologischen Probleme[n] der Kriminalität« und den »pädagogischen Aufgaben des Strafvollzugs, wie es den Forderungen der v. Lisztschen Strafrechtsschule entsprach« – auseinandergesetzt habe.[60] Grünhut rechnete sich der soziologischen Strafrechtsschule zu und präsentiert sich als wandelbar und interessiert an Fragen des Strafrechts, die aus internationaler Perspektive betrachtet werden können. Seine Publikationsliste zeigt, dass er sich in seiner bisherigen wissenschaftlichen Laufbahn zwar vorwiegend mit deutschem Strafrecht und Strafprozessrecht, aber auch mit Themen wie der Gefangenenfürsorge und der Kriminalpolitik aus juristischer Sicht befasst hatte.[61] Dementsprechend hat Ulrike Fontaine dargestellt, dass sich Grünhut seit

---

55 Vgl. Horst Göppinger, Juristen jüdischer Abstammung im »Dritten Reich«: Entrechtung und Verfolgung, 2. rev. Aufl., München 1990, S. 133f.

56 Bod, SPSL 265/8, General Information Dr. Max Grünhut, fol. 308. Es handelte sich um eine Beihilfe von 262 Reichsmark monatlich. Vgl. Bod, SPSL 265/8, Fritz Demuth (Notgemeinschaft Deutscher Wissenschaftler im Ausland) an AAC, 9.10.1934, fol. 342. 1932 hatte Grünhut ein Einkommen von über 18 000 Reichsmark gehabt. Bod, SPSL 265/8, General Information Dr. Max Grünhut, fol. 307f. Zum »Kampf um das Ruhegeld« siehe Bernoth, Grünhut, S. 260–268.

57 Seine Unterlagen reichte er am 27.7.1934 ein. Vgl. Bod, SPSL 265/8, Max Grünhut an Walter Adams (General Secretary, AAC), 27.7.1934, fol. 339. Demuth hatte festgestellt, dass Grünhut »near a nervous break-down« sei. Zit. n. Bod, SPSL 265/8, Walter Kotschnig an AAC, 6.6.1934, fol. 314.

58 Bod, SPSL 265/8, Curriculum Vitae Dr. Max Grünhut, fol. 306.

59 Martina Henze, Transnational Cooperation and Criminal Policy: The Prison Reform Movement, 1820s–1950s, in: Davide Rodogno (Hg.), Shaping the Transnational Sphere: Experts, Networks and Issues from the 1840s to the 1930s, New York 2015, S. 197–217, passim.

60 Bod, SPSL 265/8, Lebenslauf Dr. Max Grünhut, fol. 315f.

61 Bod, SPSL 265/8, Publications Dr. Max Grünhut, fol. 310.

Beginn seiner universitären Laufbahn einer Strafrechtsreform verpflichtet fühlte, nach der der »Strafvollzug als Erziehungsaufgabe verstanden wird«.[62] Grünhut sah den Täter »in seinen sozialen Bezügen«, weswegen er das Tatschuldprinzip (und ein festgelegtes Strafmaß für bestimmte Taten) ablehnte. Er forderte, statt der begangenen Tat die Persönlichkeit des Täters als Grundlage der Strafzumessung zu nehmen (»charakterologische Schuldauffassung«).[63] Daher müsse der Richter zum Schutz der Gesellschaft die Entscheidungshoheit über die Art und Härte der von ihm verhängten Strafen haben. Dieser Ansatz war zu dem Zeitpunkt umstritten, aber eine der zentralen Forderungen der internationalen Strafrechtsreformbewegung, insbesondere der Internationalen Kriminalistischen Vereinigung IKV.[64]

Grünhut war jedoch kein einfach zu vermittelnder Bewerber. Er sah sich weder in der Lage, außerwissenschaftlich zu arbeiten, noch auf Englisch zu schreiben, und wollte Deutschland eigentlich nicht verlassen.[65] Er hoffe immer noch, dass seine »Gnadenpension« von Jahr zu Jahr erneuert werde.[66] Dennoch war ihm seine prekäre Lage bewusst; er erörterte mit Charles M. Skepper vom AAC seine Chancen, eine Position in den Fächern Strafrecht und Kriminologie zu finden angesichts dessen, dass eine wissenschaftliche Kriminologie in England so gut wie gar nicht existiere.[67] Skepper stimmte mit ihm überein, dass das Thema der Kriminologie unterentwickelt und kein großes Interesse zu erwarten sei.[68] Obwohl Grünhut gute Referenzen durch Professor Ernst J. Cohn erhielt,[69] sah der AAC zunächst keine Möglichkeit, Grünhut Vortragsmöglichkeiten in England zu vermitteln – von einer Stelle war zu dem Zeitpunkt überhaupt nicht die Rede.[70] Auf Fürsprache von Demuth finanzierte das AAC Grünhut im Dezember 1934 jedoch einen Forschungsaufenthalt in London. Hier wird deutlich, dass die Emigration stark von bestehenden persönlichen Netzwerken und Fürsprechern abhing. Grünhut hielt – nach der engagierten Vermittlung durch das AAC – drei Vorträge an der LSE und lernte Cyril Burt (»The Juvenile Delinquent«) und Margery Fry, Präsidentin der HLPR, kennen.[71] Das AAC ermög-

62 Zit. n. Fontaine, Grünhut, S. 32.

63 Fontaine, Grünhut, S. 91 und S. 105–112.

64 Vgl. ebd., S. 34.

65 Bod, SPSL 265/8, General Information Dr. Max Grünhut, fol. 308; Bod, SPSL 265/8, Notiz, 28.11.1934, fol. 370.

66 Bod, SPSL 265/8, Notiz, 18.12.1934, fol. 386.

67 Bod, SPSL 265/8, Max Grünhut an Charles M. Skepper (Assistant Secretary, AAC), 3.2.1935, fol. 389.

68 Bod, SPSL 265/8, Charles M. Skepper an Fritz Demuth, 1.10.1934, fol. 341.

69 Bod, SPSL 265/8, Notiz zu einem Treffen von Skepper mit Ernst J. Cohn, 28.1.1934, fol. 313. Eine interne Notiz des AAC beschreibt Grünhut als »one of the best german [sic!] lawyers.« Bod, SPSL 265/8, Notiz, o. D., fol. 334.

70 Bod, SPSL 265/8, Skepper an Demuth, 1.10.1934, fol. 341.

71 Bod, SPSL 265/8, Curriculum Dr. Max Grünhut, fol. 322.

lichte Grünhut so, schon früh wichtige Kontakte zu wissenschaftlichen und zivilgesellschaftlichen Akteuren der englischen Strafrechtsreformbewegung zu knüpfen.

Abb. 1: Max Grünhut, o.J.

ULB Bonn, Porträtsammlung © Creative Commons Gemeinfrei 1.0 Internationale Lizenz

Grünhut versuchte zu dieser Zeit, sich mit neuen Veröffentlichungen und seinen Verbindungen in die USA zu empfehlen. Er vervollständigte nicht nur Moritz Liepmanns »Krieg und Kriminalität in Deutschland«, das in der vom Carnegie Endowment for Peace veröffentlichten »Economic and Social History of the World

War« veröffentlicht wurde, sondern gewann auch den amerikanischen Kriminologen Thorsten Sellin, der sich einen Namen mit Arbeiten zu Kriminalstatistiken gemacht hatte, dafür, Grünhuts LSE-Vortrag »Criminological Tendencies in the European Legislation« ins Englische zu übersetzen und zu veröffentlichen, in dem dieser Gedanken zur Aussagekraft und Vergleichbarkeit von Kriminalitätsstatistiken in Europa formuliert hatte.[72] 1936 und 1937 hielt Grünhut weitere Vorlesungen an der LSE und dem University College, London.

Die Vorbereitungen, so zeigt es die Korrespondenz, wurden durch die zunehmende Diskriminierung von Juden in Deutschland erschwert. So bat Grünhut darum, privat eingeladen zu werden, da er für eine Vortragsreise eine offizielle Genehmigung benötigte. Zudem wollte er keine Geldsendungen in Deutschland empfangen.[73] Gleichzeitig unternahm Grünhut intensive Bemühungen, eine Anstellung in Betrieben sowie »nichtarischen« Kanzleien und Firmen – »auch nur als angestellter Hilfsarbeiter« – in Hamburg zu finden. Diese litten aber entweder selbst unter wirtschaftlicher Unsicherheit oder wollten niemanden einstellen, der weder Mitglied der Deutschen Arbeiterfront werden noch sich frei im öffentlichen Raum bewegen könne.[74] Er glaubte, dass seine Bemühungen, im Ausland eine akademische Anstellung zu finden, noch keine Früchte getragen hätten, weil sein Schwerpunkt »deutsches Straf- und Prozessrecht in enger Anlehnung an das heimische Rechtsleben und die deutsche Geistesgeschichte« sei – »[d]afür ist keine Verwendung im Ausland.« Immerhin habe er in England Vorträge zu Kriminologie halten können, allerdings haben sich für eine Wiederholung keine Mittel finden lassen, denn »Kriminologie ist, so wurde erklärt, in England kein Fach. Eine Anstellung sei hierfür nicht möglich.«[75] Deswegen habe er auch Kontakt in die USA aufgenommen, der Berliner Vertreter der Rockefeller und Carnegie-Stiftungen jedoch »bezeichnete die Aussichten für Amerika als völlig hoffnungslos.« So stellte Grünhut fest, dass für ihn trotz seiner langen Jahre an deutschen Universitäten »keine Möglichkeit besteht, durch eigene berufliche Arbeit für meine Frau und mich den Lebensunterhalt zu verdienen.«[76]

---

72 Bod, SPSL 265/8, Curriculum Dr. Max Grünhut, fol. 335; ebd., Max Grünhut, Criminological Tendencies in the European Legislation: Some Introductory Lectures, 1934, fol. 323–333. Später war Sellin auch Mitglied der International Group of Experts on the Prevention of Crime and Treatment of Offenders, die 1945 im Zuge der Reformierung der IPPC eingesetzt wurde. Siehe Reece Walters, Deviant Knowledge: Criminology, Politics and Policy, London 2013, S. 41, Fn. 2.

73 Bod, SPSL 265/8, Walter Adams an W.J.B. Crotch (LSE), 23.3.1936, fol. 395.

74 Universitätsarchiv Bonn, Personalakte Max Grünhut, PA 2624, Brief an den Universitätskurator, 12.6.1936, Anlage, S. 1. Mein Dank gilt Thomas Fuchs für die Bereitstellung der Akte.

75 Ebd., S. 2.

76 Ebd., S. 2f.

Auch wenn es sich hierbei um eine Bittschrift an den Universitätskurator handelt und sie somit mit Vorsicht zu genießen ist, war die Lageeinschätzung durchaus korrekt. Seine finanzielle Situation wurde zunehmend schwierig.[77] Im Juli 1938 schrieb Walter Adams vom AAC, dass Grünhuts Position sich so verschlechtert habe, dass er ihn um Hilfe angefleht habe.[78] Auf die Hilfe jüdischer Organisationen konnte Grünhut nicht zählen, da er, wie Roger Hood herausstellt, als gläubiger Protestant in einem »ethnic no man's land« gefangen war – durch die Nazis als Jude von der Gesellschaft ausgeschlossen, von Juden als kein »actual Jew« abgelehnt.[79] Da inzwischen Hermann Mannheim an der LSE lehrte, war es zu diesem Zeitpunkt aus Sicht der AAC unwahrscheinlich, dass Grünhut ebenfalls eine Anstellung in England finden würde. Der Generalsekretär des AAC, Walter Adams, und Assistant Secretary Esther Simpson setzten sich dennoch weiter für ihn ein.[80] Sie suchten eine Verwendung für Grünhut in angrenzenden Fachgebieten wie den Sozialwissenschaften, da sie eine Konkurrenzsituation zwischen Grünhut und Mannheim befürchteten, die mit Grünhuts Emigration auch eintreten sollte.[81]

Es war jedoch keine rechtswissenschaftliche Fakultät, sondern ein College, das Grünhut Zuflucht bot. Im Dezember 1938 beschloss das All Souls College in Oxford, Grünhut dabei zu unterstützen, in England seine Studien der Kriminologie weiterzuverfolgen.[82] Er sollte ein Forschungsstipendium in Höhe von 300 GBP erhalten.[83] Die Unterstützung durch All Souls lässt sich auf das Engagement dessen Leiters William Adams zurückführen, der Teil des britischen Netzwerks von Sozial- und Strafvollzugsreformern war, das sich auf das College erstreckte. Der Politikwissenschaftler Adams war auch Mitbegründer und Präsident der Barnett House Association. Deren Kurse, öffentliche Vorlesungen und Bibliothek sollten dazu dienen, die öffentliche Wohlfahrt vor allem im ländlichen Raum zu professionalisieren und zu akademisieren.[84] Unter den Colleges in Oxford trug All Souls am meisten zur Unterstützung geflüchteter Wissenschaftler bei, die bis 1943 insgesamt 32 500 Pfund

77 Vgl. Bod, SPSL 265/8, Walter Adams an William Adams, 27.10.1937, fol. 421.

78 Bod, SPSL 265/8, Walter Adams an William Beveridge, 27.7.1938, fol. 449.

79 Zit. nach Hood, Pioneers, S. 477. Siehe zum Vergleich auch Grenville, Academic Refugees, S. 58.

80 Bod, SPSL 265/8, Walter Adams (General Secretary, AAC) an Robert S. T. Chorley, 11.10.1937, fol. 417.

81 Bod, SPSL 265/8, Walter Adams an James L. Brierly, 27.10.1937, fol. 422.

82 All Souls College, Minute Book, zit. n. Hood, Pioneers, S. 478.

83 Bod, SPSL 265/8, Max Grünhut an unbekannt, 30.5.1939, fol. 464. Zum Vergleich: Eine zweisprachige Stenografin konnte 1942 mit einem Gehalt von etwa 200 GBP rechnen, Nederlands Instituut voor Oorlogsdocumentatie Amsterdam [NIOD], archief 234 de Moor, inv.no 21, London International Assembly, The First Year's Work, 22.10.1942, S. 9.

84 Vgl. C. Violet Butler, Barnett House, 1914 to 1964: A Record for Its Friends, Oxford 1964, S. 5; George Smith et al., Social Enquiry, Social Reform and Social Action: One Hundred Years of Barnett House, Oxford 2014.

aufwendeten.[85] All Souls selbst alimentierte vier geflüchtete Rechtswissenschaftler, Fritz Burkhardt, Hermann Kantorowicz, Martin Wolff und Max Grünhut, mit je 300 oder 400 Pfund im Jahr, »a reasonable if not princely sum«.[86]

Das Innenministerium stellte im Januar 1939 das nötige Visum aus, da All Souls die Zusage zur Finanzierung seines Lebensunterhalts gemacht hatte und die SPSL die Bewerbung unterstützte.[87] So fand Grünhut also Zuflucht in Oxford. Aus der weiteren Korrespondenz aus der Nachkriegszeit kann geschlossen werden, dass Grünhut während der gesamten Kriegszeit von All Souls alimentiert wurde.[88] Im Oktober 1947 wurde er als Dozent *(university lecturer)* für Kriminologie an der Universität Oxford angestellt, anteilig finanziert durch die Universität und das All Souls College.[89] Im selben Jahr wurde er auf Fürsprache Alfred Browns (Rechtsberater in der Deutschland-Abteilung des britischen Außenministeriums) eingebürgert.[90] Daraus ließe sich nun ein lineares Erfolgsnarrativ konstruieren. Grünhuts Biografie zeigt aber vielmehr exemplarisch die prekäre Lebens- und Arbeitssituation vieler deutscher Juristen, die zwar zweifellos Glück hatten, eine Anstellung im Ausland zu finden und Deutschland rechtzeitig vor Kriegsbeginn verlassen zu haben, aber weiterhin von Existenzsorgen geplagt wurden und um (institutionelle, fachliche, persönliche) Anerkennung kämpften.

Nachdem Grünhut im Juli 1939 interniert worden war, begann er, nachdem sich die Universität für ihn eingesetzt hatte, im Oktober 1940 in Oxford zu arbeiten.[91]

---

85 OUP Archives, CG 62, Kenneth Sisam (OUP) an Daniel P. O'Brien (Rockefeller Foundation, London Office), 22.7.1943.

86 Brockliss, Welcoming and Supporting Refugee Scholars, S. 67.

87 Vgl. Bod, SPSL 431/2, Home Office an Esther Simpson (SPSL), 22.12.1938, fol. 302, und Esther Simpson an Alexander Maxwell (Home Office), 23.12.1938, fol. 303.

88 Bod, SPSL 265/8, B. H. Sumner (All Souls College) an Ilse J. Ursell (SPSL), 22.1.1947, fol. 470. Fellow des Colleges wurde Grünhut jedoch nicht.

89 Bod, SPSL 265/8, Notiz Ilse J. Ursell, 19.3.1947, fol. 489. Die Stelle als *lecturer* war vorerst auf drei Jahre befristet, wurde dann um fünf Jahre verlängert und 1951 vorzeitig in eine Stelle als *reader* umgewandelt. Vgl. Bod, SPSL 265/8, Max Grünhut an Ilse J. Ursell, 24.7.1947, fol. 501, sowie die Personalakte Grünhuts: Oxford University Archives [OUA], UR 6/LCE/2: Reader (to 1951, Lecturer) in Criminology, 1947–1964.

90 The National Archives, Kew/London [TNA], HO 334/195/34630, Naturalisation Certificate: Max Grunhut, 14.11.1947. Vgl. Hood, Pioneers, S. 482, Fn. 56.

91 Weindling, German Medical Scientists Medicine, S. 109, Tabelle 4.3: Interned Oxford academics. Ein Prüfungskomitee der Universität hatte Grünhut in Gruppe II (»scholars of great distinction whose contributions to the progress of knowledge are in a class apart«) eingeordnet. Siehe ebd., S. 106, Tabelle 4.2: Vice-chancellor's committee classifications. Nachdem das »Klima fremdenfeindlicher Hysterie« wachsender Kritik an der Internierung und Deportation von Flüchtlingen gewichen war, wurden 1941 fast alle Ausländer wieder entlassen. Vgl. Strickhausen, Großbritannien, S. 257f.

Vorher noch nahm Grünhut zusammen mit Margery Fry, James L. Brierly und Alexander Maxwell (Unterstaatssekretär im Innenministerium) an einer Konferenz zur »Study of Criminology« teil[92] und hielt eine Vorlesung zu John Howard aus Anlass von dessen 150. Todestag.[93] Barnett House eröffnete Grünhut neben seiner Forschung zu Kriminologie und vergleichender Strafrechtswissenschaft verschiedene Beschäftigungsmöglichkeiten: Er wurde Tutor und *supervisor* für Kriminologie und führte von 1941 bis 1944 eine Studie zu den sozialen und pädagogischen Auswirkungen der Evakuierung von 4000 Londoner Schulkindern nach Oxford durch.[94] Die Studie entstand unter Leitung des Barnett House Evacuation Committee, dem wiederum William Adams vorstand.[95] Die Auseinandersetzung Grünhuts mit Themen der sozialen Fürsorge sollte nicht überraschen. Sein Mentor Liepmann hatte sich zeitlebens mit dem Spannungsverhältnis von »Rechtsstaatsidee und Erziehungsstrafe« auseinandergesetzt. Die sozialen, psychiatrischen und pädagogischen Aspekte der Strafrechtspflege beschäftigten auch Grünhut.[96] Im Barnett House sorgten die räumlichen Gegebenheiten dafür, dass Grünhut enge Bande zu der HLPR knüpfte, die ihr Londoner Büro hatte evakuieren müssen und bis 1942 im Barnett House arbeitete.[97] Hier wird deutlich: Nicht die rechtswissenschaftliche Fakultät oder Strafrechtswissenschaftler verschafften Grünhut Zugang zu Orten der Wissensproduktion, sondern britische Sozialreformer, mit denen er Interessen und methodische Zugänge teilte, legitimierten ihn als Träger von Wissen. Vonseiten der Akademie sah man dies jedoch als eine seinem Alter und seinem Ruf nicht angemessene Position an.[98] So blieb ihm zumindest vorerst im universitären Betrieb die formelle Anerkennung verwehrt, die er unzweifelhaft vor 1933 genossen hatte.

Ein Grund hierfür war, dass es Grünhut schlechter als Hermann Mannheim gelang, nicht mehr primär als *deutscher* Jurist, sondern als Kriminologe wahrgenommen zu werden. Während Mannheim schon zum Strafvollzug in England und den USA publizierte, versuchte Grünhut noch, seine Expertise des deutschen Rechts in

---

92 OUA, Department of Social Policy and Social Work: Records of the Barnett House Association [BH], SC 1/8, Barnett House, Invitation, Conference on the Study of Criminology, 6.5.1939.

93 OUA, BH, SC 1/8, Barnett House, Publication Committee, Minutes, 16.10.1940. Diese wurde 1941 im *Howard Journal*, der Zeitschrift der HLPR, veröffentlicht: Max Grünhut, John Howard, in: The Howard Journal 6 (1941) 1, S. 34–44.

94 Vgl. Bod, SPSL 265/8, Max Grünhut an Ilse Ursell, 29.4.1947; OUA, BH, SC 1/2/5, Barnett House Council, Minutes, 14.11.1941.

95 Vgl. Max Grünhut, London Children in War-Time Oxford: A Survey of Social and Educational Results of Evacuation, London 1947.

96 Vgl. Fontaine, Grünhut, S. 20f.

97 OUA, BH, SC 1/25/8, Cicely Craven an Leo Page (House of Lords), 1.4.1941; OUA, BH, SC 1/2/5, Barnett House Association, Minutes, 9.8.1940.

98 Bod, SPSL 265/8, B.H. Sumner (All Souls) an Ilse Ursell (SPSL), 29.1.1947, fol. 475.

wissenschaftliches Kapital umzumünzen. So legte er 1943 eine umfassende Studie zum deutschen Rechtssystem vor, die er 1944 als »The Development of the German Penal System, 1920–1932« in den *English Studies in Criminal Science Pamphlet Series* des Department of Criminal Science veröffentlichte.[99] Er hatte zuvor erfolglos versucht, die zweihundert Seiten lange Studie über seinen Kontakt im britischen Außenministerium, T.H. Marshall, bei der Oxford University Press (OUP) zu platzieren.[100] Marshall arrangierte – trotz seiner Einschätzung, dass die Studie erheblicher sprachlicher Überarbeitung bedürfe – ein Treffen zwischen Grünhut und Professor Brierly, der als sogenannter *delegate* im Vorstand der OUP war und damit über die Annahme und Ablehnung eingereichter Manuskripte entschied. Brierly stand einer Darstellung des nationalsozialistischen Rechts skeptisch gegenüber, da Ernst Fraenkel das Thema mit seinem »Dual State« bereits abgehandelt habe.[101] Sekretär Kenneth Sisam stimmte zu: »I should be against diverting paper and labour to a topical and technical book giving a descriptive analysis of a system which may well have ceased to be topical by the time we get it out.«[102] 1943 war das Thema aus Sicht des Verlagshauses nicht (mehr) von öffentlichem Interesse, weil man sich bereits am Ende des Kriegs sah.

Die Absage wurde Grünhut dann wohl mündlich übermittelt, weshalb der genaue Grund nicht festzustellen ist. 1947 trat man erneut in Verhandlungen um eine vergleichende Studie zur Strafrechtsreform ein.[103] Auch hier beklagte Sisam, dass das größte Problem mit geflüchteten Akademikern wie Grünhut eins der Darstellung sei.[104] Wo Sisam einen Mangel an literarischer Finesse und Verständlichkeit sah (ein anderer OUP-Mitarbeiter nannte Grünhuts Stil 1955 »Teutonic«)[105], machte Grünhut eine abstrakte Diskussion aus. Er war aber bereit, sich dem geforderten Stil anzupassen und konnte 1948 nach positiver Begutachtung Brierlys und Arthur Goodharts, Professor für Rechtswissenschaften in Oxford, mit »Penal Reform: A Comparative Study« seine erste englischsprachige Buchpublikation vorweisen.[106]

Die Entscheidung OUPs, Grünhut zu Kriegszeiten nicht zu verlegen, muss eine herbe Enttäuschung für diesen gewesen sein. Denn zur selben Zeit setzte sich

---

99 Max Grünhut, The Development of the German Penal System, 1920–1932 (English Studies in Criminal Science, Bd. 8), Toronto 1944.

100 OUP Archives, OP 242, T.H. Marshall (Foreign Office Research Department) an J.L. Brierly, 26.8.1943.

101 OUP Archives, J.L. Brierly an Kenneth Sisam, 31.8.1943.

102 OUP Archives, OP 242, Kenneth Sisam an J.L. Brierly, 2.9.1943.

103 OUP Archives, OP 242, Max Grünhut an Kenneth Sisam, 2.1.1947.

104 OUP Archives, Kenneth Sisam an B.H. Sumner (Warden, All Souls), 24.1.1947.

105 OUP Archives, OP 243, P.J.S. an Prof. K.C. Wheare, 7.4.1955.

106 OUP Archives, OP 242, Max Grünhut an Kenneth Sisam, 24.4.1947; ebd., Kenneth Sisam an Max Grünhut, 24.4.1947. Grünhuts nächstes Buch bei OUP erschien 1956: Max Grünhut, Juvenile Offenders Before the Court, Oxford 1956.

der Verlag zum Ziel, Publikationsprojekte einzelner verdienter geflüchteter Wissenschaftler zu finanzieren.[107] Dabei wurde betont, dass es sich nicht um Almosen und damit eine Verzerrung des wissenschaftlichen Wettbewerbs in Großbritannien handelte, sondern die Förderung verdienter Spitzenwissenschaftler. Hier war man in Übereinkunft mit der SPSL. So schrieb Kenneth Sisam dem Leiter von All Souls 1940: »Probably neither you nor I have any natural affection for aliens, but we can't stand by and see good scholars starve.« Auch hänge die Lehre und Forschung in Großbritannien von Handbüchern ab, die vor dem Krieg von ebendiesen Forschern in Europa veröffentlicht und dann übersetzt worden seien.[108] Um diesen Wissensaustausch fortzuführen, initiierte Sisam 1941 eine erste Förderung durch die Rockefeller-Stiftung über 10 000 US-Dollar »advanced treatises on broad subjects in which the author is an outstanding authority.«[109] 1942 sprach die Stiftung OUP eine zweite Tranche in Höhe von 5000 US-Dollar zu, 1943 und 1944 jeweils 3000 bzw. 2000 US-Dollar. Insgesamt 28 Wissenschaftler – unter ihnen die deutschen Juristen Fritz Schulz und Martin Wolff – profitierten von dieser Beihilfe in Höhe von 50 bis 200 Pfund pro Jahr.[110] Wie Sisam selbst beobachtete, war dies »not a very large sum« und ohne weitere Finanzierungen nicht ausreichend: »I don't think a married man can get on with less than £300 in these days.«[111] Aus seiner Sicht erfüllten die Stipendien aber genau deshalb ihren Zweck: Sie bewahrten insbesondere ältere Wissenschaftler, die in England keine akademischen Stellen fanden, davor, unter dem Existenzminimum zu leben. Sie waren aber gleichzeitig nicht so hoch, dass sie jüngere Akademiker davon abhielten, bezahlte Stellungen an der Universität anzustreben:

> »Oxford – I suppose because of its name – turns out to be the chief centre for refugee scholars in the Humanities; and here they show no tendency to form a class dependent on charity. They work hard and life frugally, so that comparative small grants, if timely, have helped them to independence. It happens that the amount of the Foundation's Grants has turned out to be just about what was necessary to fill gaps in our local resources.«[112]

107 Peter Sutcliffe, The Oxford University Press: An Informal History, Oxford 1978, S. 257f.

108 OUP Archives, CG 62, Kenneth Sisam an Adams (All Souls), 19.12.1940, Zitat S. 3.

109 OUP Archives, CG 62, Kenneth Sisam, Refugee Scholars: Oxford University Press Proposal, 1.4.1941; ebd., Daniel P. O'Brien (Rockefeller Foundation, London Office) an Kenneth Sisam, 17.5.1941; ebd., Rockefeller Foundation, Grants to Refugees, 31.12.1941.

110 Vgl. OUP Archives, CG 62, Second Grant of $5000 to Refugee Scholars, 12.4.1943; ebd., David H. Stevens an Kenneth Sisam, 21.7.1943; OUP Archives, CG 63, Grant to Refugee Scholars, 15.5.1944; The Rockefeller Foundation (Liste der Empfänger), 3.9.1946.

111 OUP Archives, CG 62, Kenneth Sisam an M. Bell, 2.3.1943.

112 OUP Archives, CG 62, Kenneth Sisam an David H. Stevens, 16.4.1943.

Aus der Perspektive Grünhuts wäre eine frühe Publikation bei OUP ein wirkungsvolles Instrument gewesen, um die Anerkennung der Fachkollegen zu erwerben und so die im Ausland zum Spezialwissen gewordenen Kenntnisse über das deutsche Rechtssystem als Ressource für die Legitimierung als Jurist zu nutzen. So schaffte es Mannheim, der zu dem Zeitpunkt bereits fünf Jahre in England war, 1939 beim Verlag George Allen & Unwin verlegt zu werden. Grünhut jedoch blieb der Zugang zu britischen Verlagen während des Kriegs verwehrt, was sowohl an sprachlichen Mängeln als auch am Thema seiner Forschung gelegen haben mochte. Die Papierrationierung und die Knappheit an qualifizierten Arbeitskräften während und nach dem Krieg ließen zudem die Kapazitäten von Verlagen schrumpfen. In der Folge sank die Bereitschaft deutlich, unrentable Publikationsprojekte anzunehmen.[113]

Vielleicht auch infolge dieser Erfahrung begann Grünhut, zusätzliche Expertise zu Themen jenseits des deutschen Strafrechts aufzubauen, etwa zur Bewährungsstrafe. Dies eröffnete ihm in der Nachkriegszeit internationale Möglichkeiten.[114] So beriet er die Vereinten Nationen und trug zum UN-Bericht »Probation and Related Measures« bei.[115] Eine weitere Möglichkeit, sich fachlich zu etablieren, boten die Nachkriegsplanungen und die Teilnahme an transnationalen Austauschprozessen über die zukünftige internationale Rechtsordnung. Beide, Mannheim und Grünhut, wurden 1941 Mitglied im Internationalen Komitee der HLPR. Sie formulierten hier den Anspruch, den auch andere Londoner Exiljuristen an das Strafrecht und die Strafrechtspflege stellten: Deren Reform galt als integraler Bestandteil einer auf rechtsstaatlichen Prinzipien basierenden internationalen Ordnung.

Hermann Mannheim: Vom Berliner Richter zum Vater der britischen Kriminologie

Hermann Mannheim war der nun schon mehrfach erwähnte deutsche Strafrechtler, dessentwegen Max Grünhut Probleme hatte, eine Anstellung in England zu finden. Mannheim wurde 1889 in Liepāja (Libau) geboren und war etwa so alt wie Grün-

113 Kenneth Sisam beschreibt die Auswirkungen des Kriegs auf Oxford und OUP eindrücklich in einem Brief an David Stevens, Rockefeller Foundation: OUP Archives, CG 62, Kenneth Sisam an David H. Stevens, 4.6.1941. Vgl. Valerie Holman, Print for Victory: Book Publishing in Britain 1939–1945, London 2008; Judith Claudia Joos, Trustees for the Public? Britische Buchverlage zwischen intellektueller Selbständigkeit, wirtschaftlichem Interesse und patriotischer Verpflichtung zur Zeit des Zweiten Weltkriegs, Wiesbaden 2008; Jonathan Rose, Modernity and Print I: Britain 1890–1970, A Companion to the History of the Book, Malden, MA 2007.

114 Vgl. Hood, Pioneers, S. 485, auch S. 480.

115 Siehe u.a. United Nations Department of Social Affairs, Probation and Related Measures (E/CN. 5/230.2), New York 1951.

hut.[116] Nach seinem Jurastudium, neben dem er sich auch mit Soziologie und Psychologie beschäftigte, machte er sein Referendariat und wurde 1912 in Königsberg mit einer Arbeit zum »Maßstab der Fahrlässigkeit im Strafrecht« promoviert.[117] 1914 legte er sein Zweites Staatsexamen ab. Nach dem Ersten Weltkrieg wurde er Richter (später sogar Kammerrichter in Berlin) und Privatdozent für Strafrecht und Strafprozessrecht in Berlin.[118] Roger Hood beschreibt seinen großen Wirkungsgrad in Deutschland so: »It was a truly remarkable achievement to have been, by his early forties, so successful on two fronts: a judge of the highest court of the state, and a scholar of high repute and enviable productivity at the most prestigious of law schools.«[119] Mannheim wurde – obwohl »Frontkämpfer im Sinne der neuen deutschen Gesetzgebung« – bereits am 1. April von seiner Stelle als Richter beurlaubt. Im Januar 1934 ließ er sich in den Ruhestand versetzen und bezog daraufhin bis Juni 1935 eine Rente von 381 Reichsmark pro Monat (wie bei Grünhut waren dies erhebliche Einbußen im Vergleich zum Einkommen von 18 000 Reichsmark im Jahr 1934, ca. 1500 RM/Monat). Auch von seiner Dozentur wurde er im Mai 1933 beurlaubt.

Damit die deutsche Regierung nichts von seinen Auswanderungsabsichten erfuhr – er riskierte sonst »Schutzhaft« –, wandte sich sein Kollege Max Rheinstein an Mannheims Schwägerin in London, um diese zu bitten, Mannheims Unterlagen dem AAC vorzulegen. Er unterstrich die Dringlichkeit seiner Bitte; Mannheim leide an einer »seelischen Depression«: »Das Abgeschnittensein von allen Arbeitsmöglichkeiten, der ständige Druck, die lastende Ungewissheit, das alles bildet eine Belastung, der auf Dauer auch der Stärkste nicht gewachsen ist.«[120] Im Januar 1934 verließ Mannheim Deutschland und kam bei seiner Schwägerin in England unter. Er stand nun vor der Entscheidung, das englische *bar exam* abzulegen, um Anwalt zu werden, oder eine akademische Karriere einzuschlagen und entschied sich für letzteres.[121] Daraufhin überprüfte die AAC seine fachliche Eignung. Es wurden Kollegen angefragt, die Mannheim aus seiner Zeit in Berlin oder schon länger kannten, Rezensionen früherer Veröffentlichungen herangezogen, und englische Akademiker um ihre Einschätzung gebeten, welche Chancen der Kandidat auf dem englischen Arbeitsmarkt habe.[122] Eine Reihe von englischen Rechtswissenschaftlern

---

116 Bod, SPSL 270/2, Allgemeine Auskunft Hermann Mannheim, 28.9.1934, fol. 18–20; ebd., Curriculum Vitae Hermann Mannheim, fol. 21.

117 Hermann Mannheim, Der Maßstab der Fahrlässigkeit im Strafrecht, Breslau 1912.

118 Robert S. T. Chorley, Hermann Mannheim: A Biographical Appreciation, in: The British Journal of Criminology 10 (1970) 4, S. 329.

119 Hood, Pioneers, S. 471.

120 Bod, SPSL 270/2, Max Rheinstein (Berlin) an Mrs. Sebba (London), 31.7.1933, fol. 114f. Frau Sebba kam der Bitte nach, vgl. ebd., Mrs. Sebba an AAC, 21.8.1933, fol. 116f.

121 Vgl. Chorley, Mannheim, S. 332.

122 Vgl. z.B. Bod, SPSL 270/2, fol. 44ff.: Rezension Hermann Mannheim, Presserecht, in: Zeitungs-Verlag, 18.2.1928, S. 323ff.

setzte sich für Mannheim ein, während Grünhut zwar fachlich respektiert wurde, aber wegen seines späten Entschlusses zu emigrieren weniger Aufmerksamkeit erfuhr. Hersch Lauterpacht etwa befürwortete Mannheims Versuche, sich ein berufliches Standbein in England aufzubauen, und empfahl seine Arbeiten im vergleichenden und internationalen Strafrecht und zu Auslieferungsfragen.[123] Unterstützt wurde er auch von Robert S. T. Chorley (Professor für Wirtschafts- und Arbeitsrecht an der LSE), der ihn als Dozent für vergleichende Strafrechtslehre oder Kriminologie empfahl und in der Folgezeit sein Mentor wurde. Chorley ließ das AAC wissen, dass er nicht glaube, dass ein anderer Dozent im Vereinigten Königreich so gut geeignet sei, Strafrecht in vergleichender Perspektive zu unterrichten.[124]

Dennoch wurde Mannheim gemäß dem Bewertungsraster des AAC nur als »B« (»good«) bewertet.[125] Das machte es äußerst unwahrscheinlich, dass er eine Anstellung an einer juristischen Fakultät bekäme.[126] 1935 noch schrieb Charles M. Skepper, stellvertretender Sekretär des AAC, bedauernd: »Criminology is so lamentably undeveloped in this country that it is almost impossible to stimulate any interest in Mannheim's work, and it could hardly be justifiable to make a grant to enable him to work in this country as there are no prospects of an eventual position for him.«[127] Der kontaktierte Parlamentarier und Vorsitzende des Bentham Committee for Poor Litigants, Denis Nowell Pritt, stimmt der Beobachtung zu, dass es außer der HLPR keine Institution in England gebe, die sich für Fragen der Kriminologie und des internationalen Strafrechts interessiere. Er ging sogar so weit zu sagen, dass »specialisation in international criminal law is practically the same thing as complete unemployment«.[128] Zu diesem Zeitpunkt sollten die Pensionszahlungen an Mannheim aus Deutschland eingestellt werden, und Skepper schrieb eine Reihe von Briefen an Kontakte in England, der Schweiz, Frankreich und den USA, um Fürsprache für Mannheim einzulegen. Auch Robert Chorley von der LSE setzte sich weiter für Mannheim ein und formulierte die Idee eines internationalen »Institute of Criminology«, das von der Rockefeller-Stiftung anschubfinanziert werden sollte.[129]

Daraufhin arbeitete Mannheim »Some Remarks on the Present Position and Tasks of Criminology« aus, mit denen er sich für ein solches Institut empfehlen wollte. Hier formulierte er sein Verständnis von Kriminologie als Hilfswissenschaft für das Strafrecht, da es sowohl die soziologischen, statistischen und psychologischen

---

123 Bod, SPSL 270/2, Hersch Lauterpacht an Charles M. Skepper (AAC), 22.11.1934, fol. 42.

124 »[...] that there is any teacher in this country or the Dominions who is so well equipped to teach criminal law on a comparative basis.« Bod, SPSL 270/2, Robert S. T. Chorley (LSE) an AAC, 21.3.1935, fol. 28.

125 Bod, SPSL 270/2, Notiz, 1.2.1935, fol. 36; ebd., H.C. Gutteridge an AAC, 19.1.1935, fol. 37.

126 Vgl. Hood, Pioneers, S. 475.

127 Bod, SPSL 270/2, Charles M. Skepper an D.N. Pritt, 8.3.1935, fol. 148.

128 Bod, SPSL 270/2, D.N. Pritt an Charles M. Skepper), 12.3.1935, fol. 152.

129 Bod, SPSL 270/2, Robert S. T. Chorley an Walter Adams, 7.5.1935, fol. 177f.

Grundlagen für die Gesetzgebung bereitstelle als auch die Auswirkungen bestehender strafrechtlicher Gesetzgebung untersuche.[130] Kriminologie sei zwar eine junge Disziplin mit unterschiedlichen methodischen und theoretischen Ansätzen innerhalb Europas und den USA, habe aber bereits wertvolle Untersuchungsergebnisse vorzuweisen und müsse unbedingt in der Ausbildung von Juristen eine größere Rolle spielen.[131] In England müssten hierfür Forschungsinstitute gegründet und ausgestattet werden, um kriminologische Forschung und Lehre voranzutreiben.[132] Dabei solle der internationale Ländervergleich eine zentrale Rolle spielen.[133] Die Beschäftigung mit Kriminalität aus kriminologischer Perspektive unterscheide sich hier grundsätzlich von der Strafrechtswissenschaft, die per se national ausgerichtet sei. Das Ziel international vergleichender Untersuchungen sei aber nicht, eine Standardlösung für alle Länder zu finden, sondern »of learning from erroneous as well as from successful investigations«.[134] Dieser Ansatz wurde auch in der transnationalen Arbeit während der Kriegszeit verfolgt. Der komparative Ansatz reflektiert aber auch das Bemühen, für die englische Wissenschaftsgemeinschaft anschlussfähig zu werden.

Charles M. Skepper griff diese Idee auf und entwarf ein internationales »research scheme in criminology«, das es fünf oder sechs deutschen Kriminologen ermöglichen würde, sich ein Standbein in England aufzubauen und eventuell eine permanente Anstellung zu finden. Er kontaktierte Margery Fry sowie eine persönliche Bekanntschaft in Chicago, um Empfehlungen für einen amerikanischen Teilnehmer einzuholen.[135] Wie zu erwarten war, konnte kein zusätzliches Geld für eine solche Forschungseinrichtung eingeworben werden. Ähnliche Ideen – etwa für ein Forschungsinstitut für Vergleichendes Recht – waren bereits früher verworfen worden, wenn diese vor allem geflüchteten Wissenschaftlern zugutekommen sollten.[136] Zu dem Zeitpunkt wurden Hilfsprogramme, die ausschließlich ausländischen Wissenschaftlern zugutekommen würden, aus Prinzip abgelehnt, da man sich vor Ressentiments in der Wissenschaftlergemeinschaft fürchtete.

Wie auch Grünhut letztlich über ein Stipendium finanziert wurde, bekam auch Mannheim im Oktober 1936 ein Forschungsstipendium von 400 Pfund aus dem Leon Fund der University of London zugesprochen, was ihm »some real security and

130 Bod, SPSL 270/2, Hermann Mannheim, Some Remarks on the Present Position and Tasks of Criminology, 1.6.1935, fol. 81–100, S. 1f.

131 Ebd., S. 12–14.

132 Ebd., S. 17.

133 Ebd., S. 20.

134 Ebd., S. 4.

135 Bod, SPSL 59/3, Charles M. Skepper an Laura G. Elmendorf (Institute for Juvenile Research, Chicago), 15.12.1934, fol. 75; Bod, SPSL 265/8, Skepper an Margery Fry, 23.10.1934, fol. 348f.

136 Bod, SPSL 17/8, James L. Brierly an Gent (AAC), 30.9.1933, fol. 627: »No one would dream of founding it as a means of relieving Germans.«

some official standing« zusicherte.[137] Das Innenministerium stellte Mannheim eine befristete Arbeitserlaubnis aus, damit er das Stipendium annehmen konnte.[138] Mannheims Wirken vor Kriegsbeginn stand ganz im Zeichen seiner Bemühungen, sich als Kriminologe zu etablieren und zu diesem Zweck ein persönliches Netzwerk in London aufzubauen. 1935 und 1936 traf er sich mit Juristen und Strafrechtsreformern wie Margery Fry in der Hoffnung, dass sie ihm Vorlesungen und öffentliche Auftritte vermitteln könnten.[139] An der LSE unterrichtete er zudem ohne Vergütung Bewährungshelfer, die vom Innenministerium ausgebildet wurden.[140] Er hielt 1935 erste außeruniversitäre Vorträge, unter anderem für die HLPR, aber auch für das renommierte Chatham House. Hier trug er am 10. Oktober 1935 zu Auslieferungsfragen vor und sprach sich gegen eine liberale Auslegung des Prinzips der beiderseitigen Strafbarkeit aus, nachdem der ausliefernde und der um Auslieferung ersuchende Staat die fragliche Tat unter Strafe gestellt haben mussten und dessen Aushebelung Schutzmechanismen von Angeklagten unterlaufen könne. Auch in Bezug auf politische Straftaten erinnert er an den Grundsatz der Neutralität von Staaten, die nicht gezwungen werden könnten – und sollten –, sich in die inneren Angelegenheiten eines anderen Staats einzumischen.[141] So präsentierte sich Mannheim auch außerhalb der Kriminologie als Experte für internationale Fragen des Strafrechts und fand einen Weg in traditionelle britische Wissensräume.

Der Schwerpunkt von Mannheims Arbeit zu diesem Zeitpunkt lag jedoch auf der Kriminologie. 1936 wurde sein Artikel »Lombroso and his Place in Modern Criminology« in der in London erscheinenden *Sociological Review* veröffentlicht.[142] Dass Mannheims Artikel in der ältesten soziologischen Zeitschrift Englands veröffentlicht wurde, spiegelt den Standort kriminologischer Studien in England wider, die eher der psychiatrischen Medizin oder der Soziologie als der Rechtswissenschaft zugerechnet wurden. Mit dem Artikel versuchte Mannheim, in England Anerkennung für kriminologische wissenschaftliche Forschung zu generieren, indem er die

---

137 Bod, SPSL 270/2, Walter Adams an Cicely Craven (HLPR), 29.5.1936, fol. 209.

138 Bod, SPSL 437/1, Home Office, Brief an Walter Adams, 7.7.1936, fol. 20. Die Arbeitserlaubnis wurde bis zur Einbürgerung Mannheims 1940 um jeweils ein Jahr verlängert, vgl. TNA, HO 334/157/15852, Naturalisation Certificate Hermann Mannheim, 3.4.1940.

139 Vgl. ihren Bericht, in dem sie Mannheim als »aggrieved« und unglücklich beschreibt, »as all refugees tend to do.« Bod, SPSL 270/2, Margery Fry an William Adams, 18.1.1936, fol. 201ff.

140 Bod, SPSL 270/2, Robert S. T. Chorley an AAC, 21.3.1935, fol. 28. Am 30.10.1935 hielt er eine Vorlesung zum Thema »Trial by Jury in Modern Continental Law« am University College, London, S. Bod, SPSL 270/2, Veranstaltungsplakat, fol. 112. Vgl. Chorley, Mannheim, S. 332.

141 Hermann Mannheim, Some Recent Problems in the Law of Extradition, in: Transactions of the Grotius Society 21 (1936), S. 109–125.

142 Hermann Mannheim, Lombroso and His Place in Modern Criminology, in: The Sociological Review 28 (1936) 1, S. 31–49. Eine weitere Veröffentlichung war ders., Mens Rea in German and English Criminal Law, in: Journal of Comparative Legislation and International Law 17 (1935) 1, S. 82–101, die die deutsche Schuldlehre einem englischen Publikum näherbrachte.

Wissenschaftlichkeit bestimmter Methoden begutachtete. Sein Blick auf die Entwicklung der Kriminologie war international; er zitiert deutsche, italienische, französische und amerikanische Forschung.[143] Er beobachtete, dass die moderne Kriminologie nicht in reiner Abgrenzung zu Lombrosos anthropologischer Kriminologie entstanden sei, sondern sich in einem »gradual process of abandonment, partial retention and improvement of his methods and results« befinde, den jede wissenschaftliche Doktrin durchlaufe.[144] Folglich sprach er sich für eine undogmatische empirische Forschung aus, die sich nicht aus einer Theorie – anthropologisch, biologische, soziologisch, psychologisch – speise, sondern alle Faktoren als mögliche Erklärung für Kriminalität in das Forschungsdesign einbeziehe.[145] Er plädierte dafür, sowohl die Umstände, die einen Menschen zu kriminellem Handeln verleiten, als auch die individuelle Persönlichkeit zu betrachten.[146] Diese Ansicht findet sich auch in den späteren Debatten über die Behandlung von Straftätern im Internationalen Komitee des HLPR, während in der Frage der Behandlung von Kriegsverbrechern das Primat der effizienten Bestrafung und Abschreckung galt.

Mannheim erhielt ein Stipendium von der LSE von dann 300 GBP pro Jahr, was ihm weiterhin ermöglichte zu lehren und zu forschen.[147] 1936 begann er die Arbeit an »Social Aspects of Crime between the Wars«, das 1940 bei Allen & Unwin erschien und in dem zwei Kapitel das Thema Jugendkriminalität beleuchteten.[148] 1939 fing er zudem an, einen »formal lecture course in criminology« an der LSE zu unterrichten. Dies waren die ersten Lehrveranstaltungen in Großbritannien »to offer a broader and sustained introduction to the subject as a whole.«[149] Chorley und Mannheim organisierten eine öffentliche Vorlesungsreihe, die, zu einem größeren Teil von Margery Fry finanziert, 1939 als »The Dilemma of Penal Reform« publiziert wurde.[150] Die Vorträge generierten Aufmerksamkeit und Cicely Craven, Sekretärin der HLPR, brachte ihre Hoffnung zum Ausdruck, dass er einen nachhaltigen Einfluss auf das englische Strafsystem haben werde.[151] Tatsächlich prägte Mannheim die britische Kriminologie nachhaltig: 1944 wurde er zum *Senior Lecturer* an der LSE berufen und

143 Ebd., S. 46.

144 Ebd., S. 49.

145 Ebd., S. 48.

146 Ebd., S. 40.

147 Dennoch schien er sich beim AAC über seine schwierige Situation zu beklagen, was dort einen gewissen Missmut hervorrief, vor allem vor dem Hintergrund, dass Grünhut verzweifelt um Hilfe bat. Bod, SPSL 270/2, Robert S. T. Chorley an Walter Adams, 7.7.1938, fol. 224.

148 Hermann Mannheim, Social Aspects of Crime in England Between the Wars, London 1940.

149 Hood, Pioneers, S. 475.

150 Hermann Mannheim, The Dilemma of Penal Reform, London 1939. Vgl. Chorley, Mannheim, S. 334.

151 Cicely Craven, Rezension, in: New Statesman and Nation, 3.2.1940.

1946 zum Reader – eine Art außerplanmäßiger Professor – befördert.[152] Zu Beginn des Kriegs jedoch war Mannheim keineswegs in einer gesicherten (wirtschaftlichen und akademischen) Position. Seine Aktivitäten an der LSE hingen immer noch stark von der Fürsprache britischer »Vermittler« ab, in seinem Fall Robert Chorley, selbst Professor und damit mit sozialem Kapital ausgestattet, das Mannheim als Exiljurist nicht hatte. Fachlich hatte er jedoch längst überzeugt, wenn man Chorley folgt: »[H]e had certainly made an impact on those sections of informed opinion which were concerned with the criminal law and penology where he was already accepted as an authority on penological problems.«[153]

Abb. 2: Hermann Mannheim, o.J.

Jack Beatson/Reinhard Zimmermann (Hg.), Jurists Uprooted: German-Speaking Emigré Lawyers in Twentieth Century Britain, Oxford 2014, Bildteil nach S. 432. Reprinted by permission of the Secretary to the Delegates of Oxford University Press.

Nachdem die LSE 1939 nach Cambridge umgezogen war,[154] beteiligte sich der inzwischen eingebürgerte Mannheim an den Weiterbildungsmaßnahmen, mit denen das Innenministerium das Strafvollzugssystem darauf vorbereiten wollte, dass der Krieg zu einem Anstieg der Kriminalität auch in Großbritannien führen würde. So bot er wieder Kurse zu Strafrecht und Kriminologie für Bewährungshelfer

152 Vgl. Hood, Pioneers, S. 481, 484f.

153 Chorley, Mannheim, S. 334.

154 Dahrendorf, LSE, S. 324.

an.[155] Ebenfalls im Auftrag des Innenministeriums fertigte er zusammen mit dem Statistiker Edmund Cecil Rhodes eine Studie zur Jugendkriminalität an.[156] Vor diesem Hintergrund überrascht es nicht, dass Mannheim 1941 Mitglied des Internationalen Komitees der HLPR wurde, das sich vorwiegend mit demselben Problem befassen sollte. Es bleibt festzuhalten, dass sich in Mannheims Biografie wie auch bei Grünhut die Legitimierungspraktiken für juristische Experten widerspiegeln, die während des Kriegs wirkmächtig werden sollten. Insbesondere Publikationen bei renommierten Verlagen wirkten als Katalysator für die Legitimation als Experte für die strafrechtlichen Nachkriegsplanungen. Paradoxerweise konnten sich Grünhut und Mannheim beide über ein randständiges Fachgebiet wie der Kriminologie als Wissenschaftler etablieren, da hier wenig Konkurrenz mit britischen Juristen bestand und beide Fürsprecher in der Strafrechtsreformbewegung fanden. Dies hatten sie mit Leon Radzinowicz gemein, der sich ebenfalls in das Netzwerk der HLPR einfügte. Finanziell und sozial war dessen Stellung jedoch eine andere, wie im Folgenden gezeigt wird.

Leon Radzinowicz: Ein Internationalist in Cambridge

Leon Radzinowicz ist heute einer der bekanntesten Kriminologen Englands, weil er von 1959 bis 1973 den ersten britischen Lehrstuhl für Kriminologie innehatte. Biografie und Werk Radzinowiczs sind gut erforscht.[157] Daher soll seine Ankunft in England primär im Vergleich mit Mannheim und Grünhut beleuchtet werden. Der größte Unterschied war wohl, dass Radzinowicz aus einer vermögenden Familie stammte und finanziell unabhängig war. Dies ermöglichte ihm, ohne formale Position und Bezahlung in Cambridge zu arbeiten.[158] Radzinowicz war 1906 als Leon Rabinowicz in Łódź im russisch beherrschten Kongresspolen in eine Familie russisch-jüdischer Herkunft geboren worden. Seine akademische Ausbildung war jedoch von internationaler Mobilität geprägt.[159] Durch das Studium in Paris bei Henri

---

155 Vgl. Chorley, Mannheim, S. 339.

156 Alexander M. Carr-Saunders/Hermann Mannheim/Edmund C. Rhodes, Young Offenders: An Enquiry into Juvenile Delinquency, Cambridge 1942. Darauf aufbauend: Hermann Mannheim, Juvenile Delinquency in an English Middletown, London 1948.

157 Den aktuellen Stand gibt Jan Widacki wieder: Jan Widacki, The Polish Years of Leon Radzinowicz: A Contribution to Biography, in: Archiwum Kryminologii, XLI (2019) 2, S. 365–379. Siehe auch die Autobiografie Radzinowiczs: Leon Radzinowicz, Adventures in Criminology, London, New York 1998.

158 Anthony Bottoms, Sir Leon Radzinowicz: An Appreciation, in: ders./Michael Tonry (Hg.), Ideology, Crime and Criminal Justice: A Symposium in Honor of Sir Leon Radzinowicz, Cullompton 2002, S. xiii–xvii, hier S. xiii.

159 Biografische Daten aus Terence Morris, Sir Leon Radzinowicz, in: The Guardian, 1.1.2000 (abgerufen 20.5.2020); Roger Hood, Leon Radzinowicz, 1906–1999, in: Proceedings of the British Academy, 111 (2001), S. 637–655; Widacki, Radzinowicz, passim.

de Vabres und in Genf bei Paul Logoz (führend in der Reform des Schweizer Strafgesetzbuchs) und als Doktorand bei Enrico Ferri in Rom, dem Begründer der positivistischen Schule, erwarb er sich kulturelles und akademisches Kapital und wurde entscheidend geprägt vom Reformgeist dieser Strafrechtler, die die Kriminologie als akademische Disziplin mitbegründeten. Radzinowicz hatte daher – im Gegensatz zu Grünhut und Mannheim – hervorragende Kenntnisse der Sprachen, die für die internationale kriminologische Bewegung zentral waren (Französisch, Deutsch und Italienisch) sowie im Englischen.[160] 1929 kehrte er nach Polen zurück und wurde, nachdem er einen Doktortitel an der Jagiellonen-Universität in Krakau erworben hatte, 1932 Dozent für Kriminalpolitik an der privaten Freien Polnischen Universität (poln. Wolna Wszechnica Polska). Wie Widacky ausgeführt hat, begann er hier die Grundannahmen der positivistischen Schule zu kritisieren und kämpfte mit einem erstarkenden Antisemitismus und den autoritären Gefängnisreformen des Piłsudski-Regimes.[161] 1938, im Alter von 32 Jahren, führte ihn eine Studie des englischen Strafrechtsregimes für das polnische Justizministerium, insbesondere der Bewährungsstrafe *(borstal system)* und des Jugendstrafrechts, nach England.[162] Nach Ausbruch des Zweiten Weltkriegs beschlossen er und seine Frau Irena Szereszewska, in England zu bleiben, auch weil er nach deutschen Gesetzen als Jude galt, obwohl er vor 1939 zum Christentum konvertiert war.[163]

Nach dem Krieg, mit etwa 40 Jahren, ging seine Karriere steil bergauf: Er wurde 1947 englischer Bürger, 1948 Fellow am renommierten Trinity College in Cambridge, 1949 Direktor des Department of Criminal Science sowie Mitglied der Social Defence Section der Vereinten Nationen und Mitglied der Royal Commission for Capital Punishment. 1970 wurde er sogar in den Ritterstand erhoben. Im Vergleich zu Mannheim und Grünhut begann Radzinowiczs wissenschaftliche Karriere aufgrund seines Alters erst in England richtig Schwung aufzunehmen, was seine Integration in das Wissenschaftssystem erleichterte. Seine Biografen, die mit Radzinowicz arbeiteten und eine enge persönliche Beziehung – mit allen Vor- und Nachteilen für einen Biografen – zu ihm hatten, betonen seinen Elan und seine Überzeugungskraft, die es ihm ermöglichten, Kriminologie zu einer intellektuell und politisch anerkannten Disziplin zu machen.

---

160 Morris, Leon Radzinowicz; Hood, Radzinowicz, S. 638.

161 Roger Hood und Radzinowicz selbst datieren seine Rückkehr nach Polen fälschlicherweise auf 1931. Widacky, Radzinowicz, S. 368.

162 Widacky, Radzinowicz, S. 376. Auch hier gibt Hood ein anderes Datum (1936) an, ohne jedoch einen Beleg hierfür anzuführen, siehe Hood, Radzinowicz, S. 641.

163 Radzinowicz, Sir Leon (1906–1999), in: Jewish Virtual Library, https://www.jewishvirtuallibrary.org/radzinowicz-sir-leon (abgerufen 2.5.2020).

Abb. 3: Leon Radzinowicz (2.v.l.) beim ersten Treffen der Royal Commission on Capital Punishment, 27.5.1949

Hier interessiert aber weniger die Geschichte der Disziplin, sondern die Frage nach dem Wissenstransfer durch Emigranten. Radzinowicz brachte einen komparativen Blick mit und verstand Kriminologie als angewandte Wissenschaft. Durch die Bereitstellung von empirischem Datenmaterial sollte das Urteilen in Strafgerichtshöfen sowie die Strafrechtspolitik und -gesetzgebung auf »wissenschaftliche« Füße gestellt werden. Dies kann als Erbe seiner positivistischen Phase verstanden werden: In den 1920er Jahren verortete sich Radzinowicz in der positivistischen Schule Lombrosos. Diese verstand sich als progressiver Gegenentwurf zur sogenannten klassischen Strafrechtsschule, in der Täter durch eine vorher festgelegte Strafe »zur Vernunft« gebracht werden sollten, basierend auf der Annahme, dass sie aus freien Stücken kriminell geworden seien. Stattdessen müssten vor Gericht die Umstände, die einen Menschen zum Täter gemacht haben, sowie die Gefahr bewertet werden, die weiter von ihm/ihr ausging *(pericolositá)*, und in die Urteilsfindung einbezogen werden *(indeterminate punishment)*. Daher könne nur das wissenschaftliche Studium von Kriminalität und Straftätern zu einer angemessenen Bestrafung, dem Schutz der Gesellschaft *(social defence)* und einer Verhinderung eines Rückfalls *(recidivism)* führen. Dieser Fokus auf den individuellen Straftäter schloss auch biologistische Denkweisen, also die Klassifikation von Straftätern anhand ihrer (vermuteten) Eigenschaften und Neigungen, nicht aus.[164] So studierte Radzinowicz Ende der 1920er Jahre das belgische Strafvollzugssystem, insbesondere die Reformen unter dem »medical model«, das, inspiriert durch die Kriminalanthropologie und die Doktrin der *social defence*, kriminelle Persönlichkeiten zu erforschen suchte und spezielle Institutionen für jugendliche Straftäter, Wiederholungstäter und psychisch Erkrankte schuf.[165] Angesichts der Entwicklungen im deutschen Strafrecht in den 1930er Jahren distanzierte sich Radzinowicz vom positivistischen Denkstil, der autoritäre, repressive Züge trage. Nach eigenen Angaben hörte er sogar auf, ein Positivist zu sei.[166]

Radzinowiczs kontinentaleuropäische Prägung sowie seine Methodik der statistischen Datensammlung fielen nach seiner Emigration mit einer Begeisterung für den »socio-liberal approach to criminal law« in Großbritannien zusammen.[167] So knüpfte er während seiner Studien zum englischen Strafrechtssystem, die 1939 in Artikelform und 1945 in »The Modern Approach to Criminal Law« erschienen, ein Netzwerk mit Akademikern wie dem Cambridger Strafrechtler J. W. Cecil Turner und zivilgesellschaftlichen Aktivisten wie Margery Fry in Großbritannien, aber auch in den USA, etwa mit dem amerikanischen Soziologen Sutherland.

Dies zeitigte bald erste Erfolge. Radzinowicz hatte im Frühjahr 1939 Kontakt mit der HLPR und beide stellten eine übereinstimmende politische Interessenlage fest, was die internationale Strafrechtsreform angeht. Auf Betreiben Cicely Cravens, Sekretärin der HLPR, nahm Radzinowicz im Juni 1939 als Vertreter der HLPR an einem Treffen von mit dem Völkerbund verbundenen Fachorganisationen in Genf teil, um die Behandlung von Zeugen und Angeklagten zu diskutieren, und wurde später Mitglied im Internationalen Komitee.[168]

Was den Zugang zur elitären und Außenseitern schwer zugänglichen akademischen Welt Cambridges angeht, war aber auch Radzinowicz abhängig von im System etablierten Kollegen. In seinem Fall war dies insbesondere J. W. Cecil Turner, Fellow und Dozent für Jura am Trinity College, Sekretär der rechtswissenschaftlichen Fakultät in Cambridge und Mitglied der HLPR.[169] Turner spielte eine Schlüsselrolle in Radzinowiczs früher Karriere. Er stand selbst wenig in der Öffentlichkeit,

---

164 Vgl. Michele Pifferi, Criminology and the Rise of Authoritarian Criminal Law, 1930s–1940s, in: Stephen Skinner (Hg.), Ideology and Criminal Law: Fascist, National Socialist and Authoritarian Regimes, Oxford 2019, S. 105–124.

165 Vgl. Hood, Radzinowicz, S. 640; Leon Radzinowicz et al., La lutte moderne contre le crime, Bruxelles 1930.

166 Hood, Radzinowicz, S. 641. Zweites Zitat aus Radzinowicz, Adventures, S. 197.

167 Radzinowicz, Adventures in Criminology, Kap. 6.

168 Siehe hierzu Kapitel II.

169 Radzinowicz, Adventures, S. 141; R. W. M. D., James William Cecil Turner, M.C., LL.D. 1886–1968, in: The Cambridge Law Journal 27 (1969) 1, S. 1–3.

war aber in Cambridge, mit dem Innenministerium sowie der Strafrechtsreformbewegung vernetzt. Cicely Craven galt Turner als »HLPR left-wing« und als Radzinowiczs »guide, philosopher and friend«.[170] Seine administrativen Rollen boten ihm Handlungsspielraum, um eigene Projekte zum Erfolg zu führen, auch wenn er selbst als »Sekretär« nicht im Mittelpunkt stand. Dass Radzinowicz im Oktober 1940 Mitglied der juristischen Fakultät wurde und sogar prüfungsberechtigt war, war dessen Fürsprache zuzuschreiben.[171] Gemeinsam gründeten Turner und Radzinowicz 1939 ein »Committee to consider the promotion of research and teaching in criminal science«, aus dem 1940 das Department of Criminal Science hervorging, das wiederum 1941 die Cambridge Commission ins Leben rief. Mit der von beiden herausgegebenen Schriftenreihe *English Studies in Criminal Science* wurde das Department of Criminal Science ein wichtiger Wissensraum für transnationale Zusammenarbeit im internationalen Strafrecht im Zweiten Weltkrieg. So sollte das Wissen um Radzinowiczs später sehr erfolgreichen Karriere nicht dazu verleiten, den Prozess seiner Etablierung als Wissenschaftler in England als unproblematisch oder konfliktfrei darzustellen. Als 34-jähriger emigrierter Jurist war er von Fürsprechern abhängig, die ihn als Wissenschaftler in einer neuen Umgebung legitimierten und Ressourcen zur Verfügung stellten. Gleichzeitig hatte er kulturelles Kapital (insbesondere seine internationale Karriere, bevor er nach Großbritannien kam), das er dazu nutzte, Netzwerke aufzubauen, über die er wiederum Anerkennung fand.

Anhand der Biografien von Grünhut, Mannheim und Radzinowicz lässt sich exemplarisch nachvollziehen, wer in einer Gesellschaft wie und durch wen dazu legitimiert wird, juristische Wissensbestände hervorzubringen.[172] Exilanten haben eine Sonderstellung, befinden sie sich doch in einer prekären, unsicheren Situation. Sie müssen die Legitimität, als Experte Wissen einzubringen, neu erwerben, und sind dabei von kulturellen Vermittlern abhängig. In einem neuen Rechtssystem wie dem gewohnheitsrechtlich geprägten britischen System hatte ihr kontinentaleuropäisches Rechtswissen erst einmal wenig Nutzen. Generell eignet sich das Strafrecht schlecht zur Zirkulation, ist es doch an nationale Gesetze, Rechtsprechung und das staatliche Gewaltmonopol gebunden. Exilanten mussten die Expertise und Legitimation, die sie früher aus sozialem Status, Beruf, Ausbildung und Habitus gezogen hatten, also neu erwerben. In diesen Legitimierungspraktiken spiegeln sich die Intersektionalität von Identitäten und die daraus

---

170 University of Warwick, Modern Records Centre [MRC], Records of the Howard League for Penal Reform [HLPR], MSS. 16B/3/IN/1/116, Cicely Craven an Margery Fry, 24.5.1939. Siehe auch Radzinowicz, Adventures, S. 133.

171 Florida State University [FSU], Sir Leon Radzinowicz Papers [LRP] 12/6/2 [Box 12, Ordner 6, Dok. 2], J. W. Cecil Turner an Leon Radzinowicz, 12.10.1940; FSU, LRP 12/6/2, J. W. Cecil Turner an Leon Radzinowicz, 30.11.1940.

172 Vgl. Simone Lässig, The History of Knowledge and the Expansion of the Historical Research Agenda, in: Bulletin of the German Historical Institute 59 (2016), S. 29–58, hier S. 53.

resultierenden Inklusions- und Exklusionsmechanismen wider. Der Zugang zu Universitäten wurde unter anderem durch die Hilfsorganisation AAC kontrolliert, die eine Vorauswahl auf Grundlage akademischer Qualifikationen, Reputation und Anpassungsfähigkeit, aber auch persönlicher Empfehlungen, Präferenzen und bisweilen auch Sympathien traf. So stellt sich die Gruppe der Exiljuristen als überwiegend männlich, mittleren Alters und beruflich etabliert dar. Die Rolle von Gender, Alter, Klasse und Religion der Akteure muss also immer mitgedacht werden.[173] Die Hilfe für geflüchtete Wissenschaftler war dezentral organisiert, keine koordinierte Regierungspolitik, sondern Ergebnis auch zufälliger Bekanntschaften und Empfehlungen sowie des Engagements einzelner Personen, die sich – wie etwa William Adams in Oxford und Robert Chorley an der LSE – angesichts der Vertreibung von Wissenschaftlern aus dem Universitätssystem für eine Aufnahme vielversprechender Exilanten aussprachen.

Marcel de Baer: Vom belgischen Beamten zum *legal entrepreneur* in London

Anders als für die exilierten Wissenschaftler sah die Situation für Juristen aus, die primär aus politischen Gründen aus Europa flohen und als *legal entrepreneurs* die Debatten über das internationale Strafrecht im »London Moment« prägten. Sie verließen ihre Heimat wie die genannten Wissenschaftler aus Angst vor Verfolgung und in Sorge um ihre Sicherheit und die ihrer Familien, waren jedoch (noch) nicht ihrer beruflichen und finanziellen Existenzgrundlage beraubt worden und hatten meistens mehr Handlungsspielraum. Paradigmatisch für diese Personengruppe – und einer der zentralen Akteure in der Cambridge Commission – ist Marcel de Baer, ein belgischer Richter, der nach dem Angriff Deutschlands auf Belgien im Mai 1940 über Frankreich und die USA nach England floh und dort für die belgische Exilregierung arbeitete. Auch Kerstin von Lingen hat de Baer als einen der zentralen Akteure in einer epistemischen Gemeinschaft von Exiljuristen identifiziert, die die »legal flows« zwischen den für die Entwicklung des humanitären Völkerrechts zentralen Institutionen Cambridge Commission, London International Assembly (LIA) und United Nations War Crimes Commission (UNWCC) gewährleisteten, indem sie ihr Vorwissen und ihre bestehenden Kontakte in die Arbeit letzterer einfließen lassen konnten.[174] Seine hier detailliert dargestellte (Flucht-)Biografie zeigt einerseits exemplarisch, warum sich Juristen für das Exil in London und die Mitarbeit in Exilregierungen entschieden. Andererseits akzentuieren gerade die Beson-

---

173 Vgl. dies./Swen Steinberg, Knowledge on the Move: New Approaches toward a History of Migrant Knowledge, in: Geschichte und Gesellschaft 43 (2017) 3, S. 313–346, hier S. 341.

174 Kerstin von Lingen, Legal Flows: Contributions of Exiled Lawyers to the Concept of »Crimes Against Humanity« During the Second World War, in: Modern Intellectual History 17 (2020) 2, S. 507–525.

derheiten von de Baers Biografie – etwa seine Ehe mit einer Britin – die Herausforderungen der Migration, die existenziellen Sorgen und die Strategien, um das Exil für sich nutzbar zu machen, sowie seine individuellen Problemdiagnosen und Erwartungen, die Exiljuristen ohne ersichtliche Vorkenntnisse im humanitären Völkerrecht dazu brachten, sich mit der Planung der Ahndung von Kriegsverbrechen zu befassen und so die Geschichte des internationalen Strafrechts in den 1940er Jahren mitzuprägen.

Geboren 1890, studierte Marcel de Baer Jura – sein Vater Emile war ebenfalls Anwalt in Antwerpen –, diente wie dieser auch im Ersten Weltkrieg und arbeitete anschließend als Kolonialbeamter, später als Richter in Belgisch-Kongo.[175] Als er 1933 nach Belgien zurückkehrte, wurde er Richter und Dozent an der Kolonialuniversität in Antwerpen und der Freien Universität Brüssel. 1938 war er gerade zum Richter am Berufungsgericht in Brüssel befördert worden, verließ das Land dann aber im Mai 1940 während des Einmarschs der deutschen Truppen. Über Frankreich und die USA gelangte er schließlich Ende 1940 nach London und wurde 1941 zum Richter am Militärgericht und zum Vorsitzenden der Berufungskammer des Seegerichtshofes der belgischen Exilregierung ernannt. Zeitgleich begann er in inoffizieller Position transnational zu arbeiten: Er leitete zwei Unterkomitees der Cambridge Commission und steuerte Analysen für alle Themenbereiche bei. Zeitgleich wurde er Vorsitzender des Committee I der London International Assembly. In beiden Kontexten prägte er die Debatten um die Frage der Bestrafung von Kriegsverbrechen und erarbeitete den Erstentwurf einer Konvention für einen internationalen Strafgerichtshof.[176] 1943 wurde er belgischer Repräsentant in der United Nations War Crimes Commission, wo er bis 1947 dem Committee I (Facts and Evidence) vorstand. Nach dem Krieg machte de Baer international Karriere, leitete das Berufungsgericht der International Refugee Organization, war Abgeordneter der UN im Iran und schließlich belgischer Konsul in Nizza.[177]

Aus der historischen Forschung bereits bekannt ist, dass de Baer einen Hang zur Selbstdarstellung hatte und das Thema der von den Deutschen begangenen Kriegs-

175 Marcel de Baer Papers, London [MBP], Dossier personell, Geburtsurkunde Marcel de Baer, 4.10.1907; ebd., Curriculum vitae Emile de Baer, ca. 1939. Vielen Dank an Jacqueline Laughton-Scott, die den Privatnachlass ihres Großvaters Marcel de Baer zugänglich gemacht hat, und an Kerstin von Lingen, die den Kontakt hergestellt hat.

176 LIA, Draft Convention for the Creation of an International Criminal Court Submitted to the London International Assembly (SC II/2), 14.2.1944, www.legal-tools.org/doc/a3a3ef/ (alle Links zur Datenbank ICC Legal Tools haben eine sog. Persistent URL).

177 United Nations War Crimes Commission, History of the United Nations War Crimes Commission and the Development of the Laws of War, London 1948, S. 123; MBP, Album, o. A., Refugee Position improved by Iran, in: New York Times, 4.8.1951; ebd. Resident Technical Assistance Representative Appointed for Iran, Pressemitteilung, [1952]; MBP, Dossier personell, Gerard Van Heurck, Attestation, 11.5.1964.

verbrechen – gemessen an seiner fehlenden Vorbildung im internationalen Recht – innerhalb der belgischen Exilregierung und seinen Kollaborateuren gegenüber äußerst selbstbewusst für sich beanspruchte. So beschreibt Marie-Anne Weisers de Baer als »susceptible et [...] particulièrement attaché aux règles du protocole« und als »un homme toutefois dépourvu de tout sens de l'humilité«.[178] Worauf genau er diese Anspruchshaltung aufbaute, ist jedoch bisher nicht eingehender untersucht worden. Im Folgenden wird gezeigt, dass sich de Baer als *legal entrepreneur* im »London Moment« etablierte, indem er kulturelles Kapital aus seiner Vergangenheit als Kriegsgefangener, Richter in Belgisch-Kongo und Belgien sowie aus seiner Ehe mit der britischen Aristokratin Margaret Rudston Reed schlug.

De Baer war Weltkriegsveteran und ließ in seinen Veröffentlichungen in London selten eine Gelegenheit aus, dies zu erwähnen. Er verpflichtete sich im Juli 1914 als Soldat, während des Ersten Weltkriegs war er zweimal in deutscher Kriegsgefangenschaft, wurde dort misshandelt und floh, um sich wieder der belgischen Armee anzuschließen.[179] Als die deutschen Truppen im Mai 1940 Belgien überfielen, brachte sich de Baer – der sich nach eigener Auskunft wegen seiner Kriegsgefangenschaft besonderen Gefahren ausgesetzt sah – mit seiner Familie in Frankreich in Sicherheit.[180] Dort erhielt er im Juni die Erlaubnis des Justizministers, ein Forschungsstipendium an der Harvard Law School anzunehmen.[181] Sie profitierten dabei von der offiziellen Zusage von Margaret de Baers Schwager Robert Longyear, ehemaliger US-amerikanischer Konsul in Marseille, dass er sie beherbergen würde.[182] Schon hier sollten seine familiären Verbindungen von Vorteil sein und in London noch eine wichtige Ressource für de Baer darstellen.

In den USA besuchte de Baer an der Harvard Law School – als ehemaliger Dozent und zu dem Zeitpunkt immerhin schon fünfzig Jahre alt – Kurse zu Konflikten von Rechtsordnungen und amerikanischem Vertrags- und Vermögensrecht, offen-

178 Marie-Anne Weisers, Juger les crimes contre les Juifs: Des Allemands devant les tribunaux belges, 1941–1951, Diss. Université Libre de Bruxelles 2014, S. 45f.

179 MBP, Ordner »Marcel – Documents to be kept, please« [Documents], Marcel de Baer, Curriculum Vitae, 20.9.1940; de Baer, Marcel, Marie, José, Emile, in: Prosopographie et répertoire des magistrats belges, 1795–1962, http://tethys.sipr.ucl.ac.be:8080/Prosopographie/main.jsp?action=detailler&index=9 (letzter Zugriff 1.6.2021).

180 MBP, Documents, Marcel de Baer an M. Devos (Premier Président de la Cour d'Appel, Bruxelles), 25.6.1945. Die Regierung hatte eine Liste von Beamten erstellt, deren Ausreise aus Belgien bewilligt worden war. De Baer stand nicht auf dieser Liste, was ihm den Vorwurf einbrachte, auf eigene Faust gehandelt zu haben.

181 MBP, Documents, Eugène Soudan (Ministère de l'Instruction Publique) an Marcel de Baer, 8.6.1940; ebd., Secretary of Harvard Law School, Bescheinigung, 25.11.1940.

182 MBP, Ordner »Articles by me« [Articles], John P. Hurley (American Consul General, Marseille), To Whom it May Concern, 18.6.1940.

bar in der Hoffnung, den Titel eines L.L.M. zu erwerben.[183] In einem privaten Brief beschreibt er, was er sich abverlangte, um sich ein neues Standbein im gewohnheitsrechtlichen System aufzubauen: »Ich arbeite den ganzen Tag und versuche mühsam, mich mit dem angelsächsischen Recht vertraut zu machen. [...] Ein Student hier arbeitet normalerweise 10 bis 12 Stunden pro Tag, das ganze Jahr über.«[184] Gleichzeitig bemühte sich de Baer intensiv, aber letztlich erfolglos bei zahlreichen belgischen Institutionen um eine Anstellung, insbesondere bei der belgischen und britischen Botschaft, dem Committee for Belgien Relief und den amerikanischen und kanadischen Regierungen. Er führte hier seine Erfahrung als Richter und Kolonialbeamter an und zeigte sich bereit, jedwede Aufgabe, auch in der Armee oder dem Geheimdienst, zu übernehmen. Er nannte auch seine ausgezeichneten Englischkenntnisse: Er sei mütterlicherseits halber Engländer (seine Frau war Waliserin).[185] De Baer hielt außerdem Vorträge, etwa an der renommierten Fletcher School of Law and Diplomacy.[186] De Baer war also, wie so viele Exilanten, die in der Mitte ihrer Karriere standen, in der paradoxen Situation, dass er bereits über viel Wissen und Berufserfahrung verfügte, ihm dies im angelsächsischen Ausland aber kaum Vorteile verschaffte. So sollte der ehemalige belgische Premierminister Georges Theunis Recht behalten: »Es gibt für einen Juristen keine Chance, in den USA eine Beschäftigung zu finden.«[187]

Im Herbst 1940 war de Baer sehr pessimistisch, was seine Zukunft anging, und schrieb einem Freund in London: »We have had to leave absolutely everything including most of our money, and it is imperative that I find some sort of a situation soon. At this moment, for want of anything better to do, I am studying American law at Harvard Law School.«[188] Vor diesem Hintergrund wirkt seine Kontaktaufnahme mit der Exilregierung in London fast verzweifelt. De Baer wandte sich im Oktober 1940 direkt an Hubert Pierlot, Premierminister der belgischen Exilregierung, um eine Anstellung im Dienst der Exilregierung zu erbitten. Dabei betonte er, dass er

183 MBP, Documents, T. R. Powell (Committee on Graduate Studies, Harvard Law School) an Marcel de Baer, 24.10.1940; ebd., Marcel de Baer, Curriculum Vitae, 20.9.1940 (handschriftliche Notiz), Übersetzung S.W.

184 MBP, Documents, Marcel de Baer an M. Moeller, 2.11.1940 (handschriftl. Entwurf).

185 MBP, Documents, Marcel de Baer an Lord Lothian (British Ambassador, Washington), 10.10.1940. Zu seiner Ehefrau siehe TNA, HS 9/71/3, Special Operations Executive, Personnel File Margaret Jessamine Rudston de Baer, Form C.R.1, o. D.

186 MBP, Documents, Halford Hoskins (Dean Fletcher School of Law and Diplomacy) an Marcel de Baer, 23.11.1940.

187 Archives générales du Royaume. Brüssel [AGR], Archives Georges Theunis, dossier 512, Georges Theunis an Marcel de Baer, 16.8.1940, zit. n. Weisers, Juger les crimes contre les Juifs, S. 43, Übersetzung S.W.

188 MBP, Documents, Marcel de Baer an Robert Matthys, 9.10.1940 (handschriftl. Entwurf).

sich aufgrund seiner Kriegsgefangenschaft im Ersten Weltkrieg besonderen Gefahren durch die Deutschen ausgesetzt und zur Flucht aus Belgien keine Alternative gesehen habe, aber sich nun in den Dienst der Exilregierung stellen wolle.[189] Er musste sich offenbar von dem Verdacht befreien, sich unerlaubt aus dem Staatsdienst entfernt zu haben. Im November 1940 wurde de Baer nach London abgeordnet und zog mit seiner Ehefrau dorthin um (ihre Söhne verblieben in den USA).[190]

Im Januar 1941 wurde de Baer zum Präsidenten des Militärgerichtshofs (Cours militaire) und im November 1941 zum Vorsitzenden des Seegerichtshofs (Tribunal d'appel maritime) ernannt.[191] In diesen Positionen hatte de Baer nicht nur ein Auskommen gefunden, sondern bekleidete auch Ämter in Institutionen, deren Existenz Teil der Strategie der belgischen Exilregierung war, als legitime Vertreterin Belgiens anerkannt zu werden. Damit war Belgien nicht alleine – Großbritannien hatte mit dem »Allied Powers (Maritime Courts) Act« 1941 den in London ansässigen Exilregierungen das Recht eingeräumt, einen Seegerichtshof einzurichten, um souverän über Rechtsstreitigkeiten entscheiden zu können, die auf ihren Schiffen anfielen.[192] Von den späteren Mitgliedern der Cambridge Commission waren auch Johannes M. de Moor Präsident des niederländischen Seegerichtshofs, Constantin Stavropoulos hatte dieselbe Funktion für die griechische Exilregierung. Stavropoulos war vor dem Exil Anwalt am griechischen Obersten Gerichtshof gewesen und nun juristischer Berater für die griechische Exilregierung.[193] De Moor, über den mehr Informationen verfügbar sind, floh wie de Baer im Mai 1940 nach London, nachdem die deutschen Truppen die Niederlande überfallen hatten. Vor dem Krieg war er Richter am Bezirksgericht in Rotterdam gewesen, wo er sich auch mit strafrechtlichen Fällen befasste. Er war zudem Mitglied der linksliberalen Partei Vrijzinnig Democratische Bond und im Vorsitz der Niederländischen Vereinigung für den Völkerbund und den Frieden gewesen.[194] Im Februar 1941 wurde er – ähnlich wie de Baer – zum Vorsitzenden des Außerordentlichen Rats für die Schifffahrt (Buitengewone Raad voor de

189 MBP, Documents, Marcel de Baer an M. le Ministre de Justice à Londres, 16.10.1940 (handschriftl. Entwurf).

190 MBP, Documents, Ambassadeur de Belgique an Marcel de Baer, 25.11.1940.

191 Weisers, Juger les Crimes, S. 44; MBP, Documents, Ministère de la Justice, Beschluss, 6.11.1941.

192 Anna Maria Geertrudis Smit, Nederlandse Maritieme Rechtspraak Op Her Grondgebied Van Groot-Brittannië Gedurende De Tweede Wereldoorlog: Een Wetenschappelijke Proeve O Het Gebied Van De Rechtsgeleerdheid, Dissertation Radboud Universiteit 1989, S. 77.

193 Kateřina Králová, Das Vermächtnis der Besatzung: Deutsch-griechische Beziehungen seit 1940, Köln 2016, S. 123; UNWCC, History, S. 501.

194 Nationaal Archief/Jac Vos, Inventaris van het Archief van de Buitengewone Raad voor de Scheepvaart te Londen, (1939) 1940-1946, Nummer archiefinventaris: 2.16.31, 1975, S. 37; Smit, Nederlandse Maritieme Rechtspraak, S. 373; NIOD 234/20, H. Winkel (Secretary Ned. Groep LIA) an LIA, 28.5.1943, S. 2; von Lingen, Crimes against Humanity, S. 227f. Siehe auch Sara Weydner, A Lawyer in Exile: Johannes M. de Moor and the Circulation of Legal Knowledge in Wartime London, in: Journal of the History of International Law 24 (2022) 3, S. 391–406.

Scheepvaart) berufen, im Oktober 1941 zum Vorsitzenden des niederländischen Seegerichtshofs (Nederlandse Rechtbank te Londen).[195]

Abb. 4: Marcel de Baer, ca. 1943

Im Ausland als Richter praktizieren zu können, stellte für die Exiljuristen eine Möglichkeit der Performanz staatlicher Souveränität dar. So hielt de Moor bei der Gründungskonferenz der Cambridge Commission eine Rede zu den Seegerichtshöfen der Exilregierungen, die für ihn »an entirely new departure in international law« darstellten. Das erste Mal würden ausländische Richter Verstöße nichtbritischer Staatsbürger gegen ausländisches Recht auf britischem Boden ahnden – etwa niederländische Richter die durch einen Niederländer auf niederländischen Schif-

195 Johan W. Alberda, Opening Speech, Buitengewone Raad voor de Scheepvaart, 27.2.1941, in: Nationaal Archief/Vos, Inventaris, S. 39; Henri Antony Zee, In Ballingschap: De Nederlandse Kolonie in Engeland 1940–1945, Amsterdam 2005, S. 189. De Moor hatte sich vor dem Krieg bereits mit dem Seerecht befasst, siehe Johannes M. de Moor, De rijnvaartacte en de rechtspraak voor den vrijen rijn, in: Nederlandsche Juristenblad 14 (1939) 43/44, Sonderdruck.

fen begangene Verbrechen – und damit Souveränität übertragen.[196] Die Gerichte dienten als Insignien staatlicher Souveränität, was bei den Eröffnungszeremonien in der Westminster Guild Hall besonders deutlich wird. Auf den Fotos, die in der Presse erschienen, tragen de Baer und de Moor rote Richterroben mit Seidenbesatz.[197] So waren Seegerichtshöfe Orte, an denen exilierte Richter (kontinentales) Recht sprachen und durch ihre Arbeit den Anspruch der Alliierten, in diesem Krieg gegen Hitlerdeutschland für Rechtsstaatlichkeit einzutreten, untermauerten.

Es steht zu vermuten, dass de Baers militärischer Rang als Generalleutnant ihn dazu qualifizierte, den belgischen Militär- und Seegerichtshöfen vorzustehen.[198] Ein weiterer Vorteil war seine Erfahrung als Kolonialrichter im Kongo. Nachdem er bereits von 1917 bis 1920 in der Verwaltung tätig gewesen war, wurde er 1927 zum Richter in Léopoldville und 1928 in Stanleyville ernannt.[199] Nach seiner Rückkehr nach Belgien unterrichtete de Baer Kolonialrecht an der Kolonialuniversität in Antwerpen sowie an seiner Alma Mater in Brüssel.[200] Zum einen hatte er dadurch eine persönliche Verbindung zu Kolonial- und Justizminister Albert de Vleeschauwer, den er bereits in Frankreich kurz nach seiner Flucht sowie aus den USA um Hilfe gebeten hatte.[201] Beide nahmen an der Gründungskonferenz der Cambridge

---

196 Leon Radzinowicz/J. W. Cecil Turner, Penal Reconstruction and Development: Proceedings of the Conference Held in Cambridge on the 14th November, 1941, Between Representatives of Nine Allied Countries and of the Department of Criminal Science in the University of Cambridge, in: Canadian Bar Review 20 (1942) 3, S. 212–241, hier S. 222, 224. De Moors Vortrag basierte auf seiner gekürzten Rede zur Eröffnung des niederländischen Seegerichtshofes am 3. November 1941, dessen Vorsitz er innehatte: NIOD 234/36, J. M. de Moor an Arthur L. Goodhart, 22.11.1941. Anfang 1942 erschien diese zusammen mit den Begrüßungsworten des Lordkanzlers Simon in der *Law Quarterly Review*: Johannes M. de Moor, The Allied Maritime Courts, in: Law Quarterly Review 58 (1942) 1, S. 1–40.

197 MBP, Album, Zeitungsausschnitt, Les Tribunaux Maritimes Belges en Grande-Bretagne: L'Ouverture Solennelle, o. D. [Feb. 1942].

198 MBP, Documents, Lebenslauf, S. 1. De Baer hat nach derzeitigem Wissensstand nicht den Rang eines Generals bekleidet, auch wenn er sich selbst so nannte. Auf einem Flyer von 1943 wird er »Maj.-Gen. Marc de Baer« genannt, noch ein Dienstgrad weniger als Generalleutnant: MBP, Album, Flyer Brains Trust Meeting, Fulham Public Libraries, 18.1.1943.

199 MBP, Documents, Marcel de Baer, Curriculum Vitae, 20.9.1940.

200 MBP, Documents, Dossier personell, Ministre des Colonies, Arrêté, 31.10.1936. 1912 hatte de Baer seinen Abschluss an der ULB gemacht: ebd., Université Libre de Bruxelles, Faculté de Droit, Diplome Marcel de Baer, 4.11.1912. In einem Vortrag an der Kolonialuniversität pries er die Kolonie als »Das Land der Agrar- und Industrierohstoffe« an, das die internationale Wettbewerbsfähigkeit Belgiens sichere und dessen Rohstoffe ausgebeutet werden müssten. MBP, Articles, Marcel de Baer, Belgisch Kongo: Het Land van Agrarische en Industrielle Grondstoffen, Koloniale Hoogeschool Antwerpen, o. D.

201 De Vleeschauwer wurde am 19. Februar 1942 als Justizminister durch Antoine Delfosse ersetzt. Bart Coppein, Albert De Vleeschauwer, in: ODIS, 7.9.2019, www.odis.be/lnk/PS_3230 (abgerufen 18.11.2021).

Commission im November 1941 teil und waren überzeugt vom großen Nutzen der belgischen Kolonie für die Kriegsanstrengungen. Zum anderen nutzte de Baer sein Wissen über Belgien dazu, in London kulturelle Diplomatie für Belgien zu betreiben. 1941 und 1942 hielt er zahlreiche Vorträge in England – nach eigener Aussage über 200 –, in denen er den Gastgebern ein positives Bild Belgiens zu vermitteln suchte. Er sprach vor Regierungsinstitutionen wie dem Ministry of Information und dem War Office, vor akademischem Publikum, aber vor allem vor der Zivilgesellschaft, die sich ein Bild von den Gästen im Land machen wollte. Zu nennen seien hier nur Rotary Club, Federal Union, Overseas League, Allied Circle, Friends' House und die Racial Relations Group.[202]

Dass Belgien Kolonialmacht war, diente de Baer als Verweis auf die vielen »kulturellen Gemeinsamkeiten« Belgiens mit der Imperialmacht Großbritannien und auf die Bedeutung der kongolesischen Rohstoffe für die Finanzierung der Kriegsanstrengungen. Auch die kongolesischen Soldaten trügen ihren Teil bei: »The Congolese native troops, officered by Belgians, are economical in one respect – boot repairs. They march and fight in bare feet all the time.«[203] Was wohl ein Scherz sein sollte, zeigt de Baers tiefe Verwurzelung in den rassifizierenden Stereotypen seiner Zeit. Dass er in einem Artikel in der belgischen Exilzeitschrift *Message: Belgien Review* jedoch behauptete, der Kongo sei im Einverständnis mit den Menschen vor Ort erworben worden, kann nur noch als zynisch bezeichnet werden, wenn man bedenkt, dass nach heutigen Schätzungen etwa die Hälfte der Menschen auf dem Gebiet der belgischen Kolonie verstarben.[204] Diese Erfolgsgeschichte schreibt er Léopold II. zu, der früh begriffen habe, wie wichtig die koloniale Expansion für ein überbevölkertes und industrialisiertes Land wie Belgien sei.[205] Folgt man de Baer, war Léopold ein visionärer Idealist und kluger Stratege, der seine imperialistischen Ziele gegen Widerstände der »provincial, narrow-minded, untraveled bourgeois« in Belgien geschickt durchsetzte.[206] Auch im Artikel »Leopold II: An Undeserved Reputation« konterkarierte er das weitverbreitete Bild des belgischen Königs, der keine Verantwortung für die menschenverachtende Behandlung der Menschen im Kongo trage. Léopold sei ein weitsichtiger, kluger und vorausschauender Herrscher gewesen, der – wie ja England auch – nur im Blick gehabt habe, die »Fackel der Zivili-

---

202 MBP, Documents, Lebenslauf, o. D. [nach 1948]. Siehe Flyer in MBP, Album: Federal Union, Europe after the War, 27.9.1941; Bristol Public Libraries Public Lectures: Belgium by Marcel de Baer, 11.12.1941.

203 MBP, Album, o. A., Britain and the Congo, in: Evening Standard, 13.5.1941.

204 »[T]he Congolese State was not founded by conquest but by peaceful and legal means, by treaties, by purchase, and [...] no blood was shed.« Marcel de Baer, Foundation of an Empire, 1876–1885, in: Message: Belgian Review (1942) 4, S. 20–24, hier S. 22.

205 Marcel de Baer, The Belgian Struggle for Colonial Expansion: From the Earliest Time to 1870, in: Message: Belgian Review (1941) 2, S. 12–15.

206 De Baer, Foundation of an Empire, S. 20.

sation« nach Afrika zu tragen und das eigene Land in seinem Streben nach Wohlstand zu unterstützen.[207] Dass de Baer Unterstützer der imperialen Weltordnung war, lässt mit Blick auf seine Beteiligung an den Nachkriegsplanungen im »London Moment« wichtige Rückschlüsse auf seine Problemdiagnosen, seinen Erwartungshorizont, mithin seinen Denkstil zu: Sein Erwartungshorizont umfasste keine fundamental neue internationale Ordnung, in der es mehr Selbstbestimmung für Kolonien gab. Gleichzeitig wollte er Belgien als friedliebendes, kooperatives Land darstellen, das ein idealer Partner Großbritanniens war.

Abschließend kann gesagt werden, dass de Baers Weg ins Londoner Exil von vielen Unwägbarkeiten geprägt war. Wäre ihm zuerst eine Anstellung in den USA angeboten worden, hätte de Baer wohl nie seinen Weg nach London gefunden. Erst nachdem seine Versuche, sich ein berufliches Standbein in den USA aufzubauen, fehlgeschlagen waren, ließ er sich zusammen mit seiner Frau in London nieder und wurde Ende 1940 Teil der belgischen Exilregierung. Seine Fluchtgeschichte macht wieder deutlich, dass es für Exiljuristen besonders herausfordernd war, im Ausland eine ihrem Ausbildungsgrad entsprechende Anstellung zu finden, aber auch, welcher Strategien sie sich bedienten, um diese Probleme zu überwinden: De Baer konnte aus der relativen Sicherheit des Exils in den USA heraus seine Netzwerke nutzen und eine Anstellung suchen. Zwar war er anscheinend finanziell unter Druck, weil man keinen Zugriff auf das eigene Vermögen mehr hatte und auf das Stipendium der Harvard Law School angewiesen war, jedoch kam seine Ehefrau wohl aus vermögenden Verhältnissen, was eine gewisse Sicherheit gegeben haben muss.[208] Schließlich konnte er in London sogar richterliche Aufgaben übernehmen und somit an seine Berufspraxis vor dem Krieg anknüpfen. Diese Positionen wiederum konnte de Baer für sich nutzen, um gegenüber britischen Juristen als *legal entrepreneur* aufzutreten.

Schließlich gelang es de Baer immer wieder, seine »Kriegserfahrung« anzuführen, um sich als Experte für Kriegsverbrecherfragen und den Umgang mit Deutschland zu profilieren.[209] Ab dem Herbst 1942 äußerte sich de Baer immer öfter öffentlich zu dieser Thematik. Hier wird klar, dass er die Analyse des Cambridger Department of Criminal Science teilte, dass internationale Kooperation im Strafrecht zentraler Bestandteil der Nachkriegsordnung sein müsse, insbesondere bei der Bestrafung von Kriegsverbrechern. Daraus ergab sich, wie in Kapitel IV näher ausgeführt wird, seine Forderung nach einem internationalen Strafgerichtshof, der auch Angriffskriege ahnden solle, sowie die frühe Beschäftigung mit der Frage, wie man

---

207 Marcel de Baer, Leopold II: An Undeserved Reputation, in: Message: Belgian Review (1942) 9, S. 14. Über einheimische Richter äußerte sich de Baer wertschätzend: Marcel de Baer, Inlandsche Rechtspraak, in: Marine (1942), S. 20–21.

208 Von Lingen, Crimes against Humanity, S. 226.

209 Siehe z.B. Who's Who in this Issue, in: Free World 7 (1944), S. 191.

Kriegsverbrechern überhaupt habhaft werden konnte. Am Anfang seines Engagements stand allerdings die Beschäftigung mit Fragen der Kollision von Rechtsordnungen und der Harmonisierung strafrechtlicher Normen und Verfahren. Im Sommer 1941 nahm das Department of Criminal Science Kontakt zu ihm als Experten des belgischen Strafrechts auf, um ein Projekt einer vergleichenden Darstellung europäischer Strafrechtssysteme durchzuführen, was wiederum zu seiner Einladung zur Cambridge Commission führte. De Baer ergriff diese Gelegenheit und sollte sich fortan als *legal entrepreneur* für die Bestrafung von Kriegsverbrechen hervortun.[210]

Schlussbemerkungen

Für viele europäische Exiljuristen war, wie die folgenden Kapitel zeigen werden, transnationale Kooperation eine Möglichkeit, ihr Rechtswissen nutzbar zu machen, um den »London Moment« mitzugestalten. Die Analyse der Kriegsverbrecherfrage beruhte zu Beginn auf dem Vergleich nationaler Strafrechtsregime und hing daher von der Expertise von Exiljuristen ab. Für diese konnte so paradoxerweise gerade das in der nationalen Praxis vor dem Krieg erworbene Rechtswissen ein Weg sein, den Verlust ihres sozialen Status zu kompensieren und vielleicht sogar Autorität als »Experte« für die internationale Rechtsordnung zu erlangen. Ihr Wissen konnte ein Mittel für soziale Mobilität werden.

Die Biografien von Max Grünhut, Hermann Mannheim, Leon Radzinowicz und Marcel de Baer zeigen exemplarisch Strategien, die Exiljuristen verfolgten, um nach Großbritannien emigrieren zu können und dort eine (auskömmliche) Stellung zu finden. Für deutsche Exilwissenschaftler war das Überschreiten disziplinärer Grenzen ein Weg, sich den Lebensunterhalt zu verdienen oder sogar eine neue Karriere aufzubauen. So veränderten die deutschen Strafrechtler Grünhut und Mannheim ihren Forschungsschwerpunkt, um Anstellungen an einer englischen Universität zu bekommen. Sie fanden in der Kriminologie eine fachliche Nische, die von Briten wenig beachtet und daher von Emigranten ohne große Hindernisse besetzt werden konnte. Diese Umorientierung eröffnete Beiden Möglichkeiten, sich im institutionellen Gefüge der britischen Universitäten zu etablieren und von dort aus die Nachkriegsplanungen mitzugestalten. Die Bereitstellung der finanziellen Mittel für Grünhut und Mannheim resultierte sowohl aus Hilfsbereitschaft und Mitleid als auch aus einer Kosten-Nutzen-Abwägung des Beitrags, den diese Wissenschaftler zur britischen Akademie leisten würden. Dass die LSE sowie die Universitäten von Oxford und Cambridge zu Kriegsbeginn alle Strafrechtler mit einem Schwerpunkt

210 Dieser Begriff bezeichnet hier Personen, die das Feld des internationalen Strafrechts mitprägten und wird in der Einleitung näher definiert.

in der Kriminologie beschäftigten, war nicht den koordinierten Bemühungen geschuldet, Kriminologie als Disziplin in England zu etablieren, sondern ein kontingentes Ergebnis der Exilbewegung und der Bemühungen einzelner Akteure, ausländischen Wissenschaftlern zu helfen.

Angesichts ihrer Spezialisierung auf deutsches Strafrecht war für Grünhut und Mannheim die Kriminologie die beste Möglichkeit, ein Auskommen in England zu finden. Das Bild der Arche, auf der das kulturelle Erbe der Menschheit aus den Wirren der Zeit gerettet wird, erscheint vor dem Hintergrund, dass nur eine Minderheit der emigrierenden deutschsprachigen (Rechts-)Wissenschaftler Zuflucht in Großbritannien fanden – und wenn, dann oft verbunden mit einem sozialen und akademischen Abstieg – wie eine retrospektive Verklärung.

Leon Radzinowicz, polnischer Jurist, konnte ebenfalls seine bereits bestehende Expertise in den Kriminalwissenschaften nutzen, um sich an der Universität Cambridge zu etablieren. Sein Lebenslauf ist ein Beispiel dafür, wie bereits vor der Migration erworbenes Wissen als Ressource genutzt werden konnte, um als Debattenteilnehmer anerkannt zu werden. Ihm gelang es, sich mit zentralen Akteuren der englischen (akademischen und nicht akademischen) Kriminalwissenschaft zu vernetzen und auf Grundlage dessen eigenes Renommee aufzubauen. In allen drei Biografien zeigt sich die Bedeutung einzelner Personen und Institutionen, die sich bereitfanden, ihre Türen zu öffnen und Wissenschaftlern (und in einem viel geringeren Maße auch Wissenschaftlerinnen) die Aussicht auf einen neuen Lebensabschnitt zu bieten.

Richter wie Marcel de Baer und Johannes M. de Moor kamen unter anderen Prämissen nach Großbritannien. Sie waren nicht von ihren Positionen vertrieben worden, weil sie einer nach der NS-Rassenlehre »rassisch minderwertigen« Gruppe angehörten und damit der schrittweisen gesellschaftlichen Exklusion und schließlich der Vernichtung preisgegeben werden sollten. Während zumindest Mannheim und Radzinowicz, zunehmend aber auch Grünhut, davon ausgegangen zu sein scheinen, dauerhaft zu emigrieren, fand ihre Auswanderung unter der Annahme statt, nach dem Krieg in die Heimat zurückkehren zu wollen und zu können. So prägten Herkunftsland, Religion, Geschlecht, Beruf und Zeitpunkt der Migration die Fluchtbiografien derjenigen Exiljuristen, die wichtige Rollen in den Nachkriegsplanungen übernehmen sollten. Ein weiterer entscheidender Faktor war der Kontakt zu Briten, die die Strukturen für die transnationale Zusammenarbeit bereitstellten und so als »Wissensbroker« agierten. Um sie soll es im nächsten Kapitel gehen.

II Die Kriminologie in England vor 1941

Britische Wissensbroker und internationale Verbindungen

Der Ausbruch des Zweiten Weltkriegs bremste die Mobilität von Menschen und die Zirkulation von Wissen und Waren, die seit dem 19. Jahrhundert in ungleicher, aber wachsender Geschwindigkeit die globalisierte Welt geprägt hatten.[1] Kooperation zwischen nun verfeindeten Staaten fand ein jähes Ende. Auch die Möglichkeiten nichtstaatlicher Akteure, sich untereinander zu vernetzen, waren durch Kriegsdienst, Reisebeschränkungen, Zensur und auch die Kontingentierung von Papier äußerst beschränkt. Stattdessen war der Alltag vieler Briten geprägt von Bombenangriffen, Kriegs- und Durchhalterhetorik, der Rationierung aller Rohstoffe und der Ausrichtung der Wirtschaft auf den Krieg. Indes überdauerte Internationalismus als Idee und Praxis den Krieg, um 1945 in der Charta der Vereinten Nationen seinen Niederschlag zu finden. So hat Sandrine Kott postuliert, dass Kriege in bestimmten Feldern den transnationalen Austausch von Wissen und Expertise sogar befördern können. Zwischen 1939 und 1945 seien internationale Organisationen instrumental für die Kriegsführung gewesen, indem sie Gegenpropaganda verbreiteten und Informationen über den Feind generierten, aber auch, weil sie den Internationalismus der Zwischenkriegszeit hochhielten und auf unterschiedlichen Kanälen die Nachkriegsplanungen beeinflussten.[2]

Die Forderungen nichtstaatlicher Akteure im »London Moment« nach einem internationalen Strafgerichtshof sowie nach der Verankerung einer internationalen Kriminalpolitik in der Nachkriegsordnung waren Ausdruck dieses »internationalism in wartime«. Dies war keineswegs eine zwangsläufige Entwicklung. England hinkte, was das akademische Studium internationaler oder vergleichender Aspekte des Strafrechts anging, weit hinterher. Zwar gab es Professuren für internationales Recht, jedoch war die Auseinandersetzung mit Fragen der Kriminalität und

1 Jürgen Osterhammel, Die Verwandlung der Welt: Eine Geschichte des 19. Jahrhunderts, München 2009.

2 Sandrine Kott, Internationalism in Wartime: Introduction, in: Journal of Modern European History 12 (2014) 3, 317–322, hier S. 317 und 321.

Kriminalpolitik eine, in der sogenannte »Praktiker« das Wort führten und der Austausch, gar der Vergleich mit anderen Ländern, skeptisch gesehen wurde. Als in den 1930er Jahren deutsche und mit Ausbruch des Zweiten Weltkriegs Juristen aus den von Deutschland besetzten Gebieten nach England kamen, gab es wenige Ansprechpartner für Fragen der internationalen Zusammenarbeit im Strafrecht, wie man sie etwa mit der Association Internationale de Droit Pénal oder der International Penal and Penitentiary Commission (IPPC) auf dem »Kontinent« kannte.

Trotzdem entwickelte sich ein »London Moment« für das internationale Strafrecht: Exiljuristen (und einige wenige Exiljuristinnen) begannen 1941, transnational zu kooperieren und sich mit den aus ihrer Sicht notwendigen Reformen des internationalen Strafrechts zu beschäftigen. Dies umfasste sowohl das humanitäre Völkerrecht und die Frage der Bestrafung von Kriegsverbrechen als auch den Versuch, internationale Standards für die Behandlung von Angeklagten, insbesondere jugendlichen Straftätern, zu entwickeln. 1940 gründeten kriminologisch versierte Juristen der Universität Cambridge ein Department of Criminal Science, das Ende 1941 die International Commission for Penal Reconstruction and Development – die Cambridge Commission – ins Leben rief, an der sich Exiljuristen aus allen besetzten europäischen Staaten beteiligten. Das ursprüngliche Ziel des Department war es, durch eine vergleichende Untersuchung europäischer Strafrechtsregime deren Stärken und Schwachstellen zu identifizieren. Diese wissenschaftliche Beschäftigung mit dem Strafrecht aus vergleichender Perspektive sollte beim Wiederaufbau nach Ende des Kriegs helfen, Rechtsstaatlichkeit in der internationalen Ordnung zu verankern und so zwischenstaatliche Konflikte und die Missachtung individueller Rechte zu verhindern. Langfristiges Ziel waren international verbindliche Standards für das Strafrecht und den Strafvollzug, die von einer internationalen Organisation durchgesetzt werden konnten. Auch die erfolgreiche Ahndung im Krieg begangener Verbrechen war Bestandteil dieser Agenda.

Neben der Cambridge Commission schuf die Howard League for Penal Reform (HLPR) mit einem internationalen Komitee einen Raum, in dem über die Zukunft der Strafjustiz debattiert wurde. Diese in London ansässige nichtstaatliche Organisation, die sich in der Zwischenkriegszeit für Strafrechtsreformen in Großbritannien, seinen Kolonien und Mandatsgebieten sowie für internationalen Austausch kriminologischen Wissens eingesetzt hatte, wollte, wie auch das Department of Criminal Science in Cambridge, aus der Anwesenheit europäischer Exiljuristen in England Nutzen ziehen und diese in die Nachkriegsplanungen involvieren. Ein unprätentiös als »International Committee« betiteltes Gremium sollte gemeinsame Standards für den Strafvollzug entwickeln und somit die rechtliche Nachkriegsordnung mit vorbereiten.

In diesem Kapitel wird in der Rückschau auf die 1930er Jahre und mit Schwerpunkt auf die ersten beiden Kriegsjahre die Kontingenz dieser Entwicklungen herausgearbeitet und gezeigt, warum gerade das Department of Criminal Science und die HLPR den Anstoß für die Gründung nichtstaatlicher, international besetzter Expertengremien gaben, in denen Exilanten und Briten Problemdiagnosen und Zukunftserwartungen abglichen und versuchten, gemeinsame politische Forderungen zu formulieren. Diese »Räume des Wissens« konnten nur entstehen, weil es Briten gab, denen internationale Zusammenarbeit ein wichtiges Anliegen war und die in Reaktion auf die Einwanderung europäischer Exiljuristen die institutionellen Grundlagen für transnationale Nachkriegsplanungen legten.[3] Aus ihrer Sicht ersetzte der Austausch vor Ort in Zeiten eingeschränkter internationaler Mobilität das Reisen als Technik der Datenerfassung und der persönlichen Vernetzung. Das starke Bedürfnis, durch eigene Nachkriegsplanungen der nationalsozialistischen »Neuen Ordnung« etwas entgegenzusetzen, gab Impulse für die Vernetzung von juristischen Experten und die Produktion von Rechtswissen. Die lokale Verankerung dieser transnationalen Zusammenarbeit, insbesondere im Internationalismus der Zwischenkriegszeit, aber auch in wissenschaftspolitischen Erwägungen, ist ein wichtiger Bestandteil der Geschichte des rechtlichen Internationalismus zu Kriegszeiten.[4]

1 Die Howard League for Penal Reform und die internationale Strafvollzugsreform vor 1941

Die Howard League for Penal Reform wurde 1921 mit der Fusion der Howard Association (1866) und der Penal Reform League (1907) geboren und führte deren sozialreformerische Tradition weiter. Ideologisch stand sie dem Quäkertum und einem christlich geprägten Sozialismus nahe und stützte ihre politischen Forderungen auf den Glauben an Gewaltfreiheit und Rehabilitation sowie ein egalitäres Gesellschaftssystem. So sollten individualisierte Strafen, Arbeits- und Bildungsprogramme im Gefängnis und alternative Disziplinierungsmaßnahmen wie die Bewährungsstrafe für eine Wiedereingliederung von Straftätern in die Gesellschaft sorgen. Damit stand die HLPR der positivistischen Schule nahe, die in ihrer weitreichendsten Ausprägung Kriminalität biologistisch und sogar »rassisch« determiniert sah, aber mit ihren empirischen Untersuchungen individueller und gesellschaftlicher Faktoren für Kriminalität die Grundlagen für eine moderne Kriminologie legte.[5] Eine humane, auf empirischen Daten beruhende Strafrechts-

3 Mitchell G. Ash, Räume des Wissens – was und wo sind sie? Einleitung in das Thema, in: Berichte zur Wissenschaftsgeschichte, 23 (2000) 3, S. 235–242.

4 Zum Konzept der Mechanismen des Internationalismus siehe die Einleitung.

5 Michele Pifferi, Global Criminology and National Tradition: The Impact of Reform Movements on Criminal Systems at the Beginning of the 20th Century, in: Thomas Duve (Hg.), Entanglements in Legal History: Conceptual Approaches 2014, S. 543–564.

pflege *(criminal justice)* war, wie Adnan Sattar herausgestellt hat, für die HLPR eine unabdingbare Voraussetzung für soziale Gerechtigkeit.[6]

Daraus entwickelte die HLPR universelle Mindeststandards für den Strafvollzug, die eine angemessene Behandlung von Inhaftierten sicherstellen und so deren Reintegration in die Gesellschaft befördern sollten. Regelmäßige Reisen der Mitglieder, enger Kontakt mit Strafrechtsreformern in Europa und Nordamerika sowie die Rezeption ausländischer Reformbestrebungen in den Veröffentlichungen der HLPR stellten eine Zirkulation von Wissen über Methoden des Strafvollzugs sicher.[7] Für diese Sozialreformer war die internationale Vernetzung ein Instrument, um empirische Daten zu sammeln und politische Forderungen zu formulieren.[8] So nahmen die HLPR und ihre Vorgängerorganisationen an den Internationalen Gefängniskongressen der International Prison Commission (IPC, ab 1935 IPPC) teil. Infolge ihrer internationalen Arbeit wurde sie eine der Fachorganisationen, die den Völkerbund in der Zwischenkriegszeit in kriminologischen und kriminalpolitischen Fragen berieten.[9] Ihre wichtigste Initiative galt internationalen Mindeststandards für die Behandlung von Angeklagten und Häftlingen. Auch wenn letztlich keine internationale Konvention zustande kam, gelang es, das Thema fest im Repertoire des Völkerbunds zu verankern.

Dieser Internationalismus wurzelte in der Zusammenarbeit von Wissenschaftlern, Regierungen, Praktikern aus dem Gefängnisvollzug und Reformern, die sich seit Ende des 19. Jahrhunderts transnational vernetzt hatten, um kriminologisches Wissen auszutauschen.[10] Ihre Organisatoren und Organisatorinnen gingen davon

---

6 Adnan Sattar, Criminal Punishment and Human Rights: Convenient Morality, London 2019, S. 126.

7 Zur Praxis des transnationalen Austauschs von Wissen durch den Besuch von Strafvollzugseinrichtungen Marie-Sylvie Dupont-Bouchat, Du tourisme pénitentiaire à »l'Internationale des philanthropes«: La création d'un réseau pour la protection de l'enfance à travers les congrès internationaux (1840–1914), in: Paedagogica historica 38 (2002) 2–3, S. 533–563.

8 Anne Logan, Feminism and Criminology in Britain, 1910–1950, in: Sara L. Kimble/Marion Röwekamp (Hg.), New Perspectives on European Women's Legal History, New York 2017, S. 272–291, insb. S. 279–284.

9 Es handelte sich neben der HLPR um die Association Internationale de Droit Pénal, das International Bureau for the Unification of Penal Law, die International Criminal Police Commission, die IPPC, die International Law Association und die International Penal Law Union. Siehe z.B. Modern Records Centre, University of Warwick [MRC], MSS. 16B/3/IN/1/27, League of Nations, Penal and Penitentiary Questions: Report of the Fifth Committee to the Assembly (A.58.1932.IV), 10.10.1932.

10 Sylvia Kesper-Biermann/Petra Overath (Hg.), Die Internationalisierung von Strafrechtswissenschaft und Kriminalpolitik (1870–1930): Deutschland im Vergleich, Berlin 2007. Siehe auch Sabine Freitag/Désirée Schauz (Hg.), Verbrecher im Visier der Experten: Kriminalpolitik zwischen Wissenschaft und Praxis im 19. und frühen 20. Jahrhundert, Stuttgart 2007. Ähnliches passierte auch in anderen Feldern, vgl. z.B. Gabriele Metzler, Internationa-

aus, dass Kongresse »one of the modern forms of scientific activity« seien, die den Vergleich der Entwicklung von Staaten in einer ähnlichen Weise ermöglichten wie Industrieschauen. Wissenschaftlicher Fortschritt wurde als ein kollektives Unterfangen verstanden, geboren aus einem kollektiven Bewusstsein.[11] Mit der Gründung des International Congress for Criminal Anthropology (ICCA), der Internationalen Kriminalistischen Vereinigung (IKV) und der International Prison Commission (IPC, ab 1929 IPPC) trafen sich in regelmäßigen Abständen vorwiegend kontinentaleuropäische Wissenschaftler, Reformer und Staatsdiener aus Justiz und Verwaltung sowie Praktiker aus dem Strafvollzug, um sich über gemeinsame Problemlagen und Lösungsansätze zu verständigen.[12] Dabei spielte insbesondere die Entwicklung der Kriminalstatistik eine Rolle, die eine größere Vergleichbarkeit versprach. Das »bewußte, über die eigenen Grenzen hinaus gerichtete Handeln historischer Akteure« zielte auf den Austausch von Informationen über Strategien und Methoden der Verbrechensbekämpfung sowie von Wissen über die Ursachen von Kriminalität ab.[13] Gemeinsam war den Organisationen, dass es beim Vergleich von Erfolgsmethoden um das Strafrecht und die Kriminalpolitik in »zivilisierten« Staaten ging und die Mitglieder hauptsächlich aus westlichen Staaten kamen.

Während in Kontinentaleuropa seit dem 19. Jahrhundert die Internationalisierung der Strafrechtswissenschaft und der Kriminalpolitik intensiv auf internationalen Kongressen betrieben wurde – zum Austausch von Wissen und Erfahrung und um eigene Reformbestrebungen im Heimatland zu legitimieren – und eine regelrechte Kongressbewegung entstand, beschritt England einen Sonderweg in den internationalen Wissenschaftsbeziehungen und grenzte sich vom kontinentaleuropäischen Rechtssystem und den damit verbundenen Praktiken und Wissensbeständen ab.[14] Dies erklärt Sabine Freitag zum einen mit der Ablehnung der Annahmen

---

le Wissenschaft und nationale Kultur: Deutsche Physiker in der internationalen Community, 1900–1960, Göttingen 2000.

11 Leon Radzinowicz, Adventures in Criminology, London 1998, S. 369.

12 Zur IPPC Martina Henze, Netzwerk, Kongressbewegung, Stiftung: Zur Wissenschaftsgeschichte der internationalen Gefängniskunde 1827–1951, in: Freitag/Schauz, Verbrecher im Visier, S. 55. Martina Henze schreibt der IPPC den »Charakter einer offiziellen, internationalen Organisation« zu – immerhin traten Staaten formell bei und finanzierten die IPPC –, allerdings handele es sich »nach moderner Definition weiterhin um eine nichtstaatliche Vereinigung«, da keine bindenden Beschlüsse gefasst wurden. Martina Henze, »Important forums (…) among an increasingly international penological community«: Die internationalen Gefängniskongresse 1872–1935, in: Kesper-Biermann/Overath, Internationalisierung, S. 70. Siehe auch Madeleine Herren-Oesch, Hintertüren zur Macht: Internationalismus und modernisierungsorientierte Außenpolitik in Belgien, der Schweiz und den USA 1865–1914, München 2000, S. 33f.

13 Kesper-Biermann/Overath, Internationalisierung, S. 9f.

14 Sabine Freitag, Reichweite und Grenzen einer Internationalisierung öffentlicher Debatten über Verbrechen und Strafe in England, ca. 1850–1935, in: Kesper-Biermann/Overath, Interna-

der »italienischen Schule« der Kriminologie, die darauf abzielte, geborene Kriminelle unschädlich zu machen, und einem weitverbreiteten Glauben an die Rehabilitation von Straftätern, zum anderen mit der Skepsis gegenüber kontinentaleuropäischen Logiken der Wissensproduktion.[15] Im gewohnheitsrechtlichen System Englands hatten die Stimmen der »Praktiker« besonderes Gewicht, deren Empfehlungen mehr zählten als die theoretisch unterfütterten, aber nicht in der Praxis erprobten Beobachtungen von Wissenschaftlern.[16] Die englische Regierung zeigte daher weder am ICCA noch an der IKV besonderes Interesse und beschränkte ihre Teilnahme an internationalen Kongressen meist auf die IPC. In dieser Konstellation kam nichtstaatlichen Akteuren besonderes Gewicht zu, nicht nur den Praktikern, sondern auch sozialreformerischen NGOs wie der HLPR. Im Zweiten Weltkrieg spielte deren Internationalismus dann eine wichtige Rolle als Antrieb für die transnationale Zusammenarbeit.

Zivilisierung durch Recht

Es stellt sich die grundsätzliche Frage, welche Begründungen dafür angeführt wurden, dass das Strafrecht und der Strafvollzug – als ureigener Ausdruck staatlicher Souveränität – der internationalen Regulierung zugängig sein sollten. Wie Marc Lewis in »The Birth of the New Justice« herausgearbeitet hat, gab es in der Zwischenkriegszeit zahlreiche Bemühungen um die »Internationalisierung« der Ahndung von Verbrechen, von einer internationalen Konvention für die Terrorismusbekämpfung bis hin zur Einrichtung eines internationalen Strafgerichtshofes, mit jeweils unterschiedlicher politischer Stoßrichtung.[17] Auch Frédéric Mégret und Immi Tallgren betonen die Bedeutung der Zwischenkriegszeit für die Ideengeschichte einer internationalen Strafjustiz.[18] Tatsächlich kollaborierten verschiedene internationale Institutionen wie die Internationale Kriminalistische Vereinigung, ihr

---

tionalisierung, S. 140–166, insb. S. 149. Zur Kongressbewegung Henze, Netzwerk; Jan-Philipp Horstmann, Halbamtliche Wissenschaft: Internationale Statistikkongresse und preußische Professorenbürokraten, Paderborn 2020, Kap. 3.

15 Freitag, Reichweite., S. 143–147.

16 Vgl. Sylvia Kesper-Biermann, Wissenschaftlicher Ideenaustausch und »kriminalpolitische Propaganda«: Die Internationale Kriminalistische Vereinigung (1889–1937) und der Strafvollzug, in: Freitag/Schauz, Verbrecher im Visier, S. 84f.

17 Mark Lewis, The Birth of the New Justice: The Internationalization of Crime and Punishment, 1919–1950, Oxford 2014.

18 Frédéric Mégret/Immi Tallgren (Hg.), The Dawn of a Discipline: International Criminal Justice and Its Early Exponents, Cambridge 2020; Lewis, Birth of the New Justice. In beiden Darstellungen finden die Bemühungen der von Logan als »feminist-criminal-justice reform network« betitelten Sozialreformerinnen aus England jedoch keinen Platz, obwohl sie mit dem Thema des Strafvollzugs eine wichtige Lücke in den Forderungen nach der Internationalisierung des Strafrechts schlossen. Logan, Feminism and Criminology, S. 273.

Nachfolger AIDP und die IPPC im Fünften Komitee des Völkerbunds, das für soziale und humanitäre Themen wie Drogen- und Menschenhandel zuständig war.[19] Fragen des Strafrechts und des Strafvollzugs mit internationalem Bezug wurden hier als soziale oder humanitäre Frage verhandelt, weniger als juristische – den Strafvollzugsreformern ging es um die Verbesserung sozialer Verhältnisse durch einen humaneren Strafvollzug, der unter dem Primat der Rehabilitation des Straftäters stand. So sah auch die HLPR den Völkerbund als Institution, die weltweit höhere soziale Standards förderte, wovon die Kampagnen gegen den »weißen Sklavenhandel« und den Opiumhandel zeugten. Diese Rolle müsse er auch für den Strafvollzug übernehmen und diese »crimes against humanity« anprangern.[20]

Insbesondere das Schicksal politischer Häftlinge motivierte den Beginn der Lobbyarbeit der HLPR in Genf Mitte der 1920er Jahre.[21] Die League formulierte einen »Suggested Draft of Minimum Rights for Prisoners in all Civilised Countries«, der die Grundlage ihrer internationalen Kampagne für eine internationale Konvention für die Rechte von Gefangenen und Angeklagten war.[22] Diese Standards sollten ein Mindestmaß an »efficiency, decency and humanity« bei der Behandlung von Häftlingen sichern.[23] Eine Verbesserung von Haftbedingungen, so argumentierte die HLPR, trage letztlich zur Vermeidung zwischenstaatlicher Konflikte bei.[24] Die Misshandlung von Häftlingen entrüste die internationale öffentliche Meinung und könne Auslöser internationaler Spannungen sein, insbesondere wenn es sich um Ausländer oder ausgelieferte Häftlinge handele.[25] Daher seien Schutzmaßnahmen

---

19 Charles Howard Ellis, The Origin, Structure and Working of the League of Nations, Clark/NJ 2003, S. 135.

20 Howard League for Penal Reform [HLPR], International Co-operation in Penal Matters, London 1930; Zitat MRC, MSS. 16B/3/IN/1/14, HLPR, A Prisoners' Charter (reprint from the Manchester Guardian, 19.9.1928), 1928. Laut Pederson waren soziale Fragen eine Möglichkeit, über politische und ideologische Gräben hinweg zusammenzuarbeiten, und sie bescheinigt dem Völkerbund hier seine größten Erfolge: Susan Pedersen, Back to the League of Nations, in: The American Historical Review 112 (2007) 4, S. 1091–1117.

21 Gordon Rose, The Struggle for Penal Reform: The Howard League and its Predecessors, London 1961, S. 315.

22 MRC, MSS. 16B/3/IN/1/2, HLPR, Suggested Draft of Minimum Rights for Prisoners in all Civilised Countries, 1925.

23 MRC, MSS. 16B/3/IN/1/4, HLPR, Note on the Draft Convention of the Treatment of Prisoners: The Need for International Action, ca. 1927.

24 MRC, MSS. 16B/3/IN/1/7, HLPR, Arguments in Favour of the Proposition that the Treatment of Prisoners is a Matter for International Action, ca. 1928. Siehe auch MRC, MSS. 16B/3/IN/1/88/1, HLPR, The Accused: An International Survey, 1937, S. 3.

25 HLPR, International Co-operation in Penal Matters, London 1930; MRC, MSS. 16B/3/IN/1/70, HLPR, The League of Nations and the Problem of the Prisoner: A Plea by the Howard League for Penal Reform for the Observation of the Standard Minimum Rules of the International Penal and Penitentiary Commission, Sept. 1935, S. 1.

für Angeklagte und Häftlinge gleichzeitig »safeguards of a nation's honour amongst its peers.« Die Prävention von Straftaten wiederum könne nur über aufgeklärte und wissenschaftliche Methoden erfolgen – ein rückständiges Strafvollzugssystem hingegen »breeds criminals as a pool breeds mosquitoes.« Dies wurde als transnationales Problem beschrieben, woraus geschlossen wurde, dass jedes Land direktes Interesse daran habe, dass seine Nachbarn fortschrittliche Methoden bei der Verhinderung von Kriminalität anwenden würden.[26]

Nach Vorstellung der HLPR sollte eine internationale Konvention zahlreiche Aspekte des Strafvollzugs abdecken: Schutz vor Willkür und Gewalt während der Gerichtsverfahren und in Gefängnissen, den Transport von Gefangenen ins Ausland, die Auslieferung von Angeklagten, den Strafvollzug für Jugendliche, Gesundheits- und Arbeitsstandards in Gefängnissen, Standards für die Bewährungsstrafe – alles mit dem Ziel, zum Schutz der Gemeinschaft die Rehabilitation des Straftäters oder der Straftäterin zu gewährleisten.[27] Dies sei ein wichtiger Beitrag zur Zivilisierung der internationalen Ordnung, womit man auf den Zivilisationsdiskurs des 19. Jahrhunderts zurückgriff.[28] In öffentlichkeitswirksamen Veröffentlichungen wie »A Prisoners' Charter« (1928) und »For All Prisoners« (1933) argumentierte die HLPR, dass es eine Nation nicht verdiene, zur Gemeinschaft zivilisierter Staaten gezählt zu werden, wenn Grundsätze einer humanen Behandlung im Strafvollzug verletzt würden – etwa ein Geständnis mit Gewalt erzwungen würde, Gerichtsverhandlungen nicht öffentlich seien, kein Rechtsvertreter bestellt würde, inhumane Behandlung im Gefängnis gängig sei. Menschenrechtsverletzungen – etwa die Todesstrafe und die Verletzung der körperlichen Unversehrtheit – gefährdeten nicht nur die effiziente, regelbasierte Staatsführung, sondern auch den internationalen Frieden und die gesamte Zivilisation. Ein Staat habe daher also sowohl seinen Bürgern gegenüber als auch gegenüber der Staatengemeinschaft die Verantwortung, vergleichende kriminologische Forschung zu fördern und auf Grundlage der gewonnenen Erkenntnisse den Strafvollzug zu reformieren.[29]

---

26 MRC, MSS. 16B/3/IN/1/70, HLPR, The League of Nations and the Problem of the Prisoner, S. 2.

27 MRC, MSS. 16B/3/IN/1/30, HLPR, Supplement to Memorandum of May, 1930, on International Aspects of Penal Administration submitted by the Howard League for Penal Reform to the Secretary-General of the League of Nations, 13.4.1931, S. 4.

28 Einschlägig: Antony Anghie, Imperialism, Sovereignty and the Making of International Law, Cambridge 2005. Siehe auch Mark Mazower, Ende der Zivilisation und Aufstieg der Menschenrechte: Die konzeptionelle Trennung Mitte des 20. Jahrhunderts, in: Stefan-Ludwig Hoffmann (Hg.), Moralpolitik: Geschichte der Menschenrechte im 20. Jahrhundert, Göttingen 2010, S. 41–62.

29 MSS. 16B/3/IN/1/14, HLPR, A Prisoners' Charter (reprint from the Manchester Guardian, 19.9.1928), 1928; MRC, MSS. 16B/3/IN/1/48, HLPR, For all Prisoners and Captives: An Appeal for Justice, Sept. 1933.

Damit appellierte die HLPR an die rationale Steuerung von Politik einerseits und die Werte des Humanismus und Liberalismus andererseits. Wenngleich sie die globalen, auf Imperialismus und Kolonialismus beruhenden Strukturen der internationalen Ordnung nicht grundsätzlich infrage stellte, lässt sich der Glaube an universelle Rechte erkennen, die weltweit gelten sollten und der sich alle Gesellschaften nähern konnten, nachgerade mussten.[30] Auch wenn jederzeit lokale Besonderheiten berücksichtigt werden müssten, habe jeder Mensch das Recht auf eine humane und wissenschaftlich begründete Behandlung durch den Staat. Dies galt aus Sicht der HLPR insbesondere für die Kolonien Großbritanniens sowie dessen Protektorate und Mandatsgebiete. Der Strafvollzug im Commonwealth, speziell in Indien, und britischen Mandatsgebieten wie Palästina wurde aufmerksam beobachtet und dabei auf die Berichte lokaler Korrespondenten und Mitglieder der HLPR zurückgegriffen, die etwa die Inhaftierung von Kindern, die Überbelegung von Zellen, Beschäftigungslosigkeit, unhygienische Zustände und die gemeinsame Unterbringung von Männern und Frauen, psychisch Kranken und Gesunden, Erwachsenen und Kindern beschrieben. Kernpunkt der Kritik waren nicht die Herrschaftsverhältnisse insgesamt, sondern dass der koloniale Strafvollzug »rückständig« sei. Der Strafvollzug in den britischen Kolonien wurde kritisch beleuchtet und politisch versucht zu beeinflussen, ohne jedoch das auf Ausbeutung beruhende System insgesamt infrage zu stellen. Vielmehr wurden gerade die Kolonien mit ihren wenig formalisierten Strukturen als Raum verstanden, in dem man neue Strategien der Verbrechensbekämpfung testen könne.[31]

Um der Entwicklung einer Kolonialpolitik Raum zu geben, richtete die HLPR 1931 ein Komitee ein, das sich mit dem Strafvollzug in britischen Kolonien befasste, und setzte sich wiederholt für die Belange von Angeklagten und Gefangenen in Kolonien ein. Missstände in kolonialen »Native Courts« oder in Mandatsgebieten wurden aufgegriffen und dem Kolonialministerium zur Kenntnis gebracht.[32] Dies führte 1936 zur Einrichtung eines Advisory Committee on Penal Affairs im Kolonialministerium (ab 1942 Colonial Social Welfare Advisory Committee).[33] Gleichzeitig arbeitete die HLPR mit anderen zivilgesellschaftlichen Akteuren wie dem National Council for Civil Liberties zusammen, mit denen sie vor dem Krieg gemeinsame

30 Vgl. Sattar, Convenient Morality, S. 136.

31 HLPR, Crime in the Overseas Dependencies of Great Britain, London 1931. Die These, dass Kolonien als Labor der Moderne gedient hätten, haben Frederick Cooper und Ann Laura Stoler aufgestellt: dies., Between Metropole and Colony: Rethinking a Research Agenda, in: Frederick Cooper/Ann Laura Stoler (Hg.), Tensions of Empire: Colonial Cultures in a Bourgeois World, Berkeley, CA 1997, S. 1–56, hier S. 5.

32 MRC, MSS. 16B/1/3, HLPR, Colonial Sub-Committee, 55th Meeting, Minutes, 24.10.1938.

33 Rose, Struggle for Penal Reform, S. 314; Enid H. Jones, Margery Fry: The Essential Amateur, Yorck 1990, S. 205f.

Aufklärungskampagnen lancierte, um etwa auf Menschenrechtsverletzungen in palästinensischen Gefängnissen aufmerksam zu machen.[34]

Diese Sphäre des Empire wurde institutionell und diskursiv getrennt von »internationalen Fragen« betrachtet. Der Strafvollzug in den Dominions, Kolonien und Mandatsgebieten war Gegenstand des Kolonialkomitees, während Internationales – also die Interessenvertretung im Völkerbund für internationale Mindeststandards – im Exekutivkomitee besprochen wurde. So wurde einerseits dem Strafvollzug im Empire besondere Bedeutung beigemessen, was sich in der Bereitstellung von personellen und finanziellen Ressourcen widerspiegelte. Im Sprachgebrauch zeigt sich andererseits auch, dass koloniale Belange außerhalb des Zugriffs der internationalen Staatengemeinschaft verortet wurden, während das »Internationale« zunehmend die Sphäre des Völkerbunds beschrieb. In diesem Spannungsverhältnis zwischen Universalismus als Diskurs und Internationalismus als politischer Praxis stand die Kampagne für eine Konvention der Rechte von Angeklagten und Häftlingen, um die es im Folgenden primär gehen soll, und die den Hintergrund für die Bemühungen im Zweiten Weltkrieg bildet, internationale Standards im Strafvollzug als politische Forderung für die Nachkriegsordnung zu formulieren.

»For All Prisoners«: Die Kampagne für Gefangenenrechte im Völkerbund

Nach der Veröffentlichung ihres »Draft of Minimum Rights for Prisoners in all Civilised Countries« 1927 verfolgte die HLPR zahlreiche Bemühungen in Genf, eine völkerrechtlich verbindliche Etablierung von Mindeststandards für den Strafvollzug herbeizuführen. Diese Kampagne fand 1955 mit der Verabschiedung einer solchen Konvention durch die Vereinten Nationen einen erfolgreichen Abschluss, was trotz aller Brüche – etwa die Verlegung des Hauptsitzes nach New York und die bipolare Weltordnung – auf Kontinuitäten zwischen Völkerbund und Vereinten Nationen hinweist.[35] Eine Analyse der Arbeit der HLPR zeigt, welche Praktiken gewählt wurden, um als nichtstaatliche Organisation politischen Einfluss zu generieren. Im Kontext des Völkerbundes wurden Formen der internationalen Erhebung, Verbreitung und Repräsentation von Wissen über den Strafvollzug eingeübt, die auch während und nach dem Zweiten Weltkrieg, im »London Moment«, wirkmächtig wurden. Hierzu zählten das Sammeln von verifizierbaren Informationen, das Rezipieren von internationalen Reformbemühungen, Öffentlichkeitsarbeit und Veranstaltungen sowie die Lobbyarbeit während der jährlichen Vollversammlung in Genf. Die

34 MRC, MSS.16B/1/3, HLPR, Colonial Sub-Committee, Minutes, 33rd Meeting, 31.3.1938.

35 Siehe Roger Stenson Clark, The United Nations Crime Prevention and Criminal Justice Program: Formulation of Standards and Efforts at Their Implementation, Philadelphia 1994, S. 82.

Praktiken und Ideen dieser Kampagne prägten auch die Zusammenarbeit mit Exiljuristen und -juristinnen während des Zweiten Weltkriegs.

Die HLPR wollte internationale Kooperation auch als Ressource für Großbritannien nutzen, um Ideen und Werkzeuge aus anderen Ländern zu übernehmen und zu adaptieren, eigene Konventionen zu reflektieren und durch Methoden zu ersetzen, die sich in anderen Ländern als besonders effizient in der Vorbeugung und Bekämpfung von Kriminalität erwiesen hatten.[36] Privat agierende Strafrechtsreformer sollten sich daher ebenfalls vernetzen und Wissen über sinnvolle und gescheiterte Reformen und Innovationen wie die Bewährungsstrafen untereinander austauschten.[37] So hatte die HLPR Zweigstellen in Indien und den Dominions, tauschte sich regelmäßig mit sogenannten »Korrespondenten« in Europa, Palästina, China und Japan aus, und unterhielt ein internationales Netzwerk mit Strafrechtsreformern in den Niederlanden, Frankreich, den USA und Ungarn (Stand 1930).[38] Eine zentrale Praxis der HLPR war die Erhebung von Daten und die Generierung von Politikempfehlungen auf Grundlage der so gewonnenen Erkenntnisse. Anhand vergleichender Untersuchungen sollten wissenschaftlich fundierte und universal gültige Standards entwickelt werden.[39] Dahinter stand die Hoffnung, dass die »collection and publication of the facts which prove the existence of cruelty and injustice« durch den Völkerbund öffentliche Aufmerksamkeit und ein »insistent demand for an international standard« erregen würden.[40] Die öffentlichkeitswirksame Darstellung dieser Statistiken und Studien zur Behandlung von Gefangenen und Angeklagten sollte genutzt werden, um die öffentliche Meinung für dieses Thema zu sensibilisieren und Druck auf Regierungen auszuüben. Konkrete Sanktionsmechanismen wurden nicht vorgeschlagen, sondern auf die Wirkung öffentlicher Kritik vertraut.

Letztlich konnte jedoch – davon war die HLPR überzeugt – nur der Völkerbund Staaten durch die Verabschiedung einer Konvention und deren Überprüfung unter Reformdruck setzen.[41] Konkret forderte sie 1931, dass der Völkerbund ein ständiges Komitee zur Strafreform *(penal reform)* einrichten sollte, das als Dokumentationsstelle etwa über rechtliche Regelungen, Kriminalstatistiken, Methoden der Gefängnisadministration und als Kontrollinstanz der Einhaltung oder Verletzung von Mindeststandards agieren sollte. Dieses Komitee sollte nicht aus von Regierungen

---

36 MRC, MSS. 16B/3/IN/1/59, HLPR, International Cooperation in Penal Administration, o. D., S. 1 und 3f.

37 MRC, MSS. 16B/3/IN/1/12, HLPR, The Howard League for Penal Reform, ca. 1927.

38 HLPR, International Co-operation, S. 1.

39 MRC, MSS. 16B/3/IN/1/42, HLPR, The Treatment of Prisoners: An Appeal to the Conscience of the World and the Nations represented at the 13th Assembly of the League of Nations, 1932.

40 MRC, MSS. 16B/3/IN/1/9, HLPR, An International Convention for Prisoners: An Appeal to the League of Nations, 1928.

41 MRC, MSS. 16B/3/IN/1/7, HLPR, Arguments in Favour of the Proposition that the Treatment of Prisoners is a Matter for International Action, ca. 1928.

bestellten Experten, sondern aus unabhängigen Vertretern der Zivilgesellschaft bestehen – ein Hinweis auf die bisweilen angespannte Beziehung zur IPPC, die aus Regierungsvertretern bestand und der man mangelnden Reformeifer vorwarf.[42]

Mit dem Ziel der Einrichtung eines solchen Komitees und der Verabschiedung einer Gefangenenkonvention betrieb die HLPR kontinuierliche Lobbyarbeit und schickte ihre Flugschriften an nationale Abordnungen, Delegationen im Fünften Komitee und an andere Fachorganisationen.[43] Von 1927 bis zum Kriegsausbruch 1939 richtete sie jeden Sommer ein »International Bureau« in Genf ein, das als Stützpunkt diente, um Kontakte mit anderen Reformern zu knüpfen und Lobbyarbeit während der Vollversammlung des Völkerbunds zu betreiben. Bis 1935 übernahm diese Aufgaben Gertrude Eaton, britische Frauenwahlrechtsaktivistin und Mitglied der HLPR, und anschließend Vizepräsidentin Margery Fry.[44] Fry war die treibende Kraft und Geldgeberin hinter der internationalen Arbeit der HLPR, deren herausragende Rolle im »London Moment« in einem späteren Kapitel beleuchtet wird. So wurden etwa die Ausgaben für die Unterhaltung des internationalen Büros in Genf von Fry selbst und aus privaten Spenden bestritten und nur selten auf die Mittel der HLPR zurückgegriffen.[45]

Eaton und Fry machten es sich zur Aufgabe, den Kontakt mit anderen nichtstaatlichen Organisationen herzustellen, insbesondere zu der internationalen Frauen- und Friedensbewegung. Dies war ein Mittel der Wissenszirkulation und politische Strategie, um eine größere Reichweite zu erzielen.[46] Im Orbit des Völkerbunds wurden so persönliche Beziehungen aufgebaut, die im Zweiten Weltkrieg von den Exilanten als Ressource genutzt werden konnten. Die Bedeutung, die Fry der räumlichen Nähe zu anderen internationalen Vereinigungen beimaß, manifestierte sich auch darin, dass sie 1938 ein Büro im Palais Wilson anmietete, wo eine Vielzahl an Nichtregierungsorganisationen ansässig war.[47] Aber schon vorher stand die HLPR

---

42 MRC, MSS. 16B/3/IN/1/31, HLPR, Notes on the Constitution of the Proposed League of Nations Committee on Penal Administration, August 1931, S. 1.

43 MRC, MSS. 16B/3/IN/1/109/1, HLPR, Delegates Seen by Miss Fry in 1935, und MRC, MSS. 16B/3/IN/1/109/2, HLPR, Literature sent out in 1935.

44 Zu Gertrude Eaton siehe Anne Logan, Eaton, Gertrude (1863–1940), Musician, Suffragist, and International Penal Reformer, in: Oxford Dictionary of National Biography, 8.8.2019, https://doi.org/10.1093/odnb/9780198614128.013.369158.

45 MRC, MSS. 16B/1/3, HLPR, Executive Committee, Minutes, 188th Meeting, 5.9.1938, S. 2.

46 Vgl. z.B. MRC, MSS. 16B/3/IN/1/18, HLPR, Report on Howard League International Work, 1929; MRC, MSS. 16B/3/IN/1/6, L.H. Green, International Charter, Memorandum, 27.6.1928.

47 MRC, MSS. 16B/1/3, HLPR, Executive Committee, Minutes, 183rd Meeting, vermutl. April 1938, S. 2. Zum Palais Wilson siehe Madeleine Herren, Geneva, 1919–1945: The Spatialities of Public Internationalism and Global Networks, in: Heike Jöns/Peter Meusburger/Michael Heffernan (Hg.), Mobilities of Knowledge, Cham 2017, S. 217.

in Kontakt mit anderen Organisationen, die sich direkt oder indirekt mit den sozialen, gesundheitlichen oder wirtschaftlichen Folgen des Strafvollzugs beschäftigten, etwa mit dem Child Welfare Committee des Völkerbunds, das gegen Gefängnisstrafen für Kinder und Jugendliche kämpfte und in dem unter anderem Wanda Grabińska aktiv war, polnische Jugendrichterin, internationale Jugendstrafrechtsreformerin und im Londoner Exil Mitglied des Internationalen Komitees der HLPR.[48] Außerdem versicherten sich Eaton und Fry der Unterstützung der British League of Nations Union, die ihrerseits versuchte, Interesse für das Thema der Gefängnisarbeit in der International Labour Organisation (ILO) zu generieren.[49]

Diese Netzwerkaktivitäten führten nicht immer zu den gewünschten Ergebnissen. So lehnte es das britische Außenministerium ab, eine Resolution in die Vollversammlung einzubringen, die das Thema des Strafvollzugs in den Zuständigkeitsbereich des Völkerbundes brachte.[50] Auch die Beziehung zur IPPC – sie hatte 1925 ihr eigenes »Set of Rules for a Minimum Standard of Treatment of Prisoners« formuliert – war nicht ohne Probleme und pendelte zwischen Konkurrenzdenken und Interessengemeinschaft.[51] 1930 konnte Margery Fry jedoch einen befreundeten Delegierten aus Kuba, Ageriy Bethancourt, überzeugen, eine Resolution einzubringen, dass sich der Völkerbund in Zukunft mit der Verbesserung der »penal administration« weltweit befassen solle. Der Völkerbund verabschiedete daraufhin immerhin das wolkige Bekenntnis, dass »the upholding of proper standards in the penal sphere should be recognized as a matter of direct concern to the comity of nations at the highest level of their organization« – ein erster Schritt hin zu einer Internationalisierung der Kriminalpolitik.[52]

Wie Leon Radzinowicz angemerkt hat, war dieser Universalismus letztlich ein Lippenbekenntnis, waren im Völkerbund selbst doch weder die USA und die Sowjet-

48 Zu Grabińska: Iwona Dadej, The Napoleonic Civil Code is to Blame for My Decision to Study Law: Female Law Students and Lawyers in the Second Polish Republic (1918–1939), in: Kimble/Röwekamp, Women's Legal History, S. 217–246.

49 MRC, MSS. 16B/3/IN/1/6, L.H. Green, International Charter, Memorandum, 27.6.1928.

50 MRC, MSS. 16B/3/IN/1/5, Memorandum of the Attitude of the British Government Towards the Proposed Schedule of Minimum Conditions for Prisoners, ca. 1927.

51 Die HLPR zog immer wieder dankbar Nutzen aus den in Studien der IPPC präsentierten Datensätzen. Margery Fry wurde zudem 1939 britische »Government representative« beim IPPC, siehe MRC, MSS. 16B/1/3, Executive Committee, Minutes, 201st Meeting, 31.7.1939. Daher ist der Einschätzung Sattars zuzustimmen, dass die Gemeinsamkeiten überwogen, auch wenn Differenzen über den richtigen Weg bestanden: Sattar, Convenient Morality, S. 132. Vgl. aber Rose, Struggle for Penal Reform, S. 316.

52 Siehe MRC, MSS. 16B/3/IN/1/19, League of Nations, Provisional Agenda for the 58th Session of the Council, Geneva, January 13th, 1930, 11.12.1929; MRC, MSS. 16B/3/IN/1/20/1, League of Nations, Improvements in Penal Administration: Report by the Secretary-General (A.26.1930.IV), 15.8.1930; MRC, MSS. 16B/3/IN/1/23, League of Nations, Penal Administration: Report of the Fifth Committee to the Assembly (A.64.1930.IV), 24.9.1930.

union noch asiatische und lateinamerikanische Staaten vertreten.[53] Die Mitgliedschaft von Kolonien war im Völkerbund nicht vorgesehen, wenngleich die britischen Dominions, Indien, Irland und Ägypten beigetreten waren oder noch beitreten sollten.[54] Auch waren die Ressourcen, die der Völkerbund Fragen des Strafvollzugs widmen würde, mit einem Beamten und einer Sekretariatskraft beschränkt. Im Fünften Komitee hatte sich nämlich die Annahme durchgesetzt, dass eine Zusammenarbeit mit Fachorganisationen ein ständiges Committee on Penal Administration obsolet werden lasse, während die HLPR genau dies gefordert hatte, um dem Ziel einer internationalen Konvention näherzukommen.[55] Unter dem Titel »Penal and Penitentiary Questions: Improvements in Penal Administration« wurde fortan jedes Jahr über Arbeitsfortschritte dieser mit dem Thema betrauten Fachorganisationen berichtet. Das Ausgliedern der inhaltlichen Arbeit aus der Struktur des Völkerbundes sicherte einerseits eine Einbindung nichtstaatlicher Akteure in die Erforschung von Strafrecht und Strafvollzug. Andererseits signalisierte der Völkerbund damit, dass er an der Entwicklung einer eigenen Kriminalpolitik kein Interesse hatte.[56] Die Forderung eines internationalen Komitees, das den Strafvollzug der Mitgliedsstaaten weltweit geltenden Regeln unterstellte, diese kontrollierte und Verstöße sanktionierte, blieb in der Zwischenkriegszeit eine Wunschvorstellung. Die Unfähigkeit des Völkerbunds, gegen die Menschenrechtsverletzungen im Strafvollzug in den faschistischen Staaten vorzugehen oder überhaupt deutlich Stellung zu beziehen, machte aus Sicht der HLPR den Schritt zu einer internationalen Kriminalpolitik umso dringlicher und erklärt auch, warum sich die HLPR zu Kriegszeiten in die Nachkriegsplanungen einbringen wollte.

Ein Grund für diesen Misserfolg war, dass die anderen Fachorganisationen durchaus andere Ziele verfolgten als die HLPR. In einer Resolution von 1933 etwa wurde das Hauptanliegen der HLPR – die Verbesserung der Haftbedingungen für Angeklagte und Gefangene – unter die internationale Zusammenarbeit zur Kriminalitätsbekämpfung subsumiert. Dies stellt eine wichtige Verschiebung der Prioritäten von den Menschenrechten hin zur Sicherung des staatlichen Gewalt-

53 Radzinowicz, Adventures, S. 378.

54 Thomas Gidney, »An Anomaly among Anomalies«: Colonial Membership of the League of Nations, Dissertation, Graduate Institute of International and Development Studies Genf, 2020.

55 MRC, MSS. 16B/3/IN/1/62, League of Nations, Penal and Penitentiary Questions: Report submitted by the Fifth Committee to the Assembly (A.45.1934.IV), 24.9.1934, S. 1 und 3; MRC, MSS. 16B/3/IN/1/21, HLPR, Memorandum Submitted to the League of Nations by the Howard League for Penal Reform, 9.5.1930; MRC, MSS. 16B/3/IN/1/42/1, HLPR, Memorandum: The League of Nations and Unification of Criminal Law and the Cooperation of States in the Prevention and Treatment of Crime, 2.4.1932.

56 Vgl. Radzinowicz, Adventures, S. 379.

monopols dar.[57] Auch für die Gründung einer internationalen Organisation im institutionellen Kontext des Völkerbunds fand die HLPR unter den anderen technischen Organisationen wenig Unterstützung.[58] Konsens war, dass der Völkerbund keine eigenen Studien verfassen, sondern auf konkrete Vorschläge der sieben Fachorganisationen reagieren und den Abschluss einer Konvention vorantreiben solle – unter dem großen Vorbehalt, dass »the proposals referred to answer to real needs recognised as such by the organs of the League«.[59] Der Völkerbund begnügte sich damit, die Mitgliedsstaaten zur Beachtung der durch die IPPC vorgelegten Mindeststandards aufzufordern.[60] Zudem sollten Regierungen jährlich Berichte über Reformen im Strafrecht und Strafvollzug abliefern. Diese bildeten bis zum Krieg die Grundlage der Diskussionen der Vollversammlung des Völkerbunds und stellten – so unvollständig und voreingenommen diese Berichte auch waren – gemeinsam mit den Tätigkeitsberichten der Fachorganisationen zumindest einen transnationalen Informationsfluss sicher, den es vorher nicht gegeben hatte. Das Thema »penal and penitentiary questions« war von der humanitären Agenda des Völkerbunds auch dank der HLPR nicht mehr wegzudenken.

Der Abschluss einer internationalen Konvention für die Rechte von Angeklagten und Häftlingen galt Mitte der 1930er Jahre jedoch als »forlorn hope.«[61] Im Kontext der wachsenden internationalen Spannungen nach der Machtübergabe an die Nationalsozialisten in Deutschland und dessen Austritt aus dem Völkerbund 1933 verlagerte die HLPR ihre Strategie und forderte den Völkerbund dazu auf, mehr Druck auf die Mitgliedsstaaten auszuüben, sich deutlicher zu den Mindeststandards zu bekennen und Statistiken über ihre Einhaltung zu führen.[62] Hierfür wies sie weiterhin selbst auf Verletzungen der Mindeststandards hin, um öffentliche Aufmerksamkeit zu erregen und somit Druck auf politische Entscheidungsträger auszuüben. Da bisher mit Ausnahme der Untersuchungen der IPPC kaum vergleichende Untersuchungen des Strafvollzugs in internationaler Perspektive existierten, führte die HLPR selbst Studien durch und produzierte so kriminologisches Wissen. Dabei verschob sich der geografische Fokus von Europa – die »Prisoners' Charter« und das

---

57 Siehe dazu Lewis, Birth of the New Justice, S. 120.

58 MRC, MSS. 16B/3/IN/1/49, League of Nations, Gradual Unification of Criminal Law and Co-Operation of States in the Prevention and Suppression of Crime (A.7.1933.V.), 30.5.1933.

59 MRC, MSS. 16B/3/IN/1/50, League of Nations, Gradual Unification of Criminal law and Co-Operation of States in the Prevention and Suppression of Crime: Report of the First Committee to the Assembly (A.37.1933.V.), 3.10.1933.

60 Vgl. MRC, MSS. 16B/3/IN/1/68, League of Nations, Report (A.45.934.IV), in: Journal of the Fifteenth Session of the Assembly, No. 16, 27.9.1934.

61 Rose, Struggle for Penal Reform, S. 318.

62 MRC, MSS. 16B/3/IN/1/70, HLPR, The League of Nations and the Problem of the Prisoner: A Plea by the Howard League for Penal Reform for the Observation of the Standard Minimum Rules of the International Penal and Penitentiary Commission, Sept. 1935, S. 2.

Flugblatt »For all Prisoners« prangerten europäische Zustände an – auf den Zustand des Strafvollzugs weltweit. So zog die Publikation »The Prisoner Population of the World« Daten der IPPC heran und stellte die Zahl der Häftlinge pro 100 000 Einwohner in 79 Staaten – Kolonien und Kolonialmächte – nebeneinander. Die Studie »The Accused: An International Survey« beruhte auf Fragebögen zu gesetzlichen Regelungen und Schutzmaßnahmen von Angeklagten, die das internationale Korrespondenten-Netzwerk der HLPR beantwortet hatte.[63]

Diese systematischen Untersuchungen sollten weitverbreitete Missstände im Strafvollzug identifizieren, die eine Gefahr für den Frieden darstellten. Die kriminologischen Studien sollten aber nicht nur den beklagenswerten Status quo anprangern, sondern Lösungen aufzeigen. Gerade die wissenschaftliche Erforschung der angewandten Methoden zur Bekämpfung von Kriminalität habe das Potenzial, inhumane Praktiken auch als ineffizient zu entlarven.[64] Daher wollte die HLPR Wissen über erfolgreiche Gegenmaßnahmen und die erfolgreichsten Lösungsansätze sammeln und weiterverbreiten. Man glaubte, dass der internationale Wissenstransfer Reformern in »rückständigeren« Ländern ermögliche, den Strafvollzug in den »fortschrittlicheren« Ländern als positives Beispiel heranzuziehen und auf eine Angleichung hinzuwirken.[65] Das Studium des Strafvollzugs sollte dabei wissenschaftlichen Standards genügen; man müsse objektiv, leidenschaftslos und ohne Skrupel Missstände benennen, ähnlich wie ein Arzt Krankheiten diagnostiziere und ein Gegenmittel verschreibe.[66] Das so erzeugte Wissen sollte außerdem allgemein verständlich aufbereitet werden. Eine besondere Rolle spielte dabei die grafische Repräsentation der Daten, da ihr Eindruck auf die Öffentlichkeit als besonders hoch eingeschätzt wurde– Fry selbst zeichnete die Schaubilder, die die erdrückende Anzahl an inhaftierten Menschen und individuelle Schicksale dahinter deutlich machten.[67]

63 MRC, MSS. 16B/3/IN/1/14, HLPR, A Prisoners' Charter (reprint from the Manchester Guardian, 19.9.1928), 1928; MRC, MSS. 16B/3/IN/1/72, HLPR, Violations of the Standard Minimum Rules for the Treatment of Prisoners, Sept. 1935; MRC, MSS. 16B/3/IN/1/79/1, HLPR, The Prisoner Population of the World, 1936; MRC, MSS. 16B/3/IN/1/82, HLPR, Questionnaire: Treatment of Prisoners before Trial, ca. 1936; MRC, MSS. 16B/3/IN/1/89, HLPR, For all Prisoners: Prison Population of Europe, ca. 1937; MRC, MSS. 16B/3/IN/1/88/1, HLPR, The Accused: An International Survey, 1937.

64 Sattar, Convenient Morality, S. 145.

65 MRC, MSS. 16B/3/IN/1/12, HLPR, The Howard League for Penal Reform, ca. 1927.

66 MRC, MSS. 16B/3/IN/1/88/1, HLPR, The Accused: An International Survey, 1937, S. 1–4.

67 MRC, MSS. 16B/3/IN/1/98, HLPR, Report on Geneva Work, 1938. Vgl. die Grafik »Prison Population of Europe«, MSS. 16B/3/IN/1/103 und 102. Zu den von Fry gezeichneten Grafiken allgemein s. Jones, S. 169 und 173.

Womöglich auch in Reaktion auf diese Veröffentlichungen beauftragte der Völkerbund 1936 die IPPC, eine Studie zu Gefangenenzahlen durchzuführen.[68] Im Herbst 1938, als die Ergebnisse der Umfrage vorlagen, stand die Vollversammlung des Völkerbunds jedoch schon unter dem Eindruck der Sudetenkrise. Ein Bericht Margery Frys beschreibt eindrucksvoll die Stimmung: »The Nineteenth Assembly has dragged its days under such a weight of tragedy that it is no wonder that the work of the Fifth Committee has had a note of unreality. We have gone on, because there was nothing else to do, but with very little heart.«[69] Bereits 1937 hatte Fry berichtet, dass der Völkerbund »effectively dead« sei, mit den sozialen Fragen als letzter Rettungsinsel, anhand derer sich die Vollversammlung über Wasser halte.[70] Auch der Korrespondenz und den Sitzungsprotokollen der HLPR kann man Ernüchterung und Resignation entnehmen, was die Chancen für eine internationale Kodifizierung von Rechten im Strafvollzug angeht.[71] Trotzdem bekräftigte die HLPR 1938 in einem Memorandum an das Fünfte Komitee, dass die Verabschiedung von Mindeststandards für die Behandlung von Angeklagten unbedingt nötig sei.[72]

1939 zeitigte die internationale Arbeit der HLPR den Kontakt zwischen der HLPR und dem polnisch-jüdischen Kriminologen Leon Radzinowicz, der seit 1938 in England war und versuchte, an der Universität von Cambridge Fuß zu fassen. Die Vertreibung und Verfolgung der Juden auf dem Kontinent hatten schon längst ihre Schatten auf die Kriminologie auch in England geworfen. Als nun Margery Fry eine Vertretung für eine im Juni 1939 anberaumte Sitzung der Fachorganisationen in Genf suchte,[73] arrangierte Cicely Craven, die Sekretärin der HLPR, ein Treffen mit Radzinowicz, der bereits Kontakt mit Gertrude Eaton gehabt hatte.[74] So wurden erste Fäden des Netzwerkes gesponnen, aus dem sich während des Kriegs die transnationale Zusammenarbeit ergab. Fry traf sich im Mai 1939 unverbindlich mit Radzinowicz und berichtete: »I found him very interesting, if a little Niagara-

68 MRC, MSS. 16B/3/IN/1/94, League of Nations, Penal and Penitentiary Questions: Report submitted by the Fifth Committee to the Assembly (A.70.1938.IV), 27.9.1938; MRC, MSS. 16B/3/IN/1/101, IPPC, Enquiry into the Number of Prisoners and the Measures taken to reduce it. Report by the IPPC 1938, S. 48ff.

69 MRC, MSS. 16B/3/IN/1/98, HLPR, Report on Geneva Work, 1938.

70 Somerville College, Oxford [SC], Margery Fry Papers [MFP] 23/7, Margery Fry, Brief an Familie, 28.9.1937.

71 MRC, MSS. 16B/3/IN/1/117, [Margery Fry], Brief an Cicely Craven, 26.5.1939, S. 2.

72 MRC, MSS. 16B/3/IN/1/99, HLPR, Copy of reply sent by Miss Fry on July 28th, 1938, to Dr. Ekstrand, of the Vth Commission of the League of Nations in response to request for suggestions and advice concerning the safeguarding of under-trial prisoners and witnesses, 28.7.1938.

73 MRC, MSS. 16B/1/3, HLPR, Policy Sub-Committee, Minutes, 73rd Meeting, 19.12.1938, S. 2.

74 Vgl. MRC, MSS. 16B/3/IN/1/116, Cicely Craven, Brief an Margery Fry, 24.5.1939.

ish. I think he will be very good for Geneva [...].«[75] Radzinowicz sollte bei einem Treffen mit Vertretern der Fachorganisationen in Genf die Interessen der HLPR und deren Vorschlag für einen Katalog von Mindeststandards für die Behandlung von Angeklagten zur Diskussion stellen.[76] Während der Vorbereitungen traf Radzinowicz auch auf Hermann Mannheim, der 1934 seine Position als Richter und Professor für Strafrecht in Bonn verloren und eine Anstellung als Dozent an der LSE gefunden hatte sowie Mitglied des Exekutivkomitees der HLPR war.[77] Die HLPR bot also schon vor dem Krieg Gelegenheiten für das Zusammentreffen kriminologisch interessierter Strafrechtler aus dem Ausland.

Im Juni 1939 fuhr Radzinowicz für die HLPR nach Genf, um dort gemeinsam mit Vespasian Pella, dem rumänischen Vorsitzenden des Rechtskomitees des Völkerbundes, und Ernst Delaquis, dem Generalsekretär der IPPC, die Positionierung der Fachorganisationen abzustimmen.[78] Dort konnte man sich unter anderem auf die Benachrichtigung der Familie, die getrennte Unterbringung von Minderjährigen und Erwachsenen, das Prinzip kostenloser Rechtshilfe und das Recht auf Nichtaussage einigen.[79] In dieser detaillierten Auflistung fanden sich viele Forderungen der HLPR wieder, die damit zu Recht als Impulsgeber für die internationale Strafvollzugsbewegung in der Zwischenkriegszeit gelten kann. Die von ihr eingeübten Mechanismen des Internationalismus – die international vergleichende kriminologische Forschung, die Vernetzung mit nichtstaatlichen Akteuren und die öffentlichen Kampagnen für Gefangenenrechte als Mittel, um politischen Druck auszuüben – hatten allerdings (noch) nicht die erhoffte internationale Konvention für die Rechte von Angeklagten und Häftlingen herbeigeführt. Auch von der Formulierung einer

75 MRC, MSS. 16B/3/IN/1/117, Margery Fry an Cicely Craven, 26.5.1939, S. 1. Mit »Niagara-ish« meinte sie wohl geschwätzig.

76 MRC, MSS. 16B/3/IN/1/117, Margery Fry an Cicely Craven, 26.5.1939, S. 1; MRC, MSS. 16B/1/3, HLPR, Executive Committee, 200th Meeting, Minutes, 3.7.1939, Anlage: Proposed Minimum Rules for the Treatment of Accused Persons, Juni 1939. Im Entwurf wurde unter anderem aufgeführt, dass die Befragung durch die Polizei unter Aufsicht stattfinden müsse, jeder Angeklagte das Recht habe zu erfahren, welcher Straftat er angeklagt wurde, sowie das Recht auf einen Anwalt und bei Bedarf auf kostenlose Rechtshilfe.

77 MSS. 16B/1/3, HLPR, Executive Committee, 200th Meeting, Minutes, 3.7.1939. Zu Hermann Mannheim siehe auch Kapitel I.2.

78 MRC, MSS. 16B/1/3, HLPR, Executive Committee, Minutes, 201st Meeting, 31.7.1939, Anlage: Leon Radzinowicz, Report. Siehe auch Andrei Mamolea, Vespasian V. Pella: International Criminal Justice as a Safeguard of Peace, 1919–1952, in: Mégret/Tallgren, Dawn of a Discipline, S. 49–92.

79 MRC, MSS. 16B/1/3, HLPR, Executive Committee, Minutes, 201st Meeting, 31.7.1939, Anlage: Leon Radzinowicz, Report to the Executive Committee of the Howard League for Penal Reform. Siehe auch MRC, MSS. 16B/3/IN/1/104, League of Nations, Penal and Penitentiary Questions: Meeting of the Technical Organisations to Discuss the Treatment of Witnesses and Accused Persons, Geneva, June 22nd–24th, 1939.

internationalen Kriminalpolitik war der Völkerbund weit entfernt, der sich stattdessen auf die Koordination der Arbeit von Experten zurückzog und seine schärfste Waffe – die öffentliche Bloßstellung von Staaten und die Erregung öffentlicher Empörung – kaum einsetzte.

Insofern muss Radzinowicz zugestimmt werden, dass sich die internationale Kooperation in den 1930er Jahren auf die Generierung und Zirkulation von Wissen beschränkte.[80] Gerade dies beförderte aber auch die Herausbildung der Praktiken nichtstaatlicher Institutionen, die über Forschung, Öffentlichkeitsarbeit und informelle Netzwerke den Diskurs um Kriminalität, gesellschaftliche Rehabilitation und Menschenrechte mitprägten. Die hartnäckige Kampagnenarbeit der HLPR in der Zwischenkriegszeit stellte sicher, dass das Themenfeld der internationalen Strafjustiz nicht nur unter dem Primat der Sicherung des staatlichen Gewaltmonopols und der Verbesserung transnationaler Kooperation zur Verbrechensverfolgung, sondern auch als soziale und humanitäre Frage diskutiert wurde. Die Aufnahme von »penal and penitentiary questions« in die Agenda des dafür zuständigen Fünften Komitees hatte weitreichende Folgen für die Konstitution des kriminologischen Wissenschaftsfelds als fundamental sozialwissenschaftliches, nicht primär juristisches Unterfangen.

Bei Ausbruch des Zweiten Weltkriegs war die Kriminologie als akademische Disziplin noch im Entstehen begriffen. Die gerade der Wiege entwachsende Kriminologie eröffnete daher während des Kriegs Exilierten Beschäftigungs- und Einflussmöglichkeiten, da es weniger Konkurrenz und etablierte Netzwerke gab, die als Gatekeeper hätten agieren können. Schon in der Zwischenkriegszeit hatten sich eher marginalisierte Bevölkerungsgruppen an der Produktion kriminologischen Wissens beteiligen können. Wie Anne Logan betont hat, erstellte ein »feminist-criminal-justice reform network« umfangreiche kriminologische Studien, ohne dass diese bisher in der Historiografie der Kriminologie Eingang gefunden hätte.[81] Unter welchen Bedingungen Frauen Zugang zu diesem Wissensfeld fanden, zeigt im Folgenden die Biografie Margery Frys, die durch ihre soziale Stellung und ihr Netzwerk im Zweiten Weltkrieg sogar selbst zur vermittelnden Instanz zwischen britischen Institutionen und Exilierten wurde und eine wichtige Vermittlerin für die transnationale Zusammenarbeit im »London Moment« war.

Margery Fry: Reformerin und Wissensbrokerin

Margery Fry war einzigartig geeignet, um die Produktion von Wissen durch Exiljuristen zu moderieren: bestens vernetzt, idealistisch, international erfahren, eine

80 Radzinowicz, Adventures, S. 355.

81 Logan, Feminism and Criminology, S. 273.

geistreiche öffentliche Rednerin und kompetent.[82] Sie war keinesfalls ein »essential amateur«, wie von ihr selbst postuliert, sondern eine forschende Aktivistin, die trotz der strukturellen Beschränkungen, die ihr aufgrund ihres Geschlechts auferlegt waren, erheblichen Einfluss auf die Strafvollzugsreform in England und auf internationaler Ebene ausübte.[83] Sie steht damit stellvertretend für die Strategien von (weißen) Frauen aus der Mittelschicht, um in Ermangelung politischer oder akademischer Posten dennoch gesellschaftliche Änderungen zu bewirken.

Geboren im Jahr 1874, wäre Fry nach ihrem Studium der Mathematik am Somerville College in Oxford gerne Abgeordnete oder Rechtsanwältin geworden, aber sie glaubte »that for women there could be no ambitions«.[84] Weder das Parlament noch eine juristische Laufbahn erschienen ihr vorstellbar.[85] Zwar war sie nach allen Maßstäben äußerst erfolgreich als Politikberaterin für Hochschul- und Kriminalpolitik und als Aktivistin. Dennoch zeigt ihre Biografie, dass es für Frauen in der Zwischenkriegszeit klar umrissene, gesellschaftlich akzeptierte Tätigkeitsfelder gab.[86] Innerhalb dieser Grenzen nutzte sie ihre kulturellen Ressourcen als Mitglied einer vermögenden und gesellschaftlich etablierten Quäker-Familie, um politischen und gesellschaftlichen Einfluss auszuüben. 1956, im Alter von 82, beschrieb sie sich als »one of the last remains of that comfortable race of people now almost extinct, middle-class people who were born with a great sense of debt to the community because they were also born into a society which assured them enough to live upon all their lives.«[87] Wie viele Reformerinnen war sie nie auf einen »Brotjob« angewiesen und konnte unabhängig von finanziellen Erwägungen ihre Interessen verfolgen. So arbeitete sie während des Ersten Weltkriegs für das Friends' War Victims Relief Committee der Quäker und wurde 1918 Sekretärin der Penal Reform League. Diese verschmolz 1921 mit der Howard Association zur Howard League for Penal Reform, deren Vorsitzende sie 1926 wurde. Die Geschichte der HLPR ist also eng mit Frys Biografie verbunden, nicht zuletzt, weil Frys Wohnzimmer bis 1931 als Büro für die

82 Dies belegen ihre Vortragsmanuskripte in SC, MFP, Box 41: Lectures and Broadcasts.

83 Vgl. Logan, Politics of Penal Reform, S. 181.

84 SC, MFP 41/4, Margery Fry, Eleanor Rathbone (Radioscript), 18.3.1952.

85 BBC Radio, Hugh Ross Williamson, Interview mit Margery Fry, 10.3.1956.

86 Siehe Seth Koven/Sonya Michel, Womanly Duties: Maternalist Politics and the Origins of Welfare States in France, Germany, Great Britain, and the United States, 1880–1920, in: The American Historical Review 95 (1990) 4, S. 1076–1108.

87 »Race« sollte hier nicht in ethnischem Sinne verstanden werden. BBC Radio, Hugh Ross Williamson, Interview mit Margery Fry, 10.3.1956.

HLPR diente.[88] Seit 1921 war Fry zudem Friedensrichterin, also unbezahlte Laienrichterin.[89]

Neben der (internationalen) Strafvollzugsreform engagierte sich Fry besonders in der Hochschulpolitik, unter anderem als Rektorin des Somerville College in Oxford. Für die britischen Universitäten unternahm sie 1933 eine Studienreise nach China, dessen kulturelles Erbe sie bewunderte. So definierten insbesondere die japanische Besetzung der Mandschurei und der Zweite Japanisch-Chinesische Krieg ihre Meinung zum Völkerbund. 1937 wurde sie stellvertretende Vorsitzende des China Campaign Committee (CCC), das sich mit China solidarisierte und eine breite gesellschaftliche Unterstützung für humanitäre Hilfe generieren wollte. Fry war in diese Bemühungen stark eingebunden als »propagandist and figurehead«.[90] Ihre Enttäuschung über die Machtlosigkeit des Völkerbunds, hier einzuschreiten, sowie über das Münchener Abkommen bedeutete für sie, wie für so viele Internationalisten, dass der Völkerbund als Forum für internationale Kooperation und kollektive Sicherheit ausscheide:

> »People here think the League is absolutely killed – [and; A.L.] everyone I have spoken to [in Geneva] feels that Eng[land] has in capitulating utterly to Hitler not only betrayed another small country but made things infinitely worse for our own future. It's like a funeral of all one cares for – [and] it may be absurd, but one has a sense of personal shame into the bargain which is overwhelming.«[91]

Trotz ihrer Enttäuschung hielt sie an dem Glauben fest, dass die Strafvollzugsreform und der Schutz von Gefangenen mit der Vermeidung innerstaatlicher Konflikte zusammenhingen und daher international durchgesetzt werden mussten. Wie andere international orientierte Kriminologen sah sie in transnationaler Kooperation einen Weg, Wissen über Techniken des Strafvollzugs auszutauschen. Deshalb sah sie den Mangel an Institutionen, die Rechtsvergleichung betrieben, so kritisch, wie sie 1948 in einem Vortrag vor dem Institut de Droit Comparé de l'Université de Paris beklagte:

88 1931 zog sie nach Notting Hill um (48 Clarendon Road). Vgl. Thomas L. Hodgkin, Fry, (Sara) Margery (1874–1958), in: Oxford Dictionary of National Biography, 24.5.2007.

89 Zu diesen Magistrates' Courts gehörten auch die Jugendgerichte. Vgl. SC, MFP, 41/4, Margery Fry, o.T. (Vortragsmanuskript Institut de Droit Comparé de l'Université de Paris), 25.5.1948. Der Zugang zu diesem Tätigkeitsfeld stand Frauen erst seit 1919 offen: Logan, Feminism and Criminology, S. 272.

90 Logan, International Work, S. 26–29.

91 SC, MFP 13/3, Margery Fry an Isabel Fry (Schwester), 19.9.1938, quoted from Logan, International Work, S. 26.

> »[W]e have in England no institution like yours for the study of comparative law, a want which I have long deplored. It is a curious fact that whilst the most trivial material inventions – a new tool for peeling potatoes or a new style of hairdressing – spread through the world like forest fires[,] those *civic* inventions which can do so much to smooth out the difficulties of human relations travel slowly, if at all.«[92]

Um diesem Missstand zu begegnen, trug sie aktiv dazu bei, Wissen transnational zu verbreiten: Neben der bereits beschriebenen Arbeit im Völkerbund wurde sie 1936 Mitglied des Advisory Committee on Penal Reform des Kolonialministeriums, und 1937 unternahm sie zusammen mit C.D. Rackham, die sie aus der Magistrates' Association kannte, und dem schwedischen Kriminologen Olaf Kinber eine Studienreise in Südosteuropa, um Informationen über die dortigen Gefängnisse zu sammeln.[93] 1939 wurde sie zur britischen Vertreterin in der IPPC berufen.[94] Schließlich führte sie ihre Reisetätigkeit auch während des Kriegs weiter, obwohl private Reisen unter extrem erschwerten Bedingungen stattfanden: Von April 1942 an war sie ein Jahr lang auf Vortrags- und Studienreise in den USA.

All diese Aktivitäten zeigen, dass Fry sowohl eine effiziente Lobbyistin war, die Zugang zu Regierungsvertretern hatte, als auch eine bekannte öffentliche Figur. Fry hat sich ganz im Stil der Sozialreformerin von der politischen Elite Englands und deren Verhaltenskodex distanziert – sie beschrieb eine Rede Sir Samuel Hoares vor dem Völkerbund 1935 als »a maddening tom-tom beat on the table, a de haut en bas tone« –, sie war aber gleichzeitig als Tochter eines Regierungsgesandten mit diplomatischen Gepflogenheiten vertraut genug, um ihre Netzwerke in Genf effizient ausnutzen zu können. Dasselbe galt für die weiblich dominierte Sphäre der Sozialreform: Sie fand zwar »the usual almost exclusively serious-minded female teaparties v[ery] boring« – aber immerhin wurde sie eingeladen.[95] Bezeichnend ist auch, dass Fry 1937 Mitglied des BBC Board of Governors wurde, das großen Einfluss auf die Programmgestaltung hatte, was sie wiederum zu einer gefragten Unterstützerin und Geldgeberin politischer Kampagnen machte.[96] Aus dieser gefestigten Position heraus konnte sie nach dem Kriegsausbruch 1939 über ihre Kooperation mit ausländischen Juristen deren Wissensbestände legitimieren und ihnen einen Raum eröffnen, um als Experten zu agieren.

---

92 SC, MFP, 41/4, Margery Fry, o.T. (Vortragsmanuskript Institut de Droit Comparé de l'Université de Paris), 25.5.1948, Hervorh. im Original.

93 MRC, MSS. 16B/3/IN/1/95, HLPR, Report of Activities for the Year 1937–1938, June 1938. Siehe Jones, Essential Amateur, S. 185f.

94 Anne Logan, Political Life in the Shadows: The Post Suffrage Political Career of S. Margery Fry (1874–1958), in: Women's History Review 23 (2014) 3, S. 374.

95 Jones, Essential Amateur, S. 183.

96 Logan, International Work, S. 23; Logan, Political Life in the Shadows, S. 365–380.

Fry kam auf verschiedenen Kanälen mit Exiljuristen in Kontakt: Auch wenn sie nicht aktiv bei der Flüchtlingsorganisation Academic Assistance Council mitarbeitete und nur in einer »symbolic capacity« agierte, war sie als Mitglied des Councils über dessen Aktivitäten und die Schwierigkeiten der Exilanten informiert.[97] Auch aufgrund ihrer Freundschaft mit Eleanor Rathbone, Abgeordnete und Gründerin des Parliamentary Committee on Refugees, kam sie mit dem Thema in Berührung.[98] Nach deren Immigration lernte sie zudem die Kriminologen Max Grünhut, Hermann Mannheim und Leon Radzinowicz kennen.[99] 1940 reiste Fry nach Paris, um sich die Situation emigrierter Intellektueller vor Ort anzusehen, und wurde (anscheinend widerwillig) für das Government Committee on Non-enemy Interned Aliens rekrutiert, das die Befragung und Entlassung internierter, aber als loyal erachteter Ausländer organisierte.[100]

Fry war auch weiterhin eine versierte Kommentatorin der englischen Kriminalpolitik. Sie kritisierte, dass der Krieg England in den Fortschritten, die es vorher gemacht habe, zurückgeworfen habe: Die Gefängnisse seien wieder überfüllt, zu wenig Gefängnisaufseher verfügbar, Programme zur Bildung der Häftlinge ausgesetzt. Insbesondere der Anstieg der Jugendkriminalität im Vergleich zu den Vorkriegsjahren erregte die öffentliche Debatte, in die sich auch Fry einschaltete.[101] Sie identifizierte »a good deal of nonsense« in den Aussagen über junge Straftäter insbesondere seitens älterer Männer: »Old gentlemen like to sit back in their chairs and tell us that the youth of this country is going to the dogs.«[102] Statt moralisierender Behauptungen müssten vielmehr die Verwerfungen des Kriegs, also die veränderten

97 Bod, SPSL, 20/4, SPSL, Brief an Margery Fry, 14.1.1938 und Margery Fry, Brief an SPSL, 18.1.1938. Ausführlicher zum Academic Assistance Council in Kapitel I.

98 Logan, International Work, S. 29. Zu Rathbone: Susan Cohen, Rescue the Perishing: Eleanor Rathbone and the Refugees, London 2010.

99 Mannheim wurde Mitglied im Exekutivkomitee der HLPR und veröffentlichte, genauso wie Grünhut, im *Howard Journal*. Hermann Mannheim, The Criminal Statistics, 1938, in: Howard Journal 5 (1940) 4, S. 249–252; ders., New Trends in the Treatment of Adolescent Offenders in the U.S.A, in: The Howard Journal 6 (1941) 1, S. 70–74; Max Grünhut, John Howard, in: The Howard Journal 6 (1941) 1, S. 34–44.

100 Logan, International Work, S. 24. Zur Geschichte der Internierung siehe Leni Gillman/Peter Gillmann, »Collar the Lot«: How Britain Interned and Expelled its Wartime Refugees, London 1980; David Cesarani/Tony Kushner, The Internment of Aliens in Twentieth Century Britain, London 1993.

101 Die Jugendkriminalität stieg zwischen 1939 und 1945 um 39 Prozent an. Paul Addison, The Impact of the Second World War, in: Harriet Jones/Paul Addison (Hg.), A Companion to Contemporary Britain: 1939–2000, Malden, MA 2005, S. 4.

102 SC, MFP, 41/1, Margery Fry, Changing Britain: Penal Reform, BBC talk (Manuskript), 3.2.1942, S. 2.

sozialen Bedingungen, herangezogen werden, um den Anstieg der Jugendkriminalität zu erklären.[103]

Abb. 5: Margery Fry, ca. 1946

Schon vor dem Krieg war das Jugendstrafrecht ein Schwerpunkt ihrer Arbeit gewesen. Als Friedensrichterin saß sie vorwiegend Jugendgerichten vor.[104] Sie tauschte sich zudem national und international mit Wissenschaftlern und Praktikern aus,

103 SC, MFP, 41/1, Margery Fry, Changing Britain: Penal Reform, BBC talk (Manuskript), 3.2.1942, S. 2.

104 Vgl. SC, MFP, 41/4, Margery Fry, o.T. (Vortragsmanuskript Institut de Droit Comparé de l'Université de Paris), 25.5.1948.

um den Strafvollzug für Minderjährige humaner zu gestalten. Im Mai 1939 nahm sie zusammen mit Alexander Maxwell (Unterstaatssekretär des Innenministeriums), James L. Brierly (Professor für internationales Recht in Oxford) und Max Grünhut an einer Konferenz zur Jugendkriminalität der Barnett House Association in Oxford teil, bei der die Notwendigkeit der institutionellen Verankerung der Kriminologie und die Humanisierung des Strafvollzugs für Jugendliche diskutiert wurden.[105] Gerade im Jugendstrafrecht und -vollzug stand für sie nicht die abschreckende Wirkung hoher Strafen, sondern – unter Berücksichtigung der komplexen Ursachen für Jugendkriminalität – die Berufsausbildung und Rehabilitation im Vordergrund.[106] Denn: »[I]n every decently humane country the object of reclaiming offenders into normal citizenship is gaining upon that of the mere prevention of crime by fear or force.«[107]

Die Biografie Margery Frys zeigt, dass die internationale Strafreformbewegung Raum bot, kriminologisches Wissen abseits der Universitäten zu generieren, wo die Kriminalwissenschaften bisher nicht richtig Fuß gefasst hatten. Ihr Internationalismus war die zentrale Triebfeder der Kampagne für Gefangenenrechte in Genf und sollte auch das Projekt der internationalen Zusammenarbeit während des Kriegs beseelen. Als »essential insider« bewegte sich Fry spielerisch zwischen der Welt der Regierungskomitees und dem obrigkeitskritischen Habitus der Strafvollzugsreformer. Insofern war sie in einer idealen Position, um nach Kriegsausbruch die Gründung einer internationalen Expertengruppe zu steuern, die helfen sollte, Europa auf den Frieden vorzubereiten.

2 Die Begründung der Kriminalwissenschaft in Cambridge

Jüdische Exilwissenschaftler, die im Strafrecht und der Kriminologie spezialisiert waren, standen in engem Kontakt mit der HLPR, die die Geschichte dieses Faches als nichtstaatliche und nichtwissenschaftliche Organisation in England stark geprägt hatte. Ein anderer Anknüpfungspunkt, insbesondere für Exiljuristen – ehemalige Richter und Anwälte – aus den von Deutschland besetzten Ländern, war das Department of Criminal Science an der Universität Cambridge, dessen eigene Gründung 1949 wiederum durch die Anwesenheit des polnischen Exilanten Leon Radzinowicz beschleunigt worden war.

Nachdem Radzinowicz 1938 für eine Studie des englischen Strafrechtssystems nach Großbritannien gekommen war und sich aufgrund der kontinuierlich ver-

---

105 Juvenile Delinquency, in: The Times, 8.5.1939, S. 21.

106 Vgl. SC, MFP, 41/4, Margery Fry, Vortragsmanuskript (Bristol), o. D. [nach 1945], S. 2.

107 SC, MFP, 41/1, Margery Fry, Changing Britain: Penal Reform, BBC talk (Manuskript), 3.2.1942, S. 1. Jugendkriminalität war im Krieg ein zentrales Thema für die HLPR.

schlechternden politischen Lage in Europa in Cambridge niedergelassen hatte, fand er 1940 eine institutionelle, akademische Anbindung: J. W. Cecil Turner, Juradozent und Fellow von Trinity Hall, wurde durch die Bekanntschaft anscheinend motiviert, das Studium der »Kriminalwissenschaft« in England voranzubringen, und überzeugte die rechtswissenschaftliche Fakultät im August 1940, ein »Committee to consider the promotion of research and teaching in criminal science« (Cambridge Committee) zu gründen, das Erste seiner Art in England.[108] Turner argumentierte, dass die Analysen des Komitees dem Innenministerium als Grundlage für Reformen des Strafvollzugs dienen könnten. Zudem könne die wissenschaftliche Untersuchung von Kriminalität bei der Vorbereitung auf »problems of post-war reconstruction« helfen.[109] Turner fungierte als Sekretär des Komitees, Vorsitzender wurde Percy H. Winfield, Professor für englisches Recht in Cambridge und Herausgeber des *Cambridge Law Journal*. Mitglieder waren Leon Radzinowicz sowie Richard M. Jackson, promovierter Jurist und Dozent in Cambridge.[110] Anfang November 1941 entschied der Universitätsrat, das Komitee in ein Department of Criminal Science umzuwandeln.[111] Damit wurde es zu einem eigenen Fachbereich – der erste Schritt hin zur Gründung des Institute of Criminology 1959.[112] Dem Department of Criminal Science standen in der Squire Law Library und der juristischen Fakultät drei bescheidene Arbeitsräume zur Verfügung.[113]

Cecil Turner sah sich dadurch in seinen Bemühungen bestätigt, das wissenschaftliche Erforschen von Kriminalität und Kriminalpolitik in vergleichender Perspektive zu etablieren.[114] Bereits im Winter 1940/41, nachdem zahlreiche Exilanten aus Europa eingetroffen waren, stieß das Cambridge Committee eine vergleichende Untersuchung europäischer Strafrechtssysteme von 1919 bis 1939 an, da ein tiefgehendes Verständnis des europäischen Strafrechtsregimes als Voraussetzung für den

---

108 TNA, CAB 117/101, J. W. Cecil Turner, Memorandum: Cambridge University Creates a Department of Criminal Science, 20.12.1941, S. 1.

109 FSU, LRP 20/2/25, J. W. Cecil Turner, Report of the Faculty Board of Law on the Constitution of a Department of Criminal Science, 30.5.1941.

110 TNA, CAB 117/101, J. W. Cecil Turner, Memorandum: Cambridge University Creates a Department of Criminal Science, 20.12.1941, S. 1. Zu Winfield: S. J. Bailey, Winfield, Sir Percy Henry (1878–1953), Lawyer and Jurist, in: Oxford Dictionary of National Biography, 23.09.2004. Biografische Informationen zu Jackson aus FSU, LRP 20/4/25, Montagu Slater, Dons Take a Hand in Crime, 7.12.1941.

111 Vgl. FSU, LRP 1/1/4, J. W. Cecil Turner, Brief an Alexander Maxwell, 15.11.1941, S. 2.

112 Vgl. FSU, LRP 20/2/25, J. W. Cecil Turner, Report of the Faculty Board of Law on the Constitution of a Department of Criminal Science, 30.5.1941. Die Funktionsweise des Instituts wird beschrieben in: FSU, LRP 20/1/1, A Memorandum on the Institute of Criminology in the University of Cambridge, 1959.

113 Vgl. FSU, LRP 20/2/4, Premises of the Department of Criminal Science from 1941 to 1959.

114 Vgl. FSU, LRP 1/1/4, J. W. Cecil Turner, Brief an Alexander Maxwell, 15.11.1941, S. 2.

Wiederaufbau der internationalen Ordnung gesehen wurde.[115] Diese Bemühungen kulminierten am 14. November 1941 in der Gründung der International Commission for Penal Reconstruction and Development, kurz Cambridge Commission.[116] In den darauffolgenden zwei Jahren erstellten ihre Mitglieder, Exiljuristen aus elf europäischen Ländern, Studien zur Zukunft des internationalen Strafrechts. Dabei verschob sich der Fokus zunehmend von der Reform von Strafrechtsregimen auf die Frage der Bestrafung der im Krieg begangenen Verstöße gegen das humanitäre Völkerrecht – Voraussetzung für die Gründung der Cambridge Commission waren jedoch die Bestrebungen des Department of Criminal Science, die Kriminologie als Fach zu etablieren und internationale Anerkennung zu bekommen. Die transnationale Zusammenarbeit war also auch hier lokal verankert, die Gründung von Institutionen, die dann als Wissensräume genutzt wurden, wurde angestoßen von englischen Wissensbrokern, deren Ziele teils kongruent, teils im Konflikt mit denen der Exiljuristen waren.

Die Anwesenheit zahlreicher Exiljuristen mit strafrechtlicher Expertise in London bereitete dann 1940 den Boden dafür, dass das Department of Criminal Science seine Agenda der Verwissenschaftlichung der Kriminalpolitik und darauf aufbauenden Internationalisierung unter den erschwerten Kommunikationsbedingungen des Kriegs verwirklichen konnte. Während die Schließung von Grenzen, ein durch die Zensur verlangsamter Briefverkehr, die Kontingentierung von Papier, die Einschränkung von Verlagstätigkeiten und die Einberufung von Akademikern in den Kriegsdienst vor allem an der sogenannten Heimatfront die Strukturen für die Produktion von Wissen nachhaltig veränderten, ermöglichte die räumliche Nähe der aus den von Deutschland besetzten oder mit den Nationalsozialisten kooperierenden Staaten geflüchteten Juristen transnationale Zusammenarbeit, die einerseits der Kriminologie in Cambridge ein Profil gab, andererseits einen wichtigen Wissensraum für die Exiljuristen darstellte. Weiteren Anstoß für die Gründung der Cambridge Commission im November 1941 gaben die Zersplitterung des Völkerbundes, die Diskreditierung der intergouvernemental organisierten International Penal and Penitentiary Commission (IPPC) und der daraus erwachsende Anspruch, deren Arbeit fortzuführen, sowie der Erwartungshorizont der Nachkriegszeit, die es zu gestalten galt.

»Musty Dons« oder »Practical Men of Law«? Anfänge der Kriminologie in Cambridge

Zum Gründungszeitpunkt des Cambridge Committee im August 1940 waren die institutionellen Rahmenbedingungen für die Etablierung einer international und

115 Vgl. TNA, CAB 117/110, J. W. Cecil Turner, Brief an Arthur Greenwood, 22.11.1941.

116 Vgl. FSU, LRP 1/1/4, J. W. Cecil Turner, Brief an Alexander Maxwell, 15.11.1941.

empirisch ausgerichteten Kriminalwissenschaft in England denkbar schlecht, allein weil der Begriff »criminal science« englischen Juristen als widersprüchlich erschien. So spöttelte der Lordkanzler Simon in einem Brief an den Vorsitzenden Percy H. Winfield:

> »[W]hat a curious use of words it is to talk of a Department of Criminal Science! Such a Department one would have thought ought to give lectures on how to break open safes, and your blameless antecedents would not qualify you to be Chairman. No doubt criminal law and penology are what is meant.«[117]

Es verwundert daher nicht, dass sich Turner und Radzinowicz in einer akademischen Vorreiterrolle sahen, auch weil die rechtswissenschaftliche Fakultät in Cambridge als besonders konservativ galt.[118] Studieninhalte aus dem internationalen und dem vergleichenden Recht, die scheinbar nur der akademischen Neugier und nicht der alltagsnahen praktischen Ausbildung dienten, waren bis in die 1940er Jahre hinein vernachlässigt worden.[119] Zudem war die Dogmatik des Strafrechts – Grundlage des kontinentaleuropäischen Rechtssystems – wenig ausgeprägt. Das Standardwerk zum britischen Strafrecht, »Outlines of Criminal Law«, war von Courtney S. Kenny verfasst worden, einem Dozenten für englisches Recht in Cambridge.[120] Winfield, Turner und Radzinowicz sahen sich in der Tradition seiner Idee, Strafrecht in seinem gesellschaftlichen Kontext zu analysieren und das »problem of punishment« wissenschaftlich zu untersuchen, um die Praxis in den Gerichten und Vollzugsanstalten allgemeineren Prinzipien unterzuordnen.[121]

Traditionell fanden die Debatten über Strafe und Verbrechen in England jedoch weniger im akademischen als im öffentlichen Bereich statt. Im Gegensatz zu Kontinentaleuropa, wo seit dem 19. Jahrhundert die Vorstellungen über die Ursachen

---

117 Bod, Archive of John Allsebrook Simon, 1st Viscount Simon, Box 90, Lord Simon an Percy H. Winfield, 31.12.1941.

118 Vgl. John Forrester/Laura Cameron, Freud in Cambridge, Cambridge 2017, S. 293; Christopher N.L. Brooke, A History of the University of Cambridge: 1870–1990, Cambridge 1992, Kap. »Law«.

119 Harold C. Gutteridge, Comparative Law as a Factor in English Legal Education, in: Journal of Comparative Legislation and International Law 23 (1941) 4, S. 130–144; FSU, LRP 17/10/2, Arnold McNair an F.W. Ogilvie (British Council), 15.10.1943. Siehe auch John A. Jolowicz, Comparative Law in Twentieth-century England, in: Jack Beatson/Reinhard Zimmermann (Hg.), Jurists Uprooted: German-Speaking Emigré Lawyers in Twentieth Century Britain, Oxford 2014, S. 345–366.

120 Vgl. Arthur L. Goodhart, Kenny, Courtney Stanhope (1847–1930), Jurist, in: Oxford Dictionary of National Biography, 23.9.2004, https://doi.org/10.1093/ref:odnb/34287.

121 Percy H. Winfield, Preface, in: Leon Radzinowicz/J. W. Cecil Turner (Hg.), Penal Reform in England: Introductory Essays on Some Aspects of English Criminal Policy (English Studies in Criminal Science, Bd. 1), London 1940, S. 5f., hier S. 5.

von Kriminalität und die Behandlung von Straftätern stark von naturwissenschaftlichen Methoden und Theorien geprägt waren und sich eine wissenschaftliche Disziplin der Kriminologie herausgebildet hatte, hatten, wie bereits ausgeführt, in Großbritannien vor allem sozialreformerische Akteure und andere Praktiker entscheidenden Einfluss darauf, wie diese Themen in Wissenschaft und Öffentlichkeit verhandelt wurden. Debatten über Verbrechen und Strafen waren durch eine »letztlich stets auf praktische Anwendung und Umsetzung zielende *science pénitentiaire*« geprägt, was die Entwicklung einer universitär verankerten wissenschaftlichen Kriminologie vor der Ankunft der Emigranten Leon Radzinowicz, Max Grünhut und Hermann Mannheim behindert hatte.[122]

In dieser Rechtskultur, die durch ein »skeptisch-zurückhaltende[s] Interesse an den kontinentaleuropäischen Debatten« und eine schnell agierende, auf die Expertenmeinungen und Erfahrungswerte aus der Praxis sich berufende Legislative geprägt war, stieß das Cambridge Committee in Neuland vor.[123] Turner wurde in seiner Öffentlichkeitsarbeit nicht müde zu betonen, dass es sich bei dem Komitee um eine Innovation handele, die im In- und Ausland als »a sign of the courage and vitality of the University in these difficult times« gewertet werde.[124] Die Gründung des Komitees und seine Umwandlung in einen universitären Fachbereich im November 1941 fand also Aufmerksamkeit in der akademischen und der breiteren Öffentlichkeit Großbritanniens und des Commonwealth.[125] Der Spielraum der Cambridger Kriminalwissenschaftler blieb über den Krieg hinaus finanziell und personell jedoch beschränkt. Sowohl in der Wissenschaft als auch unter den »Praktikern«, insbesondere den Laienrichtern, traf man auf Vorbehalte, wie Turner in einem Interview einräumte: »Yes, […] there is a strong prejudice on the Bench against the scientific attitude. We all know the Magistrates who call it ›crankiness‹.« Er fügte hinzu, dass man nicht als »musty dons« wahrgenommen werden wolle, sondern als »practical men of law«.[126] Dies verweist auf die Notwendigkeit, sich nicht nur universitär, sondern

122 Freitag, Reichweite, S. 141f. Siehe auch David Garland, Of Crimes and Criminals: The Development of Criminology in Britain, in: Mike Maguire/Rod Morgan/Robert Reiner (Hg.), The Oxford Handbook of Criminology, 2. überarb. Aufl., Oxford 1997, S. 11–56, hier S. 45.

123 Freitag, Reichweite, S. 161.

124 TNA, CAB 117/101, J. W. Cecil Turner, Memorandum: Cambridge University Creates a Department of Criminal Science, 20.12.1941, S. 1.

125 Siehe z.B. FSU, LRP 20/2/7, Harold C. Gutteridge, Comparative Studies in Cambridge; FSU, LRP 20/4/29, Criminal Science, in: Justice of the Peace and Local Government Review (reprint), 21.12.1940; FSU, LRP 20/4/21, Criminal Science, in: The Magistrate, Nov./Dez. 1940; FSU, LRP 20/4/23, Research in Criminal Science, in: Cambridge Law Journal 7 (1941) 3, S. 399–402; FSU, LRP 20/4/15, Research into Criminal Science: Cambridge Leads the Way, in: The Times Educational Supplement, 28.12.1940; FSU, LRP 20/4/24, W.P.M.K., Research and Teaching in Criminal Science, in: The University of Toronto Law Journal (o. D.); FSU, LRP 20/4/3, Research and Teaching in Criminal Science, in: The Law Journal, 26.10.1940, S. 169.

126 FSU, LRP 20/4/25, Montagu Slater, Dons Take a Hand in Crime, 7.12.1941.

auch gegenüber der in Großbritannien besonders einflussreichen Gruppe der Praktiker, die die Theoretisierung und Verwissenschaftlichung kriminologischer Fragen skeptisch sah, zu behaupten.

Im Zuge der Bemühungen, die Beschäftigung mit Verbrechen und Strafe als Wissenschaft zu etablieren, veröffentlichten Turner und Radzinowicz 1940 gemeinsam den Artikel »The Language of Criminal Science« im *Cambridge Law Journal*, in dem sie versuchten, ihr Forschungsfeld der Kriminalwissenschaft von rechtswissenschaftlichen Ansätzen abzugrenzen.[127] Nach ihrer Definition sollte die Kriminalwissenschaft drei Themenfelder abdecken: erstens, die Kriminologie *(criminology)*. Diese heute meist als Oberbegriff für die wissenschaftliche Beschäftigung mit Verbrechen und Strafen verwandte Bezeichnung sollte aus Sicht Turners und Radzinowiczs als Teilgebiet der Kriminalwissenschaft die Ursachen von Kriminalität in den Blick nehmen. Im Gegensatz zur positivistischen Schule Lombrosos, die im *l'uomo delinquente* den geborenen Verbrecher sah, sollte ein holistischer Blick auf die körperlichen und psychischen Charakteristika eines Straftäters dessen Beweggründe erklären helfen.[128] So wollten Turner und Radzinowicz sowohl das Individuum und seine Persönlichkeit *(criminal biology)* als auch die gesellschaftlichen Rahmenbedingungen *(criminal sociology)* untersucht wissen.

Zweitens sollte eine Kriminalwissenschaft Vorschläge für eine Kriminalpolitik *(criminal policy)* machen, die effektiv Verbrechen verhindert. Diese solle die Erkenntnisse der Kriminologie nutzen, um Kriminalität von vorneherein durch soziale Maßnahmen, Bildung und Abschreckung zu verhindern. So sollte die wissenschaftliche Analyse den Strafvollzug sowie die Wirksamkeit von Strafmaßnahmen verbessern, indem diese dem Straftäter angepasst würden.[129] Das nachgeordnete Instrument der Kriminalpolitik sei, drittens, das Strafrecht *(criminal law)*, also die juristischen Verfahrensregeln für die Feststellung von Schuld und Strafe.[130] Eine Verankerung dieser schon seit dem 19. Jahrhundert diskutierten Aspekte an der Universität Cambridge als wissenschaftliche Disziplin unabhängig von der Rechtswissenschaft sollte der Verwissenschaftlichung dienen, der Sammlung empirischen Datenmaterials in vergleichender Perspektive.

Mit dem Ziel, in ihrer Forschung Kriminologie, Kriminalpolitik und Strafrecht abzudecken, begründeten Turner und Radzinowicz die Reihe *English Studies in Criminal Science* und gaben schon 1940 den ersten Band »Penal Reform in England« heraus. Diese Essays versammelten Expertinnen und Experten, die dem recht übersichtlichen Netzwerk an Praktikern und Reformern des britischen Strafvollzugs an-

127 Leon Radzinowicz/J. W. Cecil Turner, The Language of Criminal Science, in: Cambridge Law Journal 7 (1940), S. 224–237.

128 Ebd., S. 229.

129 Ebd., S. 233–235.

130 »It is to be regarded as dependent and functional rather than creative.« Ebd., S. 237.

gehörten, darunter Cicely Craven, Margery Fry, C.D. Rackham und I.H. Reekie von der HLPR. In erster Linie ging es Radzinowicz und Turner darum, Kriminalität und die daraus erwachsenden sozialen und rechtlichen Probleme in England wissenschaftlich zu erforschen.[131] Denn »the problem of crime cannot be understood and solved merely by acting on philanthropic impulse, or a desire for progress.«[132] Hier spiegelt sich Radzinowiczs eigene empirische Forschungspraxis wider. Seine von der kontinentaleuropäischen Strafrechtswissenschaft geprägten Methoden, etwa in Hinblick auf die Erstellung von Kriminalstatistiken, vermischten sich mit einem britischen Pragmatismus und sozialreformerischem Anspruch: Das wissenschaftliche Studium von Kriminalität, Strafvollzug und Strafrecht in ihren gesellschaftlichen Kontexten sollte zu einem liberalen Strafrechtsregime beitragen.[133]

Internationalismus in der Kriminologie

Um zu erklären, warum das Department of Criminal Science im November 1941 eine internationale Konferenz zum Austausch über kriminologische Problemstellungen organisierte, ist bedeutsam, dass Turner und Radzinowicz mittels der Verwissenschaftlichung der Beschäftigung mit Kriminalität und deren Ahndung einen Beitrag zum Aufbau einer vergleichenden Rechtswissenschaft und zur Formulierung einer internationalen Kriminalpolitik leisten wollten. Die internationale Erhebung von Daten sollte dazu dienen, Gemeinsamkeiten der Strafrechtssysteme und Kriminalpolitiken zu analysieren und auf Grundlage dessen gemeinsame Standards zu entwickeln.

Die Entstehung eines europäischen Mikrokosmos in London gab diesen Ideen Aufschwung und ermöglichte internationale Zusammenarbeit, wo sie vor dem Krieg so nicht hätte stattfinden können. Mit der Gründung der Cambridge Commission griff das Department of Criminal Science diese Themen und Praktiken auf, passte sie an die neuen Gegebenheiten an und setzte eigene inhaltliche Schwerpunkte. Radzinowicz und Turner sahen internationale Kooperation in der Erforschung und Bekämpfung von Kriminalität als unverzichtbaren Bestandteil einer friedlicheren Nachkriegsordnung an. Für die Gründung der Cambridge Commission war daher die Zielsetzung einer Etablierung einer international und empirisch ausgerichteten Kriminalwissenschaft ausschlaggebend. Diese sollte Grundlage einer internationalen Kriminalpolitik sein, die die wissenschaftliche Erforschung von Kriminalität und deren Ursachen, strafrechtliche Normen und

131 Radzinowicz/Turner, Penal Reform in England, S. 9.

132 Ebd.

133 Roger Hood, Leon Radzinowicz, 1906–1999, in: Proceedings of the British Academy 111 (2001), S. 637–655, hier S. 645.

kriminalpolitische Interventionen international vergleichbar machte und, wo möglich, vereinheitlichte.

Das Department konnte auf bewährte Mechanismen des Internationalismus zurückgreifen: der private Austausch mit internationalen Kollegen, die Rezeption von Publikationen aus dem In- und Ausland, die Gründung einer Schriftenreihe, in der auch ausländische Expertinnen und Experten zu Wort kamen, sowie die Organisation von Konferenzen und die Gründung einer internationalen Kommission, wie im November 1941 geschehen.[134] Mit diesem Vorgehen und dieser positiven Haltung gegenüber internationaler Zusammenarbeit war das Department of Criminal Science zu Beginn des Kriegs eher ein Außenseiter, stand doch vor allem die britische Regierung dem Austausch insbesondere mit kontinentaleuropäisch geprägten Gremien sehr skeptisch gegenüber.

Im Cambridge Committee und dann im Department of Criminal Science war grenzüberschreitende Kooperation von Anfang an angelegt. Studien über ausländische Rechtssysteme sollten der Etablierung der vergleichenden Rechtswissenschaft in England dienen, die daran krankte, dass es kaum englischsprachiges Material gab. Turner stellte gleich nach Gründung des Komitees Kontakt zu Kriminalwissenschaftlern im britischen Commonwealth her.[135] So wandte er sich im August und erneut im November 1940 an Sheldon Glueck, den Inhaber der Professur für Kriminologie an der Harvard Law School. Dieser zeigte sich bereit, die erste Veröffentlichung des Komitees in der *Harvard Law Review* zu rezensieren oder genauer gesagt rezensieren zu lassen, und beglückwünschte Turner dazu, in diesen »schwierigen Zeiten« die Etablierung des Fachs in Großbritannien weiter voranzutreiben.[136] Dabei konnte er aus einer überlegenen Position sprechen, war die Kriminologie in den USA doch bereits eine anerkannte Sozialwissenschaft.

In Toronto, wo kriminologische Fragen ebenfalls bereits Teil des Curriculums im Jurastudium waren, stieß er auf reges Interesse.[137] So stellte die Canadian Bar Association während des Kriegs ihre Infrastruktur zur Verfügung, um Veröffentlichungen des Department of Criminal Science in der *Canadian Bar Review* abzudru-

---

134 Kesper/Biermann, Internationalisierungsprozesse, S. 12f.

135 TNA, CAB 117/101, J. W. Cecil Turner, Memorandum: Cambridge University Creates a Department of Criminal Science, 20.12.1941, S. 1f.; FSU, LRP 20/1/11, J. W. Cecil Turner an James C. McRuer (Toronto), 24.11.1941; H.R. Hahlo (Department of Law, University of Witwatersrand, Johannesburg), Telegram an J. W. Cecil Turner, 23.12.1943.

136 Harvard Law School Library, Historical and Special Collections [HLSL], Sheldon Glueck Papers [SGP], General Correspondence, 110/6, J. W. Cecil Turner an Sheldon Glueck, 29.8.1940 und 21.11.1940; ebd., Glueck an J. W. Cecil Turner, 14.12.1940. Die Rezension erschien 1941: Hans von Hentig, Rezension zu: Penal Reform in England, in: Harvard Law Review 54 (1941) 7, S. 1260–1261.

137 W. P. M. K., Research and Teaching in Criminal Science, in: The University of Toronto Law Journal 4 (1941) 1, S. 168f.

cken und zu zirkulieren.[138] Außerdem gab die Association die Reihe *English Studies in Criminal Science* heraus, die englische, europäische und US-amerikanische Perspektiven auf Fragen des Strafrechts versammelte. Einzelne Veröffentlichungen in den *English Studies* gab die Association im Auftrag des Department als Broschüren heraus. Diese *Pamphlet Series* stellte die wichtigste Veröffentlichung des Department während des Kriegs dar. Unter ihnen waren auch das Protokoll der Konferenz, auf der die Cambridge Commission gegründet wurde, sowie eine Studie Max Grünhuts zum deutschen Strafrecht.[139]

Die Gründe für die enge Kooperation können an dieser Stelle nur vermutet werden: Zum einen musste sich die britische Verlagsbranche auf Kriegsproduktion einstellen. Insbesondere die Kontingentierung von Papier machte den Verlagen zu schaffen und wirkte sich unmittelbar auf die Entscheidung aus, welche Bücher und Zeitschriften in welchem Format erschienen.[140] Zum anderen bestand im Department der Wunsch, sich im transatlantischen Wissensraum Gehör zu verschaffen; in Nordamerika zu erscheinen, erschloss ein Zielpublikum, das man mit einer britischen Publikation nicht erreicht hätte. Schließlich handelte es sich bei der *Canadian Bar Review* nicht um eine wissenschaftliche Zeitschrift, sondern um eine Publikation für juristische Praktiker – aus der Sicht des Department of Criminal Science wichtige Adressaten.[141] Damit hatte das Komitee geeignete Kommunikationskanäle für seine Forschungsagenda geschaffen, was angesichts dessen, dass ein zerstörerischer und viele Kommunikationskanäle abschneidender Krieg tobte, keine Selbstverständlichkeit war.[142]

Radzinowicz selbst attestierte den *English Studies* in seiner Autobiografie geringen Erfolg: »[A]t the end of the day our initiative could hardly be judged a success. Comparative studies in criminal law and criminal policy, as well as in criminology,

---

138 J. W. Cecil Turner, The Department of Criminal Science, in: The Cambridge Law Journal 8 (1942) 1, S. 92f.

139 Leon Radzinowicz/J. W. Cecil Turner (Hg.), Penal Reconstruction and Development: Proceedings of the Conference Held in Cambridge on the 14th November, 1941, Between Representatives of Nine Allied Countries and of the Department of Criminal Science in the University of Cambridge (English Studies in Criminal Science: Pamphlet Series, Bd. 2) 1942; dies., International Commission for Penal Reconstruction and Development: Addresses Presented at the Meeting Held at Cambridge on 27 February, 1942; Max Grünhut, The Development of the German Penal System, 1920–1932, Toronto, Ontario 1944. Weitere Bände der *Pamphlet Series* enthielten Studien zur Bewährungsstrafe, zur Haftstrafe in den USA, zur strafrechtlichen Zurechnungsfähigkeit, zu Rückfallkriminalität und zum Schweizer Strafrecht.

140 Siehe z.B. Valerie Holman, Print for Victory: Book Publishing in Britain 1939–1945, London 2008.

141 So versuchte Turner auch, kanadische Vertreter für die Cambridge Commission zu gewinnen, was jedoch keinen Erfolg zeitigte. Radzinowicz/Turner, Proceedings, S. 212.

142 So benötigte Ende 1940 ein Brief aus den USA rund zwei Monate, um in England anzukommen, vgl. HLSL, SGP 110/6, Glueck an J. W. Cecil Turner, 14.12.1940.

did not at that time – to put it mildly – find many enthusiasts.«[143] Dennoch zeugen diese ersten Publikationen eines universitären kriminologischen Forschungsinstituts in England davon, dass auch – oder gerade – zu Kriegszeiten internationale Netzwerke und fachliche Anerkennung insbesondere im angelsächsischen Raum wichtig waren. Außerdem weist dies darauf hin, dass die britische Kriminologie von Anfang an international ausgerichtet war. Ein wenig beachteter Artikel Radzinowiczs lässt Rückschlüsse auf die Gründe zu. »International Collaboration in Criminal Science« erschien 1942 in der *Law Quarterly Review,* genauso wie ein Text des Department, in dem die Ziele der Cambridge Commission genauer erläutert wurden.[144] Radzinowicz analysiert darin die Geschichte der internationalen kriminologischen und strafrechtlichen Zusammenarbeit seit 1872 und zieht daraus Schlüsse für die Reform derselben. Der Internationalismus, wie er hier im Januar 1942 programmatisch formuliert wird, war prägend für den Aufbau der Cambridge Commission, sowohl auf inhaltlicher als auch auf struktureller Ebene. Die Verwissenschaftlichung der Beschäftigung mit Verbrechen und Strafe in vergleichender Perspektive durch Organisationen wie die Cambridge Commission sollte aus Sicht Radzinowiczs den Boden für die Gründung einer neuen internationalen Organisation nach dem Krieg bereiten, die eine internationale Kriminalpolitik verfolgte, die diesen Namen auch verdiente.

Radzinowicz forderte zwar keine »complete international codification of criminal policy«.[145] Diese sei weder möglich noch wünschenswert. Allerdings zeigten erste Erhebungen aus europäischen Ländern, dass sich Probleme (insbesondere Jugend- und Rückfallkriminalität) und die kriminalpolitische Antwort darauf in ihren Grundzügen ähnelten.[146] Dies öffne zahlreiche Möglichkeiten für einen transnationalen Transfer von Wissen und Erfolgsmethoden. Das Erarbeiten eines »Model Extradition Treaty« durch die IPPC und die Harvard Law School Anfang der 1930er Jahre habe offengelegt, dass es mehr Gemeinsamkeiten als Unterschiede gebe und Kompromisse gefunden werden könnten.[147] In einem kursorischen

143 Radzinowicz, Adventures, S. 43.

144 Leon Radzinowicz, International Collaboration in Criminal Science, in: Law Quarterly Review 58 (1942) 1, S. 110–139. Wenig später auch erschienen als: Leon Radzinowicz, International Collaboration in Criminal Science, in: The University of Toronto Law Journal, 4 (1942) 2, 307–337. Siehe auch P. H. Winfield/J. W. C. Turner, Penal Reconstruction: Memorandum of the Department of Criminal Science of the Faculty of Law, University of Cambridge, in: Law Quarterly Review 58 (1942), S. 107–109. Dessen Herausgeber Arthur L. Goodhart stand in gutem Verhältnis zu Turner und unterstützte seine Vorhaben, vgl. FSU, LRP 1/1/23, J. W. Cecil Turner, Brief an Arnold McNair, 11.11.1941.

145 Radzinowicz, International Collaboration, S. 110.

146 Ebd., S. 112f.

147 Ebd., S. 121f.

Überblick über Foren der internationalen Zusammenarbeit seit 1872 arbeitet Radzinowicz die gleichzeitigen Hindernisse für eine solche effektive Zusammenarbeit heraus, vorwiegend eine schlechte Datenlage und Nationalismus. Vor dem Ersten Weltkrieg hätten sich zwar Institutionen und Netzwerke zum Austausch von Informationen herausgebildet, insbesondere die IPPC und die IKV. Dies habe zu einer Verwissenschaftlichung von Kriminalpolitik und der Entwicklung vergleichender Methoden geführt. Aber: »No machinery was created to guide the administration of criminal justice on an international scale.«[148] Auch der Völkerbund habe lediglich als koordinierendes und zwischen technischen Organisationen und Regierungen vermittelndes Organ gehandelt, das selbst »no real criminal policy« gehabt habe. Letzten Endes habe der Völkerbund lediglich unverbindliche Mindeststandards zur Behandlung von Gefangenen, Zeugen und Angeklagten empfehlen können, denen sich Staaten unter Berufung auf ihre nationale Souveränität hätten entziehen können.[149] So sei ein Nebeneinander von Akteuren und Institutionen entstanden, die sich ohne zentrale Koordination mit Fragen der Kriminalpolitik befasst hätten.

Radzinowicz reihte sich damit in die Riege der Internationalisten ein, die eine internationale Organisation als Instrument progressiver Politik verstanden, den Völkerbund aufgrund seiner Verfassung aber als gescheitert wahrnahmen. Ihre Erfahrungen der 1920er und 1930er Jahre, als »deutende Aneignung erlebter Wirklichkeit« verstanden, prägten die Erwartungen der Exiljuristen im »London Moment« und verdichteten sich im Schlagwort »lessons from the past.«[150] Radzinowicz seinerseits schlussfolgerte aus dem Scheitern des Völkerbundes, eine internationale Kriminalpolitik zu formulieren, dass es zwingend notwendig sei, umgehend eine internationale Organisation zu gründen,

> »to make preparations for collaboration in the penal reconstruction which will be needed once the war is over. The proper solution of penal problems in all countries alike will not only make for the welfare of each but also will be a factor in stabilising international peace. An efficient and enlightened administration of criminal justice is an essential element of social and international security.«[151]

---

148 Ebd., S. 126. Wenn Radzinowicz von einer »machinery of criminal justice« sprach, die auch auf internationaler Ebene etabliert werden müsse, griff er eine gängige Metapher auf und meinte die Verrechtlichung und verbindliche Festschreibung von Regeln. Er bemängelte insbesondere, dass der Völkerbund keine Mechanismen etabliert habe, um Verstöße von Mitgliedsstaaten gegen die Behandlung von Häftlingen aufzudecken und zu ahnden. Ebd., S. 136.

149 Ebd., S. 131–135.

150 Jörn Leonhard, Europäisches Deutungswissen in komparativer Absicht: Zugänge, Methoden und Potentiale, in: Zeitschrift für Staats- und Europawissenschaften 4 (2006) 3, S. 341–363, hier S. 348.

151 Radzinowicz, International Collaboration, S. 137.

Radzinowicz schlug vor, dass diese Organisation zum einen selbst empirische Studien durchführen oder in Auftrag geben und auf die Vereinheitlichung von prozeduralen und rechtlichen Bestimmungen im Strafrecht hinwirken solle. Das Ziel solle sein, »to make criminal policy everywhere more humane and at the same time more efficacious.« Mittel dieser humanen Politik solle eine »scientifically planned and executed campaign of social defence« sein. Durch das Setzen von Mindeststandards, deren Einhaltung international überwacht werde, könne dieses Ziel erreicht werden. Wissen über Kriminalität solle zentral generiert werden und abrufbar sein für internationale Beamte, die auf Grundlage dieser Daten bindende Politikempfehlungen aussprechen sollten.[152] Die Verwissenschaftlichung der Kriminalpolitik war aus Radzinowiczs Sicht eine Voraussetzung für ihre Internationalisierung.

Radzinowicz plädierte also 1942 – mitten im Krieg – für ein Weiterführen und ein Vertiefen bestehender Praktiken des Internationalismus. Die Internationalisierung der Strafrechtsreform, das heißt die internationale Verständigung auf verbindliche Regeln im Strafrecht und Strafvollzug, sollte sich dabei an den Prinzipien der »social defence« ausrichten. Anknüpfungspunkt für diese Forderung war die Atlantik-Charta vom 14. August 1941, in deren Forderungskatalog die soziale Sicherheit mit aufgenommen wurde. So kommentierte der Journalist Montagu Slater nach der Gründung der Cambridge Commission: »Behind this move is the belief that the Atlantic Charter involves an agreed practical minimum standard in all Allied countries to ensure that liberty of the individual is legally safeguarded.«[153] Gleichzeitig verweist die Begrifflichkeit der »social defence« auf die Grundannahme der Strafrechtsreformbewegung, dass eine Individualisierung von Strafe auf Grundlage der Kategorisierung von Straftätern, ihrer Persönlichkeit und der Gefahr, die diese für die Allgemeinheit darstellten, ein am Prinzip der Vergeltung ausgerichtetes Strafrecht ersetzen solle. Konsequent zu Ende gedacht, konnte dieser Gedankengang aber auch zur »Sicherheitsverwahrung schädlicher Elemente« in totalitären Regimen wie der NS-Diktatur führen.[154] Die Vielschichtigkeit dieses Begriffs wird umso deutlicher, wenn man sich vor Augen führt, dass die Abteilung des Wirtschafts- und Sozialrats der Vereinten Nationen, die sich mit kriminologischen Fragestellungen befasste, 1947 Social Defence Section genannt wurde.[155]

---

152 Ebd., S. 138f.

153 FSU, LRP 20/4/25, Montagu Slater, Dons Take a Hand in Crime, 7.12.1941.

154 Michele Pifferi, Criminology and the Rise of Authoritarian Criminal Law, 1930s–1940s, in: Stephen Skinner (Hg.), Ideology and Criminal Law: Fascist, National Socialist and Authoritarian Regimes, Oxford 2019, S. 105–124, hier S. 109.

155 Siehe Reece Walters, Social Defence and International Reconstruction: Illustrating the Governance of Post-War Criminological Discourse, in: Theoretical Criminology 5 (2001) 2, S. 203–221.

Das Zusammenfallen der Akademisierung der Beschäftigung mit Kriminalität in Großbritannien, der Migration in Folge der deutschen Expansionskriege und der politischen Forderungen nach einer neuen internationalen Ordnung, die soziale Sicherheit garantierte, führte letztlich zur Gründung der Cambridge Commission, um die es im nächsten Kapitel gehen wird. In diesem Zusammenhang hatte das Department of Criminal Science als Agenda Setter und Organisator der Konferenz die Funktion eines Vermittlers zwischen Exiljuristen und akademischen Establishment. Diese Rolle übernahmen Turner und Radzinowicz vielleicht auch, weil sie selbst mit ihrem Department intellektuell und institutionell Neuland betraten und mit Skepsis in der Juristenschaft zu kämpfen hatten. Gleichzeitig hatten sie die Ressourcen, um eine Konferenz auszurichten und ausländische Juristen nach Cambridge einzuladen, um über die Zukunft der internationalen Zusammenarbeit im Strafrecht zu sprechen.

Schlussbemerkungen

Themen, Methoden und Diskurse der Disziplin, die rückblickend als »Kriminologie« zusammengefasst wird, waren zu Kriegsbeginn noch formbar und standen dem Einfluss verschiedener historischer Akteure mit ihren Interessen und Visionen offen, weil noch keine Institute gegründet, Lehrstühle vergeben, Fachorganisationen gegründet und Zeitschriften bei angesehenen Verlagen etabliert worden waren. Dies ermöglichte auch während des Kriegs eine stärkere Einflussnahme ausländischer Experten auf die kriminologischen Debatten als ein stärker konturiertes Feld es erlaubt hätte. Ähnliches lässt sich auch für das internationale Strafrecht beobachten, das als akademische Disziplin noch in den Kinderschuhen steckte. Die noch offene Zukunft der Disziplinen erklärt auch, warum Personen am Rande der Zentren gesellschaftlicher und wissenschaftlicher Autorität, wie es Exilanten sind, Einfluss auf die Nachkriegsplanungen nehmen konnten. Sie konnten als *optimal marginals* agieren, die aufgrund ihrer Außenseiterstellung neue Themen setzen und etablierte Sichtweisen hinterfragen konnten.[156]

Wie auch schon in der Zwischenkriegszeit führte während des Krieges Internationalismus – die Vision einer internationalen Ordnung sowie die Praxis der transnationalen und intergouvernementalen Zusammenarbeit – zur Produktion von rechtlichem Wissen. Indem britische Reformerinnen und Reformer sowie Rechtswissenschaftler mit europäischen Exilierten zusammenarbeiteten, konnten

156 Neil McLaughlin, Optimal Marginality: Innovation and Orthodoxy in Fromm's Revision of Psychoanalysis, in: The Sociological Quarterly 42 (2001), S. 271–288. Siehe auch Andreas Hess, The Political Theory of Judith N. Shklar: Exile from Exile, New York 2014, S. 201.

sie trotz der zahlreichen Einschränkungen des Kriegs weiterhin zu kriminologischen Themen forschen und daraus kriminalpolitische Forderungen ableiten. Schon seit Mitte der 1920er Jahre hatte sich die HLPR beim Völkerbund für eine internationale Konvention für die Rechte von Inhaftierten eingesetzt. Der Angriffskrieg Deutschlands schien ihre Theorie zu bestätigen, dass die Verachtung für Rechtsstaatlichkeit, die Diktaturen wie die nationalsozialistische an den Tag legten, und für eine Friedensordnung unmittelbar zusammenhingen. Die Mitglieder der HLPR und auch des Department of Criminal Science führten internationale Konflikte auch auf die Missachtung universell gültiger Standards im Strafrecht zurück, die Menschen vor staatlicher Willkür und Gewalt schützen sollten. Daraus folgte logischerweise, dass Strafjustizsysteme wichtiger Bestandteil der Planungen für die Nachkriegsordnung sein mussten. Während sich die Cambridge Commission vor allem mit juristischen Fragen beschäftigte und Strafgesetzbücher sowie Strafverfahren analysierte, stellte das Internationale Komitee der HLPR auf den Strafvollzug ab.

Beide Akteursgruppen übernahmen damit ein legalistisches Deutungsmuster, »the ideology of promoting international law as a morally superior, progressive, civilizing project.«[157] Das internationale Recht war dabei die Eintrittskarte in den Club der zivilisierten Staaten, der Fortschritt und Frieden versprach. Die Frage, wie in diesem Club souveräne Staatlichkeit und individuelle Rechte (etwa die Rechte von Angeklagten) austariert werden sollten, stand im Zentrum der juristischen Debatten im Zweiten Weltkrieg, befeuert durch die wachsende Zahl an Berichten über die auf dem Kontinent begangenen Gewaltverbrechen. Für die HLPR und die Cambridger Juristen war der Strafvollzug der Prüfstein zivilisierter Staaten. Ausgeblendet wurde dabei, dass dieser Club zahlreichen Staaten und Akteuren aus rassistischen und kolonialen Denk- und Handlungsmustern heraus gar nicht offenstand.

Vergleichende Studien westlicher, nationaler Strafrechtsregime wurden als Mittel gesehen, internationale Standards zu formulieren und so Rechtsstaatlichkeit wiederherzustellen und Frieden langfristig zu sichern. Um diese Studien durchführen zu können, griffen beide Organisationen auf die Expertise von Exiljuristinnen und -juristen zurück. Seit Beginn ihres Bestehens hatte die HLPR auf den internationalen Austausch von Wissen über den Strafvollzug gesetzt, um Methoden vergleichen und empfehlenswerte Vorgehensweisen identifizieren zu können.

157 Marcus M Payk, »What We Seek Is the Reign of Law«: The Legalism of the Paris Peace Settlement after the Great War, in: European Journal of International Law 29 (2018) 3, S. 810. Siehe auch Benjamin Allen Coates, Legalist Empire: International Law and American Foreign Relations in the Early Twentieth Century, Oxford 2016, S. 3; Devin O. Pendas, Auf dem Weg zu einem globalen Rechtssystem? Die Menschenrechte und das Scheitern des legalistischen Paradigmas des Kriegs, in: Hoffmann, Moralpolitik, S. 255.

Nun, da der Krieg die Kommunikation und Mobilität zivilgesellschaftlicher Akteure erheblich einschränkte, bot die Anwesenheit von Exilierten aus Europa eine Gelegenheit, internationalistische Praktiken »zu Hause« zu betreiben und so neues kriminologisches Wissen zu produzieren.

Es gelang, wie die folgenden Kapitel zeigen werden, weder der HLPR noch dem Department of Criminal Science, ihre ursprünglich entworfenen umfangreichen Studienprogramme durchzusetzen. Für die 1940 und 1941 in London eintreffenden Exiljuristen aus den okkupierten Staaten Europas standen nämlich weniger die Angleichung von Strafrechtssystemen und die Vereinheitlichung von Bürgerrechten im Vordergrund als die Bestrafung der im aktuellen Krieg begangenen Verbrechen und damit die vorausschauende Planung und das Management einer *transitional justice* unter dem Primat der politischen Stabilität. So berichtete Margery Fry 1942, scheinbar erstaunt, der HLPR: »The question of war guilt seemed to her to occupy the minds of the members very largely.«[158] Die Exiljuristen nutzten daher die Cambridge Commission, um erste Studien zu Möglichkeiten und Grenzen der Strafjustiz bei der Verfolgung von Kriegsverbrechen zu erstellen, die sie in weiteren Organisationen wie der London International Assembly und der United Nations War Crimes Commission fortführten. Im Internationalen Komitee der HLPR konnten sich die exilierten Mitglieder nicht darauf einigen, wie von der League vorgeschlagen, internationale Standards für den Strafvollzug zu diskutieren sowie die Strafverfolgung und den Strafvollzug von Kollaborateuren und Kriegsverbrechern nach dem Krieg vorbereitend zu analysieren. Sie widmeten sich dafür der aus ihrer Sicht langfristigeren Frage der Strafvollzugsreform mit Fokus auf Jugendkriminalität – ein »Klassiker« der Strafvollzugsreform, der die humane und auf wissenschaftlichen Prinzipien beruhende Behandlung und Rehabilitation von Delinquenten zum Ziel hatte.

Aber auch wenn nicht alles nach Plan verlief, waren die Wissensbroker, die hier vorgestellt wurden, ein wichtiges Rädchen – wenn nicht gar der Motor – im Getriebe der transnationalen Zusammenarbeit. Beide Organisationen boten den Exilierten einen Raum, um nach den Verwerfungen der Flucht als Experten Anerkennung zu erlangen und die Beschränkungen des Exils – ein zwischen Marginalisierung und Anerkennung mäandernder, permanent fragiler Zustand – zumindest teilweise zu überwinden. Besondere Bedeutung nahmen diese Akteure ein, als es 1941 darum ging, dem Ziel, die Strafreform zum integralen Bestandteil der Nachkriegsplanungen zu machen, durch die Gründung von transnationalen Expertengremien einen Ort zu geben. Um diese Prozesse soll es im nächsten Kapitel gehen.

158 MRC, MSS. 16B/1/3, HLPR, Executive Committee, Minutes, 215th Meeting, 16.4.1942, S. 2.

III Nachkriegsplanungen im »London Moment«
Die Einbindung europäischer Exiljuristen in transnationale Wissensräume

Im Herbst 1941 standen weite Teile Europas unter der Kontrolle der Nationalsozialisten, ihrer Verbündeten oder kollaborierender Regime.[1] Das Leben in Großbritannien war geprägt durch die Entbehrungen des Kriegs. Flüchtlinge aus Europa hatten das Stadtbild in London nachhaltig verändert.[2] Auch das wissenschaftliche Tagesgeschäft wurde dem Primat der Kriegsführung und der Nachkriegsplanung untergeordnet. Ein umfangreiches Netz aus Organisationen, Komitees und Kommissionen verschrieb sich der Neuausrichtung des wirtschaftlichen, sozialen und politischen Lebens. Zivilgesellschaftliche Akteure und Akademiker wollten nach dem Krieg nicht einfach wieder zur Tagesordnung übergehen, sondern forderten tiefgreifende Reformen, die Stabilität, Rechtssicherheit und internationale Kooperation ermöglichen sollten. Es galt, einen Gegenentwurf zu der »Neuen Ordnung« der NS-Diktatur zu schaffen, die bereits 1941 zahlreiche Todesopfer gefordert hatte. Inoffizielle Gremien und private Initiativen führten ab 1940 wirtschaftliche und soziale Studien durch, so etwa zur Finanz-, Bildungs-, Handels- und Gesundheitspolitik.[3]

Dies ist auch damit zu erklären, dass die britische Regierung zu diesem Zeitpunkt nicht zu viele Ressourcen für Nachkriegsplanungen binden wollte. Das Kriegskabinett richtete zwar ein Committee on Reconstruction Problems ein, das jedoch zeitlebens unterbesetzt und machtlos blieb.[4] Diese strukturelle Schwäche

1 Für einen aktuellen Überblick siehe Wolfgang Benz (Hg.), Deutsche Herrschaft: Nationalsozialistische Besatzung in Europa und die Folgen, Freiburg i.Br. 2022.

2 Siehe insb. Julia Eichenberg, The London Moment: European Governments-in-Exile During the Second World War, Habilitation HU Berlin 2023.

3 Für eine zeitgenössische Übersicht siehe C. H. Wilson, British Domestic Reconstruction, in: Agenda: A Quarterly Journal of Reconstruction 1 (1942) 1, S. 86–90; Heather J. Harvey, War-Time Research in Great Britain on International Problems of Reconstruction, in: Agenda: A Quarterly Journal of Reconstruction 1 (1942) 2, S. 164–172.

4 Christopher Hill, Cabinet Decisions on Foreign Policy: The British Experience October 1938–June 1941, Cambridge 1991, S. 218.

war durchaus gewollt. Churchill befand im Januar 1941: »We must be very careful not to allow these remote post-war problems to absorb energy which is required, maybe for several years, for the prosecution of war.«[5] Dementsprechend wurde kein eigenes Ministerium für Nachkriegsplanungen eingerichtet. Das Committee on Reconstruction Problems wurde einem Minister ohne Geschäftsbereich unterstellt, Arthur Greenwood, der wiederum mithilfe des Sekretariats unter George Chrystal Pläne für den Wiederaufbau vorbereiten sollte – am besten, ohne das Kriegskabinett großartig zu behelligen.[6] Churchill hielt zudem wichtige Akteure wie Außenminister Anthony Eden aus dem Komitee heraus. Das Committee war also kein hochrangig besetztes politisches Gremium, sondern eine Arbeitsgruppe, die ad hoc gegründete, interministerielle Komitees koordinierte.[7] Die inhaltliche Arbeit wurde größtenteils an den Foreign Research and Press Service (FRPS) unter Arnold J. Toynbee am Balliol College in Oxford delegiert. Diese anteilig vom Außenministerium, dem Royal Institute of International Affairs (RIIA) und der Universität Oxford finanzierte Organisation wurde eine Schaltzentrale für die britischen Nachkriegsplanungen, an der wissenschaftliche Experten Presseberichte und Analysen für den politischen Gebrauch erstellten.[8] Die Forschungseinrichtungen ihrerseits maßen den Nachkriegsplanungen große Bedeutung bei. So formulierte das RIIA den Wunsch, dass die Regierung Bedarf an Studien zu den »richtigen« Themen kommuniziere.[9] Gerade die erklärte Zurückhaltung Churchills schuf Raum für nichtstaatliche Akteure, sich der Nachkriegsplanung zu widmen.[10]

---

5 Winston Churchill an Edward Bridges, 4.1.1941, zit. n. Wei Wang, Chatham House's Planning for the Postwar World Order During the Second World War, Konferenz »Citizens of the World«, London School of Economics, 16./17.3.2017.

6 Hill, Cabinet Decisions, S. 216f.

7 Ebd., S. 217f.; Paul Addison, The Road to 1945: British Politics and the Second World War, London 1994. So erklärte Harold Stannard 1941 Maisonneuve, dem Sekretär der Free French Reconstruction Branch: »I explained that this arrangement left the preparation of detailed policies to the Departments concerned and that our business was to create adequate co-ordinating machinery.« The National Archives, London [TNA], CAB 117/82, Harold Stannard an George Chrystal, Minute, 9.12.1941.

8 TNA, CAB 117/77, FRPS, Outline of Organisation, 1.1.1941; Wang, Chatham House, S. 2f. und 7f.; Robert H. Keyserlingk, Arnold Toynbee's Foreign Research and Press Service, 1939–43 and its Post-war Plans for South-East Europe, in: Journal of Contemporary History 21 (1986) 4, S. 539–558. 1943 wurde die FRPS aus dem Verantwortungsbereich des Royal Institute of International Affairs in das Außenministerium überführt. TNA, CAB 117/77, Committee of Reconstruction Problems, Extract from House of Commons Report, 3.3.1943, fol. 4.

9 Vgl. TNA, CAB 117/184, T. Dummond Shiels (Vice-Chairman, Reconstruction Committee, Chatham House) an William Jowitt, 5.3.1942.

10 Vgl. Hill, Cabinet Decisions, S. 222; Valerie Holman, Print for Victory: Book Publishing in Britain 1939–1945, London 2008, S. 194.

Die Problemdiagnosen der Nachkriegsplaner speisten sich aus der Beobachtung britischer Missstände, die Lösungsvorschläge knüpften aber oft an internationale Debatten an. Ob Geldpolitik, Städtebau oder eben das Strafrecht – die internationale Dimension dieser Problembereiche spielte eine große Rolle.[11] Dies lag nicht nur an den internationalen Konferenzen der Alliierten, auf denen während des Kriegs immer wieder Grundzüge dieser Nachkriegsordnung skizziert wurden, sondern auch an der Anwesenheit europäischer Exilanten in London. Auch oder gerade aufseiten der Exilanten bestand ein großer Bedarf, sich auf die Rückkehr in die Heimat vorzubereiten, indem sie die Nachkriegszeit imaginierten und ganz konkret zu planen begannen. Allerdings war der Zugang von Exiljuristen zu britischen Institutionen, die sich mit Fragen des (internationalen) Strafrechts beschäftigten, sehr eingeschränkt. So erstellte die Abteilung »International Law« des Foreign Research and Press Service unter der Leitung James L. Brierlys Studien zu staatlicher Souveränität, internationalen Gerichten und internationalen Garantien für individuelle Rechte. Die Abteilung war jedoch dünn besetzt und nicht offen für ausländische Experten.[12] Im Chatham House wurde ein Committee for International Law gegründet, das ebenfalls rein britisch besetzt war.[13]

Auch vor diesem Hintergrund gründeten 1941/42 fast alle Exilregierungen eigene Komitees zur Nachkriegsplanung, Belgien etwa eine Commission for the Study of Post-War Problems, die Niederlande eine Study Group for Reconstruction Problems, Polen das Polish Research Centre.[14] Zeitgleich traten Exilanten und Briten in einen intensiven transnationalen Austausch. Im Bereich des Strafrechts fand dieser bis 1943 auf informeller Ebene in Foren wie der International Commission for Penal Reconstruction and Development (Cambridge Commission), dem Internationalen Komitee der Howard League for Penal Reform (HLPR) und der London International Assembly (LIA) statt, bis dann 1943 die United Nations War Crimes Commission

11 Madeleine Herren, Internationale Organisationen seit 1865: Eine Globalgeschichte der internationalen Ordnung, Darmstadt 2009, S. 86–89. Siehe auch David Reynolds, From World War to Cold War: Churchill, Roosevelt, and the International History of the 1940s, Oxford 2006.

12 Punkt 2.d in TNA, CAB 117/77, Foreign Research and Press Service, Draft List of Subjects in the Fields of War Aims and Reconstruction, 13.2.1941; TNA, CAB 117/77, FRPS, Research Committees, 2.1.1940. Siehe z.B. CAB 117/79, J.L. Brierly, The Role of Law in International Reconstruction, März 1941.

13 Chatham House Archives, London, Section 9/31, International Law Committee to Consider Prof. Manley O. Hudson's Report »Postulates, Principles and Proposals relating to International Law«. 1942 scheiterte zudem ein Projekt zur Koordinierung alliierter Gremien zur Nachkriegsplanung: ebd., Section 9/21, Committee on Reconstruction: Allied and Neutral Groups; TNA, CAB 117/82, Harold Stannard an Alfred Hurst/Mr. Baster, Minute, 21.4.1942.

14 Ethel John Lindgren, Reconstruction Research Conducted in Britain by the European Allies, in: Agenda: A Quarterly Journal of Reconstruction 1 (1942) 3, S. 255–272.

(UNWCC) gegründet wurde. Während sich die LIA in etwa wie der Völkerbund organisierte – es gab Ländergruppen und Kommissionen unter anderem für rechtliche, wirtschaftliche und religiöse Fragen der Nachkriegsordnung –, funktionierten Cambridge Commission und Internationales Komitee wie wissenschaftliche Expertengruppen. Wie bereits ausgeführt, war die Cambridge Commission an die Abteilung für Kriminologie der Universität Cambridge, das Internationale Komitee an die Sozialreformer der HLPR angebunden. Ihre Forschungsergebnisse wiederum sollten Grundlage für die internationale Neuordnung der Strafjustiz sein und im besten Fall sogar die Etablierung einer internationalen Kriminalpolitik befruchten.

Die Anwesenheit von Exiljuristen in London stellte sich als Glücksfall für international versierte Strafrechtler in Großbritannien heraus. Unter den Kriegsbedingungen war der Universitätsbetrieb stark eingeschränkt, zahlreiche Studierende und Lehrende waren in die Kriegsanstrengungen eingebunden. So konnte auch der transnationale wissenschaftliche Austausch nicht ohne Weiteres aufrechterhalten werden und internationale Organisationen wie die International Penal and Penitentiary Commission (IPPC), die in der Zwischenkriegszeit wichtige Foren für die Debatten über internationales Strafrecht darstellten, unterbrachen ihre Arbeit während des Kriegs weitestgehend.[15] Als sich 1940 und 1941 die europäischen Exilregierungen und mit ihnen zahlreiche Exiljuristen in London etablierten, begriffen englische Internationalisten wie J. W. Cecil Turner und Margery Fry dies als einmalige Chance. Das Wissen über europäisches Strafrecht – Voraussetzung für den Systemvergleich und das Formulieren von Reformvorschlägen – war in Person der Exiljuristen nun vor Ort und musste nur noch abgerufen werden. Wenn im Folgenden die Gründung des Internationalen Komitees der HLPR und der Cambridge Commission nachgezeichnet werden, erfolgt dies mit dem Ziel, die Einbindung der Exilanten in strafrechtliche Wissensräume zu analysieren und zu zeigen, dass die beteiligten Akteure Grundlagen für eine internationale Ordnung legen wollten, in der verbindliche Regeln für die »Gemeinschaft der zivilisierten Völker« galten.

1 Frieden stiften: Strafvollzug und Nachkriegsplanungen in der Howard League for Penal Reform, 1939–1942

In ihrem Jahresbericht für 1941/1942 berichtete die HLPR ihren Mitgliedern von der Einrichtung eines internationalen Komitees unter dem Vorsitz Margery Frys, Vizepräsidentin und öffentlich sehr sichtbare Fürsprecherin einer britischen und inter-

15 Die IPPC war zudem in Großbritannien dadurch diskreditiert, dass sie auf der Internationalen Gefängniskonferenz 1935 in Berlin den Nationalsozialisten Raum für ihre Propaganda geboten hatte.

nationalen Strafvollzugsreform.[16] Die erste Sitzung hatte am 27. Juli 1942 im Friends House in der Euston Road in London stattgefunden. Hier, unmittelbar im Zentrum der Stadt, befand sich – und befindet sich bis heute – der Hauptsitz der Quäker, die der HLPR personell und ideologisch eng verbunden waren. Sie boten die Räumlichkeiten für die Zusammenkunft von acht Exilantinnen und Exilanten aus Europa sowie drei Vertreterinnen und Vertretern der HLPR. Dies wurde als einmalige Gelegenheit verstanden, um die so wichtige internationale Arbeit der Zwischenkriegszeit wiederzubeleben und Kontakte zwischen der HLPR und denjenigen Europäern herzustellen, die sich für den Strafvollzug und seine Reform (»penal administration and reform«) einsetzen wollten. Ziel war es, in Hinblick auf die Nachkriegszeit Studien zu den nationalen Strafvollzugssystemen und möglichen Reformen zu erstellen und damit den Faden der internationalen Kooperation im Völkerbund wieder aufzunehmen.[17] 1943 und 1944 traf sich das Komitee regelmäßig, um ein Arbeitsprogramm zu erstellen und eine gemeinsame Publikation zur Behandlung von Jugendkriminalität in Europa vorzubereiten.[18]

Aus Sicht der HLPR war es unabdingbar, »to take advantage of the presence in this country of many distinguished foreigners with first-hand experience of the administration of the penal systems of their own countries.«[19] Die HLPR, die seit den 1920ern argumentierte, dass der Strafvollzug ein Gradmesser der Zivilisation einer Gesellschaft sei und »rückschrittliche« Praktiken des Strafvollzugs internationale Konflikte provozierten, sah sich durch das Aushöhlen rechtsstaatlicher Standards in den faschistischen Staaten und ihrer Verbündeten bestätigt. 1941 formulierten sie, wie auch das Department of Criminal Science, die Forderung, dass international anerkannte Standards für die Behandlung von Angeklagten und Häftlingen sowie eine internationale Kriminalpolitik Teil des Wiederaufbaus der internationalen Organisation nach dem Krieg werden müssten. Nach dem Krieg waren einige ihrer Mitglieder für die Social Defence Section der Vereinten Nationen (UN) in New York tätig, die für die Koordinierung kriminologischer Studien zuständig war. So wurden im »London Moment« Grundlagen dafür geschaffen, dass internationale Zusammenarbeit im Strafrecht und der Kriminologie auf der Agenda blieb und ihren institutionellen Niederschlag in der UN fand. Noch deutlicher aber zeigt die Geschichte des Internationalen Komitees und seiner Gründung, dass Exilanten von britischen Vermittlern in die Nachkriegsplanungen einbezogen wurden, indem sie Wissensräume

16 Howard League for Penal Reform [HLPR], Annual Report 1941–42, London 1942, S. 5. Zu Fry siehe Kapitel II.1.

17 Modern Records Centre, University of Warwick [MRC], MSS. 16B/1/3, HLPR, International Committee, Minutes, 1st Meeting, 23.7.1942.

18 Margery Fry/Max Grünhut/Hermann Mannheim/Wanda Grabinska/C.D. Rackham (Hg.), Lawless Youth: A Challenge to the New Europe: A Policy for the Juvenile Courts prepared by the International Committee of the HLPR of Penal Reform 1942–1945, London 1947.

19 HLPR, Annual Report 1941–42, London 1942, S. 5.

zur Verfügung stellten, Erstere aber auch eigene Zielsetzungen verfolgten. Grundlagen für diese Zusammenarbeit wurden bereits vor Kriegsausbruch im September 1939 mit der im ersten Kapitel beschriebenen Ankunft von Juristen gelegt.

Kriegsbeginn und neue Netzwerke

Noch im Juni 1939 fuhr, wie weiter oben ausgeführt, der polnische Kriminologe Leon Radzinowicz für die HLPR nach Genf, um ein Treffen des Völkerbunds zum Thema der Rechte von Inhaftierten wahrzunehmen. Trotz der Ungewissheit der politischen Großwetterlage sollte die internationale Arbeit der HLPR so lange wie möglich fortgeführt werden.[20] Auch nach der Kriegserklärung des Vereinigten Königreichs an Deutschland vom 3. September 1939 sollten ihre zentrale Arbeit – »to promote the right treatment of delinquents and the prevention of crime« – weitergeführt, Kontakte aufrechterhalten, Öffentlichkeiten mobilisiert werden. Margery Fry nahm – ungeachtet der gefährlichen Reisebedingungen während der sogenannten Atlantikschlacht – eine Einladung in die USA an und führte ab April 1942 eine einjährige Studienreise durch, auf der sie Gefängnisse und Reformgruppen besuchte. Auch das Kolonialkomitee führte seine Arbeit fort.[21]

Dennoch bedeutete der Kriegsbeginn einen tiefen Einschnitt für die internationalen Reformbemühungen der HLPR. Wichtige Praktiken zur Gewinnung von Informationen – die Korrespondenz mit den Berichterstattern und die Studienreisen nach Europa – waren kaum noch möglich. Das Büro in Westminster, bis dahin ein zentraler Raum für die Strategieplanung der HLPR und die Vernetzung mit anderen Akteuren sowie Standort der Bibliothek, musste evakuiert werden. Das Haus der Sekretärin Cicely Craven ungefähr 40 Kilometer nördlich von London diente als vorübergehender Geschäftssitz, während die Bibliothek auf Vermittlung J. W. Cecil Turners in der Squire Law Library in Cambridge untergebracht wurde.[22] Von 1940

20 MRC, MSS. 16B/1/3, HLPR, Executive Committee, Minutes, 199th Meeting, 5.6.1939.

21 MRC, MSS. 16B/1/3, HLPR, Executive Committee, Minutes, 212th Meeting, 9.9.1941, Anlage: Margery Fry, Notes on the Indian Prison Question for Consideration by the Executive Committee. So erstellte Margery Fry 1941 eine Liste von Verstößen gegen allgemeine Standards im indischen Strafvollzug.

22 MRC, MSS. 16B/1/3, HLPR, Executive Committee, Minutes, 202nd Meeting, 1.11.1939, Anlage: Cicely Craven (Hon. Sec.), Report of Emergency Action Taken, 24.10.1939.

bis 1942 befanden sich die Büroräume der HLPR dann in Oxford, im Dachgeschoss des Barnett House, einem Ausbildungszentrum für Sozialarbeiter.[23]

Die ersten Kriegsmonate waren trotz dieser Hektik geprägt vom Gefühl eines »unbeginning war«, ein aus Sicht Margery Frys unerträglicher Zustand der Anspannung in Erwartung einer existenziellen Bedrohung, während U-Boot- und Handelskrieg, die Mobilisierung des Berufsheers und die Verschiffung des Expeditionskorps einerseits und die Vorbereitungen in London auf Luftangriffe, die Evakuierung von Schulkindern und die Gefährdung der Versorgung andererseits die Auswirkungen des Kriegs bereits unmittelbar erfahrbar werden ließen.[24] Fry selbst empfand laut ihrer Biografin Jones 1939 keinerlei »rally around the flag«-Patriotismus: »She saw only the loss of hopes and slowly-won achievements«.[25] Was Fry besonders bedrückte, war, dass der Ausbruch von Kampfhandlungen und das megalomane Programm der nationalsozialistischen Weltherrschaft die gerade gewonnenen Fortschritte im englischen Strafvollzug zunichtezumachen drohten und ein internationales Reformprogramm in weite Ferne rücken ließen. Dies führte jedoch nicht zu Apathie und Rückzug, sondern zu einem gesteigerten Bewusstsein für die Bedeutung der internationalen Strafvollzugsreform.

So erinnerte die HLPR im Januar 1940 daran, dass die weltweite Durchsetzung eines progressiven Strafvollzugs kein Luxus sei, der nur in Friedenszeiten verfolgt werden könne. Der Krieg erfordere besondere Aufmerksamkeit, und dürfe nicht ein Zeitraum des kompletten »black-outs« werden, in dem englische und weltweite Haftbedingungen nicht mehr auf dem Prüfstand der Öffentlichkeit ständen.[26] Im Gegenteil: Der Kriegsausbruch bestätigte ein zentrales Argumentationsmuster der HLPR: »[O]ur methods of dealing with crime are the acid test of our civilization. A society which behaves decently and kindly and faithfully with the most dangerous and desperate criminals is likely to be a good neighbor in the international world.« Ein repressiver Strafvollzug liege in denselben »unguarded emotions and frustrated desires« begründet wie Kriegstreiberei.[27] Vernünftige, auf Modellen und Daten basierende Politik hingegen führe zu sicheren, produktiven und freien Gesellschaften mit weniger außenpolitischen Konflikten.

---

23 Man arbeitete eng zusammen: Cicely Craven übernahm zwischenzeitlich das Sekretariat der Barnett House Association und Margery Fry hielt mehrere Vorträge am Barnett House, etwa bei der Jahresversammlung 1943. Oxford University Archives [OUA], Department of Social Policy and Social Work: Records of the Barnett House Association [BH], SC 1/25/8, Cicely Craven an Leo Page (House of Lords), 1.4.1941; ebd., SC 1/1/2, Annual Meeting of Barnett House, Agenda, 22.7.2943.

24 Margery Fry an Isabel Fry, Nov. 1939, zit. n. Enid H. Jones, Margery Fry: The Essential Amateur, Yorck 1990, S. 197.

25 Ebd., S. 196.

26 Alexander Paterson, Prison in Wartime – and After, in: Howard Journal 6 (1941) 1, S. 12–16.

27 HLPR, Editorial, in: The Howard Journal 5 (1940) 4, S. 220.

Die These, dass man Verstöße gegen das internationale Recht durch einen Angriffskrieg – der Briand-Kellogg-Pakt hatte diesen bereits 1928 kriminalisiert, wenngleich ohne großen Erfolg – oder durch Vergehen gegen das in den Genfer Konventionen verankerte humanitäre Völkerrecht durch dieselben Methoden wie individuelle Straftaten erklären, modellieren und diesen damit vorbeugen könne, war von der HLPR schon in der Zwischenkriegszeit immer wieder als Begründung für die Forderung einer internationalen Kriminalpolitik herangezogen worden. Die Rechtsstaatlichkeit von Staaten war aus ihrer Sicht untrennbar verbunden mit der Verhinderung von bewaffneten Konflikten zwischen Staaten. Die Misshandlung von Inhaftierten und Kriegsverbrechen wurden so gleichermaßen als Ergebnis der Missachtung von Menschenrechten in nicht freiheitlichen Regimen erklärt. Folglich sollte vernunftgeleitete, wissensbasierte Politik automatisch zu einem humanen, auf Rehabilitation zielenden Strafvollzug, gesellschaftlichem Ausgleich und Kooperation mit anderen Staaten führen. Dieses Erklärungsmuster von Kriminalität, zwischenstaatlicher Gewalt und Kriegsverbrechen konkurrierte mit Deutungen anderer Denkschulen, die statt auf Vorbeugung und Versöhnung auf Vergeltung und Abschreckung durch die effiziente Ahndung von Verbrechen setzten.[28] Auch während der Zusammenarbeit von britischen Kriminologen und Exilierten während des Zweiten Weltkriegs fand eine kontroverse Aushandlung über die Ursachen, Bestrafung und Vorbeugung von Kriminalität im nationalen und internationalen Raum statt.

Für die Mitglieder der HLPR war dabei insbesondere Jugendkriminalität ein wichtiger Motor für ihre Netzwerktätigkeiten. Der staatliche und internationale Umgang mit minderjährigen Straftätern war von Beginn an ein wichtiges Tätigkeitsfeld der HLPR gewesen, insbesondere von Margery Fry.[29] Durch den Krieg verschärfte sich die Situation aus ihrer Sicht weiter und machte ein Handeln unbedingt nötig. Die Unterbringung von Kindern in ländlichen Regionen gab Anlass zur Sorge um deren psychische Verfasstheit. 1940 warnte die HLPR, dass zu erwarten sei, dass Evakuierungen, Schulausfall und Bombenangriffe zu einem Anstieg von »juvenile lawlessness« führen würden.[30] Aus diesen Beobachtungen entsprangen mehrere großangelegte Evakuierungsstudien, an denen sowohl der deutsche Exiljurist und Strafrechtler Max Grünhut als auch Margery Fry direkt beteiligt waren.

---

28 Adnan Sattar, Criminal Punishment and Human Rights: Convenient Morality, London 2019, S. 6.

29 Margery Fry, The Ancestral Child (Clarke Hall lectures 5), London 1940; Margery Fry/Champion B. Russell (Hg.), A Note Book for the Children's Court, Oxford 1942; Margery Fry, Wartime Juvenile Delinquency in England and Some Notes on English Juvenile Courts, in: The Journal of Educational Sociology 16 (1942) 2, S. 82–85.

30 HLPR, Editorial, in: The Howard Journal 5 (1940) 4, S. 223f.

Auch Hermann Mannheim publizierte während des Kriegs zu Jugendkriminalität und war an einer Studie im Auftrag des Innenministeriums beteiligt.[31] Die Thematik prägte das Feld der englischen Kriminologie zu dieser Zeit stark und führte zu einer vertieften Zusammenarbeit von Wissenschaftlern wie Grünhut und Mannheim und außeruniversitären Akteuren wie der HLPR.

Diese Kontakte wurden auch ermöglicht durch die räumlichen Gegebenheiten. Mit der Evakuierung aus London war die HLPR nicht allein, und die Verlagerung wissenschaftlicher und zivilgesellschaftlicher Einrichtungen nach Oxford und Cambridge ermöglichte neue Netzwerke und informellen Austausch. In den ersten beiden Kriegsjahren spielten Oxford und Cambridge eine wichtige Rolle für die Etablierung von Strukturen der transnationalen Zusammenarbeit. Beide wurden durch die Verlegung von Forschungseinrichtungen und Regierungsstellen zu Zentren wissenschaftlicher und politischer, aber auch geheimdienstlicher Aktivitäten. Zunehmend bevölkerten Beamte, britische und ausländische Soldaten, Geflüchtete und aus London evakuierte Kinder die Straßen. Diese »strangers without gowns« (eine Anspielung auf die Talare der Universitätsangehörigen) veränderten das Stadtbild und machten den Krieg – obwohl Bombenangriffe Ausnahmen blieben – allgegenwärtig.[32] Im Barnett House, vorübergehender Standort der HLPR, trafen britische Sozialreformer auf ausländische Strafrechtler wie Max Grünhut, Strafrechtsprofessor und späteres Mitglied des Internationalen Komitees, der hier neben seiner Anstellung am All Souls College Tutor war. Schon 1939 hatten Fry und Grünhut eine Konferenz des Oxford Institute of Experimental Psychology zur Jugendkriminalität besucht, und diese Kontakte wurden durch die räumliche Nähe verstärkt.[33] Ab Januar 1942 betreute Max Grünhut die Bibliothek der HLPR, die inzwischen nach Oxford umgezogen war, und organisierte den Leihverkehr.[34]

Insbesondere aber stieß die volatile, zukunftsoffene Situation 1941 zahlreiche Überlegungen zum Wiederaufbau an. Zivilgesellschaftliche Akteure wie die HLPR und wissenschaftliche Institutionen wie das Department of Criminal Science in Cambridge griffen auf die Expertise von Exilantinnen und Exilanten zurück, um den Wiederaufbau der Strafjustiz vorzubereiten, die aus ihrer Sicht ein zentraler

---

31 Hermann Mannheim, New Trends in the Treatment of Adolescent Offenders in the U.S.A, in: The Howard Journal 6 (1941) 1, S. 70–74; Alexander M. Carr-Saunders/Hermann Mannheim/Edmund Cecil Rhodes, Young Offenders: An Enquiry into Juvenile Delinquency, Cambridge 1942.

32 Ralf Dahrendorf, LSE: A History of the London School of Economics and Political Science, 1895–1995, Oxford 1995, Zitat S. 347. Siehe auch Alfred Leslie Rowse, Oxford in War-Time, in: ders. (Hg.), The Spirit of English History, Oxford 1944, S. 260–265; Paul Addison, Oxford and the Second World War, in: Trevor H. Aston/J. I. Catto (Hg.), The History of the University of Oxford, Volume 8: The Twentieth Century, Oxford 1994, S. 169–180.

33 O. A., Juvenile Delinquency, in: The Times, 8.5.1939, S. 21.

34 HLPR, Annual Report 1941–42, London 1942, S. 4.

Bestandteil einer stabilen Nachkriegsordnung sein musste. Zu diesem Zeitpunkt gab es kaum noch Bombenangriffe auf London und die Aufmerksamkeit der Reformer richtete sich bereits auf die Ära nach dem Krieg. Natürlich wussten sie noch nicht, dass diese erst vier Jahre später – nachdem etwa 70 Millionen Menschen ihr Leben verloren und die Nationalsozialisten und ihre Kollaborateure den Zivilisationsbruch des Holocaust begangen hatten – einsetzen würde.[35]

Enttäuschte Hoffnungen und eigene Wege

Als die führenden Mitglieder der HLPR – George Benson (M.P. und Vorsitzender des Exekutivkomitees der HLPR) sowie Margery Fry und Cicely Craven – im Sommer 1941 beschlossen, ihre internationale Arbeit wiederaufzunehmen, hatten sie eine offizielle internationale Kommission unter Beteiligung der britischen Regierung vor Augen. So suchte Benson im September 1941 das Gespräch mit Arthur Greenwood, Vorsitzender des Committee on Reconstruction Problems, um ihn davon zu überzeugen, dass Fragen des Strafrechts und des Strafvollzugs Bestandteil der Nachkriegsplanungen werden müssten und im Rahmen einer Kommission diskutiert werden sollten.[36] Diese sollte unter Einbeziehung der Expertise von Ausländern ein Programm für eine Strafvollzugsreform nach dem Krieg aufstellen.[37]

Man ging dabei fest davon aus, dass die HLPR Teil eines solchen Vorhabens werden würde, und suchte in Erwartung der Mehrarbeit für ein solches Komitee bereits bessere und größere Büroräume in Oxford (was aber wohl erfolglos blieb).[38] Dieser Anspruch lag begründet in der bisher erfolgreichen Zusammenarbeit mit staatlichen Stellen, insbesondere mit dem Innenministerium und dem Unterstaatssekretär Alexander Maxwell. Sowohl innen- als auch außenpolitisch galt die HLPR als legitime Gesprächspartnerin, die immerhin mitreden durfte, was etwa die Kolonialpolitik und die Vertretung englischer Interessen in internationalen Gremien wie der International Penal and Penitentiary Commission (IPPC) anging.

Die Idee einer dem Committee on Reconstruction Problems unterstehenden internationalen Kommission war das erste Mal während einer Konferenz in Cambridge im August 1941 von Adolphe Delierneux zur Sprache gebracht worden, einem Gefängnisdirektor und Strafrechtsreformer aus Belgien und nun

35 The National World War II Museum, Worldwide Deaths in World War II, URL: https://www.nationalww2museum.org/students-teachers/student-resources/research-starters/research-starters-worldwide-deaths-world-war (abgerufen 16.3.2021).

36 MRC, MSS. 16B/1/3, Cicely M. Craven, Note for Members of Executive Committee (Private and Confidential), 1.11.1941.

37 MRC, MSS. 16B/1/3, HLPR, Executive Committee, Minutes, 212th Meeting, 9.9.1941, S. 4.

38 MRC, MSS. 16B/1/3, Cicely M. Craven, Note for Members of Executive Committee (Private and Confidential), 1.11.1941.

Abteilungsleiter im Justizministerium der belgischen Exilregierung.[39] Während derselben Veranstaltung unterhielt sich Benson zudem länger mit Leon Radzinowicz, der seinerseits vom Vorhaben des Department of Criminal Science erzählte, eine internationale Forschungsgruppe einzurichten. Radzinowicz verfasste sogar ein Memorandum für die HLPR, das das Vorhaben detailliert beschrieb und von der Kontaktaufnahme zu den Exilregierungen berichtete.[40] Benson war zudem in Kontakt mit J. W. Cecil Turner, der ihm signalisierte, dass man die Anwesenheit ausländischer Regierungen in England »for the formation of an international group to plan post-war programmes of penal reform« nutzen wolle. Trotzdem entschloss sich die HLPR gegen ein gemeinsames Vorgehen und kontaktierte im Alleingang den Vorsitzenden des Committee on Reconstruction Problems Arthur Greenwood.

Ein Blick in den Vermerk, den die HLPR für Arthur Greenwood verfasste, erlaubt Rückschlüsse auf die Problemdiagnosen und Zukunftsvisionen der Reformer, die wiederum die Motivation für die transnationale Zusammenarbeit erklären. Grundlage für diesen Vermerk war Margery Frys »Memorandum on Proposed International Committee on Post-war Reconstruction«, in dem sie postulierte, dass die zentrale Unterscheidungskategorie zwischen Demokratien und Diktaturen das Strafrecht sei, da sich hier zeige, ob der Staat dieses Herrschaftsinstrument zur Förderung des Gemeinwohls oder zur Unterdrückung nutze. Während in Demokratien Bürger vor Übergriffen durch den Staat geschützt würden und Rechtssicherheit herrsche, setzten totalitäre Regime wie Deutschland und Italien diese gesetzlich verankerten Freiheitsrechte außer Kraft.[41] In den 1930ern habe sich wieder einmal gezeigt, dass das beste Strafgesetzbuch nichts nütze, wo Bürger nicht vor staatlicher Willkür im Strafvollzug geschützt seien (keine Inhaftierung ohne Gerichtsverfahren, keine Folter, Recht auf einen Anwalt, Recht auf Vorlage der Anklageschrift, Recht auf unbefangene Richter).[42]

Ein auf wissenschaftlichen Forschungen und demokratischen Prinzipien basierendes Strafvollzugswesen müsse daher ein zentraler Baustein der kommenden Weltordnung und insbesondere des Wiederaufbaus Europas sein. Dies sei eine internationale Aufgabe, da auch die zu erwartenden Herausforderungen nach dem

39 MRC, MSS. 16B/1/3, HLPR, Executive Committee, Minutes, 213th Meeting, 27.11.41, S. 3. Es handelte sich wohl um die Summer School zum Thema »The Effect of the War on Crime and Penal Administration«, die vom 1. bis 5. August 1941 in Cambridge stattfand. Siehe MRC, MSS. 16B/1/3, HLPR, Executive Committee, Minutes, 210th Meeting, 12.6.1941, S. 1. Zu Delierneux siehe Leon Radzinowicz, Adventures in Criminology, London 1998, S. 63f.

40 MRC, MSS. 16B/1/3, HLPR, Executive Committee, Minutes, 213th Meeting, 27.11.1941, S. 3. Das Memorandum selbst liegt nicht vor.

41 MRC, MSS. 16B/1/3, Margery Fry, Memorandum on Proposed International Committee on Post-war Reconstruction (Penal Administration): First Draft of Memorandum to Mr. Arthur Greenwood, 27.11.1941, S. 1.

42 Ebd., S. 4.

Krieg internationaler Natur seien. Wie bereits vor dem Krieg angestrebt, müsse man sich auf gemeinsame Standards verständigen und über die jeweiligen Erfahrungen austauschen: »[T]here are clear gains to be had from a study of each other's solutions to identical problems. Whilst the most trivial house-hold gadget makes the round of the world in a few months, the inventions of statecraft too often remains unappreciated outside their countries of origin.«[43] Da man auf absehbare Zeit nicht auf die IPPC oder den Völkerbund zurückgreifen könne, müsse man eine internationale Konferenz einberufen, die Briten, Vertreter der Exilregierungen sowie exilierte, antifaschistische Juristen aus den Achsenstaaten zusammenbrächte, um diese Nachkriegsplanungen anzustoßen:

> »The presence in this country of representatives of so many States affords an unrivalled chance for taking a step in this direction by re-affirming these principles upon which we are agreed, by pledging ourselves anew to their maintenance, and by each nation, in accordance with its own national habitus and genius, reconsidering the forms in which it hopes to re-embody them.«[44]

Es sollten nicht nur Gemeinsamkeiten und Unterschiede der Rechtssysteme analysiert, sondern politische Richtlinien entwickelt werden, die die Grundlage für die Wiederherstellung rechtsstaatlicher Prinzipien in Europa – auch in den Achsenstaaten – legen sollten. Die Reform des Strafvollzugs war aus ihrer Sicht eine Gelegenheit, dort demokratische Prinzipien zu verankern, wo sie gerade mit Füßen getreten wurden. Ganz konkret sollte sich die vorgeschlagene internationale Konferenz mit folgenden Themen beschäftigen: dem Retroaktivitätsverbot *(nullum crimen, nulla poena sine lege)*, der Unabhängigkeit der Justiz von der Polizei, der Behandlung von Angeklagten und Verurteilten sowie der Behandlung von Staatenlosen, und schließlich kriminologischen Untersuchungen.[45]

George Benson verfasste ebenfalls ein Memorandum, in dem er noch einen Schritt weiter ging und forderte, dass die britische Regierung selbst ein internationales Komitee einrichten solle, das sich mit Fragen des Strafrechts und des Strafvollzugs beschäftige, um den umfassenden Wiederaufbau der Strafjustiz nach dem Krieg – insbesondere in den dann besetzten totalitären Staaten – durch das Formulieren von internationalen Mindeststandards vorzubereiten.[46] In der finalen Version des Memorandums, auf die sich das Exekutivkomitee einigte, forderte die HLPR:

---

43 Ebd.

44 Ebd., S. 3. Hervorhebung im Original.

45 MRC, MSS. 16B/1/3, Margery Fry, Subjects Suggested for Consideration by the Proposed International Conference on Post-war Penal Administration.

46 MRC, MSS. 16B/1/3, George Benson, Memorandum on Proposed International Committee on Post-war Reconstruction, 27.11.1941.

»that among the committees dealing with post-war reconstruction there should be one charged with the consideration of the various judicial and penal systems of Europe, their reconstruction and development; and that it should seek help in its task from members of the post-war planning committees of Allied governments and of experts in this sphere among refugees from Axis states.«[47]

Das Expertenwissen von Exilanten sollte als Ressource genutzt werden, um gemeinsame Standards zu entwickeln, ohne dabei einer schablonenhaften Lösung zu folgen. Man wollte den Internationalismus der Zwischenkriegszeit wiederbeleben, die IPPC als Produzent von Wissen ersetzen und die Etablierung einer internationalen Kriminalpolitik vorbereiten. Dabei standen demokratische Regierungsformen und Humanitarismus in unbedingtem Zusammenhang mit einer effizienten Behandlung und Vorbeugung von Kriminalität, während sich die »internationale« Kooperation im Grunde auf Europa beschränkte. Der Vorschlag Frys, den Wirkungsgrad dieser Kommission zu erweitern, indem man zum einen Vertreter der USA, der Sowjetunion und Chinas einlud und zum anderen den Strafvollzug in Kolonien mitbedachte, wurde vorerst nicht weiterverfolgt.[48] Die bereits in der Zwischenkriegszeit bestehende Trennung zwischen Universalismus als Diskurs und einem auf Europa fokussierenden Internationalismus blieb also weiter bestehen.

Anfang 1942 sollte sich herauskristallisieren, dass das Office on Reconstruction Problems kein besonderes Interesse an Fragen des Strafvollzugs hegte. Nach einem Gespräch mit Greenwoods Sekretär Harold Stannard vermerkte Benson enttäuscht: »[H]is main interest lay in the juridical side in the prevention, after the war, of the machinery of justice being used as a means of private or public revenge.«[49] Vor diesem Hintergrund beschloss der Vorstand, dass die HLPR auf eigene Faust handeln und ein eigenes Komitee einsetzen müsse. Cicely Craven und Adolphe Delierneux sollten als Generalsekretäre eingesetzt werden, als Mitglieder wollte man Vertreter der Komitees für den Wiederaufbau der alliierten Exilregierungen sowie Experten aus Achsenstaaten rekrutieren. So sollte eine Besetzung der Mitgliedsposten durch deren Vorsitzende vermieden werden: »In this way it was hoped to get together a progressive committee, probably more in sympathy with the League's outlook than might otherwise be the case.«[50] Dem Internationalen Komitee sollte die aus Sicht der HLPR beträchtliche Summe von 500 Pfund zur Verfügung gestellt werden. Dies spiegelt die Bedeutung wider, die seiner Aufgabe zugerechnet wurde, nämlich Pro-

47 MRC, MSS. 16B/1/3, HLPR, Memorandum on Proposed International Committee on Post-War Reconstruction (Penal Administration), Final Memorandum, Dez. 1941.

48 MRC, MSS. 16B/1/3, Margery Fry, Memorandum on Proposed International Committee, Amendments, 27.11.1941.

49 MRC, MSS. 16B/1/3, HLPR, Executive Committee, Minutes, 214th Meeting, 12.2.1942.

50 MRC, MSS. 16B/1/3, HLPR, Executive Committee, Minutes, 215th Meeting, 16.4.1942, S. 2.

bleme im Strafvollzug in alliierten und Achsenstaaten nach dem Krieg zu antizipieren und Lösungsansätze zu entwickeln.

Im Juni 1942 hatte die HLPR erste Mitglieder rekrutiert. Dabei hatten private Netzwerke eine herausragende Rolle gespielt. Ragna Hagen, vor dem Krieg im norwegischen Strafvollzug tätig und jetzt in London, hatte Kontakte zu relevanten Exilierten vermittelt, die wiederum Namen von Expertinnen und Experten genannt hatten, die den Politikzielen der HLPR zugewandt und daher als nützliche Mitglieder des Komitees erschienen.[51] So trafen sich am 23. Juli 1942 unter dem Vorsitz George Bensons Kriminologen (Leon Radzinowicz aus Polen, Max Grünhut und Hermann Mannheim aus Deutschland), Praktiker aus dem Strafvollzug (Adolphe Delierneux aus Belgien und W. P. C. Molenaar aus den Niederlanden) und praktizierende Juristinnen und Juristen (Wanda Grabińska aus Polen, André Aulie aus Norwegen) zur konstituierenden Sitzung des Internationalen Komitees. Griechenland wurde durch Frau Zarras repräsentiert, die den ehemaligen Verfassungsrichter Constantin Stavropoulos vertrat. An dieser ersten Sitzung nahmen also zehn Exilantinnen und Exilanten aus sieben europäischen Staaten teil – Belgien, Deutschland, England, Griechenland, Niederlande, Norwegen und Polen –, deren Zahl sich noch auf 18 Personen aus zwölf europäischen Ländern erhöhen sollte.[52] Spanien, Portugal, Italien, die Sowjetunion und die USA waren, obwohl das überlegt worden war, zu keinem Zeitpunkt vertreten.[53] Es scheint plausibel, dass im Fall von Spanien, Portugal und Italien die Kontakte zu antifaschistischen Exilierten fehlten und dass Vertreter der Sowjetunion und der USA kein Interesse an der in London praktizierten Zusammenarbeit mit europäischen Exilierten hatten.

In Zusammenarbeit mit diesen und weiteren Exilantinnen und Exilanten aus Frankreich, Rumänien, Ungarn und der Schweiz wurde auf neun Sitzungen zwischen 1942 und 1944 über die Reform des Strafvollzugs debattiert. Der fehlgeschlagene Versuch, die britische Regierung zur Einrichtung einer offiziellen Kommission zu bewegen, die den Wiederaufbau des Strafvollzugs nach demokratischen Standards vorbereitet, wurde positiv umgedeutet. Auf der ersten Sitzung des Internationalen Komitees betonte Benson, dass das Komitee, da seine Mitglieder keine offiziellen Vertreter ihrer Staaten seien, ein »completely free and unofficial body« sei.[54] Dies wollte man nutzen, um – ungehemmt von politischen Erwägungen – autoritative Analysen europäischer Strafvollzugssysteme und ihrer Reform zu erstellen und diese den alliierten Regierungen vorzulegen. Die HLPR knüpfte damit an die Praxis des Völkerbunds und der IPPC an, vergleichende Länderstudien zu erstellen, um

51 Ebd.

52 Siehe Margery Fry et al., Lawless Youth, S. 5f.

53 MRC, MSS. 16B/1/3, HLPR, Executive Committee, Minutes, 219th Meeting, 17.12.1942.

54 MRC, MSS. 16B/1/3, HLPR, International Committee, Minutes, 1st Meeting, 23.7.1942, S. 1.

das verfügbare Wissen zu sammeln und Vorschläge für die Vereinheitlichung machen zu können.

Mit dem Fokus auf den Strafvollzug grenzte man sich bewusst von der inzwischen ebenfalls gegründeten Cambridge Commission ab. Während anfangs die Zeichen auf Zusammenarbeit gestanden hatten, war es zu keinem gemeinsamen Vorgehen der HLPR und des Department of Criminal Science gekommen. Als die HLPR im Winter 1941 Kontakt zu Arthur Greenwood aufgenommen hatten, hatte dies Turner und Radzinowicz vor den Kopf gestoßen, da sich diese nicht ausreichend einbezogen fühlten. Benson vermutete (zu Recht): »[T]here was some ill-feeling on the part of the Cambridge Commission regarding the HLPR action in preparing the memorandum for submission to Mr. Greenwood; they apparently considered the League an interloper whereas this was not the case.«[55] Obwohl es enge Kontakte gab – die HLPR hatte die Gründung einer kriminalwissenschaftlichen Forschungseinrichtung in Cambridge, die erste ihrer Art nach der Berufung Hermann Mannheims als Dozent an der LSE, überschwänglich begrüßt –,[56] sah die HLPR den Ansatz des Department, sich auf die juristischen Aspekte des Strafrechts zu konzentrieren, kritisch und wünschte sich einen Fokus auf die »praktischen« Fragen des Strafvollzugs. Außerdem legte die HLPR großen Wert darauf, von Anfang an die nötigen Reformen in den Achsenstaaten in die Arbeit mit einzubeziehen. Benson monierte, die Cambridge Commission sei nicht

> »of a sufficiently strong, or official, character. It represented only allied governments; what he had had in mind when he approached Mr. Greenwood, and still wished to press for, was a committee officially recognised by the Ministry of Reconstruction, which should deal not only with the questions of penal reform and administration in allied countries after the war, but with the very difficult question of the administration of Axis countries when, as would be the case if the Allies were victorious, the policing of Axis territory became the responsibility, in part at least, of Great Britain.«[57]

Indem die HLPR ihr Internationales Komitee breiter aufstellte, versprach sie sich eine größere Rezeption und Anwendung ihrer Politikempfehlungen. So wollte sie zu einem Zeitpunkt, da Deutschland noch immer Landgewinne in der Sowjetunion machte und die verheerenden Bombenangriffe auf Großbritannien gerade erst vorbei waren, bereits die aus ihrer Sicht unausweichliche Kapitulation des Deutschen Reiches vorbereiten.[58]

---

55 MRC, MSS. 16B/1/3, HLPR, Executive Committee, Minutes, 213th Meeting, 27.11.41, S. 3.

56 HLPR, Editorial, in: The Howard Journal 6 (1941) 1, S. 10.

57 MRC, MSS. 16B/1/3, HLPR, Executive Committee, Minutes, 213th Meeting, 27.11.41, S. 3.

58 Im selben Zeitraum begannen sich auch FRPS und Außenministerium mit den rechtlichen Aspekten der »deutschen Frage« zu beschäftigen, ohne jedoch mit der HLPR oder dem

Nachdem Arthur Greenwood kein gesteigertes Interesse an der Gründung einer solchen Kommission gezeigt und die HLPR ihr eigenes Internationales Komitee gegründet hatte, blieb es bei einer losen Zusammenarbeit zwischen HLPR und dem Department of Criminal Science. Fry nahm als inoffizielle Vertreterin Großbritanniens an einer Sitzung der Cambridge Commission teil, Leon Radzinowicz erschien ebenfalls zu lediglich einem Treffen des Internationalen Komitees der HLPR.[59] Wie im Folgenden dargestellt, hätte es vielfache Überschneidungspunkte zwischen beiden Institutionen gegeben. Alle Beteiligten vereinte der Glaube, dass das Strafrecht ein Thema war, das internationaler Aufmerksamkeit und Abstimmung bedurfte und dessen Ausgestaltung nach dem Krieg entscheidend für die Konstituierung einer internationalen Rechtsordnung war. So peilten Turner und Radzinowicz Untersuchungen zu klassischen Themen der kriminologischen Forschung wie der Rückfallkriminalität an, die die HLPR in der Zwischenkriegszeit bearbeitet hatte. Auch die Rechte von Angeklagten wurden auf die Agenda gesetzt.

Diese Chance der Kooperation blieb jedoch ungenutzt: Das Department of Criminal Science wollte sich nicht unter die Schirmherrschaft der HLPR unterordnen. Turner und Radzinowicz verfolgten – wie bereits in Kapitel II näher ausgeführt – eigene wissenschaftspolitische Ziele, als sie die Cambridge Commission gründeten. Das Department, und damit die Universität Cambridge, sollte als zumindest im englischen Sprachraum bekanntes und erstes britisches Zentrum kriminologischer Forschung aufgebaut werden, auch indem es das Rechtswissen der Exilanten nutzte und vergleichende Untersuchungen zum Strafrecht in den besetzten Staaten Europas durchführte. So versuchte Turner hartnäckig, die Unterstützung der britischen Regierung zu gewinnen.

2 *Legal entrepreneurs* und die Gründung der International Commission for Penal Reconstruction and Development

Wie auch schon die HLPR beobachtete J. W. Cecil Turner im Sommer und Herbst 1941 die Entstehung einer Vielzahl an Forschungsgruppen und Komitees, die sich mit Nachkriegsplanungen befassten. Obwohl das Committee on Reconstruction Problems Expertengremien zu koordinieren begann, litt es unter dem »patronising neglect« des Kriegskabinetts unter Churchill, was wiederum ein Vakuum für

Department of Criminal Science in Kontakt zu treten. Siehe Lothar Kettenacker, Krieg zur Friedenssicherung: Die Deutschlandplanung der britischen Regierung während des Zweiten Weltkrieges, Göttingen 1989; Ulrich Reusch, Die Londoner Institutionen der britischen Deutschlandpolitik 1943–1948: Eine behördengeschichtliche Untersuchung, in: Historisches Jahrbuch (1980) 100, S. 318–443.

59 MRC, MSS. 16B/1/3, HLPR, Executive Committee, Minutes, 215th Meeting, 16.4.1942, S. 2.

nichtstaatliche Organisationen schuf. Hier wollte auch das Department of Criminal Science seinen Beitrag leisten. Die im November 1941 gegründete Cambridge Commission war als Beitrag zur Nachkriegsordnung gedacht, wie sie in der Atlantik-Charta vom 14. August 1941 avisiert war.[60] Die Arbeit des Department begann jedoch bereits einige Monate vorher, wie Turner schrieb:

> »Realising that a comparative knowledge of the penal systems which existed before the war in the principle countries of Europe would be necessary for those concerned with the problems of post-war reconstruction, the Faculty's Criminal Science Committee (which is now to become a University Department) decided about a year ago to organise and publish a survey of the penal developments in these countries in the period 1919 to 1939.«[61]

Das Department of Criminal Science in Cambridge begann daher im Sommer 1941, den transnationalen Austausch von Wissen zu initiieren und suchte den Kontakt zu Exiljuristen aus allen besetzten europäischen Ländern. Die im November gegründete International Commission for Penal Reconstruction and Development setzte sich zum Ziel, gemeinsame Standards für das Strafrecht zu entwickeln und so Frieden und soziale Sicherheit nach dem Krieg zu sichern. Zu diesem Zweck wurden anfangs drei Komitees gegründet: »Rules and Procedure to Govern Cases of Crimes against International Public Order«, »The Treatment of Accused Persons« und »Rules of Penal Law for Recidivists«, wobei letzteres durch ein Komitee für Auslieferungsfragen ersetzt wurde.[62] Durch die Assoziierung mit dem Cambridge Department sollte die wissenschaftliche Unabhängigkeit der Cambridge Commission gesichert werden, während sich Turner gleichzeitig um die Anerkennung durch die britische Regierung und die Exilregierungen bemühte. Die daraus erwachsende Mischform einer internationalen Organisation, deren Mitglieder von ihren Regierungen abgestellt wurden und die von Regierungen finanziert wurde, deren Beschlüsse aber keinerlei bindende Wirkung hatten, ermöglichte eine frühe Auseinandersetzung mit Fragen des internationalen Strafrechts, die auf politischer Ebene so noch nicht möglich war.

Kontaktaufnahme

Ziel der Kontaktaufnahme war die Erstellung eines Handbuchs für Spezialisten und Ministerien, in dem die Grundlagen und Besonderheiten des Strafrechtssystems

---

60 Vgl. Florida State University [FSU], Leon Radzinowicz Papers [LRP] 20/4/27, Scientific Study of Crime: A Cambridge Venture, newspaper clipping, o. D. [1941].

61 Vgl. TNA, CAB 117/110, J. W. Cecil Turner an Arthur Greenwood, 22.11.1941.

62 Nederlands Instituut voor Oorlogsdocumentatie, Amsterdam [NIOD], archief 234 de Moor, inv.no 36, J. W. Cecil Turner, Notes on Agenda, ca. Nov. 1941.

jedes europäischen Landes nebeneinandergestellt werden sollten. Bereits im Januar 1941 verfasste das Department of Criminal Science erste Briefe an Botschaftsangehörige in London mit der Bitte, Experten mit einer Darstellung des jeweiligen Strafrechtssystems zu beauftragen (darunter auch die Sowjetunion). Turner wollte Beiträge von Strafrechtlern sammeln, die einen Überblick über die strafrechtlichen Entwicklungen in ihrem Land gaben und – ganz in der Tradition internationaler Kongresse – jeweils eine 47 Fragen enthaltende Umfrage ausfüllten. Der Fragebogen deckte insbesondere die Rechtsquellen, die Rechte von Verdächtigen und Angeklagten, die Definition von Delikten und zu verhängenden Strafen sowie den Strafvollzug ab. Eine besondere Rolle spielten Alter und Persönlichkeit von Straftäterinnen und Straftätern sowie der Stellenwert von Abschreckung, Rehabilitation und Sicherheitsmaßnahmen im jeweiligen Rechtssystem.[63] Die von Turner und Radzinowicz als bedeutsam befundenen Themen orientierten sich klar an den Untersuchungen, die die IPPC in den 1930er Jahren durchgeführt hatte. Sie stellten sich und das Department somit in die Tradition bewährter intergouvernementaler Zusammenarbeit im Bereich der Strafrechtspflege.[64]

Die Beiträge sollten bis zum Juni 1941 fertiggestellt werden.[65] Bezeichnenderweise erschienen auf Grundlage des Fragebogens 1944 zwei Analysen zum Strafrecht eben nicht der alliierten Staaten, sondern für Deutschlands Strafrecht vor der nationalsozialistischen Herrschaft und für die neutrale Schweiz – beide Staaten waren nicht in der Cambridge Commission vertreten, die sich auf das Strafrecht der alliierten Staaten konzentrierte.[66] Im Nachlass von Leon Radzinowicz ist jedoch eine weitere, besonders umfangreiche Studie überliefert, die bereits im August 1941 fertiggestellt wurde: Auf stattlichen 270 Seiten führte Marcel de Baer die Besonderheiten des belgischen Strafrechtssystems aus.[67] Damit war ein entscheidender Kontakt hergestellt: De Baer sollte einer der Knotenpunkte im Netzwerk der Exiljuristen werden, die sich mit der Reform des internationalen Strafrechts beschäftigten. Er

63 NIOD, archief 234 de Moor, inv.no 36, J. W. Cecil Turner an J. M. de Moor, 17.10.1941; ebd., Committee to consider the promotion of Research and Teaching of Criminal Science, Questionnaire, o. D.

64 NIOD 234/36, Committee to consider the promotion of Research and Teaching of Criminal Science, Questionnaire, o. D., S. 3. Zur IPPC siehe Sattar, Convenient Morality, Kap. 2.

65 FSU, LRP 1/9/1, J. W. Cecil Turner an Iwan M. Maiski, 6.1.1941.

66 Max Grünhut, The Development of the German Penal System, 1920–1932 (English Studies in Criminal Science, Bd. 8), Toronto, Ontario 1944; Helene Pfander, Swiss Criminal Law (English Studies in Criminal Science: Pamphlet Series, Bd. 10), Toronto 1944.

67 KADOC Documentation and Research Centre on Religion Culture and Society, Katholieke Universiteit Leuven, Archives of Albert de Vleeschauwer, 406/1, Marcel de Baer an Charles Tschoffen, 11.8.1941; FSU, LRP 73/1/2 bis 73/1/10 und 73/2/1 bis 73/2/3, Marcel de Baer, Study of Penal Law, ca. Aug. 1941.

wurde – gemeinsam mit den britischen Juristen J. W. Cecil Turner und Arnold McNair sowie dem Niederländer Johannes M. de Moor und dem Polen Stefan Glaser – unverzichtbar für das Funktionieren der Cambridge Commission. Später behauptete de Baer sogar, dass er die Beschäftigung mit der Kriegsverbrecherfrage in England angestoßen und die Universität Cambridge auf seine Initiative hin die Cambridge Commission gegründet habe.[68]

Dies traf so nicht zu und diente der Selbstbehauptung de Baers in der belgischen Exilregierung. Richtig ist, dass de Baer den Kontakt zu Johannes M. de Moor und vermutlich auch zu weiteren Exiljuristen herstellte. De Moor, seit Mai 1940 in London und Vorsitzender des Außerordentlichen Rates für die Schifffahrt sowie des niederländischen Seegerichtshofes, erklärte sich auf Anfrage de Baers zur Kollaboration mit dem Department of Criminal Science bereit.[69] Daraufhin lud Turner de Moor zu einem Treffen ein, an dem die geplante Publikation besprochen und weitere Möglichkeiten der Zusammenarbeit im Bereich des strafrechtlichen Wiederaufbaus erörtert werden sollten.[70] Laut der Tagesordnung des geplanten Treffens am 14. November 1941 sollte eine »International Commission on Penal Reconstruction« gegründet werden. Ziel war die Erstellung von Berichten über die Rechte von Angeklagten und über Rückfallkriminalität – thematisches Standardrepertoire der internationalen Gefängniskongressbewegung und insbesondere der IPPC – sowie Verstöße gegen die internationale öffentliche Ordnung.[71] Damit war nicht ausschließlich die Bestrafung von Kriegsverbrechen gemeint. Diskursiv knüpfte man mit dieser Formulierung an die Debatten über das internationale Strafrecht an, die sich in der Zwischenkriegszeit auf zwischenstaatliche Konflikte sowie Bedrohungen für die internationale Ordnung – Menschenhandel, Terrorismus, Auslieferung von Angeklagten – fokussiert hatten.

Mit diesem Ziel vor Augen lud das Department of Criminal Science Exiljuristen aus elf europäischen Ländern nach Cambridge ein, die alle Teil, aber keine offiziellen Vertreter ihrer jeweiligen Exilregierungen waren: Albert de Vleeschouwer, Victor Bodson und Terje Wold waren Justizminister von Belgien, Luxemburg und

68 Marie-Anne Weisers, Juger les crimes contre les Juifs: Des Allemands devant les tribunaux belges, 1941–1951, 2014, S. 46.

69 NIOD 234/36, J. W. Cecil Turner, an J. M. de Moor, 17.10.1941.

70 NIOD 234/36, J. W. Cecil Turner an J. M. de Moor, 28.10.1941.

71 Vgl. NIOD 234/36, Marcel de Baer an J. M de Moor, 11.11.1941, Anlagen: Conference in Cambridge attended by Representatives of Allied Countries and the Criminal Science Committee of the Faculty of Law, Friday, 14 November, 1941, Program, Agenda, Notes on Agenda. Zur Kongressbewegung siehe Henze, Netzwerk, S. 72–75. Zum internationalen Strafrecht in der Zwischenkriegszeit: Mark Lewis, The Birth of the New Justice: The Internationalization of Crime and Punishment, 1919–1950, Oxford 2014; Frédéric Mégret/Immi Tallgren, Introduction, in: dies. (Hg.), The Dawn of a Discipline: International Criminal Justice and Its Early Exponents, Cambridge 2020, S. 1–23.

Norwegen; Jean Burnay, Božidar Vlajić, Václav Beneš und Constantin Stavropoulos Mitarbeiter ihrer Justizministerien, Stefan Glaser war im Dienst der polnischen Botschaft, René Cassin arbeitete als Commissaire à la Justice et à l'Éducation für das Freie Frankreich; und schließlich waren de Baer und de Moor in richterlicher Funktion für ihre Exilregierungen tätig.[72] Alle Mitglieder außer de Baer hatten einen Doktortitel, Cassin und Glaser waren Professoren für Strafrecht gewesen. Die meisten Juristen hatten vor dem Krieg nicht akademisch gearbeitet, sondern im Staatsdienst als Abgeordnete oder Politiker (De Vleeschouwer, Vlajić, Bodson, Beneš), Richter (de Baer, de Moor, Wold) oder Anwälte (Glaser, Stavropoulos). Die Gruppe der Exiljuristen, die im November in Cambridge zusammentraf, hatte kein ausgeprägtes Vorwissen in Fragen des internationalen Rechts – sie zogen ihre Legitimität primär daraus, dass sie Experten im Strafrecht ihrer jeweiligen Herkunftsländer waren. Allerdings gibt es starke Anhaltspunkte, warum sich gerade diese Juristen transnational vernetzten: Die Belgier de Vleeschauwer und de Baer waren im Kolonialrecht bewandert; de Moor war im Vorstand der niederländischen Unterorganisation der International Federation of League of Nations Societies gewesen; Beneš hatte im tschechoslowakischen Außenministerium gearbeitet.[73]

Die Sowjetunion war ebenfalls eingeladen, einen Vertreter zu entsenden, verzichtete jedoch darauf, vielleicht weil die wissenschaftliche Debatte über Kriegsverbrechen in Russland bereits im vollen Gange war.[74] Gleichzeitig bemühte sich Turner (ebenfalls erfolglos) darum, einen amerikanischen Juristen als Mitglied der Kommission zu gewinnen, da die USA als Vorreiter innerhalb der Strafrechtsreform galt und ihre Kooperation als Voraussetzung für die anvisierte »international new order« gesehen wurde.[75] Juristen aus den Achsenstaaten sollten keine Mitglieder des Komitees werden, vielleicht angesichts dessen, dass diese »enemy aliens« erst kürzlich aus der Internierung entlassen worden waren. Auf britischer Seite nahmen neben den Mitgliedern des Department of Criminal Science der Cambridger Professor

---

72 Zu den Juristen, die für die Londoner Exilregierungen tätig waren, siehe Julia Eichenberg, Legal Legwork: How Exiled Jurists Negotiated Recognition and Legitimacy in Wartime London, 1939–1945, in: Marcus M. Payk/Kim Christian Priemel (Hg.), Crafting the International Order: Practitioners and Practices of International Law Since c. 1800, Oxford 2021, S. 162–190.

73 Für eine Übersicht der Mitglieder und Kommissionen der Cambridge Commission siehe die Tabelle im Anhang.

74 Für die Korrespondenz zwischen J. W. Cecil Turner und der sowjetischen Botschaft siehe FSU, LRP 1/9/2. Zur sowjetischen Kriegsverbrecherpolitik siehe Francine Hirsch, The Soviets at Nuremberg: International Law, Propaganda, and the Making of the Postwar Order, in: American Historical Review 3 (2008) 3, S. 701–730.

75 FSU, LRP 1/10/1, J. W. Cecil Turner an John G. Winant (Embassador of the United States), 19.12.1941. Vgl. TNA, PCOM 9/517, Sanford Bates an Alexander Paterson; CAB 117/110, Minute No. 5, 30.12.1941. Zur Neuordnung der internationalen Politik siehe z.B. TNA, CAB 117/57, Foreign Research and Press Service, British-American World Order, 8.7.1941.

für Rechtsvergleichung, Harold Gutteridge, und der Professor für Rechtslehre *(jurisprudence)* der Universität Oxford, Arthur L. Goodhart, teil. Hersch Lauterpacht, Professor für Internationales Recht in Cambridge, war zu dem Zeitpunkt in den USA und stieß erst im April 1942 zur Cambridge Commission dazu.

Zusammenkunft in Cambridge und thematische Ausrichtung

Als de Moor seine Teilnahme an der Konferenz in Cambridge zusagte, führte er an, dass er lediglich als Privatperson – »à titre strictement personnel« – teilnehmen könne.[76] Er wolle mit seiner Frau anreisen, um anschließend Cambridge zu besichtigen.[77] Die Idee eines touristischen Ausflugs von London nach Cambridge mag auf den ersten Blick grotesk erscheinen. Jedoch war der »Blitz« schon seit Mai vorüber und Cambridge (wie auch Oxford) ohnehin kaum von den deutschen Luftangriffen betroffen gewesen. Zwar waren Lebensmittelkarten, Mangel an Ressourcen wie Kleidung und Papier, Verdunkelung der Häuser, Luftschutzübungen etc. auch in Oxford und Cambridge weiterhin Realität. Dennoch fand Mobilität insbesondere zwischen London und den Universitätsstädten recht ungehindert statt. Die Ausnahmesituation war Alltag geworden, seitdem die Luftangriffe aufgehört hatten. Die geplante Zusammenkunft von britischen und Exiljuristen in Cambridge war also nichts Ungewöhnliches.

Hinzu kam, dass sich die Exiljuristen bereits kannten: Die Funktionsträger der Exilregierungen standen in einem steten formellen und informellen Austausch, wie Julia Eichenberg gezeigt hat.[78] In de Baers Nachlass etwa finden sich Einladungen zu zahlreichen *luncheons*, denen er auf Einladung der jeweiligen Staatsoberhäupter folgte.[79] Er war zudem in die Verhandlungen über Funktion und Jurisdiktion der Alliierten Seegerichtshöfe mit dem britischen Innen- und Außenministerium involviert, wo er sicher in engen Austausch mit anderen Richtern kam.[80] Schließlich bearbeiteten die eingeladenen Juristen ähnliche Fragen in den nationalen Komitees für Nachkriegsplanungen. So war de Baer Mitglied der Sektion für Staatsreformen der Belgian Commission for the Study of Post-War Problems (CEPAG),[81] während

---

76 NIOD 234/36, J. W. Cecil Turner an J. M. de Moor, 4.11.1941; ebd., J. M. de Moor an J. W. Cecil Turner, 9.11.1941; ebd., J. M. de Moor an J. W. Cecil Turner, Entwurf.

77 NIOD 234/36, J. M. de Moor an J. W. Cecil Turner, Entwurf.

78 Eichenberg, »London Moment«.

79 Z.B. Marcel de Baer Papers, London [MBP], Album »MB« [Album], Luncheon to HRH The Crown Prince Olav of Norway, Programm, 30.7.1941.

80 MBP, Ordner »Marcel – Documents to be kept, please« [Documents], Lebenslauf, S. 1.

81 TNA, CAB 117/87, Belgian Commission for the Study of Post-War Problems, Preliminary Report, S. 26. Siehe Diane de Bellefroid, The Commission pour l'Etude des Problèmes d'Après-Guerre (CEPAG) 1941–1944, in: Martin Conway/José Gotovitch (Hg.), Europe in Exile: European Exile Communities in Britain 1940–45, New York 2001, S. 121–134.

de Moor Mitglied der Studie-Groep voor Reconstructie-Problemen war, einer privaten Organisation, in der über zweihundert niederländische Experten alle Aspekte der Nachkriegsordnung debattierten.[82]

So kamen am 14. November 1941 19 Juristen aus zehn Ländern in Cambridge zusammen, um die Cambridge Commission zu gründen. Sie hatten frühmorgens den Zug in London genommen und wurden in Trinity Hall von dessen Master Henry R. Dean empfangen, was Turners Position als Fellow und Dozent am College geschuldet war. Anschließend lief die kleine Gruppe zu den östlich gelegenen Old Schools, früher die Universitätsbibliothek und seit 1934 Sitz der Universitätsverwaltung und einiger Räumlichkeiten der rechtswissenschaftlichen Fakultät. Hier begrüßte sie Vize-Kanzler John A. Venn. Seine kurze Rede kann gleichzeitig als Signal der Wertschätzung der Exilanten und der Legitimierung des Department of Criminal Science als ernst zu nehmende akademische Institution verstanden werden. Venn betonte die starke Tradition der Universität Cambridge als Raum für juristisches Wissen, angefangen mit der Etablierung von Professuren für Internationales Recht 1867, Englisches Recht 1927 und Vergleichendes Recht 1934.[83]

Der Sitzplan vergegenständlicht den Anspruch des Department of Criminal Science, einen internationalen Verständigungsprozess von in der juristischen Praxis bewährten Strafrechtsexperten in Gang zu bringen. So saßen die Repräsentanten eines Landes getrennt voneinander und wurden so darin bestärkt, Austausch mit ihren Kollegen zu suchen. Gleichzeitig wurde dem Rang der Gäste Genüge getan, wenn die drei Justizminister Bodson, de Vleeschauwer und Wold gemeinsam an der Längsseite des Tisches saßen. Abgerundet wurde die Veranstaltung durch ein Mittagessen im repräsentativen Speise- und Versammlungsraum des Trinity College (nicht zu verwechseln mit der wesentlich kleineren und weniger vermögenden Trinity Hall) und einigen Schlussbemerkungen Harry Hollonds, dem Vorsitzenden der rechtswissenschaftlichen Fakultät.[84]

---

82 Nationaal Archief/Jac Vos, Inventaris van het Archief van de Buitengewone Raad voor de Scheepvaart te Londen, (1939) 1940–1946, Nummer archiefinventaris: 2.16.31, 1975, S. 37.

83 Leon Radzinowicz/J. W. Cecil Turner (Hg.), Penal Reconstruction and Development: Proceedings of the Conference Held in Cambridge on the 14th November, 1941, Between Representatives of Nine Allied Countries and of the Department of Criminal Science in the University of Cambridge (English Studies in Criminal Science: Pamphlet Series, Bd. 2) 1942, S. 215. Diese wurden jeweils von Hersch Lauterpacht, Percy H. Winfield und Harold Gutteridge innegehalten, die alle der Cambridge Commission mehr oder weniger verbunden waren: Lauterpacht schrieb die langfristig wichtigste Analyse der Kommission, Winfield war ihr Vorsitzender, Gutteridge übernahm den Sitzungsvorsitz am 14. November, siehe ebd., S. 216.

84 NIOD 234/36, Marcel de Baer an J. M de Moor, 11.11.1941; Radzinowicz/Turner, Proceedings; Christopher N. L. Brooke, A History of the University of Cambridge: 1870–1990, Cambridge 1993, S. 61–63, 69–73 und 225.

Abb. 6: »Conference held in Cambridge on the 14th November, 1941, between Representatives of Nine Allied Countries and of the Department of Criminal Science in the University of Cambridge«, Sitzplan.

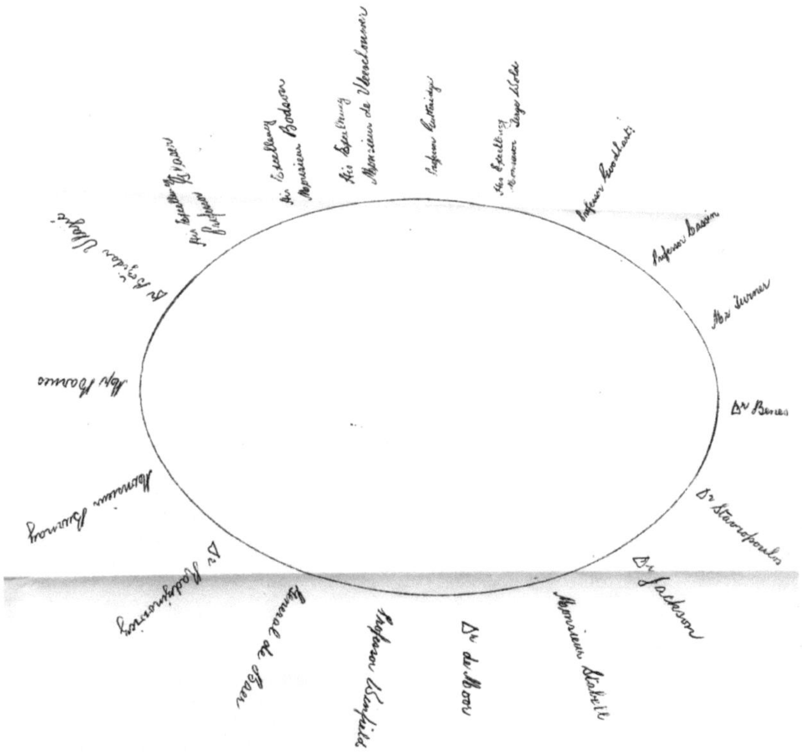

Im Uhrzeigersinn (Transkript): Mr Barnes, Dr Božidar Vlajić, His Excellency Professor Glaser, His Excellency Monsieur Bodson, His Excellency Monsieur de Vleeschouwer, Professor Gutteridge, His Excellency Monsieur Terge Wold, Professor Goodhart, Professor Cassin, Mr Turner, Dr Benes, Dr Stavropoulos, Dr Jackson, Monsieur Stabell, Dr de Moor, Professor Winfield, General de Baer, Dr Radzinowicz, Monsieur Burnay
© Nederlands Instituut voor Oorlogsdocumentatie, Amsterdam, Archief 234, Nr. 36

Das gesamte Prozedere der Konferenz vermittelte den Eindruck, dass es sich um eine akademische Veranstaltung handelte, die diesem Anspruch entsprechend an einem zentralen Ort britischen akademischen Selbstverständnisses – Cambridge – stattfand. Die Anwesenheit hochrangiger Vertreter der Universität und des Trinity College unterstrich diesen Charakter der Veranstaltung. Den Teilnehmern war dies vorher klar kommuniziert worden. So trug de Baer an seinen Kollegen de Moor in einem persönlichen Brief heran, dass die Veranstaltung als akademische Angelegenheit zu verstehen sei, bei der man sich nach der geltenden Kleiderordnung der

Universität richten solle (die Universitätsmitglieder sollten nach Möglichkeit einen schwarzen Anzug tragen).[85] Auch der weitere Ablauf der Konferenz folgte den Konventionen einer internationalen wissenschaftlichen Konferenz: Ein Memorandum zur »International Collaboration in Penal Reconstruction and Development« fasste die Zielsetzung des Department of Criminal Science zusammen, der Vorsitzende verlas vier Resolutionen, die einstimmig angenommen wurden. Daraufhin trugen Mitglieder Berichte vor, die zu weiteren Beschlüssen führten. Das Ganze erscheint wie der routinierte Ablauf einer internationalen Konferenz, nur dass die Mitglieder eben nicht aus dem Ausland, sondern aus London angereist waren. Das Department knüpfte an die Praktiken des Internationalismus der Zwischenkriegszeit an, um sich Legitimität zu verschaffen und als wissenschaftliche Forschungsinstitution ernst genommen zu werden.

Die zu gründende Organisation sollte daher eng mit dem Department of Criminal Science verbunden bleiben. Am Ende der Konferenz forderte etwa der belgische Justizminister de Vleeschauwer »that the sucess of the activity now so happily initiated would be best assured by the maintenance of a scientific basis for the work of the Commission.«[86] Wie Turner in einem Rundschreiben vom 21. November ausführte, sollte die »International Commission« als wissenschaftliche Einrichtung weiteren Staaten offenstehen und nach Möglichkeit über das Kriegsende hinaus bestehen bleiben. Ihr Mehrwert und Alleinstellungsmerkmal sollten die enge Anbindung an das Department of Criminal Science sein, das die wissenschaftliche Unabhängigkeit und die Einhaltung akademischer Standards sicherstellen sollte. Daraus folgte, dass die Universität von Cambridge Sitz der Cambridge Commission wurde.[87] Die Verbindung mit der Universität – diesem »ancient seat of learning« und »one of the staunchest protagonists of freedom, justice and progress« – wurde von den Mitgliedern als Bereicherung gesehen und als Beleg dafür, dass man an einem der »Zivilisation« verpflichteten Gegenentwurf zur Barbarei auf dem Kontinent arbeitete.[88] So betonte etwa der französische Strafrechtsprofessor und Exilpolitiker René Cassin, ebenfalls Redner auf der Gründungskonferenz, dass die transnationale Zusammenarbeit der Wissenschaftler und Juristen der Wiederherstellung der Rechtsstaatlichkeit dienen müsse:

> »Our aim is to establish certain principles which are held in common by all those who repudiate violence as the ultima ratio and who want to see that the Rule of Law prevails in human conflicts. To reaffirm the Rule of Law and enforce it at a time when arbitrary power and oppression are prevalent is surely a fitting aim for

85 NIOD, 234/36, Marcel de Baer an J. M. de Moor, 11.11.1941.

86 Radzinowicz/Turner, Proceedings, S. 237.

87 FSU, LRP 1/4/3, J. W. Cecil Turner, To the Founders and Members of the Inter-Allied Penal Commission established in Cambridge on 14 November, 1941, 21.11.1941.

88 Zitate bei Radzinowicz/Turner, Proceedings, S. 241.

the servants of science and law assembled here at the invitation of this ancient University [...].«[89]

Ziel war eine international besetzte wissenschaftliche Expertenkommission, die durch die enge Anbindung an die Regierungen der vertretenen Staaten politikrelevantes Wissen generieren sollte. Diese »Inter-Allied Commission on Penal Reconstruction« – die erst im Nachgang in die Konferenz in »International Commission for Penal Reconstruction and Development« umbenannt wurde, um die internationale Ausrichtung zu betonen[90] – sollte gemeinsame Leitsätze aufstellen, die dem Wiederaufbau und der Weiterentwicklung der Strafsysteme der alliierten Staaten nach dem Krieg zugrunde gelegt werden sollten.[91] Turner und Radzinowicz formulierten es so: »Those nations which now are fighting together to restore freedom and who unite to formulate schemes of reconstruction feel that the restoration of a proper system of criminal justice is essential to the establishment of social security and of international order.«[92] Nach dem Krieg müsse eine regelbasierte internationale Ordnung hergestellt werden, in der Menschen soziale Sicherheit genössen. Schlüssel für diese Ordnungsvorstellung waren für Radzinowicz und Turner die jeweiligen nationalen Strafrechtssysteme. Die vergangenen zehn Jahre hätten gezeigt, wozu ein Unrechtssystem wie das der Achsenstaaten führe:

> »It was no accident that the violations of international law which the world has witnessed in the last ten years have been accompanied, and indeed preceded by violations of the principles of criminal justice in the municipal systems of the countries under Axis influence. In those countries a new and sinister edifice of criminal administration has been erected on the ruins of past achievements.«[93]

Die Abkehr von zuvor erreichten Fortschritten im Strafvollzug, hin zu einem humaneren und gerechteren System, stünde im engen Zusammenhang mit der Expansionspolitik der Achsenmächte. Daraus folge umgekehrt, dass die Wiederherstellung der Strafrechtssysteme in ganz Europa Teil der Nachkriegsplanungen und des Wiederaufbaus sein müsse. Die nationalen Strafrechtssysteme wurden also als

89 Ebd., S. 234. Gerade dieser dezidiert wissenschaftliche Anspruch erklärt wohl, warum der Politiker Cassin lediglich an einem Treffen der Kommission 1943 teilnahm. Dennoch schien er die Arbeit der Kommission weiter verfolgt zu haben, zumindest finden sich Kommissionsakten aus den Jahren 1943 und 1944 in seinem Nachlass: Archives Nationales Paris, Papiers René Cassin, 382AP/69, dossier 4: International Commission for penal reconstruction and development, 1943–1944.

90 FSU, LRP 1/4/3, J. W. Cecil Turner, To the Founders and Members of the Inter-Allied Penal Commission established in Cambridge on 14 November, 1941, 21.11.1941.

91 Radzinowicz/Turner, Proceedings, S. 220.

92 Ebd., S. 213.

93 Ebd., S. 213.

Prüfstein demokratischer Verfassungen verstanden, und ihre Reform als Grundvoraussetzung für eine stabile und langfristig friedliche internationale Ordnung. Als Instrument hierfür sollte die Generierung von Wissen über das Strafrecht dienen.

Konkret forderten Turner und Radzinowicz, dass der Wiederaufbau der Strafsysteme unter Leitung Großbritanniens Teil der allgemeinen Vorbereitungen auf die Herausforderungen nach dem Krieg werden müsse, dass eine engere Zusammenarbeit der Staaten des Commonwealth und mit den USA angestrebt werden müsse, und dass die europäischen Alliierten einbezogen werden sollten.[94] Teil dessen sei auch sicherzustellen, dass das Strafrechtssystem *(administration of criminal justice)* ein Aufgabenfeld einer nach dem Krieg zu gründenden intergouvernementalen Organisation werde.[95] Interessanterweise – obwohl doch die Adressaten geflohene, europäische Juristen waren – blieb der primäre Bezugsrahmen erst einmal das britische Empire. Dabei sticht die Gegenüberstellung der progressiven Amerikaner und der fast rückschrittlich wirkenden Kontinentaleuropäer heraus. Folgerichtig sollte die Kooperation innerhalb des Empire durch eine transatlantische Ebene ergänzt werden und der Austausch von Wissen im englischsprachigen Raum gefördert werden, ergänzt durch eine internationale Komponente, nämlich das Festlegen von Mindeststandards für den Strafvollzug auf intergouvernementaler Ebene.

Kooperation wurde imaginiert im Rahmen der bestehenden politischen Strukturen – von einem transnationalen Reformgeist ist hier bei aller internationalistischen Gesinnung wenig zu spüren. Es verwundert daher nicht, dass die Cambridge Commission nicht mit Aktivisten zusammenarbeitete, die gänzlich andere politische Ordnungsvorstellungen hatten,[96] sondern sich als eine Art Brücke zwischen den Reformanstrengungen der 1930er Jahre und der Nachkriegszeit verstand. »Penal reconstruction« war der *Wieder*aufbau in alten Mustern und das Fortführen bestehender Reformpläne für eine internationale Kriminalpolitik, kein radikaler Neuentwurf der Nachkriegswelt. Folgende Themenfelder sollten dabei bearbeitet werden: Es sollte eine Studie zu den alliierten Seegerichtshöfen in Großbritannien durchgeführt werden, die neue Praktiken im internationalen Recht signalisierten. Obwohl drei Mitglieder der Cambridge Commission Vorsitzende ihrer Seegerichtshöfe waren – de Baer für Belgien, de Moor für die Niederlande und Constantin

---

94 P. H. Winfield/J. W. C. Turner, Penal Reconstruction: Memorandum of the Department of Criminal Science of the Faculty of Law, University of Cambridge, in: Law Quarterly Review 58 (1942), S. 108.

95 Ebd.

96 Zum Beispiel zu antikolonialen Juristen, siehe das im Projekt »The London Moment« angesiedelte Dissertationsvorhaben von Simeon Marty an der Humboldt-Universität zu Berlin: Simeon Marty, Thinking Black in the Blitz: Harold Moody, the League of Coloured Peoples and its Shift of Pan-African Ideas in Second World War London, in: Esboços 28 (2021) 48, S. 407–426.

Stavropoulos für Griechenland –, fanden sich für diese Studie keine Mitstreiter.[97] Ein zweites Thema waren die – international so vehement von der HLPR propagierten – Rechte von tatverdächtigen und angeklagten Personen, das intensiv in einem vom polnischen Strafrechtler Stefan Glaser geleiteten Komitee behandelt werden sollte.[98] Dieser hatte sich, wie in Kapitel V genauer dargestellt, bereits vor dem Exil intensiv mit der Frage befasst, wie die Rechte von Individuen – insbesondere die Rechtssicherheit durch ein Retroaktivitätsverbot im Strafrecht – und ein schlagkräftiges Strafrecht in Einklang gebracht werden könnten. In seinem Vortrag »The Treatment of Accused Persons« vor den künftigen Mitgliedern der Cambridge Commission stellte Glaser auf die individuellen Rechte und Freiheiten von Individuen ab, wie sie in der Atlantik-Charta vom 14. August 1941 gefordert worden waren. Dabei müsse das Strafprozessrecht im Zentrum stehen: »[C]riminal procedure is perhaps the best and truest mirror of the political life and organization of the State.«[99] Bürgerliche Rechte würden, wenn Staaten zerfielen, zuerst bedroht und aufgehoben. Deshalb schlug Glaser vor, dass sie nicht nur verfassungsmäßig geschützt werden müssten, sondern es sogar internationale Schutzmechanismen geben müsse: »[P]erhaps an international authority could be endowed with the power to protect such rights as part of the rights of man.«[100]

Ohne Weiteres hätte die HLPR hier anknüpfen können, die sich, wie in Kapitel II ausführlich dargestellt, in der Zwischenkriegszeit für genau dieses Ziel eingesetzt hatte. Ein Komitee für Rückfallkriminalität hätte als Bindeglied wirken können, aber dieses nahm nie seine Arbeit auf.[101] Grund hierfür war, dass die Cambridge Commission in der Außenwahrnehmung schnell für einen weiteren Themenkomplex stand: die sogenannten Verstöße gegen die internationale Ordnung. So formulierte Arthur L. Goodhart den Kern dessen, was die meisten Exiljuristen nach Cambridge geführt hatte, nämlich die »rules and procedure to

97 Radzinowicz/Turner, Proceedings, S 223. De Moors Rede – die ihrerseits auf seiner gekürzten Rede zur Einrichtung des niederländischen Seegerichtshofes am 3. November 1941 basierte – zusammen mit den Begrüßungsworten des Lordkanzlers Simon in der *Law Quarterly Review:* Johannes M. de Moor, The Allied Maritime Courts, in: Law Quarterly Review 58 (1942) 1, S. 1–40. Vgl. auch NIOD 234/36, J. M. de Moor an Arthur L. Goodhart, 22.11.1941.

98 Zur Biografie Glasers siehe Karolina Wierczyńska/Grzegorz Wierczyński, Stefan Glaser: Polish Lawyer, Diplomat and Scholar, in: Mégret/Tallgren, Dawn of a Discipline, S. 306–334; Idesbald Goddeeris, Stefan Glaser: Collaborator in European Umbrella Organisations, in: Michel Dumoulin (Hg.), Intégration ou représentation? Les exilés polonais en Belgique et la construction européenne, Louvain-la-Neuve 2005, S. 79–98.

99 Radzinowicz/Turner, Proceedings, S. 226.

100 Ebd., S. 229.

101 Es wurde ein Vermerk von Adolphe Delierneux verlesen, Direktor des belgischen Justizministeriums, in dem er die Notwendigkeit betonte, nach dem Krieg individuelle Rechte und den Schutz der Gemeinschaft durch »the weapons of social defence« auszutarieren. Zitat Radzinowicz/Turner, Proceedings, S. 230.

govern the case of crimes against international public order«.[102] Aus Goodharts Sicht stellten der Friedensschluss von Paris, die folgenlose Anklage des deutschen Kaisers Wilhelm II. und die politisierten Prozesse in Leipzig 1923 die Negativfolie für die Diskussion dar. »Versailles« stand für Versagen, das geplante System sei zu kompliziert und zu langsam gewesen.[103] Angesichts der massiven Verbrechen, die zu diesem Zeitpunkt begangen wurden, stand für Goodhart daher die effiziente und rasche Urteilsfindung über Kriegsverbrecher im Vordergrund. Er postulierte: »Our primary function is to devise machinery which will work as effectively and as rapidly as the circumstances will permit.«[104] Um eine Wiederholung dieses Versagens zu vermeiden, sollten daher etablierte Verfahrensformen und Rechtsdogmen angewandt werden. Kriegsgerichte sollten im internationalen Recht etablierte Straftatbestände anwenden. Funktion der Cambridge Commission solle sein, diese genauer zu benennen und Klarheit über die internationale Anwendung der Verteidigung mit einem Befehlsnotstand *(defence of superior orders)* zu erlangen.[105]

Die Erwartungen der meisten anwesenden Exiljuristen wurden konstituiert durch die Erfahrungen mit einer schlecht vorbereiteten und mangelhaft durchgeführten juristischen Aufarbeitung der im Ersten Weltkrieg begangenen Gräueltaten. Das Department of Criminal Science hingegen verstand sich als Bindeglied zwischen der Arbeit der internationalen Strafrechtsreformbewegung in den 1930er Jahren und der internationalen Nachkriegsordnung sowie als temporäre Vertreterin, gar permanenter Ersatz, der durch ihre Anbiederung an die Nationalsozialisten 1935 aus Sicht der Briten diskreditierten IPPC. Vor dem Hintergrund dieser teilweise konfligierenden Erwartungen zielte der Analyserahmen der Cambridge Commission primär auf Jurisdiktionskonflikte ab, die aus Sicht der Juristen nach dem Ersten Weltkrieg verhindert hatten, dass es zu einer erfolgreichen Verfolgung von Kriegsverbrechen gekommen war. Die letztlich die Cambridge Commission dominierende Auseinandersetzung mit der Bestrafung von Kriegsverbrechern und mit der Einrichtung eines internationalen Strafgerichtshofs muss vor diesem Hintergrund verstanden werden. Nicht speziell die Entrechtung und Entmenschlichung der Juden und die Vernichtungspolitik der Nationalsozialisten und ihrer Verbündeten – 1941 bereits im vollen Gang – gab den Anstoß für die transnationale Vernetzung in London, sondern das Bestreben, durch die Analyse

---

102 Goodhart selbst brachte sich kaum weiter in die Cambridge Commission ein und war stattdessen stark in die Arbeit der London International Assembly involviert. Siehe Oxford, Bodleian Libraries [Bod], Special Collections, Papers of Arthur Lehman Goodhart (1891–1978), insb. MSS. Eng. c. 2927–8.

103 Radzinowicz/Turner, Proceedings, S. 231.

104 Ebd., S. 232.

105 Ebd.

des Rechtsrahmens für die Bestrafung von Kriegsverbrechen die Nachkriegsjustiz und die Wiederherstellung einer Rechtsordnung vorzubereiten.

So legte die Cambridge Commission auf institutioneller und personeller Ebene wichtige Grundlagen für die spätere intergouvernementale Zusammenarbeit in der UNWCC.[106] Die Gründung der Kommission ist aber nicht nur als Vorgeschichte der UNWCC aussagekräftig, sondern zeigt auch, wie transnationale Zusammenarbeit im »London Moment«, wie Recht im Exil funktionierte: Wer agierte als Wissensbroker zwischen britischer Akademia und Exiljuristen, wer setzte die Agenda, wer finanzierte das Vorhaben, kurz: Wer prägte die Mechanismen des Internationalismus im Krieg?

Die Cambridge Commission als internationale Organisation

Wie Madeleine Herren festgestellt hat, ist die heutige strikte Trennung von Regierungs- und Nichtregierungsorganisationen ein Ergebnis der Kategorisierung des Wirtschafts- und Sozialrats der Vereinten Nationen 1950. Insbesondere im 19. Jahrhundert, aber auch danach

> »gab es nur wenige internationale Organisationen, die ausschließlich Regierungsorganisationen vorstellten und aufgrund eines internationalen Abkommens gegründet worden waren. [...] Die meisten Organisationen stellten semioffizielle Mischformen dar, sei es, dass private Organisationen staatliche Subventionen erhielten oder staatliche Organisationen private Experten einbezogen.«[107]

Dies bedeutet, dass zeitgenössische Definitionen der Formen internationaler Organisation als »zeitbezogene Deutungsmonopole« verstanden werden sollten, was die Frage aufwerfe, »wer zu welchen Zeiten beanspruchte festzulegen, was denn unter die Kategorie ›internationale Organisation‹ fallen sollte.«[108] In der Auseinandersetzung über die institutionelle Form der Cambridge Commission, aber auch der HLPR, kristallisierte sich heraus, dass die Expertise von Exiljuristen zum internationalen Strafrechtsregime von britischer Seite und auch aus Sicht der Exilregierungen vorerst als Privatangelegenheit verstanden wurde und nicht als wichtiger Baustein in der koordinierten Planung für eine gerecht und evidenzbasiert gestaltete internationalen Ordnung. Dennoch ließ Turner die Leser des *Cambridge Law Journal*

---

106 Kerstin von Lingen, Setting the Path for the UNWCC: The Representation of European Exile Governments on the London International Assembly and the Commission for Penal Reconstruction and Development, 1941–1944, in: Criminal Law Forum 25 (2014) 1–2, S. 45–76.

107 Herren, Internationale Organisationen, S. 7.

108 Ebd., S. 6. Siehe auch Madeleine Herren-Oesch, Hintertüren zur Macht: Internationalismus und modernisierungsorientierte Außenpolitik in Belgien, der Schweiz und den USA 1865–1914, München 2000, S. 33f.

Anfang 1942 wissen, dass es sich bei den Mitgliedern um Repräsentanten zehn alliierter Länder handele.[109] Dies insinuierte, dass es sich um offizielle Vertreter der Exilregierungen gehandelt hätte. In öffentlichen Verlautbarungen entstand ebenfalls der Eindruck, dass es sich um ein offizielles Organ handeln würde.[110] Zudem war die Kommission auf eine jahrelange Zusammenarbeit angelegt, die neben den Exilregierungen vor Ort (Belgien, Griechenland, Jugoslawien, Luxemburg, Niederlande, Norwegen, Polen, Tschechoslowakei) sowie dem Komitee Freies Frankreich weitere Länder einschließen sollte.[111]

Die Cambridge Commission war also weder eine intergouvernementale noch eine rein akademische Angelegenheit, sondern, wie von Herren beschrieben, eine Mischform. Die Akademiker des Department of Criminal Science bestimmten den Teilnehmerkreis und die Agenda; Mitgliedsstaaten stellten die finanzielle Basis sicher, erkannten aber die Beschlüsse der Kommission nicht als bindend an. Diese Mischform erlaubte aber auch weitgehende Freiheit in der Themensetzung und ermöglichte einen internationalen wissenschaftlichen Austausch, der auf offizieller Ebene so nicht möglich gewesen wäre.

Anfangs erhoffte sich das Department of Criminal Science allerdings eine starke britische Präsenz in der Kommission, da dies eine mögliche Einflussnahme auf die britischen Nachkriegsplanungen versprach. Schließlich war die Verankerung von Strafrechtsfragen im Planungshorizont ihr zentrales Anliegen. Turner wandte sich daher Mitte November 1941 an den Unterstaatssekretär im Innenministerium Alexander Maxwell, an Gefängniskommissar Alexander Paterson und an Arthur Greenwood und informierte sie über die Gründung der »Inter-Allied Commission for Penal Reconstruction«.[112] Dieses Vorgehen war die logische Konsequenz der Tatsache, dass Innenministerium und Gefängniskommission bisher die zentralen Institutionen und Ansprechpartner gewesen waren, wenn es um Fragen der Strafrechtsreform ging. So war es erst das Committee on Reconstruction, das das Außenminis-

---

109 J. W. Cecil Turner, The Department of Criminal Science, in: The Cambridge Law Journal 8 (1942) 1, S. 92.

110 So hieß es 1942: »The embassies and legations of the various countries have welcomed the Cambridge scheme, and have courteously lent their assistance in enabling the committee to secure the active collaboration of their most eminent jurists.« LRP 20/4/27, o. A., Scientific Study of Crime. A Cambridge Venture, newspaper clipping [1942].

111 Sanford Bates, US-Repräsentant der IPPC, meldet sich am 21.3.1942 und erkundigt sich vorsichtig und skeptisch, wie die Cambridge Commission zur IPPC stehe, welche Länder Mitglieder sein sollen etc. Er signalisiert, dass »penologists in this country would be interested to join with those who think progressively on the subject the world over.« TNA, PCOM 9/517, Sanford Bates an J. W. Cecil Turner, 21.3.1942.

112 FSU, LRP 1/1/4, J. W. Cecil Turner an Alexander Maxwell, 15.11.1941; FSU, LRP 1/1/5, J. W. Cecil Turner an Alexander Paterson, 15.11.1941; TNA, CAB 117/101, J. W. Cecil Turner an Arthur Greenwood, 22.11.1941.

terium und den Lordkanzler John Simon offiziell über die Cambridge Commission in Kenntnis setzte.[113]

Dies unterstreicht, dass für das Cambridge Department nicht das Völkerstrafrecht – Hoheitsgebiet des Außenministeriums –, sondern der Stellenwert der Strafrechtsreform und der Kriminalwissenschaft in den Nachkriegsplanungen im Vordergrund stand. Insbesondere Alexander Paterson war ein enger Verbündeter der Strafrechtsreformbewegung und seit 1938 Vize-Präsident der IPPC. Er setzte sich zudem für den Aufbau einer international ausgerichteten Disziplin zur akademischen Erforschung der Ursachen für Kriminalität ein.[114] Turner sah Paterson daher als Alliierten und rekrutierte ihn als Teilnehmer der Cambridge Commission.[115] Daraufhin fragte Turner offiziell beim Unterstaatssekretär des Innenministeriums, Alexander Maxwell, an, »if His Majesty's Government will think well to associate this country with the Allied Countries in this undertaking.«[116] Dieser wollte jedoch eine Beteiligung der britischen Regierung an der Kommission vermeiden und wies Turner geradezu in seine Schranken: »Personally I should deprecate any attempt at this stage to give to this new body such a formal status as some of the phrases used in your letter seem to imply.« Denn wenn es sich um eine Kommission – nicht um ein Komitee, wie es richtigerweise heißen müsse – und bei den Mitgliedern um offizielle Regierungsvertreter handele, impliziere dies eine intergouvernementale Organisation, die bindende Entscheidungen treffe. Anscheinend strebe Turner an, dass »this group of people should be given some formal and official status.« Dies widerspreche der Stellungnahme Turners, dass die Gruppe der »independence in scientific research and discussion« verpflichtet sei.[117] Maxwell machte in seinem Brief mehr als deutlich, dass er Turners Vorhaben für unausgegoren und laienhaft hielt.

In seiner Antwort rechtfertigte sich Turner, dass es sich bei den Mitgliedern um »penal experts« handele, die zwar mit der Zustimmung ihrer Regierungen teilnähmen, aber keinerlei bindende Beschlüsse fassen könnten. Der akademische Zuschnitt solle der Cambridge Commission ein rasches Aufnehmen der Arbeit ermöglichen, auf das die alliierten Mitglieder drängten. Auf die IPPC, auf die Maxwell noch verwiesen hatte, könne man jedenfalls nicht zählen. Gerade im Hinblick auf die zu erwartenden Probleme nach dem Krieg und auf die große Bedeutung, die einer guten Vorbereitung des Wiederaufbaus der Strafjustiz daher zukomme,

113 TNA, CAB 117/101, Harold Stannard an Mayell (Lord Chancellor's Private Secretary), 1.12.1941; Stannard an Lawford (Foreign Office), 1.12.1941.

114 Catrin Smith, Paterson, Sir Alexander Henry (1884–1947), Penal Reformer and Prison Commissioner, in: Oxford Dictionary of National Biography, 23.9.2004, https://doi.org/10.1093/ref:odnb/35405 (abgerufen 5.11.2020).

115 FSU, LRP 1/1/7, Alexander Paterson an J. W. Cecil Turner, 18.11.1941; FSU, LRP 1/1/10, Turner an Alexander Paterson, 27.11.1941; und LRP 1/1/9, Alexander Paterson an Turner, 1.12.1941.

116 FSU, LRP 1/1/11, J. W. Cecil Turner an Alexander Maxwell, 5.12.1941.

117 FSU, LRP 1/1/16, Alexander Maxwell an J. W. Cecil Turner, 19.12.1941.

müsse man also selbst aktiv werden.[118] Maxwell gab daraufhin, in Rücksprache mit dem Innenminister, seine Zustimmung, dass Paterson und Fry als inoffizielle Vertreter Großbritanniens Mitglieder der Kommission werden dürften.[119] Sein interner Vermerk lässt aber darauf schließen, dass er die Gründung der Kommission – oder des »Councils«, wie er es spitz nannte – weiterhin kritisch sah und eine offizielle Anerkennung um jeden Preis vermeiden wollte.[120]

Turner versuchte parallel, die Unterstützung des Committee on Reconstruction Problems zu gewinnen, das sich – wie schon in seiner Korrespondenz mit der HLPR – weiter unbeteiligt gab.[121] Wie im Innenministerium herrschte auch hier Irritation über die Verfasstheit der Kommission – war sie eine Forschungseinrichtung, ein politisches Organ der Exilregierungen oder eine intergouvernementale Organisation?[122] So äußerte sich George Chrystal, Sekretär Greenwoods, in einem internen Vermerk ablehnend: »I think this Commission is ill-conceived and could not carry sufficient authority.«[123] Greenwood ließ Turner dementsprechend wissen, dass er über die Einrichtung einer offiziellen Enquete in Kooperation mit den USA und anderen Alliierten unter britischer Führung nachdenke.[124] Daraufhin machte Turner noch einmal klar, dass es sich bei der Cambridge Commission eben nicht um eine intergouvernementale Organisation handele:

> »This Commission is to be envisaged as a scientific body which while officially recognised and supported by the Government of each country, will be completely free from political commitment. In other words a member of the Commission, while being an official delegate from his Government, will have no power to bind or prejudice his Government, either by his opinion or his votes.«[125]

Zwar besuchte ein Vertreter des Vorsitzenden Arthur Greenwood im Dezember Cambridge, um sich weiter mit Turner auszutauschen,[126] dies führte jedoch nicht

118 FSU, LRP 1/5/18, J. W. Cecil Turner an Alexander Maxwell, 23.1.1942.

119 FSU, LRP 1/5/15, Alexander Maxwell an J. W. Cecil Turner, 5.2.1942.

120 TNA, CAB 117/101, Copy of Minute from Sir Alexander Maxwell to the Home Secretary, 28.1.1942.

121 TNA, CAB 117/101, George Chrystal (Privatsekretär Greenwoods) an J. W. Cecil Turner, 1.12.1941; ebd., Turner an Harold Stannard, 20.12.1941.

122 George Chrystal reagiert verschnupft auf das, was er als offizielle Anerkennung der Cambridge Commission verstand, das Missverständnis klärte sich aber nach Austausch der vorliegenden Papiere. Vgl. TNA, CAB 117/101, George Chrystal an Alexander Maxwell, 26.2.1942.

123 TNA, CAB 117/101, Minutes, George Chrystal an Harold Stannard, 22.12.1941.

124 TNA, CAB 117/101, Harold Stannard an J. W. Cecil Turner, 24.12.1941.

125 TNA, CAB 117/101, J. W. Cecil Turner, International Commission for Penal Reconstruction, Memorandum, 27.12.1941.

126 Bod, Archive of John Allsebrook Simon, 1st Viscount Simon, MS. Simon 90, Percy H. Winfield an Lord Simon, 28.12.1941.

zu einer Aufnahme des Themas der Strafrechtsreform in das Portfolio des Committee on Reconstruction Problems.

Generell kann beobachtet werden, dass das Strafrecht – das das Department of Criminal Science immerhin als Anker des sozialen Wiederaufbaus Europas verstand – so gut wie keine Rolle in den britischen Überlegungen zur Nachkriegsordnung spielte.[127] Nachdem Arthur Greenwood seinen Posten verlassen hatte, verliefen Turners Bemühungen, offizielle Unterstützung des Committee on Reconstruction Problems zu bekommen, im Sande.[128] Zwar sollten Alexander Paterson und Margery Fry in beobachtender Position an der Kommission teilnehmen.[129] Es blieb jedoch dabei, dass die britische Regierung die Kommission äußerst skeptisch beäugte. So nahm weder ein Vertreter des Committee on Reconstruction Problems an der ersten Sitzung der Kommission im Februar 1942 teil[130] noch Paterson selbst.[131] Als Turner Paterson nach der Sitzung die Position als Vorsitzender eines der neu gegründeten Komitees antrug,[132] lehnte dieser ab und verständigte sich mit Fry:

> »As I share your apprehensions about the full development of this work under its present auspices, I consulted Maxwell this week, and he agreed that while you and I should, on behalf of the Home Office maintain a friendly touch with the working of the whole Commission, in order to know where they are going and what they are doing, it might be rather embarrassing if we were to become too closely associated with the various Committees they propose to establish. [...] I think you will probably agree that for the next few months it will be necessary for us to hedge a little.«[133]

Großbritannien bezahlte widerstrebend einen Mitgliedsbeitrag von 40 Pfund im Jahr, da man nun einmal zugestimmt habe, britische Vertreter zu entsenden. Dass neben der IPPC in Bern, deren Arbeit während des Kriegs unterbrochen worden war, eine weitere Organisation deren Themenfelder beackerte, bereitete Maxwell aber weiterhin Kopfschmerzen.[134] Lionel Fox, Vorsitzender der Gefängniskommission, beruhigte ihn, dass man diese geringfügige Summe (»trifling sum«) wohl als

---

127 Eine Ausnahme war das Thema der Strafjustiz in der direkten Nachkriegszeit in den besiegten Territorien, siehe TNA, CAB 117/77, Foreign Research and Press Service, Draft List of Subjects in the Fields of War Aims and Reconstruction, 13.2.1941.

128 TNA, CAB 117/101, Harold Stannard an J. W. Cecil Turner, 19.1.1942 (Dok. 16) und 26.2.1942 (Dok. 22).

129 TNA, PCOM 9/517, J. W. Cecil Turner an Alexander Paterson, 20.2.1942.

130 TNA, CAB 117/101, Harold Stannard an J. W. Cecil Turner, 26.2.1942.

131 TNA, PCOM 9/517, Alexander Paterson an J. W. Cecil Turner, 23.2.1942.

132 TNA, PCOM 9/517, J. W. Cecil Turner an Alexander Paterson, 28.2.1942.

133 TNA, PCOM 9/517, Alexander Paterson an Margery Fry, 13.3.1942. Siehe auch FSU, LRP 1/5/1, Alexander Paterson an J. W. Cecil Turner, 13.3.1942.

134 TNA, PCOM 9/517, Alexander Maxwell an Lionel W. Fox, 21.4.1942.

laufende Kosten abrechnen könne, und signalisierte damit, dass man der Kommission nicht zu viel Beachtung schenken müsse.[135] Aus Sicht des Department of Criminal Science war dies enttäuschend. Immerhin konnte Turner aber den Mitgliedern verkünden, dass es nun auch britische Vertreter in ihren Reihen gebe und man sogar in das Innenministerium eingeladen worden sei, um eine Sitzung abzuhalten.[136] Im Grunde gab es jedoch keine Unterstützung von Regierungsseite.

Dies ist nicht nur im Hinblick auf die Haltung der britischen Regierung zu konstatieren. Auch die europäischen Exilregierungen waren äußerst bedacht darauf hervorzuheben, dass es sich bei der Cambridge Commission um eine akademische Expertenkommission, nicht um ein intergouvernementales Forum handelte. So betonte de Moor von Anfang an, dass er sich »à titre strictement personnel et sans aucun mandat de mon gouvernement« an der Kommission beteilige.[137] Dies stand, wie de Moor selbst bedauerte, in einem gewissen Spannungsverhältnis zum Finanzierungskonzept der Kommission.[138] Die Satzung der Kommission legte fest, dass die Mitgliedsländer Gelder bereitstellten, die ein Gehalt des Sekretärs sowie andere Sekretariats- oder Veröffentlichungskosten decken sollten.[139] Die Beiträge beliefen sich auf 40 Pfund jährlich, ein stattlicher Betrag, wenn man bedenkt, dass sich ein Stipendium an der Universität Oxford für geflüchtete Wissenschaftler auf etwa 300 Pfund im Jahr belief.[140] Die Finanzierungspraxis der Cambridge Commission entsprach der vieler Nichtregierungsorganisationen auch nach dem Krieg, die daraus erwuchs, dass das internationale System vom Nationalstaat aus gedacht wurde, was sich wiederum in den Finanzierungs- und Organisationsformen spiegelte. So finanzierten Regierungen die Teilnahme von Experten an der transnationalen Produktion und Zirkulation von Wissen, ohne sich zu verpflichten, deren Schlussfolgerungen in politisches Handeln umzusetzen.

Turner betonte daher, wie dargestellt, immer wieder, dass es sich um ein wissenschaftliches Expertengremium handelte. Dies sollte aber nicht zu der Annahme verleiten, dass es sich bei den Mitgliedern primär um Wissenschaftler handelte. Auch wenn alle – mit Ausnahme de Baers, der sich dafür »General« nannte –, einen Doktortitel trugen, zogen sie ihre Legitimation als Experten aus der Tatsache, dass sie vor dem Krieg und ihrem Exil als Richter oder Anwälte das Strafrecht ihres jeweiligen Herkunftslands ausgelegt und dadurch mitgestaltet hatten. Es handelte sich

135 TNA, PCOM 9/517, Lionel Fox an Alexander Maxwell, 7.5.1942.

136 NIOD 234/36, J. W. Cecil Turner an J.M de Moor, 20.12.1941.

137 NIOD 234/36, J. M. de Moor an J. W. Cecil Turner, o. D. [ca. Ende Nov. 1941].

138 Vgl. NIOD 234/36, J. M. de Moor an J. W. Cecil Turner, 25.12.1941 (handschriftlicher Entwurf).

139 NIOD 234/26, International Commission for Penal Reconstruction and Development, Articles of Constitution, 20.12.1942 (draft). Jean Burnay, Directeur des Affaires Judiciaires de la France Libre, wurde als Schatzmeister berufen, J. W. Cecil Turner zum Generalsekretär.

140 TNA, PCOM 9/517, Minutes, S. 3; NIOD 234/36, Jean Burnay (Schatzmeister) an das niederländische Justizministerium, 27.4.1942.

aber nicht um eine Gruppe prominenter internationaler Juristen, die einen ähnlichen Ausbildungsweg und beruflichen Werdegang teilten, die Gruppe war vielmehr heterogen, wie weiter oben ausgeführt. Dass das Department of Criminal Science nicht den Kontakt zu emigrierten Rechtswissenschaftlern suchte, sondern vorwiegend zu Vertretern der Judikative europäischer Staaten, mag zum einen daran gelegen haben, dass mehr ehemalige Staatsdiener als Akademiker geflüchtet waren und 1941 in den Exilregierungen und -communities zu finden waren. Zum anderen wollte das Department of Criminal Science den Eindruck einer Ansammlung von »musty dons« vermeiden und arbeitete von Anfang an mit Praktikern zusammen, hauptsächlich aus der Strafrechtsreformbewegung. Das aus der Praxis gewonnene Wissen hatte einen höheren Stellenwert als Theoriebildung. Diese Nähe zur »Praxis« erklärt auch, warum sich das Cambridge Department nicht primär an Rechtswissenschaftler im Exil wandte, sondern an ehemals praktizierende Juristen wie Richter und Anwälte. Man erhoffte sich wohl, deren im Gerichtswesen gewonnene Erfahrung nutzbar machen zu können, um Reformen des (internationalen) Strafrechts formulieren zu können. Vermutlich hofften Turner und Radzinowicz außerdem, dass sie, indem sie Exiljuristen im Staatsdienst in Cambridge zusammenbrachten, die Arbeit der IPPC weiterführen und somit Vorarbeit für die zukünftige internationale Organisation leisten konnten, die sich nach dem Krieg mit Fragen der internationalen Kriminalpolitik und -wissenschaft beschäftigen würde.

Gleichzeitig musste das Department of Criminal Science aber seine Wissenschaftlichkeit beweisen. Das tat es, indem es einen britischen Rechtswissenschaftler – Arnold McNair – zum Vorsitzenden des Komitees zum Völkerstrafrecht (»Committee on Rules and Procedure to Govern Cases of Crimes against International Public Order«) ernannte.[141] McNair war bis 1937 Inhaber der renommierten Whewell-Professur für internationales Recht an der Universität von Cambridge gewesen, um dann Vize-Kanzler der Universität Liverpool zu werden.[142] Er zeigte großes Interesse an der Zusammenarbeit mit den europäischen Exilanten, wie sie Turner angestoßen habe, und akzeptierte das Angebot. Er mahnte jedoch an, dass man bei der Besetzung dieses Postens Hersch Lauterpacht, Professor für Internationales Recht in Cambridge und damit sein Nachfolger, nicht vor den Kopf stoßen dürfe:

> »My fear is that Lauterpacht, as Whewell Professor, would naturally expect to be invited to co-operate in anything in Cambridge affecting International Law, and I know that he is a little sensitive on the point that by reason of his foreign origin and of his race he may be put on one side in these matters.«[143]

---

141 TNA, PCOM 9/517, J. W. Cecil Turner an Alexander Paterson, 28.02.1942.

142 FSU, LRP 1/1/23, J. W. Cecil Turner an Arnold McNair, 11.11.1941 und LRP 1/1/3, J. W. Cecil Turner an Arnold McNair, 18.12.1941.

143 FSU, LRP 1/1/2, Arnold McNair an J.W. Cecil Turner, 25.11.1941. Vgl. Brooke, University of Cambridge, S. 226.

McNair zog zwar nicht in Erwägung, dass man ja auch Hersch Lauterpacht die Position antragen könne – dieser befand sich zu dem Zeitpunkt im Ausland –, wollte aber auch den Eindruck vermeiden, man habe diesen – aus Österreich-Ungarn und einer jüdischen Familie stammend – übergangen. Er schlug also vor, den Sachverhalt Lauterpacht so zu erklären, dass den Vorsitz jemand wie McNair übernehmen solle, der in England auch praktisch, und nicht nur akademisch, tätig gewesen sei.[144] Die Gründung der Cambridge Commission unterlag also von Anfang an auch universitärer Diplomatie – und einer Zurückhaltung gegenüber jüdischen Teilnehmern, denen man eine zu geringe Distanz zu den Geschehnissen in Europa unterstellte.

Turner war hocherfreut, dass McNair als »Briton of standing« den Vorsitz zu übernehmen bereit war und zerstreute dessen Bedenken in Bezug auf Lauterpacht.[145] Es sei nun wichtiger, schnell eine erste Sitzung anzusetzen, anstatt auf Lauterpachts Rückkehr zu warten, da die Mitglieder der juristischen Beschäftigung mit der Bestrafung von Kriegsverbrechen größte Bedeutung beimessen würden. Neben Arnold McNair stand mit Percy H. Winfield als Vorsitzender der Cambridge Commission an weiterer prominenter Stelle ein Brite, ein Kenner nicht nur des Gewohnheitsrechts, sondern auch des internationalen Rechts. So wurden zudem Verbindungen in die politische Elite hergestellt: Winfield hatte eine gute Beziehung zum Lordkanzler John Simon, den er persönlich über die Gründung der Cambridge Commission informierte.[146] Diese Besetzung des Vorsitzes sollte wohl – auch in der Außenwirkung – gewährleisten, dass es sich um eine britisch geführte Kommission handelte. Lauterpacht erfüllte dieses Kriterium offenbar nicht.

Dass den Vorsitz ein Professor übernahm, signalisierte nach außen, dass es sich bei der Cambridge Commission um eine akademische Institution handelte. Während sich andere Gruppierungen mit dem Sammeln von Beweismaterial und politischen Fragen beschäftigten, konzentriere man sich, so Turner, in Cambridge auf die Rechtslage bei »Kriegsgräueln«.[147] Diese juristische Ausrichtung wurde von McNair unterstützt. Er argumentierte, dass sich die Exilregierungen dieses Themas be-

144 FSU, LRP 1/1/22, Arnold McNair an J. W. Cecil Turner, 23.12.1941.

145 FSU, LRP 1/5/21, J. W. Cecil Turner an Arnold McNair, 9.1.1942.

146 Bod, MS. Simon 90, Winfield an Simon, 28.12.1941. So hatte Winfield Lord Simon gerade in dessen Landhaus besucht. Vgl. ebd., MS. Simon 89, Winfield an Simon, 7.11.1941. Dieser sah das Vorhaben einer Vereinheitlichung strafrechtlicher Bestimmungen jedoch skeptisch, da es international extreme Unterschiede, wenn nicht im Strafrecht, dann doch in dessen Anwendung gebe. Vgl. ebd., Simon an Winfield, 31.12.1941. Allerdings stand Simon der Einrichtung der UNWCC und eines internationalen Strafgerichtshofs positiv gegenüber, siehe Daniel Marc Segesser, Recht statt Rache oder Rache durch Recht? Die Ahndung von Kriegsverbrechen in der internationalen wissenschaftlichen Debatte, 1872–1945, Paderborn 2010, S. 328.

147 FSU, LRP 1/5/21, J. W. Cecil Turner an Arnold McNair, 9.1.1942.

reits annehmen würden – hier spielt er auf die »St. James Declaration« vom 13. Januar 1942 an – und es alles zu vermeiden gelte, was die (britische) Regierung als »nuisance« und Einmischung in die »Government machinery« betrachten könnte. Stattdessen solle man sich darauf konzentrieren, ein Memorandum zu verfassen, das die Justiziabilität der Gräueltaten, die Zuständigkeit der Gerichte und das anzuwendende Rechtssystem analysiere.[148] Damit umriss McNair bereits den Zuschnitt seines Komitees, was die Wichtigkeit der Frage unterstreicht, welche Personen mit welchem Verständnis von Recht und Politik die Schlüsselstellen in Organisationen besetzen. McNair und auch Turner verstanden juristische Arbeit als losgelöst von Fragen der »Politik«. Das Komitee solle »legal research« betreiben und könne nicht als Gerichtshof oder Strafverfolgungsbehörde agieren: »The Committee merely is to provide a statement of principles of law and procedure.«[149] So vermieden sie auch, das Wort »crime« zu verwenden, da – so der Gedankengang – erst noch geklärt werden müsse, bei welchen »atrocities« es sich um strafbares Verhalten handele. Umgekehrt, so Turner, sei Regierungseinfluss auf das Komitee unerwünscht.

Während eine enge Zusammenarbeit mit Vertretern der britischen Regierung in weite Ferne gerückt war, etablierte die Cambridge Commission weitere Mechanismen des Internationalismus. Sie gründete Komitees und Unterkomitees und berief Vorsitzende und Mitglieder.[150] Die transnationale Kooperation fußte dabei auf der Vorstellung einer Gemeinschaft von Juristen, die unabhängig von ihrer nationalen Herkunft eine gemeinsame Sprache hatten und auch einen Habitus teilten. So lud Turner den norwegischen Justizminister Terje Wold zu einem privaten, inoffiziellen Besuch nach Cambridge ein, da beide Mitglieder der »legal profession« seien.[151] Ein potenzieller Konfliktherd war dabei die Prägung der Exilanten in ihren jeweiligen europäischen und angelsächsischen Rechtskreisen. Während Turner, McNair und Lauterpacht in der Common Law-Tradition arbeiteten, waren die anderen Mitglieder kontinentaleuropäische Juristen. Um diese internationale Kooperation von Anfang an konfliktarm zu gestalten, beschloss McNair, in seinem Komitee »continental procedure« anzuwenden, auch wenn der Abschlussbericht eine britische Struktur annehmen sollte:

148 FSU, LRP 1/5/23, Arnold McNair an J. W. Cecil Turner, 13.1.1942.

149 FSU, LRP 1/5/6, J. W. Cecil Turner an Arnold McNair, 27.1.1942.

150 Auf der ersten Sitzung wurden neben dem Komitee für das Völkerstrafrecht (Vorsitz Arnold McNair) und Angeklagtenrechte (Vorsitz Stefan Glaser) Komitees anvisiert für »the use of military force in police duties« (Vorsitz Marcel de Baer), die »inclusion in Constitutional Statutes in principles governing the admininistration of criminal justice« (Vorsitz René Cassin), »the preservation of international peace through municipal systems of criminal law«, das Thema Auslieferung sowie für Mindeststandards für die Jugendgerichte. Diese wurden jedoch letztlich nicht eingerichtet. Siehe TNA, PCOM 9/517, J. W. Cecil Turner an Alexander Paterson (Prison Commission), 28.2.1942.

151 FSU, LRP 1/8/21, J.C. Cecil Tuner an Terje Wold, 2.3.1942.

> »What we always do at bodies like the Institute of International Law is that the Chairman makes a preliminary statement and invites discussion and memoranda upon it, and then the rapporteur produces a draft report which is then discussed in Committee. It seems to me that that practice will be familiar to our foreign colleagues, and has much to recommend it.«[152]

Es sollte also auf etablierte Mechanismen des Internationalismus zurückgegriffen werden, um potenziellen Konflikten vorzubeugen und den interkulturellen Austausch zu vereinfachen. McNair sah das Komitee als »reputable body of people«, die aufgrund ihrer geteilten Wissensbestände zum Strafrecht auf Augenhöhe miteinander sprechen konnten.[153] Dabei sollte die Arbeitssprache Englisch sein. Turner schlug als Schriftführer Marcel de Baer vor: »He speaks first class English and is very much interested in getting on with the investigation, and is in touch with all the other people in London.«[154] Vor dem Hintergrund, dass man sich in England und Cambridge befand und einige der Exiljuristen gutes bis sehr gutes Englisch sprachen, war dies eine naheliegende, wahrscheinlich noch nicht einmal diskutierte Entscheidung – im Hinblick auf die bisherige Lingua franca der Diplomatie, Französisch, allerdings durchaus erwähnenswert.[155]

Die Exiljuristen selbst erhofften sich von der Teilnahme an der Cambridge Commission einen Nutzen für die Reform der Strafrechtsregime ihrer Herkunftsländer, indem Erwartungen für die Nachkriegsjustiz und die internationale Rechtsordnung abgeglichen wurden. Von Anfang an lässt sich eine hohe persönliche Motivation erkennen, insbesondere bei den Juristen, die den Vorsitz der Komitees und Unterkomitees übernahmen. So setzte etwa de Moor (Vorsitzender des »Sub-Committee on Superior Orders«) alles daran, (zahlendes) Mitglied der Kommission zu werden. Er befand sich Ende 1941 in einem Zwiespalt, da seine Regierung zu diesem Zeitpunkt die Mitgliedsgebühren nicht übernehmen wollte und er diese, wie er meinte klarstellen zu müssen, privat nicht leisten könne. Er hoffte darauf, wie er dem niederländischen Justizminister Jan van Angeren mitteilte, dass sich die Exilregierungen zu einer offizielleren Anerkennung der Kommission bereit erklärten – natürlich ohne sich politisch zu binden. Letzten Endes sei dies mit keinen Nachteilen verbunden, außer dass es ihn seine Freizeit kosten würde.[156] Nachdem dieser Appell ohne Erfolg geblieben war, bat er Turner darum, van Angeren von der Notwendigkeit einer offiziellen Anerkennung zu überzeugen, was diesem auch gelang.[157]

---

152 FSU, LRP 1/5/65, Arnold McNair an J. W. Cecil Turner, 4.3.1942.

153 LRP 1/5/3, Arnold McNair an J. W. Cecil Turner, 16.3.1942.

154 FSU, LRP 1/5/21, J. W. Cecil Turner an Arnold McNair, 9.1.1942.

155 Vgl. Michael D. Gordin, Introduction: Hegemonic Languages and Science, in: Isis 108 (2017) 3, S. 606–611.

156 NIOD 234/36, J. M. de Moor an Jan van Angeren, 2.12.1941.

157 NIOD 234/36, J. M. de Moor an J. W. Cecil Turner, 25.12.1941 (handschriftlicher Entwurf).

Ein Blick auf die weiteren Karrieren dieser Männer – es waren nur Männer – zeigt die Bedeutung internationaler Zusammenarbeit für ihre (Berufs-)Identität. Radzinowicz, de Baer, Beneš, Burnay, Stavropoulos, Bodson, Wold sowie Stabell, Glaser, Vlajić und Lauterpacht waren nach dem Krieg alle in internationalen oder europäischen Zusammenschlüssen aktiv, sei es bei den Vereinten Nationen (Radzinowicz, de Baer, Beneš, Stavropoulos) oder in europäischen Institutionen (Bodson, Wold). Lauterpacht wurde Mitglied der Völkerrechtskommission der Vereinten Nationen und später Richter am Internationalen Gerichtshof in Den Haag. Der Cambridge-Jurist und Vizekanzler der Universität Liverpool Arnold McNair (1885–1975), der den Vorsitz des Komitees für Verstöße gegen das Völkerrecht übernehmen sollte, wurde Präsident des Internationalen Gerichtshofs und erster Präsident des Europäischen Gerichtshofs für Menschenrechte. Die Teilnahme an der Cambridge Commission war wohl keine Voraussetzung oder ein entscheidendes Moment für die späteren Berufswege. Um solch eine verallgemeinernde Aussage treffen zu können, sind die individuellen Lebensläufe zu divers. Es lässt sich jedoch ableiten, dass es für die Exiljuristen einen »London Moment« in dem Sinne gab, dass sie sich der während des Kriegs geplanten regelbasierten »international new order« verpflichtet fühlten und auch nach 1945 internationale Kooperation für identitätsstiftend und wichtig hielten. Die Cambridge Commission diente in England während des Kriegs als Ort für die Entwicklung dieser Ordnungsvorstellungen und für das Einüben internationalistischer Praktiken. So knüpfte das Department of Criminal Science an Mechanismen des Internationalismus an, die in der internationalen Ordnung der Zwischenkriegszeit eingeübt worden waren und nun Finanzierung und Komitee-Struktur der Cambridge Commission prägten.

Schlussbemerkungen

Es war nicht das Entsetzen über Massenverbrechen in Kontinentaleuropa, das ursprünglich zur Gründung der Cambridge Commission und eines Internationalen Komitees durch die Howard League for Penal Reform führte. Stattdessen ergriffen britische Strafrechtsreformer die Gelegenheit, die sich ihnen angesichts der Anwesenheit europäischer Exiljuristen in London bot, und versuchten, durch vergleichende Untersuchungen europäischer Strafrechtsregime gemeinsame Standards für das Strafrecht zu entwickeln. So sollte eine Vereinheitlichung nach dem Krieg vorbereitet werden. Sie sahen sich primär in der Tradition der Strafrechtsreformbewegung, nicht des Völkerrechts. Dies erklärt auch die Zusammensetzung dieser Gruppierungen, in denen primär juristische Praktiker aufeinandertrafen, von denen man sich Expertise über nationale Strafrechtsregime erhoffte. Die Einbindung der Exiljuristen in Cambridge Commission und Internationales Komitee Ende 1941/Anfang 1942 zeigt, dass transnationale Zusammenarbeit auf der einen

Seite ein Mittel war, um eigene wissenschaftspolitische Ambitionen zu realisieren – nämlich die Kriminalwissenschaft in der britischen Universitätslandschaft stärker zu verankern. Für die Exiljuristen waren Cambridge Commission und HLPR auf der anderen Seite eine Möglichkeit, als Experten aufzutreten, so die Beschränkungen des Exils zu überwinden, und die Nachkriegsplanungen mitzugestalten.

Raum hierfür bot die Zurückhaltung der britischen Regierung, was die Planung der (völker-)strafrechtlichen Zusammenarbeit nach dem Krieg und die Bestrafung von Kriegsverbrechen anging. Ende 1941 stand die Debatte darum, was als internationales Verbrechen gelten sollte, – Verbrechen an der (deutschen) Zivilbevölkerung? Das Führen eines Angriffskriegs? – noch am Anfang. Der britische Premierminister Winston Churchill hatte zu diesem Zeitpunkt die Bestrafung von Kriegsverbrechen zum Kriegsziel erklärt, und auch US-Präsident Roosevelt hatte bereits vor dem amerikanischen Kriegseintritt, der dann am 11. Dezember erfolgte, die juristische Ahndung von begangenen Verbrechen angekündigt.[158] Bis zur Gründung der UNWCC 1943 folgten auf diese Ankündigungen jedoch zunächst keine Taten, und auch danach zeigte sich insbesondere das britische Außenministerium sehr zurückhaltend. Auch reagierten, wie in diesem Kapitel ausgeführt, britische Regierungsstellen ablehnend auf die Pläne der HLPR und des Department of Criminal Science, Aspekte einer »penal reconstruction« auf die Agenda der Nachkriegsplanungen zu setzen. Kernpunkt der Auseinandersetzung war die Frage, ob es sich bei den Mitgliedern um Privatpersonen oder offizielle Regierungsvertreter handelte. Dies führte dazu, dass die HLPR und das Department immer wieder versicherten, dass sie im wissenschaftlichen Interesse den Austausch von Privatpersonen befördern und keine politischen Handlungsempfehlungen geben wollten.

Wie die folgenden Kapitel zeigen, übten Exilanten großen Einfluss auf die Agenda des Internationalen Komitees und der Cambridge Commission aus. Ersteres konzentrierte seine Arbeit auf das Thema der Jugendgerichtsbarkeit, was zur Publikation eines Sammelbands 1948 führte und die HLPR als feste Größe unter den NGOs der Nachkriegszeit etablierte, die sich mit Fragen des Strafvollzugs und dessen internationaler Regulierung befassten. In der Cambridge Commission schoben sich 1942 die Bestrafung von Kriegsverbrechen und die damit einhergehenden juristischen Fragen als Themen in den Vordergrund, zum Nachteil der klassischen Themen der Kriminologie. Während ihres Bestehens bestimmten auf britischer Seite die Wissenschaftler Arnold McNair und Hersch Lauterpacht, aufseiten der Exilanten Marcel de Baer, Johannes M. de Moor und Stefan Glaser die Debatte. Sie agierten als *legal entrepreneurs*, die ältere Debatten etwa um die Einführung eines internationalen Strafgerichtshofs aufleben ließen und vor dem Hintergrund ihrer

---

158 Arieh J. Kochavi, Prelude to Nuremberg: Allied War Crimes Policy and the Question of Punishment, Chapel Hill/London 1998, S. 15.

Problemdiagnosen neu einordneten. Gemeinsam war ihnen ein »Geist der Sicherheit«[159]: das Ziel, durch eine Reform des Völkerstrafrechts eine stabile internationale Ordnung zu schaffen; das Paradigma internationaler politischer Kooperation und Stabilität.

159 Jan Eckel, Weltsteuerung aus dem Geist der Sicherheit: Wie es zu einer neuen Weltordnung nach dem Ende des Zweiten Weltkriegs kam, in: 51 Grad, (2016) 2, S. 12–15.

IV Lehren aus der Vergangenheit

Die Cambridge Commission, *legal entrepreneurs* und die Debatte um einen internationalen Strafgerichtshof

Die Frage, welche Taten eigentlich einen Verstoß gegen das internationale Strafrecht darstellen, berührt das Grundverständnis der Geschichte des internationalen Strafrechts als Wissensfeld. So ist die Unterscheidung zwischen internationalen und »normalen« Vergehen historisch kontingent und veränderbar.[1] Während sich internationale Strafrechtler heute primär mit dem Schutz von Zivilisten vor systematischen Gräueltaten wie Verbrechen gegen die Menschlichkeit befassen, stand im und nach dem Zweiten Weltkrieg – und als Resultat dieser Debatten im Londoner Abkommen – die Regulierung internationaler bewaffneter Konflikte im Vordergrund.[2] Unter diesem »international armed conflict paradigm« wurden Verbrechen als international eingestuft, wenn sie in Verbindung mit dem Angriffskrieg Hitlerdeutschlands begangen wurden.[3] Ein Paradigmenwechsel hin zu einer Einschränkung staatlicher Souveränität durch eine stärkere Gewichtung des Straftatbestands »Crimes against Humanity« fand 1945 nur in begrenztem Maße statt, da in den Nürnberger Prozessen – im Gegensatz zu den sogenannten Nürnberger Nachfolgeprozessen – nur Taten geahndet werden konnten, die im Kontext des Kriegs begangen worden waren.[4]

---

1 Alexander K. A. Greenawalt, What is an International Crime?, in: Kevin Heller/Frédéric Mégret/Sarah Nouwen/Jens Ohlin/Darryl Robinson (Hg.), The Oxford Handbook of International Criminal Law, Oxford 2020, S. 293–316.

2 Obwohl es sich um eine ungenaue Übersetzung handelt, wie seit Hanna Arendt immer wieder kritisiert wird, wird hier der rechtliche Terminus »Verbrechen gegen die Menschlichkeit«, nicht »Verbrechen gegen die Menschheit« verwendet.

3 Samuel Moyn, From Aggression to Atrocity: Rethinking the History of International Criminal Law, in: ebd., S. 341–360; Frédéric Mégret, International Criminal Justice History Writing as Anachronism: The Past that Did Not Lead to the Present, in: Immi Tallgren/Thomas Skouteris (Hg.), The New Histories of International Criminal Law: Retrials, Oxford 2019, S. 72–89.

4 Kim C. Priemel/Alexa Stiller, Wo»Nürnberg«liegt: Zur historischen Verortung der Nürnberger Militärtribunale, in: dies. (Hg.), NMT: Die Nürnberger Militärtribunale zwischen Geschichte, Gerechtigkeit und Rechtsschöpfung, Hamburg 2013, S. 9.

Die Geschichte des Völkerstrafrechts ist also aufs engste mit der seit Ende des 19. Jahrhunderts international diskutierten Frage verbunden, wie Staaten mit Verbrechen im transnationalen Raum umgehen sollen und wann bestimmte Handlungen zu einem Verbrechen wurden, das die internationale Gemeinschaft betraf, ja, sie zum Handeln zwang. Dabei fußte die Entwicklung »internationaler« Rechtsstandards auf der Annahme einer Interessen- und Rechtsgemeinschaft »zivilisierter Völker«, die – in Abgrenzung zum nicht zivilisierten Rest der Welt – als gleichberechtigte Völkerrechtssubjekte galten. Auch das humanitäre Völkerrecht hatte keinen universellen Geltungsbereich, da sich sein Schutz oft nicht auf kolonialisierte oder eben »nicht zivilisierte« Völker erstreckte.[5] Bei den Debatten während des Zweiten Weltkriegs spielten Kolonialverbrechen folglich kaum eine Rolle – im Gegenteil, die Kolonialmächte waren aktiv daran beteiligt, eine Anwendung des internationalen Strafrechts auf ihren Herrschaftsbereich zu verhindern. Auch aus Sicht vieler Exiljuristen in London sollte das Völkerstrafrecht nicht zur Umwälzung der bestehenden Herrschaftsstrukturen führen, sondern wurde zuvorderst als Instrument verstanden, um die internationale Ordnung wiederherzustellen und ein geläutertes Deutschland wieder in die Gemeinschaft zivilisierter Völker zu integrieren.[6]

Anhand der im November 1941 an der Universität Cambridge gegründeten Cambridge Commission wird in den folgenden Kapiteln analysiert, warum sich gerade Exiljuristen in London während des Zweiten Weltkriegs mit internationalen Verbrechen und der Ahndung von Kriegsverbrechen beschäftigten, welche Ressourcen ihnen dabei zur Verfügung standen, auf welche Deutungsmuster sie zurückgriffen und welche Lösungen sie vorschlugen. Während die Organisatoren (der Strafrechtler J. W. Cecil Turner und der exilierte Kriminologe Leon Radzinowicz) dabei die internationale Vereinheitlichung des Strafrechts und der Kriminalpolitik im Blick hatten, verbanden die Teilnehmer (Exiljuristen aus elf europäischen Ländern) mit der Kommission die Hoffnung, ihre jeweiligen nationalen Vorbereitungen zum Wiederaufbau nach dem Krieg durch einen transnationalen Austausch zu flankieren und die Ahndung von Kriegsverbrechen der sogenannten Achsenstaaten, insbesondere Deutschlands, vorzubereiten. Ihre Debatten wurden einerseits

5 Daniel Marc Segesser, Recht statt Rache oder Rache durch Recht? Die Ahndung von Kriegsverbrechen in der internationalen wissenschaftlichen Debatte, 1872–1945, Paderborn 2010, S. 30f. Grundlegend: Martti Koskenniemi, The Gentle Civilizer of Nations: The Rise and Fall of International Law 1870–1960, Cambridge 2001. Zur Geschichte des internationalen Rechts in einer kolonialen Weltordnung: Antony Anghie, Imperialism, Sovereignty and the Making of International Law, Cambridge 2005; Arnulf Becker Lorca, Mestizo International Law: A Global Intellectual History 1842–1933, Cambridge 2015; Anne Orford (Hg.), International Law and Its Others, Cambridge 2006.

6 Kim Priemel, The Betrayal: The Nuremberg Trials and German Divergence, Oxford 2016, insb. Kap. 2.

angestoßen durch die im Krieg begangenen Verbrechen, die das Projekt des internationalen Strafrechts vor neue Herausforderungen stellten, andererseits durch ihre persönliche Situation als Exilantinnen und Exilanten. Sie nutzten ihr Rechtswissen, um das durch die Emigration verlorene kulturelle Kapitel zu kompensieren und Legitimität als Experten in Einfluss auf die Nachkriegsrechtsordnung umzuwandeln.[7] Dabei griffen sie auf Wissensbestände der Kriminalwissenschaft, des nationalen Strafrechts und des internationalen Rechts zurück.

Von Anfang an favorisierten die Exiljuristen, die sich in der Cambridge Commission engagierten, einen internationalen Strafgerichtshof, um eine lückenlose Ahndung der Kriegsverbrechen zu gewährleisten. Sie verstanden das Völkerstrafrecht als Instrument dafür, Frieden wiederherzustellen, indem transnationale Verbrechen geahndet werden, und argumentierten damit in der Tradition des internationalen Strafrechts, wie es in der Zwischenkriegszeit praktiziert wurde.[8] Die Cambridge Commission gründete im Laufe des Jahres 1942 Unterkomitees zur Definition von Kriegsverbrechen sowie zur nationalen Jurisdiktion, mit dem Ziel, Lücken im Geltungsbereich nationalen Strafrechts zu identifizieren und diese zu schließen. So unternahmen die nun vernetzten *legal entrepreneurs* erste Formulierungsversuche für die Definition von Kriegsverbrechen, die sich auch in der Arbeit der LIA und der UNWCC wiederfinden.[9] Dabei fochten aus unterschiedlichen nationalen und Bildungskontexten stammende Juristen in der Kommission juristische Kontroversen aus: Während der englische Professor für internationales Recht Arnold McNair und der polnische Strafrechtsprofessor Stefan Glaser zumindest in diesem speziellen Kontext Gegner der Einrichtung eines internationalen Strafgerichtshofes waren, standen der belgische Richter Marcel de Baer und der Niederländer Johannes M. de Moor positiv dazu.

Mit einem besonderen Schwerpunkt auf de Baer wird in diesem Kapitel die Genese der Idee einer internationalen Strafjustiz in der Cambridge Commission und ihre Zirkulation unter den Exiljuristen in London während des Zweiten Weltkriegs verfolgt. Besondere Aufmerksamkeit gilt de Baers Biografie, die seine Problemdiagnosen, seinen Erwartungshorizont, mithin den durch ihn repräsentierten Denkstil erklärt.[10] Handlungsanleitend war seine Interpretation eines »Versagens« der Alliierten, nach dem Ersten Weltkrieg deutsche Kriegsverbrechen zu ahnden, das er

---

7 Simone Lässig/Swen Steinberg, Knowledge on the Move: New Approaches toward a History of Migrant Knowledge, in: Geschichte und Gesellschaft 43 (2017) 3, S. 336–338.

8 Greenawalt, International Crime, S. 297; Mark Lewis, The Birth of the New Justice: The Internationalization of Crime and Punishment, 1919–1950, Oxford 2014, S. 78f.

9 Zum Konzept der *legal entrepreneurs* siehe die Einleitung und Mikael Rask Madsen/Yves Dezalay, In the »Field« of Transnational Professionals: A Post-Bourdieusian Approach to Transnational Legal Entrepreneurs, in: Leonard Seabroke/Lasse Henriksen (Hg.), Professional Networks in Transnational Governance, Cambridge 2017.

10 Weitere Details zu de Baers Biografie finden sich in Kapitel I.2.

darauf zurückführte, dass keine Internationalisierung der Strafverfolgung stattgefunden habe. Aus dieser Deutung der Vergangenheit als »verpasste Chance« leitete er seine Forderungen nach einem internationalen Strafgerichtshof ab, nach der Formulierung von Straftatbeständen schon während des Kriegs, und nach der Organisation eines Mechanismus für die Ergreifung von Kriegsverbrechern – alles mit dem Ziel, diese direkt nach dem Krieg bestrafen zu können und so zu Recht und Ordnung zurückzukehren.

Dabei stellte die Cambridge Commission einen Wissensraum dar, in dem de Baer Expertenwissen zum Völkerstrafrecht entwickelte. Für ihn und die hier im Zentrum stehenden Exiljuristen ging es bei ihren Entwürfen für die Nachkriegsordnung vor allem um die Wiederherstellung von Recht und Ordnung und um die Friedenswahrung. Wie der Kontakt mit dem World Jewish Congress (Kapitel IV.2) zeigt, nahmen sie (noch) keine primär opferzentrierte Sichtweise ein, die etwa dem Straftatbestand des Verbrechens gegen die Menschlichkeit zugrunde lag.[11] Aber auch der Rückgriff auf das Projekt der 1920er Jahre, Krieg als Instrument der Politik zu ächten, hatte keine dominante Bedeutung. Stattdessen zeigt die Debatte in der Cambridge Commission um einen internationalen Strafgerichtshof, dass das Völkerstrafrecht im Zweiten Weltkrieg als Mittel verstanden wurde, um durch internationale (rechtsstaatliche) Standards im Strafrecht Konflikte zwischen Staaten zu lösen und eine stabile internationale Rechtsordnung zu gewährleisten.

1 Die Cambridge Commission und das Völkerstrafrecht

Das Komitee für Verbrechen gegen das Völkerrecht

Das erste Mal traf das »Committee on Rules and Procedure to Govern cases of Crimes against International Public Order« (McNair-Komitee) unter Vorsitz Arnold McNairs am 16. April 1942 zusammen. Der definierte Aufgabenbereich des Komitees war folgender: »To investigate and report upon Rules and Procedure relating to the Punishment of Crimes committed in the Course of and Incidental to the present War.«[12] Es ging um eine vorgeblich rein akademische, analytische

11 Vgl. Lewis, New Justice, Kap. 6.

12 United Nations Archives [UNA], UNWCC (1943–1948), Records created by the Commission, the Committees, the Research Office, and the Far Eastern and Pacific Sub-Commission, Documents, Reports and Related Materials, International Commission for Penal Reconstruction and Development and its Committees and Sub-Committees: Reports and Notes, Bd. 37 [Cambridge Commission], Committee Concerned with Crimes Against International Public Order: Report (D.27), 29.7.1943, S. 1.

Aufgabe, nämlich die rechtlichen Voraussetzungen für die Bestrafung von Kriegsverbrechen zu klären.[13] Allerdings war in der Erweiterung auf kriminelle Akte, die in indirektem Zusammenhang mit dem Krieg standen (»incidental to the present war«), der Anspruch impliziert, bestehende Lücken im Strafrecht zu identifizieren. So erklärte McNair in einem Brief an Turner, dass ihm der Begriff »war crimes« nicht umfassend genug sei, da er nur einen Teil der Taten abdecke, mit denen man sich beschäftigen wolle.[14] Man solle sich auch mit Verbrechen beschäftigen, die feindliche Truppen und ihre Kollaborateure gegen alliierte Truppen, Zivilisten oder Eigentum verübt hatten. Er schlug vor, die Hauptverbrechen aufzulisten und zu analysieren, durch welches Rechtssystem (Militärstrafrecht, nationales Strafrecht oder internationale Konventionen) und durch welche Gerichte diese bestraft werden könnten – ob es einen internationalen Gerichtshof geben solle, war von Anfang an Teil der Überlegungen. Dazu gehörte auch die zentrale Frage, welche Institutionen Beweise ermitteln und Angeklagte verhaften sollten – insbesondere, wenn sich diese zum Zeitpunkt eines Waffenstillstands auf Achsen- oder neutralem Territorium befanden. Schließlich warf McNair die Frage auf, ob man sich nur mit individuellen Straftaten oder auch mit »illegal acts by States, such as the waging of aggressive war in breach of treaty« befassen solle.[15]

Für die Zusammenkunft im Czechoslovak Institute hatte Arnold McNair einen Fragebogen vorbereitet, auf dessen Grundlage dieser Bericht erstellt werden sollte.[16] Nach dem Treffen im Czechoslovak Institute verschickte Turner diesen mit zweiwöchiger Frist an die Mitglieder.[17] Im Verlauf des Mai erhielt Turner Antworten für Frankreich von Jean Burnay, für die Tschechoslowakei von Václav Beneš, für Polen von Stefan Glaser, für Belgien von Georges Kaeckenbeeck und Marcel de Baer, für Jugoslawien von Božidar Vlajić, für Norwegen von Peter Stabell, für die Niederlande von Johannes M. de Moor, für Luxemburg von Victor Bodson und – mit einiger Verspätung – für Griechenland von Constantin Stavropoulos.[18] Indem diese juristi-

13 Siehe auch Florida State University [FSU], Sir Leon Radzinowicz Papers [LRP] 1/17/8, Cambridge Commission, Committee Concerned with Crimes against International Public Order, Synopsis of Opening Remarks by the Chairman of the Committee (Arnold McNair), 25.3.1942.

14 FSU, LRP 1/5/3, Arnold McNair an J. W. Cecil Turner, 16.3.1942.

15 FSU, LRP 1/17/8, Cambridge Commission, Committee Concerned with Crimes against International Public Order, Synopsis of Opening Remarks by the Chairman of the Committee (Arnold McNair), 25.3.1942, S. 4.

16 FSU, LRP 1/5/3, Arnold McNair an J. W. Cecil Turner, 16.3.1942; FSU 1/5/5, J. W. Cecil Turner an Mitglieder, 16.3.1942.

17 UNA, Cambridge Commission, Committee Concerned with Crimes Against International Public Order: Questionnaire (W.2), 28.4.1942; FSU 1/5/46, Rundschreiben an die Mitglieder der Cambridge Commission, 28.4.1942.

18 UNA, Cambridge Commission, Committee Concerned with Crimes Against International Public Order Answers to Questionnaire of 28 April, 1942 (D.1a); ebd., Marcel de Baer, Answers to Questionnaire of 28 April, 1942 (D.1b), 11.5.1942.

schen Analysen erstellt wurden, definierte die Cambridge Commission, was man zu diesem Zeitpunkt als Herausforderung in Bezug auf das internationale Strafrecht und als die eigene Aufgabe verstand: Einig waren sich die Exiljuristen darin, dass die Haager und Genfer Konventionen nicht mehr ausreichten, um die durch die Deutschen verübten Verbrechen zu ahnden, insbesondere was auf deutschem Staatsgebiet begangene Straftaten anging.[19] Daraus leiteten sie die Aufgabe ab, in einem ersten Schritt zu analysieren, welche Verbrechen unter welche staatliche Jurisdiktion fielen und wo Lücken zu entstehen drohten.[20]

Die Exiljuristen agierten im Kontext der Cambridge Commission primär als Experten ihrer nationalen Rechtssysteme. Dennoch kam ihr Interesse an Fragen des internationalen Rechts nicht aus dem Nirgendwo: Hersch Lauterpacht, Stefan Glaser und René Cassin (der kein aktives Mitglied der Kommission war) waren Professoren für das internationale (Straf-)Recht; Marcel de Baer hatte sich im Zuge seiner Laufbahn als Kolonialbeamter mit dem Transfer der belgischen Rechtspraxis in den Kongo beschäftigt; J. M. de Moor hatte sich für den Völkerbund engagiert; Václav Beneš hatte sich im Außenministerium mit ebendieser Institution auseinandergesetzt.

Aber auch das Vorwissen, das die europäischen Exilanten als Richter oder Anwälte erworben hatten, stellte zu Kriegszeiten eine unschätzbare Ressource dar: In England war das Beschaffen von Informationen über ausländische Rechtssysteme schon vor dem Krieg problematisch gewesen. Dieser Umstand wurde im Krieg verschärft, da sich die jeweiligen Ansprechpartner in von Deutschland besetzten Staaten entweder nicht mehr interessiert an internationaler Kooperation zeigten, sich als Juden in prekärer und lebensbedrohlicher Lage befanden, oder geflüchtet waren und ohne besondere (akademische) Ressourcen wie etwa Gesetzestexte und Standardwerke im Exil lebten. Unter diesen Umständen stellte das Wissen der Exiljuristen eine wichtige Ressource für die Nachkriegsplanungen der »penal reconstruction and development« dar (so ja der vollständige Name der Cambridge Commission). Exiljuristen konnten sich so durch ihre transnationale Arbeit Legitimität oder, mit Bourdieu gesprochen, (kulturelles) Kapital erwerben, weil Wissen und Information eine knappe Ressource waren. Auf Grundlage dieser Legitimität konnten sie als *legal entrepreneurs* agieren, die Agenda mitbestimmen und Lösungen für das Problem verhandeln, dass ein abermaliges »Versagen« der Siegermächte, Kriegsverbrecher schnell und nach rechtsstaatlichen Standards zu bestrafen, neue zwischenstaatliche Konflikte nach sich ziehen würde. So gelang es den Exiljuristen in der Cambridge Commission, den Fokus von kriminalwissenschaftlichen Themen wegzubewegen hin zur Definition und Modi der Bestrafung von Kriegsverbrechen.

---

19 UNA, Cambridge Commission, McNair Committee, Answers to Questionnaire (D.1a), S. 2.

20 Ebd., S. 1.

Den Antworten auf den Fragebogen McNairs ist zu entnehmen, dass man sich mit individuellen strafbaren Handlungen befassen wollte.[21] Die Exiljuristen wollten also keine juristische Einordnung von Angriffskriegen als Straftat vornehmen. Dennoch spielte der sogenannte »war nexus« der Verbrechen eine wichtige Rolle in den Diskussionen darum, ab welchem Zeitpunkt man überhaupt von *Kriegs*-Verbrechen sprechen konnte. Denn wenn man die Absicht zum Angriffskrieg oder den tatsächlichen Angriff auf andere Staaten als Verstoß gegen das Völkerrecht deutete, könnten auch Verbrechen geahndet werden, die bereits vor der offiziellen Kriegserklärung an Deutschland am 3. September 1939 begangen worden waren. So sprach sich Polen dafür aus, dass man mit der Untersuchung 1933 anfangen solle, da Hitler bereits zu diesem Zeitpunkt geplant habe, durch einen Angriffskrieg internationales Recht zu brechen.[22] Die meisten anderen Vertreter plädierten ebenfalls dafür, die Untersuchung vor der offiziellen Kriegserklärung anzusetzen.[23] Für sie stellte jedoch erst der Einmarsch der deutschen Truppen in die Tschechoslowakei und die Errichtung des Protektorats Böhmen und Mähren den Beginn wenn nicht der offiziellen Kampfhandlungen, dann des Ausscheidens Deutschlands aus der Gemeinschaft zivilisierter Völker dar. Die Verletzung der staatlichen Souveränität der Tschechoslowakei, also der Verstoß gegen das Völkerrecht, begründe die Verfolgung der seitdem begangenen Verbrechen. Auch wenn die Cambridge Commission einen Angriffskrieg an sich nicht als internationales Verbrechen definierte, deutet sich hier bereits an, dass die Exiljuristen die Vorannahme teilten, dass das Führen eines Kriegs einen Angriff auf die viel beschworene »Gemeinschaft zivilisierter Staaten« bedeutete und die Bestrafung der im Krieg begangenen Verbrechen als Instrument der Friedenssicherung verstanden wurde.[24]

Die Verbrechen gegen deutsche Juden spielten in den Antworten auf den Fragebögen insofern eine Rolle, als Verbrechen, die auf deutschem Staatsgebiet verübt wurden, die größte Herausforderung für das Ansinnen darstellte, lückenlos Kriegsverbrechen aufklären zu können. Wenn auf deutschem Territorium Straftaten an deutschen oder staatenlosen Juden verübt wurden, griffen weder das Territorialitätsprinzip, nach dem eine Straftat durch den Staat verfolgt wurde, auf dessen Territorium diese begangen worden war, noch das Nationalitätsprinzip, das sich an der

---

21 Ebd., S. 43.

22 Ebd., S. 11.

23 Ebd., S. 9. Die Vertreter Griechenlands und Norwegens wollten die Untersuchung erst im September 1939 ansetzen; de Baer sprach sich aus praktischen Erwägungen ebenfalls für diese Lösung aus. Ebd., S. 10f.

24 Zur Geschichte der Kriminalisierung von Angriffskriegen siehe Kirsten Sellars, »Crimes against Peace« and International Law, Cambridge 2013; Annette Weinke, Individualizing Guilt at Nuremberg, in: Stefanie Bock/Eckart Conze (Hg.), Rethinking the Crime of Aggression: International and Interdisciplinary Perspectives, Den Haag 2022, S. 209–223; zum Briand-Kellogg-Pakt: Segesser, Recht statt Rache, S. 274–282.

Staatsangehörigkeit des Opfers orientierte. De Baer analysierte dies treffend in seiner Antwort für den Fragebogen. Aber nur der französische Vertreter forderte konkret, dass sich das Komitee auch mit diesen Verbrechen befassen solle, stelle die Praxis der Deutschen, Praktiken gegen Juden zu legalisieren, doch eine besondere Herausforderung für die Nachkriegsjustiz dar.[25] Wie später zu zeigen sein wird, waren jedoch die meisten Exiljuristen gegen eine separate Untersuchung der an Juden verübten Verbrechen, weil man keinen Sonderfall für eine bestimmte Minderheit etablieren wollte.

Wohlgemerkt befinden wir uns im Frühjahr 1942: Die Rassen- und Vernichtungspolitik der Nationalsozialisten hatte schon zahlreiche Opfer gefordert – besonders in Osteuropa –, die Einsatzgruppen der Sicherheitspolizei und des SD hatten seit dem Überfall auf die Sowjetunion grausame Massenverbrechen verübt. Auch wenn die britische Regierung schon 1941 von einer systematischen Vernichtungspolitik ausgehen konnte, mussten sich die osteuropäischen Exilregierungen noch lange vergeblich darum bemühen, dass dieses Wissen auch öffentlichkeitswirksam eingesetzt wurde. Aber auch hier ergibt sich das Bild, dass die Verhinderung und strafrechtliche Verfolgung der Verbrechen an den Juden keine Priorität hatte.[26] Und so debattierten die Exiljuristen in der Cambridge Commission die Gräueltaten der Nationalsozialisten vor allem als Problem der Jurisdiktionskonflikte zwischen Staaten, die eine stabile internationale Nachkriegsordnung gefährdeten. Ihre Diskussionen über die Einrichtung eines internationalen Strafgerichtshofes zeigt besonders gut die dabei angewandten Denkmuster der Exiljuristen und die Mechanismen der transnationalen Zusammenarbeit.

Die Kontroverse über die internationale Strafjustiz

Die Idee eines internationalen Strafgerichtshofs (International Criminal Court, ICC) flottierte in der Zwischenkriegszeit zwischen den Vertretern der sich gerade entwickelnden Disziplin des internationalen Strafrechts als Lösung für Jurisdiktionskonflikte. Eine besondere Rolle spielten in den 1920er Jahren internationale nichtstaatliche Organisationen wie die International Law Association (ILA) und die Association Internationale de Droit Pénal (AIDP).[27] In den 1930ern schob sich die transnationale Verfolgung »terroristischer« Akte nach vorn, während der Schutz der Zivilbevölkerung in den Hintergrund geriet. Von den meisten Politikern in Europa

25 UNA, Cambridge Commission, McNair Committee, Answers to Questionnaire (D.1a), S. 4.

26 Jan Lanicek, Governments-in-Exile and the Jews During and After the Second World War, in: ders./James Jordan (Hg.), Governments-in-Exile and the Jews During the Second World War, Edgware 2012, S. 73–94.

27 Segesser, Recht statt Rache, S. 233–261.

und den USA wurde ein internationaler Strafgerichtshof zur Ahndung von Kriegsverbrechen aber immer noch als Angriff auf die nationale Souveränität gesehen, weil er von einer individuellen strafrechtlichen Verantwortung im internationalen Raum ausging.[28] Mit den Internationalen Militärtribunalen in Nürnberg und Tokio wurde dieses Prinzip durchbrochen und Staatsoberhäupter und andere zentrale Planer und Befehlsgeber durch alliierte Gerichte angeklagt. Neue Rechtsfiguren wie Verbrechen gegen die Menschlichkeit oder Genozid wurden erstmals als Anklagepunkte angeführt, blieben jedoch zumindest in Nürnberg dem Hauptanklagepunkt des Angriffskriegs untergeordnet.[29]

Der Zweite Weltkrieg wirkte als Katalysator für diese Forderungen, allerdings blieb die internationale Strafgerichtsbarkeit ein umkämpftes Thema. Im Abschlussbericht des McNair-Komitees im Juli 1943 hieß es:

> »While most of us believe that the time is ripe for the establishment of a Permanent International Criminal Court, we all hold the provisional view that a very large percentage of the crimes which have been and will be committed incidental to and in the course of the present war […] can be punished by means of the jurisdiction of the municipal courts of the Allied powers, both civil and military.«[30]

So stellte McNair – der allein für den Abschlussbericht verantwortlich zeichnete – dar, dass durch das Territorialitätsprinzip alle Straftaten in den besetzten Gebieten verfolgt werden können. Die meisten Staaten könnten zudem Straftaten ihrer eigenen Staatsbürger, die diese im Ausland begingen, verfolgen. Nur Belgien, Polen und Griechenland konnten hingegen zum jetzigen Zeitpunkt kriminelle Akte verfolgen, die sich im Ausland gegen ihre Staatsbürger richteten; Polen sogar, wenn ein Ausländer diese Straftat beging. Vor diesem Hintergrund war sich McNair sicher, dass die meisten Straftaten bereits nach geltendem Recht und durch existierende Gerichte in den alliierten Staaten geahndet werden könnten. Das gelte selbst für die beispiellosen Gräueltaten, die durch Mitglieder der Achsenstaaten auf eigenem Territorium (also etwa durch einen Deutschen in Deutschland) verübt worden seien, seien Ele-

---

28 Ebd., S. 295–300; Lewis, New Justice, insb. Kap. 4.

29 Zur Geschichte des Konzepts des Angriffskriegs siehe Annette Weinke, Individualizing Guilt at Nuremberg, in: Stefanie Bock/Eckart Conze (Hg.), Rethinking the Crime of Aggression: International and Interdisciplinary Perspectives, Den Haag 2022, S. 209–223. Weinke argumentiert, dass die Tatsache, dass »aggressive war« als »superior crime« der Hauptstraftatbestand im IMT war, nicht auf den Erfolg der Bemühungen nichtstaatlicher Akteure in der Zwischenkriegszeit zurückzuführen sei, sondern vielmehr auf politische Erwägungen des amerikanischen Hauptanklägers Robert Jackson.

30 UNA, Cambridge Commission, McNair-Komitee, Abschlussbericht, S. 5.

mente dieser Handlungen – etwa Mord – doch bereits nach geltendem nationalen oder internationalen Recht strafbar.[31]

Angesichts der Feststellung, dass bereits ein Großteil der Straftaten ohne irgendwelche Änderungen im Strafrecht verfolgt werden könnten, sprach sich McNair deutlich gegen das Mammutprojekt aus, einen internationalen Strafgerichtshof und ein internationales Strafgesetzbuch gewissermaßen aus dem Nichts zu erschaffen – und das alles »for the sake of a somewhat theoretical universality«.[32] Er führte zum einen praktische Gründe ins Feld – die Einrichtung eines ICC dauere zu lange, dabei sei äußerste Geschwindigkeit gefordert –, zum anderen rechtsstaatliche Erwägungen. Es würde sich im Grunde nicht um ein internationales, sondern um ein interalliiertes Gericht handeln, da nicht zu erwarten sei, dass die Achsenstaaten an der Verurteilung ihrer eigenen Kriegsverbrecher teilhaben würden. Dieser Anstrich der Siegerjustiz, so insinuierte McNair, werde durch die Einführung eines neuen, insofern rückwirkenden »ex post facto code of law« verstärkt.[33]

Daraus sprach einerseits die Sorge, dass durch die Verletzung des Retroaktivitätsverbots das demonstrative Eintreten der Alliierten für Rechtsstaatlichkeit konterkariert würde. Andererseits spiegelt sich hier – wie auch bei de Baer – wider, dass die juristischen Analysen der Cambridge Commission im Zusammenspiel zwischen transnationalen Debatten und politischen Zielsetzungen der britischen und der Exilregierungen entstanden. Zwar waren die Mitglieder der Kommission, wie bereits dargestellt, keine offiziellen Repräsentanten ihrer Herkunftsstaaten. Dennoch waren sie den Zielen ihrer Regierungen verpflichtet oder zumindest in den juristischen Diskursen verwurzelt. In der Haltung de Baers gegenüber Deutschland, aber auch in der restriktiven Position Arnold McNairs gegenüber der Idee eines internationalen Strafgerichtshofs zeigt sich dies überdeutlich. McNair korrespondierte intensiv mit dem Außenministerium, um sich mit diesem abzustimmen und in dessen Interesse zu handeln – er wolle, wie er in einem Brief an den Hauptrechtsberater des britischen Außenministeriums William Malkin von Juni 1942 betonte, die britische Regierung nicht in Verlegenheit bringen. Daher versuche er, die Mitglieder der Cambridge Commission davon zu überzeugen, dass der Angriff Deutschlands auf Polen im September 1939 – nicht etwa schon die Invasion der Tschechoslowakei 1938 – den Zeitpunkt darstelle, ab dem justiziable Verbrechen begangen wurden, und dass von der Einrichtung eines internationalen Strafgerichtshofs aus praktischen Erwägungen abzusehen sei.[34] Malkin antwortete umgehend, dass es noch

31 Ebd., S. 2–4.

32 Ebd., S. 4.

33 Ebd., S. 5. Hervorhebung im Original.

34 The National Archives [TNA], FO 371/30916, C5908, Arnold McNair an William Malkin, 5.6.1942.

keine offizielle Position der britischen Regierung gebe, er persönlich aber vollkommen mit McNair übereinstimme und insbesondere die Militärgerichte der Alliierten für geeignet halte, Kriegsverbrechen zu verfolgen.[35]

Das britische Außenministerium entwickelte bis Kriegsende keinen Plan für eine juristische Lösung der Kriegsverbrecherfrage, und auch die Vernichtungspolitik gegen Juden sowie andere Zivilisten wurde kaum öffentlich thematisiert.[36] Noch im April 1945 sträubte sich die britische Regierung gegen die Idee, die Hauptkriegsverbrecher vor einem internationalen Strafgerichtshof anzuklagen, musste sich aber dem neuen amerikanischen Präsidenten Truman und der maßgeblich im amerikanischen Kriegsministerium entwickelten Kriegsverbrecherpolitik beugen. Aber auch dann blieb William Malkin den retroaktiv gültigen Anklagepunkten des Angriffskriegs und der Verbrechen gegen die Menschlichkeit gegenüber skeptisch.[37] Dies stellte den Erfahrungsraum Arnold McNairs dar: Eine Regierung, die generell wenig Ressourcen für die Nachkriegsplanungen aufwendete und im Speziellen einem internationalen Gerichtshof äußerst skeptisch gegenüberstand; des Weiteren eine Rechtstradition, die sich als distinkt von der kontinentaleuropäischen verstand.

Trotz dieser validen Argumente wirkt McNairs Einlassung etwas oberflächlich, beinahe herablassend. So führte er an, dass es nicht praktikabel sei, wenn die Alliierten ihre gesamte Jurisdiktion über Kriegsverbrechen auf einen ICC übertrügen – dabei war dies nie gefordert worden.[38] Die offensichtlichste Schwachstelle in diesem Argument war aber, dass bisher im überwiegenden Fall alliierte Gerichte eben keine Jurisdiktion über Verbrechen hatten, die auf deutschem Territorium gegen deutsche Staatsbürger begangen wurden. Indem McNair dieses schwerwiegende juristische Problem nicht thematisierte, unterschlug er auch die im Komitee und seinen Unterkomitees 1942 und 1943 intensiv geführten Diskussionen. So herrschte unter den Exiljuristen weitgehend Einigkeit darüber, dass zwar internationale Jurisdiktion der letzte Ausweg sein musste und, wann immer möglich, auf nationales Strafrecht zurückgegriffen werden sollte. In einigen Fällen sei dieses jedoch nicht ausreichend, etwa wenn die Opfer aus mehreren Staaten kämen oder mehrere Staaten theoretisch Jurisdiktion über denselben Sachverhalt beanspruchen konnten.

Die Exiljuristen kamen miteinander überein, dass für die Klärung dieser »residue crimes« ein internationaler oder interalliierter Strafgerichtshof eingesetzt werden müsse, auch wenn man sich über wichtige Details uneinig war. So wiesen Vá-

35 TNA, FO 371/30916, C5908, Malkin an Arnold McNair, 11.6.1942.

36 Segesser, Recht statt Rache, S. 326 und 328f. Siehe auch Priscilla Dale Jones, British Policy Towards German Crimes Against German Jews, 1939–1945, in: Leo Baeck Institute Yearbook 36 (1991) 1, S. 339–366.

37 Priemel, The Betrayal, S. 70f.

38 UNA, Cambridge Commission, McNair-Komitee, Abschlussbericht, S. 5.

clav Beneš, Johannes M. de Moor, Jean Burnay und Constantin Stavropoulos darauf hin, dass es sehr viel praktikabler sei, ad-hoc ein interalliiertes Gericht statt einen ständigen internationalen Strafgerichtshof einzurichten, der die Beteiligung deutscher Richter erfordere. Georges Kaeckenbeeck, Victor Bodson und Andreas Aulie konnten sich tatsächlich die Einbeziehung der deutschen Justiz vorstellen.[39] Es bestand zudem Unklarheit darüber, welches Rechtssystem angewendet werden sollte. Während Luxemburg, Norwegen und Polen forderten, dass ein ICC das jeweilige Strafrecht des Landes anwende, in dem er tage, sprachen sich die Vertreter Belgiens, Frankreichs, Griechenlands, der Niederlande, Polens und der Tschechoslowakei dafür aus, dass er internationales Strafrecht anwende. Auf Grundlage der bestehenden Regelungen des humanitären Völkerrechts und des Gewohnheitsrechts »zivilisierter« Staaten imaginierten sie einen neuen »international penal code«, auf den sich die Alliierten einigen sollten.[40] Die Vorbereitung einer solchen Kodifizierung sahen diese Exiljuristen als eine der Hauptaufgaben der Cambridge Commission. Einig war man sich schließlich darüber (mit Ausnahme Jugoslawiens), dass es eine internationale Strafverfolgungsbehörde geben müsse, die die Anklagevertretung und Beweisführung übernehmen müsse.[41]

Während McNair in seinem Bericht die praktischen Vorteile nationalstaatlicher Gerichte hervorhob, wiesen die Exiljuristen darauf hin, dass gerade eine internationale Instanz zwischenstaatlichem Kompetenzgerangel und Racheaktionen der Bevölkerung vorbeugen könne. Der belgische Jurist und ehemalige Gefängnisleiter Georges Kaeckenbeeck argumentierte zudem, dass staatliche Gerichte internationalen Standards unterschiedliche Bedeutung zuweisen würden und es so zu großen Divergenzen in den Urteilssprüchen kommen könne. Vor allem bestehe die Gefahr, dass die fehlende Aussicht auf eine internationale gerichtliche Instanz private Racheaktionen zur Folge haben könne – ein Argument, das immer wieder von den Juristen ins Feld geführt wurde. Dies wiederum sah Kaeckenbeeck als mögliche Ursache für zukünftige zwischenstaatliche Konflikte. Internationales Strafrecht sollte im Gegensatz dazu friedenswahrend wirken:

> »Our aim must not be to canalize impulses of revenge along patterns of legality, but to co-operate for the organization of a better world. That is why I am less afraid of the practical difficulties of organizing international courts than of

39 UNA, Cambridge Commission, McNair Committee, Answers to Questionnaire (D.1a), S. 25–28.

40 Ebd., passim.

41 Ebd., S. 30ff.

> the difficulty of ensuring international right and justice by resorting to national courts«.[42]

Diese Aussage spiegelt die enge Vernetzung kontinentaleuropäischer Gefängnisreformer in der Zwischenkriegszeit wider, die vor allem auch die großen Unterschiede zwischen den Rechtspraktiken und dem Abwägen von individuellen Rechten und dem »Schutz« der Gesellschaft vor »gefährlichen Elementen« zutage gebracht hatte.

Auch insgesamt spricht aus den Antworten auf McNairs Fragebogen eine kontinentaleuropäische Herangehensweise an die Lösung neuer juristischer Probleme. Aus Sicht der Exiljuristen waren die Bestimmungen der Haager Konventionen angesichts des totalen Kriegs der Deutschen (Italien oder Japan werden nicht erwähnt) nicht mehr ausreichend, um die insbesondere an Zivilisten begangenen Verbrechen zu ahnden. Sie wollten daher einen »international penal code« ausarbeiten, der dann in einem interalliierten Strafgerichtshof zum Einsatz kommen sollte. Dieser sollte sich nur mit einer kleinen Zahl von Kriegsverbrechen beschäftigen, aber dennoch eine wichtige Rolle einnehmen, da er eine Lücke in der Jurisdiktion der Staaten schließen würde und seine Einrichtung damit privaten Racheaktionen vorbeugen könne. Schließlich ging es darum, die Prinzipien zu kodifizieren, die derzeit von allen »zivilisierten Staaten der Welt« anerkannt würden.[43]

Lehren aus der Vergangenheit?

Ein Jurist in der Cambridge Commission befasste sich besonders ausführlich mit der Thematik der internationalen Strafgerichtsbarkeit: der bereits vorgestellte belgische Exiljurist Marcel de Baer. De Baer war Mitglied im McNair-Komitee, lautstarker Befürworter eines ICC und zentral für den Austausch rechtlichen Wissens in der Londoner Expertengemeinschaft der Exiljuristen, die sich mit der rechtlichen Nachkriegsordnung befassten. Bevor seine Debattenbeiträge für die Cambridge Commission analysiert und eingeordnet werden, soll beleuchtet werden, warum sich de Baer als *legal entrepreneur* für eine juristische Lösung der Kriegsverbrecherfrage einsetzte.

Im ersten Kapitel ist bereits gezeigt worden, dass und wie er sein Wissen und seine soziale Stellung als ehemaliger Richter und Vorsitzender des Militär- und Seegerichtshofes der belgischen Exilregierung, sein kulturelles Kapital als Ehemann einer Engländerin aus der Oberschicht, und nicht zuletzt sein Selbstbewusstsein

---

42 Ebd., S. 19. Kaeckenbeeck war kein offizielles Mitglied der Cambridge Commission und scheint auch nicht weiter mit ihr zusammengearbeitet zu haben. Dafür wurde er Mitglied des Internationalen Komitees der HLPR.

43 Siehe z.B. UNA, Cambridge Commission, McNair Committee, Answers to Questionnaire (D.1a), S. 8.

und seine Beharrlichkeit nutzte, um zentrale Stellen in der epistemischen Gemeinschaft der Exiljuristen zu besetzen und deren Forderungen zu beeinflussen. Marcel de Baer tat sich in der Cambridge Commission als sehr früher Fürsprecher einer internationalen Strafjustiz hervor. Parallel dazu erarbeitete er als Vorsitzender der Commission I der LIA einen Konventionsentwurf, der auch auf den juristischen Studien der Cambridge Commission beruhte. Er war also entscheidend für die Zirkulation von Wissen zwischen den Exilanten.

Darüber hinaus begann de Baer im Herbst 1942, die in den Expertenkreisen formulierten Ideen in die Öffentlichkeit zu tragen, wohl um so Druck auf die Alliierten auszuüben. Dabei formulierte er Problemdiagnosen und entwarf vor dem Hintergrund seiner Erfahrungen im Ersten Weltkrieg Pläne für die internationale Ordnung nach dem Krieg.[44] Primäres Ziel musste aus seiner Sicht die effiziente und umfassende Bestrafung der durch die Achsenmächte begangenen Kriegsverbrechen sein, die zur schnellen Wiederherstellung einer internationalen Friedensordnung führen sollte. Der Leitstern war die Wiederherstellung von Recht und Ordnung im internationalen System durch eine auf rechtsstaatlichen Prinzipien fußende internationale Strafjustiz. Diese könne »erzieherisch« auf die »kriegstreiberischen« Nationen wirken, so de Baer:

> »The guilty should be punished not merely to satisfy public opinion but primarily to re-establish the reign of law and order in the world; and the supremacy of law can be achieved only in the restoration of justice. Just as the certainty of punishment deters would-be criminals and provides security, the fact that criminals are openly allowed to act with impunity inevitably lowers the standard of a nation's morality and encourages wrongdoers. But the real value of punishment is not so much in its punitive or even its deterrent action, as in its educative action. […] If the population of a country learns by experience, and if the youth of that country is taught at school, that international crime does not pay, and that its punishment is certain, such crime, whether it manifests itself by armed aggression or otherwise, will cease to be attractive.«[45]

Dies schrieb er im Dezember 1942. Die juristische Ahndung von Kriegsverbrechen war zu diesem Zeitpunkt alles andere als ausgemacht. Während sich die Exilregierungen mit der »St. James Declaration« im Januar 1942 zu diesem Ziel bekannten, hielten sich die Regierungen der USA, Großbritanniens und der Sowjetunion noch auffallend zurück. Unter Exiljuristen wurde hingegen schon im Frühjahr 1942 lebhaft diskutiert. Im Herbst zeitigte ihre Arbeit erste Erfolge: Am 7. Oktober 1942 gaben Churchill und Roosevelt ein Statement ab und der Lordkanzler Simon hielt

---

44 Mehr dazu, auch zu de Baers Arbeit als Richter im kolonialen Belgisch-Kongo, in Kapitel I.

45 Marcel de Baer, The Treatment of War Criminals: Suggestions for the Future, in: Message: Belgian Review (1942) 14, S. 10–13, hier S. 11.

im Oberhaus eine Rede, in der er die Schaffung einer »United Nations War Crimes Commission« unterstützte. Aber erst in der Moskauer Erklärung Ende 1943 bekannten sich die Alliierten zur gemeinsamen Bestrafung, die dann im August 1945 im Londoner Statut definiert wurde.[46]

Was war also die Motivation de Baers, sich für einen internationalen Strafgerichtshof einzusetzen? Wenn man dem Zitat folgt, sollte das internationale Strafrecht eine friedenssichernde Funktion haben, indem es Individuen und Staaten davon abhielt, andere Staaten anzugreifen – und damit ein internationales Verbrechen zu begehen. Es müsse klar werden, dass das Führen von Kriegen und Begehen von Gräueltaten sich nicht auszahlten.[47] Straflosigkeit hingegen würde verantwortungsloses Handeln befördern und die internationale Stabilität gefährden. Diese Schlussfolgerung zog de Baer aus seiner Deutung des »Fiasko von Versailles«. Indem man nach dem Ersten Weltkrieg darin versagt habe, die deutschen Kriegsverbrecher zur Rechenschaft zu ziehen, habe man weiterer Aggression einen Raum bereitet: Das Vorgehen der Alliierten zwischen 1919 und 1922 war der Beginn der »policy of appeasement which was to lead to this war. […] The Leipzig trials have proved that no German Court should ever again be trusted with the trial of any war criminals.«[48] Straflosigkeit habe einen schädlichen Effekt auf »the general standard of morality and on international security.« Dieser Gedanke zog sich durch die gesamte Arbeit de Baers als *legal entrepreneur*.[49]

De Baer zog außerdem seine eigene Erfahrung als Kriegsgefangener heran, um zu unterstreichen, dass es in Deutschland eine Gewaltkultur gebe und man in keinem Fall auf die Kooperation der Deutschen setzen könne. Gerade in Kontinentaleuropa leide man gerade zum zweiten Mal unter der grausamen Behandlung seitens der Deutschen. Wenn diese ein weiteres Mal ungesühnt bliebe, sei dies eine schwere Last auch für die Beziehungen zwischen den alliierten Ländern.[50] Dieses Argument führte de Baer Anfang 1943 in Reaktion auf die Casablanca-Konferenz, auf der die Alliierten die bedingungslose Kapitulation, Besatzung und Teilung Deutschlands zum Kriegsziel erklärten, weiter aus: Die Deutschen seien schon seit dem 19. Jahrhundert ein barbarisches Volk, das im internationalen Kontext aggressiv und trügerisch handele. Menschlichkeit, Zivilisation und Anstand gälten den Deutschen nichts. Dies

46 Siehe Arieh J. Kochavi, Prelude to Nuremberg: Allied War Crimes Policy and the Question of Punishment, Chapel Hill/London 1998.

47 Marcel de Baer, Vorwort, in: Gerald Abrahams, Day of Reckoning: On Punishment of the Leaders of National Socialist Germany, London 1943.

48 Marcel de Baer, The Treatment of War Criminals: A Lesson from the Past, in: Message: Belgian Review (1942) 13, S. 22.

49 Jan Eckel, Weltsteuerung aus dem Geist der Sicherheit: Wie es zu einer neuen Weltordnung nach dem Ende des Zweiten Weltkriegs kam, in: 51 Grad (2016) 2, S. 12–15.

50 Marcel de Baer, The Treatment of War Criminals: Suggestions for the Future, in: Message: Belgian Review (1942) 14, S. 10f.

liege in ihrer Natur und jeder, der daran glaube, dass man mit Deutschen – die im Exil eingeschlossen – kooperieren könne, sei fehlgeleitet.[51] Damit folgte de Baer dem allgemeinen Diskurs und zog seine eigenen Erfahrungen heran, um sich als Diskursteilnehmer zu profilieren.

Aus den Fehlern, die aus seiner Sicht im Anschluss an den Ersten Weltkrieg begangen worden waren, zog de Baer folgende Schlussfolgerungen: Man müsse möglichst bald Vorkehrungen dafür treffen, dass bereits in einem Waffenstillstandsabkommen – nicht erst im Friedensvertrag – festgelegt werden könne, dass die Hauptverbrecher ausgeliefert werden müssen, durch welche Gerichte und auf Grundlage welcher Rechtssysteme welche Kriegsverbrecher angeklagt werden sollten und wie man ihre Flucht ins Ausland oder in neutrale Staaten verhindern könne.[52] Auch die Organisation der Gewinnung von Beweismitteln und der Befragung von Zeugen müsse schon vorher abgestimmt werden, forderte de Baer. Die Hauptprobleme, und die wichtigste Lehre aus Versailles, waren aus seiner Sicht also die mangelhafte Abstimmung der Alliierten und die Probleme transnationaler Kooperation im Strafrecht, was die Auslieferung von Angeklagten und die Zeugenbefragungen anging. Die Lösung musste also eine konsequente Internationalisierung und interalliierte Zusammenarbeit dieser Bereiche sein. So schlug er im November 1942 eine »commission interalliée« vor, die sich der juristischen Vorbereitung annehmen könne und bereits zur Kriegszeit Dossiers über Verbrechen potenzieller Angeklagter erstelle, womit er die Funktion einer United Nations Commission for War Crimes umschrieb und diese Idee in die öffentliche Debatte einspeiste.[53]

In einer internationalen Strafgerichtsbarkeit sah de Baer die Lösung für die Probleme, die die Bestrafung von Kriegsverbrechen mit sich brachte. Wie die Analysen der Cambridge Commission gezeigt hatten, hatten die meisten Staaten nur Jurisdiktion über Verbrechen, die auf ihrem Staatsgebiet begangen werden. Dies hinterließ eine große Lücke, um Kriegsverbrechen anzuklagen, die auf dem Territorium der Achsenmächte gegen Bürger der alliierten Mächte sowie gegen Deutsche oder Staatenlose begangen wurden. Ein internationaler Strafgerichtshof sollte hier Abhilfe schaffen. Es sei einfacher, eine einzelne internationale Konvention zu verabschieden, die die Rechtsgrundlage für einen ICC darstelle, als das nationale Strafrecht jedes einzelnen Landes zu ändern. Diesen Prozess müsse man schon während des Kriegs vorbereiten und in einer internationalen Konvention festlegen, wie Kriegsverbrechen zu definieren seien, welche Gerichte wann zuständig seien, welches Rechtssystem ein internationales Strafgericht anwenden könne und mit welchem Strafmaß die Verbrechen belegt werden sollten:

---

51 Marcel de Baer, Reliable Germans?, in: Belgium 4 (1943) 2, S. 57–60.

52 Marcel de Baer, The Punishment of War Criminals, in: Belgium 3 (1942) 8, S. 337.

53 Marcel de Baer, Le Chatiment des Criminels de Guerre, in: La Belgique Independante (1942), S. 7.

»A precise enumeration of the acts to be deemed war crimes, with the establishment of the nature and severity of penalties and of the composition of the court, is essential. What is required is thus a legal instrument containing merely certain primordial principles, and finding its juridical basis in the laws of human conscience and such positive laws as are universally accepted, whether national laws or international conventions. The presence in London of the Allied Governments makes this possible. It should be framed now, for after the war there will be subjects of more urgent concern. [...] To sum up, it seems that the surest solution is that provided on the international plane by the creation of an international court applying an international convention containing precise details of crimes and penalties. [...] Once this policy is defined it should be drastically enforced, and the Allies should show the world that this time they are firmly resolved that justice and the laws of morality and humanity shall not be flouted with impunity.«[54]

De Baer schlug also eine rechtliche Lösung der Kriegsverbrecherfrage vor. Nur so könne man außerdem unkoordinierten und undifferenzierten Racheaktionen vorbeugen. Soweit möglich, sollte auf nationale Gerichte zurückgegriffen werden, und wo diese keine Gerichtsbarkeit hätten, müsse man einen internationalen Strafgerichtshof einsetzen. Man könne dabei auf bestehende Verträge, universell gültige strafrechtliche Regelungen (wie die universelle Ächtung von Mord) sowie »the laws of human conscience« zurückgreifen. So könnten noch während des Kriegs auf internationaler Ebene Lücken im internationalen Recht geschlossen und dem Vorwurf begegnet werden, rückwirkend neues Recht zu schaffen und Siegerjustiz zu auszuüben.[55]

De Baer präsentierte das internationale Recht als ein unvollständiges System, das ständig im Wandel begriffen sei. Jedes Strafrechtssystem werde ständigen Veränderungen unterzogen, und dasselbe gelte, so de Baers Argument, für das internationale Strafrecht.[56] Man habe nun die einmalige Chance, internationales Strafrecht zu schaffen.[57] Juristische Gegenargumente seien nicht zulässig, da die »laws and customs of war« und die »laws of humanity«, die zumindest im Westen galten, immer noch gültig seien:

»The customs of war and the laws of humanity are not technicalities that require to be stated in writing before they can be applied; they are the fundamental laws which every man and women – in the West at least – knows by instinct, and which

54 Marcel de Baer, Le Chatiment des Crimes de Guerre, in: Solidarity 2 (1942) 3, S. 40–42.

55 Marcel de Baer, The Treatment of War Criminals: Suggestions for the Future, in: Message Belgian Review (1942) 14, S. 13.

56 Marcel de Baer, Progressive Criminal Justice, in: Message: Belgian Review (1942) 11, S. 24–27.

57 Marcel de Baer, The Punishment of War Criminals, in: Belgium 3 (1942) 8, S. 337.

> can be summed up as the obligation to spare human beings unnecessary suffering.«[58]

Man könne nun Präzedenzfälle für das internationale Strafrecht schaffen, wenn man juristisch sauber arbeite: »the cases tried will form the basis of international criminal law, and it is essential that the proceedings should be of the highest standing.«[59] Dieses internationale Strafrecht wurde als Teil einer »zivilisierten« internationalen Rechtsordnung verstanden, in der das Strafrecht für die Interaktion »westlicher« Staaten eine friedenssichernde Funktion übernahm (der Umgang der Kolonialmächte mit ihren Subjekten spielte hier wohl keine Rolle).

In seiner Funktion als Mitglied der Cambridge Commission argumentierte Marcel de Baer, dass, wenn der politische Wille vorhanden sei, ein ICC innerhalb weniger Wochen eingerichtet werden könne, und wandte sich damit gegen Arnold McNair, der immer mit der Undurchführbarkeit der Schaffung eines internationalen Gerichtshofs argumentierte.[60] Als im Juli 1942 das McNair-Komitee ein Unterkomitee für die Definition von »Meaning and Scope of War Crimes« einrichtete, nahmen sich de Baer, Stefan Glaser und Hersch Lauterpacht dieser Frage dezidiert an. Hier versuchte de Baer, mögliche Einwände gegen einen internationalen Strafgerichtshof zu widerlegen: So sei der Vorschlag, dass die Exilregierungen ihre Jurisdiktion auf Verbrechen ausweiteten, die ein Ausländer im Ausland gegen ihre Bürger verübt habe (also etwa wenn ein Deutscher einen Niederländer nach Deutschland deportiert und dort zur Zwangsarbeit verpflichtet hat), mit weitreichenden Konsequenzen verbunden. Dieses passive Personalitätsprinzip bedeute im Umkehrschluss, dass die alliierten Staaten die Jurisdiktion eines anderen Staats auch über ihre eigenen Subjekte akzeptieren müssten – »This is not a principle which will appeal to many lawyers«, so de Baer.[61] Während er also nationale Gesetzgebung für eine extraterritoriale Jurisdiktion kritisch sah, weil diese der europäischen Rechtstradition entgegenstand, argumentierte er, dass ein internationaler Strafgerichtshof – eine weitreichende Reform im internationalen Recht – doch nur eine konsequente Weiterführung bestehender Regeln und Bräuche sei. Es brauche nur etwas Mut und politische Willenskraft, um diesen einzurichten und so die Opfer deutscher Verbrechen auf deutschem Boden zu schützen.[62] Schließlich führte de Baer wieder die »Lehren« aus der Vergangenheit an, nämlich dem Versailler Vertrag, der stipuliert hatte, dass Kriegsverbrecher in den alliierten

58 Marcel de Baer, The Treatment of War Crimes: II. The Present Situation, in: Bulletin of International News 22 (1945) 5, S. 200.

59 Ebd., S. 205.

60 UNA, Cambridge Commission, Sub-Committee on the Meaning and Scope of War Crimes, Belgium (Dr. de Baer), Answers to de Baer's Questionnaire (D.5), o. D. [1942], S. 9.

61 Ebd., S. 9.

62 Ebd., S. 10f.

Ländern durch Militärgerichte verurteilt werden sollten, was aus seiner Sicht dazu geführt habe, dass die meisten Deutschen nicht angeklagt wurden, weil viele alliierte Militärgerichte keine Jurisdiktion hatten. Auch aus diesem Grund sah de Baer Militärgerichte – wieder im Gegensatz zu McNair – als ungeeignete Instrumente für die Nachkriegsjustiz an und schlussfolgerte, dass Militärgerichtsbarkeit ein verheerendes Signal aussenden würde:

> »The institution of such courts summarily administering foreign military justice in Germany would be purely vindicative; only an International Court composed of professional judges before the accused would enjoy the guarantees of a fair trial, with the opportunity of defence and the assistance of counsel would be admissible.«[63]

Das Ziel der Nachkriegsjustiz wird hier klar umrissen: Sicherstellen, dass es keine »residue crimes« mehr gibt, weil alle Arten von Kriegsverbrechen durch nationale oder internationale Gerichtsbarkeit angeklagt werden können. Nur durch eine derartige Reform des Völkerstrafrechts konnten die Deutschen umerzogen und wieder in die Gemeinschaft der »zivilisierten Völker« aufgenommen werden.

Definition der »residue crimes«

Dabei waren neben der Friedenssicherung die jüdischen Opfer Antrieb für den unermüdlichen Einsatz de Baers für eine internationale Strafgerichtsbarkeit, obwohl er eine Repräsentation jüdischer Gruppen in Cambridge Commission, LIA oder UNWCC immer ablehnte. Dies wird auch in seiner Definition von Kriegsverbrechen deutlich, die die Verbrechen an der jüdischen Bevölkerung zwar nicht explizit nannte, aber bereits die Tür für eine Definition öffnete, die über die »war crimes proper« hinausging. De Baer selbst schlug eine umfassende Liste von Kriegsverbrechen vor, die folgendermaßen subsumiert werden sollten:

> »outrages such as, by reason of their heinous nature and of the fact that they are unrelated to reasonably conceived requirements of military necessity, are regarded as violations of the customs of warfare and of the general principles of criminal law, the punishment of which is the concern of civilised mankind.«[64]

Diese beruhte auf der Definition von Hersch Lauterpacht, die dieser in einer Analyse für das McNair-Komitee vorgebracht hatte und die hier deshalb genauer betrachtet werden soll. Lauterpacht, selbst 1923 aus Österreich nach England emigriert,

63 Ebd., S. 13.

64 UNA, Cambridge Commission, Sub-Committee on the Meaning and Scope of War Crimes, Marcel de Baer, Answers to Questionnaire (D.5), o. D., S. 3.

bekleidete seit 1938 die renommierte Whewell-Professur für Internationales Recht in Cambridge. Als Mitglied der Cambridge Commission antwortete er auf McNairs Fragebogen mit einer umfangreichen, 52 Seiten umfassenden Analyse des Völkerrechts, die er auf einem Treffen am 15. Juli 1942 präsentierte.[65] Bereits vor dem Krieg war Lauterpacht als profilierter Kritiker eines absoluten Konzepts staatlicher Souveränität hervorgetreten, der den Rechtspositivismus Hans Kelsens ablehnte und eine auf naturrechtlichen Annahmen gründende internationale Rechtsordnung verfocht.[66] Nun äußerte er sich zur Problematik der Kriegsverbrecherfrage. Diese Analyse erschien 1944 im *British Yearbook of International Law* und entfaltete große Strahlkraft, auch weil er eine präzise Definition von Kriegsverbrechen vorschlug und diese mit Einlassungen zur Natur des Völkerstrafrechts verband.[67] Folgende Aussagen sind hervorzuheben: So vertrat Lauterpacht die Meinung, dass die Bestrafung der Kriegsverbrechen der Wiederherstellung des Völkerrechts diente, weil dadurch Individuen für Verstöße gegen das internationale Kriegsrecht zur Rechenschaft gezogen würden; dass dies aber davon abhing, dass die Gerichtsprozesse rechtsstaatlich und unparteiisch abliefen und sich auf eine gemeinsame Definition von Kriegsverbrechen beriefen; und dass dies direkt nach dem Krieg am besten durch quasi-internationale, also mit internationalen Richtern besetzte, nationale Gerichte gewährleistet werden könne.

Lauterpacht argumentierte, dass die beispiellose Grausamkeit der deutschen Kriegsverbrechen eine Weiterentwicklung des internationalen Rechts nötig machen würde.[68] So könnten die Verbrechen, die die Achsenstaaten auf besetztem Territorium verübten, nach der Wiedereroberung durch die Alliierten nach dem Territorialitätsprinzip bestraft werden.[69] Dies schließe nicht nur die Staatsbürger der Alliierten ein, sondern Opfer aller Nationalitäten auf diesem Staatsgebiet und in dessen Luftraum – also auch die etwa nach Polen deportierten deutschen Juden. Die Alliierten könnten zudem die Kriegsverbrechen ahnden, die auf deutschem Territorium gegen alliierte Staatsbürger verübt worden seien.[70] So argumentierten auch die Exiljuristen. Lauterpacht ging aber noch einen analytischen Schritt weiter: Auch wenn nationales Strafrecht angewendet würde, würden Kriegsverbrecher nicht für Mord oder Diebstahl angeklagt, sondern wegen ihrer Verstöße gegen

---

65 UNA, Cambridge Commission, Hersch Lauterpacht, Punishment of War Crimes (D.3), o. D. [ca. Juni 1942]. Das Protokoll der Sitzung am 15. Juli gibt an, dass Lauterpacht sein Memorandum vorstellte.

66 Priemel, Betrayal, S. 55.

67 Hersch Lauterpacht, The Law of Nations and the Punishment of War Crimes, in: British Yearbook of International Law 21 (1944), S. 58–95.

68 Ebd., S. 60.

69 Ebd., S. 62.

70 Ebd., S. 63f.

das Völkerrecht: »War criminals are punished, fundamentally, for breaches of international law. [...] [T]he relevant rules of international law are being applied, by adoption or otherwise, as the municipal law of the belligerent.« Und diese Regeln der Kriegsführung – etwa die Haager Konvention – seien nicht für Staaten als abstrakte Entitäten bindend, sondern für handelnde Akteure, »human beings«.[71] Individuelle strafrechtliche Verantwortung ergebe sich also direkt aus dem Kriegsrecht, so Lauterpacht. Daraus folge, dass die Jurisdiktion alliierter Gerichte über Verbrechen von Deutschen auf deutschem Boden gegen alliierte Staatsbürger bereits durch das Kriegsrecht begründet sei. Selbst wenn etwa Großbritannien seine Gesetze ändere, handele es sich also nicht um »vindictive retroactivity arising out of the creation of crimes of which the accused could not possibly be cognizant.«[72] Lauterpacht begründete damit eine Vorrangstellung des humanitären Völkerrechts vor nationalem Recht bei der Frage, welche Rechtsquellen Gerichte heranziehen sollten.

Er präzisierte, zweitens, dass man zwischen Verstößen gegen das internationale Recht und gegen das Kriegsrecht unterscheiden müsse, und nur für letztere Vereinbarungen im Waffenstillstandsabkommen getroffen werden sollten. Das Scheitern der Siegermächte nach dem Ersten Weltkrieg, Kriegsverbrechen strafrechtlich zu verfolgen, führte er unter anderem darauf zurück, dass die Definition der auslieferungsfähigen Straftaten zu umfassend gewesen sei. Daraus schloss er, dass man zwischen »violations of international law« und »war crimes in the more restricted sense of the term« unterscheiden müsse.[73] Letztere sollten so definiert werden, dass sie nur Verbrechen einschlossen, die weithin durch das »common conscience of mankind« verurteilt würden:

> »[S]uch offences against the law of war as are criminal in the ordinary and accepted sense of fundamental rules of warfare and of general principles of criminal law by reason of their heinousness, their brutality, their ruthless disregard of the sanctity of the human life and personality, or their wanton interference with rights of property unrelated to reasonably conceived requirements of military necessity.«[74]

Nun stellte sich die Frage, auf welchem Weg die so definierten Handlungen verfolgt werden sollten, wenn nur rechtsstaatliche Strafprozesse eine Wiederherstellung des internationalen Rechts garantieren könnten, aber gleichzeitig entschiedenes und schnelles Handeln nach dem Krieg der entscheidende Faktor sei. So schlussfolgerte Lauterpacht drittens, dass man für die Herausgabe der deutschen Kriegsverbrecher

---

71 Ebd., S. 64.

72 Ebd., S. 67.

73 Ebd., S. 78.

74 Ebd., S. 79.

im Waffenstillstandsvertrag nationale Gerichte einsetzen sollte, da diese schneller einzurichten seien. Ein internationaler Gerichtshof solle später die weniger schweren Fälle behandeln.

Auch wenn de Baer und Lauterpacht in diesem Punkt (noch) anderer Meinung waren, waren beide überzeugt, dass das internationale (Kriegs-)Recht Vorrang vor nationalem Recht haben müsse: Die rechtlichen Grundlagen für die Ahndung von Kriegsverbrechen sollten das völkerrechtliche Gewohnheitsrecht und die Prinzipien sein, die zumindest in »zivilisierten« Staaten dem Strafrecht zugrunde lagen. Die aus Sicht de Baers durch die Exilregierungen hinlänglich belegte »Barbarei« der Deutschen rechtfertigte für beide die Revision bereits vorliegender Aufzählungen von Kriegsverbrechen.[75] Wie Lauterpacht glaubte de Baer also, dass die existierenden Definitionen von Kriegsverbrechen nicht mehr ausreichten, um die deutschen Verbrechen zu fassen. Man müsse zwischen »war crimes proper« und Verbrechen gegen Zivilisten unterscheiden, die nicht direkt mit der Kriegsführung im Zusammenhang standen.[76] So forderte er, wie schon im Frühjahr 1942, dass ein ICC Jurisdiktion über die »residue crimes« haben sollte:

> »(i) crimes in respect of which no Allied Court has jurisdiction; (ii) specifically international crimes as to which two or more Allied Courts have jurisdiction; (iii) crimes in respect of which, although an Allied Court has jurisdiction the nation concerned prefers not to try it in its own courts; (iv) crimes committed in Axis countries against the ›heimatlose‹, persons who cannot prove their nationality or who have been deprived from their nationality.«[77]

Auch Lauterpacht schloss in seiner Liste von Kriegsverbrechen die folgenden Punkte ein: »Ordering of and participation by officials in measures of racial segregation and extermination against the Jewish section of the population.« Dies war ein entscheidender Schritt, denn das erste Mal im Rahmen der Cambridge Commission wurde die Vernichtungspolitik der Nationalsozialisten beim Namen genannt und nicht umschrieben. Es handele sich dabei, so Lauterpacht, um Kriegsverbrechen

> »of a novel character. But so is in the annals of military occupation the deliberate and proclaimed policy of Germany to achieve through segregation, accompanied by denial of adequate food and medical services, the extermination of the

75 UNA, Cambridge Commission, Marcel de Baer, Answers to Questionnaire (D.5), S. 3. De Baer führte Erklärungen der polnischen, tschechoslowakischen und griechischen Exilregierungen von 1942 an sowie den Bericht des Inter-Allied Information Committee vom 20.12.1942. Siehe auch Dan Plesch, Human Rights after Hitler: The Lost History of Prosecuting Axis War Crimes, Washington, D.C. 2017, S. 78f.

76 UNA, Cambridge Commission, Marcel de Baer, Answers to Questionnaire (D.5), S. 3f.

77 Ebd., S. 7.

Jewish population in the territories under her control. [...] [T]he cruelty and the moral and physical suffering inflicted upon a substantial section of the population of the occupied territories as the result of that policy of extermination are such that its execution ought to be specifically branded as a war crime so serious as to justify inclusion among the crimes in respect of which the handing over of the principal persons responsible must be insisted upon as a condition of the armistice.«[78]

Lauterpacht beschrieb damit, wie Kim Priemel es treffend ausgedrückt hat, »crimes against humanity in all but name«.[79] Allerdings ging de Baer einen entscheidenden Schritt weiter, indem er explizit Verbrechen gegen Staatenlose auf dem Territorium der Achsenstaaten als Verbrechen definierte und für ihre Adjudikation einen internationalen Strafgerichtshof forderte. Daraus entwickelte sich in der UNWCC der Straftatbestand der Verbrechen gegen die Menschlichkeit, der direkt in die staatliche Souveränität der Achsenmächte eingriff, indem er auch Verbrechen von Deutschen gegen andere Deutsche auf deutschem Boden als Verstoß gegen das internationale Recht definierte.[80] Wie zuletzt von von Lingen herausgearbeitet, schlug vermutlich er Robert Jackson, dem amerikanischen Chefankläger von Nürnberg, den Begriff »Crimes against Humanity« vor, der sich in den Debatten der UNWCC insbesondere unter dem Einfluss Marcel de Baers und Bohuslav Ečers herausgebildet hatte.[81] Und auch vor 1945 bestanden bereits Austauschbeziehungen zwischen der juristischen Expertengemeinschaft in London und den USA, für die Lauterpachts – wie auch de Baers – Ideen zur Zukunft des Völkerstrafrechts zentral waren.[82]

Die Vernichtungspolitik der Deutschen stellte eine wichtige Legitimation für die Einrichtung eines internationalen Strafgerichtshofs dar. Dieser Gerichtshof sollte den Grundstein für ein neues Völkerstrafrecht – ein »future international criminal law« – legen.[83] Diese Erwartungshaltung speiste sich direkt aus der Deutung der Vergangenheit, dass nach dem Ersten Weltkrieg diese Chance eben nicht ergriffen

78 UNA, Cambridge Commission, Sub-Committee on the Meaning and Scope of War Crimes, Great Britain (Professor Lauterpacht), Answers to de Baer's Questionnaire (D.7), o. D. [1942], S. 18/2.

79 Priemel, Betrayal, S. 62.

80 Kerstin von Lingen, Legal Flows: Contributions of Exiled Lawyers to the Concept of »Crimes Against Humanity« During the Second World War, in: Modern Intellectual History 17 (2020) 2, S. 507–525.

81 Von Lingen, Crimes against Humanity, S. 23.

82 Die Londoner Exiljuristen standen über die Cambridge Commission im Austausch mit Hersch Lauterpacht und arbeiteten mit seinen bereits im Frühjahr 1942 formulierten Beobachtungen zum Völkerstrafrecht; die in der LIA organisierten Juristen Sheldon Glueck, Ečer und de Baer standen wiederum 1944 im Austausch mit dem US-War Department und stießen dort auf offene Ohren, Priemel, Betrayal, S. 66f.

83 UNA, Cambridge Commission, Marcel de Baer, Answers to Questionnaire (D.5), S. 8.

und damit – in der Lesart der Exilanten – letztlich der Weg für die Verwerfungen der 1930er Jahre und den Angriffs- und Vernichtungskrieg der Deutschen freigemacht worden war. Die konkrete Produktion von Wissen über den Geltungsbereich nationalen und internationalen Strafrechts, aus der sich dann die Forderungen nach einem internationalen Strafgerichtshof ergaben, fand wiederum in transnationalen Räumen wie der Cambridge Commission statt. So bot das Department of Criminal Science den Exilanten die Möglichkeit, ihre gemachten Erfahrungen im Kontext des Exils in London abzurufen und in konkrete Nachkriegsplanungen zu übersetzen.

2 Die Cambridge Commission als Wissensraum

Gemeinsamkeiten und Dissens

Hersch Lauterpacht, Marcel de Baer und die anderen Befürworter eines ICC erreichten nicht, dass die Cambridge Commission ein Schlussdokument verabschiedete, das die Einrichtung eines internationalen Strafgerichtshofs empfohlen hätte. Grund hierfür war, wie dargelegt, die Opposition hauptsächlich Arnold McNairs, der die britische Regierung davor schützen wollte, sich politisch festzulegen. Auf dem letzten Treffen der Kommission am 29. Juli 1943 wurde noch einmal kontrovers über die internationale Strafgerichtsbarkeit diskutiert. Dieses fand im Innenministerium statt.[84] Minister Alexander Maxwell nahm sich zwar die Zeit für eine kurze Begrüßung, in der er die Bedeutung internationaler Fragen wie die Koordinierung der Bestrafung von Kriegsverbrechen für die Innenpolitik der beteiligten Staaten und die internationale Ordnung im Allgemeinen hervorhob:

> »It is, I think, most important that it should be brought home to the minds of men that home affairs cannot be separated from foreign affairs if progress in ordering aright the affairs of each nation is to be obtained in the world affairs and the relations of the nations with each other. Because of that I am so glad that those of you who are specialists and experts in penal matters have decided to come together to co-operate and pool your knowledge and to study in concert the large problems which affect all nations alike in connection with penal reconstruction and development.«[85]

Hier spiegelt sich der immer wieder gezogene Nexus zwischen einer internationalen Friedensordnung und der Rechtsstaatlichkeit einzelner Nationen wider. Eine wirkliche Anerkennung der Bemühungen der Cambridge Commission durch die

84 FSU, LRP 17/9/1, International Commission for Penal Reconstruction and Development, Vollversammlung, 29.7.1943, Protokoll [Cambridge Commission, Protokoll, 29.7.1943], S. 2.

85 Ebd., S. 2.

britische Regierung blieb aber aus, nahmen doch die britischen Vertreter Alexander Paterson und Margery Fry nicht an dem Treffen teil. Dahingegen war ein inoffizieller Vertreter der sowjetischen Botschaft anwesend sowie die Professoren Hersch Lauterpacht und Arthur Goodhart.[86] Weiterhin zeigten die akademische Welt und die Exilregierungen mehr Interesse an der Cambridge Commission als die britische Regierung – obwohl diese gut informiert über deren Arbeit blieb; so schickte McNair die Kommissionakten im August 1943 an Lord Chancellor's Office.[87]

Der Vorsitzende Winfield hob hervor, dass vor allem die Sammlung an nützlichem Material – insbesondere die Beantwortung von Fragebögen und die Studien zu Gesetzeslage und -lücken in den besetzten Gebieten – einen Erfolg darstelle.[88] McNair betonte auch, dass der Mehrwert der Kommission in der Sammlung von Materialien liege, die nun schnellstmöglich den Regierungen übergeben werden sollten:

> »Now if we all had unlimited time at our disposal possibly it would be our duty to spend laborious days in sifting the material which has been collected and to wield it into a comprehensive report. In my opinion that task is quite impossible, and moreover quite unnecessary. [...] [M]y feeling is that it is our duty to make this valuable collection of material available as soon as possible to the Governments who are engaged upon consideration of this matter.«[89]

Was nach einer Entschuldigung für fehlende Zeit und mangelndes Interesse klingt – alle Mitglieder waren sehr eingespannt in ihre jeweiligen Aufgaben an Universitäten und Exilregierungen –, weist auf eine pragmatische Haltung hin: Die Gründung der UNWCC war vermutlich auch ein Grund dafür, dass man sich der Mammutaufgabe eines »comprehensive report« nicht mehr annehmen wollte.[90] Man einigte sich jedoch darauf, dieses Material als vertraulich zu markieren und lediglich den Exil-

86 J. W. Cecil Turner lud die sowjetische Botschaft im Januar 1941 zur Zusammenarbeit an der vergleichenden Studie der Strafrechtssysteme ein und informierte sie laufend über die Arbeit der Cambridge Commission. Siehe FSU, LRP 1/9/2, Briefverkehr J. W. Cecil Turner mit der Botschaft der Sowjetrepubliken in London. Allerdings kam es nie zu der im Sinne des internationalen wissenschaftlichen Austauschs angedachten Zusammenarbeit der Cambridge Commission mit der Sowjetunion, da Letztere sich – auch nicht über nichtstaatliche »Experten« – nicht an der transnationalen Kooperation beteiligte und auch kein Mitglied der UNWCC wurde.

87 TNA, LCO 2/2973, Arnold McNair an Lord Chancellor, 20.8.1943. Diese Akten fanden auch ihren Weg in die USA, wo daraus im Außenministerium zitiert wurde. Siehe Sellars, Crimes against Peace, S. 50, Fn. 12.

88 FSU, LRP 17/9/1, Cambridge Commission, Protokoll, 29.7.1943, S. 1.

89 Ebd., S. 3.

90 Ebd.

regierungen zur Verfügung zu stellen, damit es nicht in die Hände von potenziellen Angeklagten geriet.

Ein weiterer Grund war, dass es keine Einigkeit über die so wichtige Frage der Einrichtung eines ICC gab. McNair riet in seinem Bericht an das Komitee final von der Einrichtung eines ICC ab: »I do not want to embark upon a controvertial [sic] matter; I know that many of my colleagues hold with a Permanent International Court. I submit that this is not the time to attempt such an organisation.«[91] Insbesondere de Baer stellte sich gegen McNair und bestand darauf, dass er die Gelegenheit der Gegenrede bekomme. Er versuchte, unterstützt von de Moor, eine Diskussion über die Einrichtung eines ICC zu provozieren, die jedoch von den Vorsitzenden McNair und Winfield im Keim erstickt wurde.[92] Stattdessen sollten alle interessierten Juristen Memoranda verfassen, in denen sie ihre Ablehnung der Position McNairs begründeten.[93]

Im Anschluss an das Treffen legten de Baer sowie der niederländische Repräsentant Johannes M. de Moor und der luxemburgische Justizminister Victor Bodson kurze Memoranda vor, in denen sie gegen McNairs Schlussfolgerungen argumentierten. Stefan Glaser positionierte sich als Unterstützer McNairs und stellte sich *gegen* einen ICC, da alles andere eine Umgehung des Retroaktivitätsverbots bedeute. Er führte außerdem praktische Gründe (Schnelligkeit) und das moralische Empfinden der besetzten Staaten – das Vertrauen der Bürger in ihre eigene Justiz – an, um die Vorteile nationaler Jurisdiktion zu unterstreichen.[94] Wenn man nun die nationale Jurisdiktion entsprechend ändere, um alle »wrongs and damage done by the invader« abzudecken, und die Auslieferung an nationale Gerichte im Waffenstillstandsabkommen festlege, sei ein internationales Gericht gar nicht mehr nötig. Da diese Gesetze lediglich die bereits bestehenden Regeln im nationalen und internationalen Recht zu formellem Recht machen würden – näher geht er auf diesen Punkt leider nicht ein –, könne man auch nicht das Argument »nullum crimen sine lege« ins Feld führen.[95]

Auch de Moor stimmte mit McNair überein, dass, wo immer möglich, die nationalen Gerichte der Alliierten Kriegsverbrecher anklagen sollten. Es findet sich

91 Ebd., S. 4.

92 Ebd., S. 6–10.

93 Ebd., S. 10.

94 UNA, Cambridge Commission, Sub-Committee on the Meaning and Scope of War Crimes, Stefan Glaser, Answers to de Baer's Questionnaire (D.6), o. D.

95 UNA, Cambridge Commission, Stefan Glaser, Memorandum on the Establishment of an International Tribunal (C.4), ca. Juli/Aug. 1943. Das Memorandum baut auf seiner Analyse für de Baers »Sub-Committee on the Meaning and Scope of War Crimes« auf: ebd., Stefan Glaser, Answers to Questionnaire (D.6), o. D. [1942].

auch eine Begründung dieser Haltung: »[S]peed is of the first importance.«[96] Alle Verbrechen vor einem ICC anzuklagen, sei mit großem Koordinierungsaufwand insbesondere zwischen den unterschiedlichen Rechtssystemen verbunden, der den Prozess stark verlangsamen würde. Die Gefahr, so die Fehler von »1919« zu wiederholen, sei zu groß. Damit spielte de Moor auf das Zugeständnis der Alliierten an Deutschland nach dem Ersten Weltkrieg an, die eigenen Kriegsverbrecher selbst zu ahnden – was bekanntlich zu wenigen, unverhältnismäßig geringen Strafen führte. Eine Lehre, die daraus zu ziehen sei, sei die Schaffung einer »United Nations Commission for the Investigation of War-Crimes«, wie sie Lord Simon und US-Präsident Roosevelt im September 1942 vorgeschlagen hätten. Diese könne Rechtssicherheit und eine gewisse Uniformität in der internationalen Strafverfolgung garantieren, indem eine derartige Kommission Dossiers über Kriegsverbrecher erstelle und *prima facie* entscheide, ob genügend Beweise für eine Anklage vor welchem nationalen Gericht vorlägen.[97] De Moor setzte also, wie viele andere Exiljuristen, große Hoffnungen in die zu schaffende UNWCC, die tatsächlich die skizzierten Aufgaben übernahm und so ein wichtiges Instrument für die Weiterentwicklung des humanitären Völkerrechts wurde.[98]

Aber die internationale Strafgerichtsbarkeit sollte trotz dieser Einschränkungen eine zentrale Rolle spielen, und hier folgt de Moor dem Vorschlag der Commission I der LIA, in der er Mitglied war: Ein internationales Gericht müsse zuständig sein für »<u>those</u> cases in which the <u>whole</u> world, or in every case, many united nations, are interested. Those are <u>the cases</u> of <u>the heads of State</u> and of <u>the</u> leaders of the Nazis and the Fascists and of the German Army, who committed or ordered the most terrible war crimes.«[99] Anklagen können sollte ein solches Gericht Verbrechen, über die kein alliiertes Gericht Jurisdiktion habe – wenn diese auf deutschem Territorium gegen Juden oder Staatenlose begangen worden waren –, solche Verbrechen, die ein nationales Gericht aus Gründen der inneren Sicherheit nicht anklagen wolle, sowie in dem Fall, dass dasselbe Verbrechen mehrere Staaten betreffe, oder wenn Staatsoberhäupter angeklagt würden.

---

96 UNA, Cambridge Commission, Johannes M. de Moor, Memorandum on the Establishment of an International Tribunal (G.2), ca. Juli/Aug. 1943, S. 4.

97 Ebd., S. 5f. Victor Bodson sprach sich auch für eine internationale Jurisdiktion in dem Fall aus, dass das Verbrechen nur auf deutschem Boden begangen wurde und schlug ähnlich wie de Moor ein »International Prosecution Office« vor, das entscheide, ob die Beweise für eine Anklage ausreichten: UNA, Cambridge Commission, Victor Bodson, Memorandum on the Establishment of an International Tribunal (G.3) ca. Juli/Aug. 1943.

98 Siehe Sabina Ferhadbegović/Kerstin von Lingen/Julia Eichenberg (Hg.), The United Nations War Crimes Commission (UNWCC), 1943–1948, and the Codification of International Criminal Law, in: Journal of the History of International Law 24 (2022) 3.

99 UNA, Cambridge Commission, Johannes M. de Moor, Memorandum on the Establishment of an International Tribunal (G.2), ca. Juli/Aug. 1943, S. 6. Hervorhebungen im Original.

Wie de Moor zitierte auch de Baer in seinem Memorandum aus der Resolution der LIA, an der beide an zentraler Stelle mitgearbeitet hatten.[100] Er stellt noch einmal deutlicher heraus, dass für ihn die auf deutschem Territorium begangenen Verbrechen den Knackpunkt darstellten. Nicht nur, dass viele alliierte Staaten keine Jurisdiktion über diese Straftaten hatten, auch die Auslieferung von Angeklagten aus Deutschland, die Sicherung von Beweisen und die Befragung von deutschen Zeugen stelle alliierte Gerichte vor große Probleme. Er war sich sicher: »inter-Allied Courts functioning within Axis countries would not experience the same difficulties.«[101] In anderen Publikationen wird de Baer viel deutlicher: Man könne in dieser Frage nicht auf die Kooperation der Deutschen vertrauen. Nach den Erfahrungen nach dem Ersten Weltkrieg sei dies einfach naiv. An dieser Stelle greift er vor allem McNairs Behauptung an, dass die meisten auf deutschem Boden begangenen Straftaten doch durch alliierte Gerichte verfolgt werden könnten – dies sei eben nicht der Fall, so de Baer. McNair zitierend, schrieb er: »I respectfully submit that it is not for the sake of a somewhat theoretical universality that I am in favour of an International Criminal Court, but mainly to ensure that punishment of crimes for which, in the actual state of legislation, no other court than an Axis court has jurisdiction.«[102]

Damit endete die Diskussion über internationale Strafgerichtsbarkeit in der Cambridge Commission, ohne dass eine gemeinsame Position gefunden worden wäre. Obwohl Winfield und McNair immer wieder versicherten, wie wertvoll die Dokumentensammlung der Kommission sei, muss dieses Ergebnis für die Exiljuristen ein auf den ersten Blick enttäuschendes gewesen sein.[103] Ihr Hauptanliegen – das internationale Strafrecht zu kodifizieren und die Einrichtung eines ICC vorzubereiten – war nicht umgesetzt worden. Es gelang nicht, im Detail zu erörtern, wie ein solcher Gerichtshof aussehen könne, welches Recht er anwenden solle, welche Straftatbestände er in den Mittelpunkt stellen solle, wie mit der Verteidigung mit einem Befehlsnotstand umzugehen sei, wie man Beweismittel, Zeugen und letzten Endes natürlich auch die Angeklagten vor das Gericht bringen könne. Es wurde kein Abschlussdokument verfasst, das man den Regierungen hätte übergeben oder sogar veröffentlichen können, während etwa die LIA 1944 eine Broschüre mit ihren Empfehlungen zur Bestrafung von Kriegsverbrechern publizierte.[104]

In der Rückschau jedoch war, auch wenn viele Detailfragen offenblieben, 1943 der Boden bereitet für die juristische Lösung der Kriegsverbrecherfrage. Hierzu

---

100 UNA, Cambridge Commission, Marcel de Baer, Memorandum on the Establishment of an International Tribunal (C.1), 29.7.1943, S. 1.

101 Ebd.

102 Ebd., S. 2, Zitat S. 2f.

103 FSU, LRP 17/9/1, Cambridge Commission, Protokoll, 29.7.1943, S. 11.

104 London International Assembly, The Punishment of War Criminals: Recommendations of the London International Assembly, London 1944.

leistete die Cambridge Commission einen Beitrag, indem sie ein Grundgerüst für die folgenden Debatten um internationale Strafjustiz entwickelte. Alle zentralen Fragen, die später in der UNWCC debattiert wurden, wurden hier bereits aufgeworfen: die Definition von Kriegsverbrechen, der Kriegs-Nexus (das heißt die Frage, wie mit Verbrechen vor 1939 umzugehen ist), die Notwendigkeit eines internationalen Strafgerichtshofes, die Probleme internationaler Strafverfolgung, insbesondere die Sicherung von Beweismitteln und die Aushändigung von Angeklagten durch Achsenmächte und neutrale Staaten; individuelle strafrechtliche Verantwortung (Befehlsnotstand, Immunität von Staatsoberhäuptern) und die Kriminalisierung von Angriffskriegen. So wurde die intellektuelle Basis für die Verhandlungen zwischen den Großmächten 1945 durch die Exiljuristen in den Jahren 1942 und 1943 erarbeitet, die *complementary jurisdiction*, die die Nachkriegszeit prägte, wurde hier bereits klar umrissen.[105] Als im Oktober 1943 die UNWCC zusammentrat, war über viele der Fragen in ihrem Aufgabenbereich bereits nachgedacht und Probleme identifiziert worden. Mehr noch: Marcel de Baer, Johannes M. de Moor, Stefan Glaser, André Gros, Constantin Stavropoulos, Victor Bodson und Terje Wold – alles aktive Mitglieder der Cambridge Commission – wurden offizielle Repräsentanten ihrer Regierungen in der UNWCC.[106] Damit wurde eine Weitergabe der in der Kommission produzierten Wissensbestände garantiert und etwa die Legitimierungsstrategien für einen ICC übernommen.[107]

Auch wenn einige juristische Lösungen erst 1944/45 gefunden wurden, entstanden Konzepte wie Verbrechen gegen die Menschlichkeit und Verbrechen gegen den Frieden in einem bereits vorher begonnenen komplexen Aushandlungsprozess, in dem die Cambridge Commission eine wichtige Funktion für die Produktion von Rechtswissen hatte. Die Kommission spielte dabei die Rolle eines Wissensraums, in dem eine Arbeitsbeziehung zwischen sich fremden, im Exil lebenden Juristen und etablierten britischen Akademikern geknüpft und Wissen über nationales Strafrecht in vergleichender Perspektive hergestellt wurde, das dann an andere Institutionen und schließlich politische Entscheidungsträger weitergegeben wurde. Diese Zirkulation des Wissens – die »legal flows« (Kerstin von Lingen) – zwischen

---

105 Mohamed M. El Zeidy, The Principle of Complementarity in International Criminal Law: Origin, Development and Practice, Boston 2008, S. 60–70.

106 United Nations War Crimes Commission (Hg.), History of the United Nations War Crimes Commission and the Development of the Laws of War, London 1948, Appendix I: Personnel of the United Nations War Crimes Commission, S. 499–505. Yuen-Li Liang, der ebenfalls mit dem Department of Criminal Science korrespondierte, war einer der chinesischen Delegierten.

107 Mit mehr Details: Sara Weydner, A Lawyer in Exile: Johannes M. de Moor and the Circulation of Legal Knowledge in Wartime London, in: Journal of the History of International Law 24 (2022) 3, S. 391–406.

den Institutionen war das Verdienst der Exiljuristen, die damit einen wichtigen intellektuellen Beitrag zur Vorbereitung der Nachkriegsjustiz leisteten.[108]

Bei diesem Prozess ist die Motivationslage der Exiljuristen nicht immer herzuleiten. Die Tiefenbohrung in Marcel de Baers Biografie hat gezeigt, dass humanitäre und sicherheitspolitische Erwägungen zusammenspielten. Zuerst musste, indem Jurisdiktionskonflikte gelöst und -lücken geschlossen wurden, die deutsche Vernichtungspolitik durch geeignete juristische Instrumente geahndet werden. Gleichzeitig sollte, dies war der Erwartungshorizont, eine internationale Rechtsordnung mit einem Völkerstrafrecht auf internationaler Ebene und einem reformierten Strafrecht auf nationaler Ebene geschaffen werden. Allerdings bedeutete das Entsetzen, das die Vernichtung der Juden bei vielen auslöste, nicht, dass die Cambridge Commission einen jüdischen Repräsentanten aufnehmen wollte. Die Korrespondenz vor allem J. W. Cecil Turners mit dem World Jewish Congress (WJC) zeigt diese Haltung, nach der man sich den Belangen der jüdischen Organisationen gegenüber zwar aufgeschlossen zeigte, eine Kooperation mit dem Ziel, juristisch klar zu definieren, wie Verbrechen an den Juden geahndet werden könnten, jedoch so lange vor sich herschob, dass der WJC selbst das Interesse an einer Kooperation verlor.

Die Cambridge Commission und der World Jewish Congress

Das McNair-Komitee der Cambridge Commission hatte definiert, dass alle Taten, die auf besetztem Territorium begangen wurden, als Kriegsverbrechen galten und damit als Straftat sowohl nach nationalem als auch nach internationalem Recht. Der Abschlussbericht des Komitees 1943 sprach sich jedoch – entgegen den Stellungnahmen der meisten Exilanten – gegen die Einrichtung eines internationalen Strafgerichtshofs aus, weil auf deutschem Boden an deutschen Bürgern begangene Gräueltaten zwar zu verurteilen, aber keine Kriegsverbrechen und daher nicht Gegenstand internationaler Jurisdiktion seien. Diese Debatte wurde begleitet von immer neuem Wissen über den Holocaust, das durch die Stellungnahmen und Appelle jüdischer Organisationen sowie der Exilregierungen in London an die alliierte Öffentlichkeit drang.[109] Mitte November 1942 hatte der erste Bericht Jan Karskis, eines polnischen Untergrundkämpfers, die polnische Exilregierung sowie Alliierten-

108 Zur juristischen Arbeit in den USA siehe Priemel, Betrayal, Kap. 3.1. 1942 schlugen McNair und de Baer vor, dass Cambridge Commission und LIA enger kooperieren sollten, was Turner jedoch ablehnte, weil er zu viel Ablenkung von der eigentlichen Aufgabe befürchtete. FSU, LRP 1/5/8, Marcel de Baer an Hersch Lauterpacht, 13.8.1942; LRP 1/5/50, Arnold McNair an J. W. Cecil Turner, 30.3.1942; LRP 1/5/9, J. W. Cecil Turner an Arnold McNair, 18.8.1942.

109 Der Begriff »Holocaust« wird hier als Analysebegriff verwendet, um den Mord an über sechs Millionen Juden zu beschreiben. Die Exiljuristen sprachen von »extermination« und allgemeiner von »atrocities«.

Politiker und Intellektuelle erreicht, in dem er über die unvorstellbaren Zustände im Warschauer Ghetto und die Ermordung der Juden im Vernichtungslager Belzec berichtete.[110] Die polnische Regierung richtete daraufhin eine diplomatische Note an die alliierten Regierungen, die über die Vernichtung der Juden auf den von Deutschland besetzten Gebieten Polens informierte. Am 17. Dezember veröffentlichten die britische und amerikanische Regierung eine »Joint Declaration by Members of the United Nations«, die breite öffentliche Aufmerksamkeit erfuhr.

Im Folgenden wird umrissen, warum die Cambridge Commission keinen »Jewish representative« zur Teilnahme einlud und somit keine engere Kooperation mit dem WJC einging. Obwohl man im Juli 1943 sogar ein Unterkomitee speziell für an der jüdischen Bevölkerung verübte Verbrechen einrichtete, lehnten der Sekretär der Kommission J. W. Cecil Turner und der Vorsitzende des Komitees für Völkerrecht Arnold McNair – beide Engländer – das Argument ab, dass es sich hierbei um eine gesonderte Kategorie von Verstößen gegen das Völkerrecht handele. So ging die Initiative für die Formulierung des Straftatbestands Verbrechen gegen die Menschlichkeit schließlich von der UNWCC aus, unter anderem von Marcel de Baer, der sich bereits im Rahmen der Cambridge Commission und der LIA mit dieser Frage befasst hatte.[111]

Zwischen Frühjahr 1942 und 1943 versuchte der WJC Turner davon zu überzeugen, einen jüdischen Vertreter in die Cambridge Commission aufzunehmen und gemeinsam die internationale Dimension der Verbrechen gegen die Juden zu analysieren. Der WJC überarbeitete mehrmals sein Memorandum, um am 29. Juli 1943 beim Treffen der Cambridge Commission den »Jewish point of view« vorzustellen.[112] Ernst J. Cohn von der British Section des WJC stellte das Memorandum vor, betonte allerdings, dass er dieses neun Monate zuvor verfasst und sich seitdem die Situation noch einmal radikal verschlechtert habe.[113] Am Ende des Treffens wurde die Einrichtung eines »Sub-Committee on the Jewish aspect of the War Crimes problem« beschlossen. Die Einrichtung dieses Unterkomitees ging jedoch äußerst schleppend voran und es kam schließlich nie zustande. Dies lag an der Prioritätensetzung der Mitglieder der Cambridge Commission, die nun bereits in der UNWCC tätig waren, und an Uneinigkeiten über den Stellenwert der jüdischen Opfer.

Der initiale Kontakt war durch einen wissenschaftlichen Austausch zustande gekommen. Im Mai 1942 bat Ernst J. Cohn Turner darum, ihm eine Kopie der Rede

---

110 E. Thomas Wood/Stanisław M. Jankowski, Karski: How One Man Tried to Stop the Holocaust, Austin 2014.

111 Siehe Kerstin von Lingen, Setting the Path for the UNWCC: The Representation of European Exile Governments on the London International Assembly and the Commission for Penal Reconstruction and Development, 1941–1944, in: Criminal Law Forum 25 (2014) 1–2, S. 45–76.

112 FSU, LRP 17/9/1, Cambridge Commission, Protokoll, 29.7.1943, S. 11.

113 Ebd., S. 12.

Arthur Goodharts zu schicken, die dieser auf der Gründungskonferenz im November 1941 gehalten hatte. Er selbst arbeite an einem Essay zur Kriegsverbrechensfrage.[114] Im Oktober 1942 – also zur selben Zeit, zu der die Unterkomitees de Baers ihre Arbeit aufnehmen – wandte sich Alexander L. Easterman, Honorarsekretär der britischen Sektion des WJC, an Turner. Er schlug vor, dass die Cambridge Commission einen »Jewish representative« kooptieren solle. Easterman argumentierte, dass der WJC und die Cambridge Commission beide Forschungsarbeit betrieben und dass die Perspektive des WJC auf die »international aspects of the persecution of Jews by the German Government« eine wichtige Ergänzung darstellen könne. Die Cambridge Commission solle so ihren Fokus auf die Verbrechen gegen Juden erweitern, die in ihrem Ausmaß und ihrer Intensität nicht vergleichbar seien mit anderen Kriegsverbrechen. Sie seien Teil eines »unified, preconceived plan« der deutschen Regierung, der schon lange vor Kriegsausbruch gefasst worden sei: »[T]hose acts which were committed during the war form only elements of a continuous crime which as extended into the war period and which the German Government was actively engaged in preparing long before the outbreak of war.«[115]

Dieser Ansatz des WJC wurde in einem »Memorandum on the Necessity of a Jewish Representative on the International Committee for Penal Reconstruction and Development« weiter ausgeführt. In dem Memorandum wird der spezifische Charakter der Verbrechen gegen die Juden – im Vergleich mit normalen Kriegsverbrechen – hervorgehoben, weil diese der Erfüllung des vorgefassten Plans der deutschen Regierung dienten, Juden als kollektive Gruppe zu verfolgen, dem finanziellen Ruin auszusetzen, zu deportieren und dem Hungertod auszusetzen (dies war noch eine harmlose Beschreibung dessen, was tatsächlich passierte, vielleicht, um sich nicht dem oft gemachten Vorwurf der Übertreibung auszusetzen).[116] Die Verbrechen, die nun auf den Territorien der besetzten Länder und gegen Staatsbürger der Alliierten verübt würden, seien nur eine Fortsetzung dieses langgehegten Plans der Unterdrückung. Ein Vertreter des WJC könne mit seinem Wissen über diese Verbrechen wertvolles »essential knowledge and expertise« zur Arbeit der Cambridge Commission beitragen.[117]

114 FSU, LRP 1/11/19, Ernst J. Cohn an J. W. Turner, 30.5.1942.

115 FSU, LRP 1/11/17, Alexander L. Easterman an J. W. Cecil Turner, 16.10.1942, Zitate S. 1. Siehe Alan Nissel, Continuing Crimes in the Rome Statute, in: Michigan Journal of International Law 25 (2003) 3, S. 653–689.

116 Siehe z.B. Magdalena Kubow, Poland and the Holocaust in the Polish-American Press, 1926–1945, Jefferson, NC 2020, S. 130.

117 FSU, LRP 1/11/18, World Jewish Congress [WJC], Memorandum on the Necessity of a Jewish Representative on the International Committee for Penal Reconstruction and Development, 16.10.1942. Der Fehler im Titel (»Committee« statt »Commission«) könnte darauf hinweisen, dass das Memorandum an mehrere Organisationen geschickt wurde und man den Titel lediglich austauschte.

Diese Deutung der Verbrechen an den Juden implizierte, dass ein internationaler Strafgerichtshof auch alle *vor* der Kriegserklärung begangenen Verbrechen hätte verfolgen können – eine folgenreiche Umdeutung internationaler Verbrechen, denn bisher konnten Individuen lediglich für Verbrechen belangt werden, die während bewaffneter Konflikte verübt wurden, und das auch nur – wie die umfangreichen Analysen der Cambridge Commission gezeigt hatten –, wenn das (Militär-)Strafrecht eines Staats die Jurisdiktion über diese Verbrechen hatte. Die Anklage eines Bürgers durch ein internationales Gericht für ein Verbrechen, das keinen direkten Auslandsbezug hatte, würde einen präzedenzlosen Eingriff in die Souveränität eines Staats bedeuten. Das Ziel des WJC war, bereits während des Kriegs die Verbrechen gegen die europäischen Juden als distinkte Straftat im Diskurs um Kriegsverbrechen zu etablieren. Dieser Vorschlag ging also noch einen Schritt weiter als die Ideen etwa de Baers, der internationale Jurisdiktion auf die Kriegszeit beschränken wollte, weil er den Angriffskrieg als das Hauptverbrechen begriff.

Indem Easterman mit der Expertise des WJC argumentierte, traf er den richtigen Ton, da es Turner immer wichtig war zu betonen, dass die Cambridge Commission eine rein juristisch-akademische Aufgabe habe. In seinem Antwortschreiben deutete Turner jedoch auch an, dass man keinen Einfluss auf politische Entscheidungsprozesse nehmen könne und wolle. Zudem strich er im WJC-Memorandum durchgängig das Wort »crimes« durch und ersetzte es an einer Stelle handschriftlich durch »atrocities«. Er anerkannte die moralische Verwerflichkeit der deutschen Verfolgungs- und Vernichtungspolitik an, ohne diese jedoch pauschal als Straftat zu definieren. Easterman signalisierte er dementsprechend, dass er »deeply conscious of the suffering which have been inflicted on the Jewish people« sei.[118]

Turner investierte einen nicht unerheblichen Teil seiner Zeit in die Frage, ob ein jüdischer Vertreter Mitglied der Cambridge Commission werden solle. Am 5. November traf er sich mit Easterman und Ernst Cohn in Cambridge.[119] Bei einem zweiten Treffen am 26. November war auch Hersch Lauterpacht anwesend.[120] Der WJC hatte inzwischen sein Memorandum überarbeitet und argumentierte zwar weiterhin mit der Singularität der Verbrechen gegen die Juden, aber auch verstärkt mit dem »Jewish Aspect of the Question of War Crimes.« Er appellierte geschickt an den wissenschaftlichen Anspruch Turners: Zu einer vollständigen wissenschaftlichen Definition des Begriffs »Kriegsverbrechen« – erklärtes Ziel der Cambridge Commission – gehöre auch die Frage, ob »Government-organised mass crimes [...] committed against Jews who were citizens or residents of the territory

---

118 FSU, LRP 1/11/15, J. W. Cecil Turner an Alexander L. Easterman, 22.10.1942.

119 FSU, LRP 1/11/24, Alexander L. Easterman an J. W. Cecil Turner, 6.11.1942; FSU, LRP 1/11/25, Ernst J. Cohn an J. W. Cecil Turner, 19.11.1942.

120 FSU, LRP 1/11/26, Ernst J. Cohn an J. W. Cecil Turner, 16.12.1942.

of the Axis powers […] can be considered war crimes.«[121] Damit wurde auch eine Verantwortlichkeit für die Exilregierungen formuliert: Zahlreiche Opfer seien aus Deutschland geflüchtete Juden, die auf den nun besetzten Gebieten der Alliierten Schutz gesucht hatten und dort mit besonderer Härte verfolgt würden.

Cohn führte im Memorandum außerdem den strafrechtlichen Tatbestand der Verschwörung (»one gigantic continuous criminal conspiracy«) ein, um den lang gefassten Plan der deutschen Regierung zur Verfolgung und Vernichtung jüdischen Lebens zu beschreiben – eine Terminologie, die sich aus dem angelsächsischen Recht speiste und auf die transatlantische Dimension der Londoner Debatten hinweist.[122] Wie auch beim Anklagepunkt des Angriffskriegs überquerten rechtswissenschaftliche Konzepte den Atlantik durch die Bemühungen meist nichtstaatlicher Akteure, die Bestrafung der Kriegsverbrechen durch rechtliche Mittel vorzubereiten. Schließlich fanden sich beide Straftatbestände – Verschwörung sowie Vorbereiten und Führen eines Angriffskriegs – in den Anklagepunkten des IMT wieder, aber festzuhalten ist hier vor allem, dass bereits Ende 1942 die Verbrechen an den Juden durch jüdische Juristen als Verschwörung definiert wurden und dieses Framing Eingang in die Cambridge Commission fand.

Ende Dezember 1942 bat Turner Ernst Cohn darum, die Forderung nach einer Mitgliedschaft des WJC fallen zu lassen und sich stattdessen auf eine Kooperation zu beschränken. Zu dem Zeitpunkt plante Ersterer anscheinend, ein weiteres Komitee für die Analyse genau der Verbrechen einzurichten, die das McNair-Komitee mit seinem Fokus auf die »war crimes in the narrower sense« nicht behandeln konnte (also die direkt mit Kriegshandlungen in Verbindung stehenden Verbrechen). Dabei wolle man sich aber nicht auf Verbrechen gegen die Juden beschränken, um nicht andere Gruppierungen von vorneherein auszuschließen. Turner bat Cohn außerdem darum, im Memorandum, das der Kommission vorgelegt werden sollte, das Wort »crime« durch »atrocities« oder »offence« zu ersetzen: »My point is that the word ›crime‹ could be taken in a technical sense and if so would possibly arouse the objection from any doctrinaire person, that these things are not at present recognised as crimes, in many cases.«[123] Damit spielt er möglicherweise auf McNair an, der sich in der Diskussion um einen internationalen Strafgerichtshof, wie im ersten Kapitelteil ausgeführt, als Gegner dieser Neuerungen gezeigt hatte. Diese waren aber unvermeidbar, folgte man den Forderungen des WJC, alle an europäischen Juden verübten Verbrechen zu ahnden – auch die gegen deutsche Juden auf deutschem Staatsgebiet. Dabei muss das ungeheure Ausmaß der Verbrechen – die Ver-

---

121 FSU, LRP, 1/11/21, WJC, Memorandum on the Jewish Aspect of the Question of War Crimes and on The Co-Operation of the World Jewish Congress in the Work of the Commission for Penal Reconstruction and Development, 19.11.1942, S. 3.

122 Ebd., S. 2.

123 FSU, LRP 1/11/14, J. W. Cecil Turner an Ernst J. Cohn, 28.12.1942. Hervorhebung im Original.

nichtung der europäischen Juden – insbesondere den mit Regierungskreisen in Verbindung stehenden Juristen wie McNair und Turner bewusst gewesen sein. Dass Turner dennoch darauf bestand, nicht mit dem Wort »crime« zu arbeiten, scheint aus heutiger Sicht in der Tat etwas »doctrinaire«, weist aber auch auf das unbedingte Bekenntnis zu rechtsstaatlichen Standards in der Strafgerichtsbarkeit hin. Ungenaue Definitionen hätten dieses Projekt gefährdet.

Der WJC kam beiden Wünschen Turners nach und betonte, dass es nicht um das Ausspielen unterschiedlicher Opfergruppen gehen dürfe: »We are pleading here for our own cause, because it is the task of our Organisation to do so. But it goes without saying that we should greatly desire all atrocities to be dealt with – no matter against whom they were committed.«[124] Gleichzeitig ergänzten Cohn und Easterman einen Passus im Memorandum, der auf die Deportationen und Massenerschießungen anspielte und das gewaltige Ausmaß der an den Juden begangenen Verbrechen hervorhob, also doch auf die Singularität des Holocaust abzielte.[125] Dieses Memorandum wurde innerhalb der Cambridge Commission verbreitet und bei dem besagten Treffen Ende Juli 1943 vorgetragen.[126]

Gleich im August, kurz nach der Sitzung der Cambridge Commission, schlug Cohn Arnold McNair und James L. Brierly, Professor für internationales Recht am All Souls College in Oxford, als Vorsitzende des neuen Unterkomitees vor, also Professoren an britischen Universitäten, aber keine Juden.[127] Cohn und Easterman verfolgten ihr Ziel hartnäckig und drängten Turner, tätig zu werden.[128] So schickte Easterman Turner Kopien des neu erschienenen WJC-Pamphlets »Starvation in Europe« und bat seinerseits darum, eine Kopie des Berichts des McNair-Komitees zu erhalten.[129] Gleichzeitig erhöhten WJC-Vertreter in New York und London den Druck auf staatliche Repräsentanten, um sie für die rechtliche Dimension des Holocaust zu

124 FSU, LRP 1/3/1, Ernst J. Cohn an J. W. Cecil Turner, 23.2.1943.

125 FSU, LRP 1/3/5, WJC, Memorandum Submitted by the World Jewish Congress (British Section) to the International Commission for Penal Reconstruction and Development on the Subject of Nazi Atrocities, 23.2.1943, Punkt 1.5, S. 3.

126 Siehe FSU, LRP 1/11/10, Ernst J. Cohn an J. W. Cecil Turner, 6.10.1943.

127 FSU, LRP 1/11/13, Ernst J. Cohn an J. W. Cecil Turner, 17.8.1943.

128 FSU, LRP 1/11/10, Ernst J. Cohn an J. W. Cecil Turner, 6.10.1943.

129 FSU, LRP 1/11/12, Alexander L. Easterman an J. W. Cecil Turner, 29.9.1943, Anlage: Starvation over Europe (Reports of the World Jewish Congress, Nr. 7, Sept. 1943); ebd., 1/11/10, Easterman an Turner, 7.10.1943. Leon Kubowitzky (Head Department European Jewish Affairs, WJC, New York) bat ebenfalls um den Bericht, allerdings traf der Brief erst im Mai 1944 in England ein: LRP 1/11/28, A. Leon Kubowitzky an Cambridge Commission, 15.12.1943. So schickte Turner den Bericht McNairs nach New York: LRP 1/11/39, Turner an Easterman, 24.5.1944.

sensibilisieren.[130] Daraufhin passierte erst einmal nichts. Ein Grund hierfür war sicherlich, dass sich im Oktober 1943 die Arbeit der Exiljuristen auf die UNWCC verlagerte. So leitete zum Beispiel de Baer zwischen Oktober 1943 und August 1947 mehrmals die Woche die Sitzungen des Committee I der UNWCC, das *prima facie* darüber entschied, ob die Beweislage eines nationalen Gerichts ausreichte, um Anklage wegen Kriegsverbrechen zu erheben.[131] Das Department of Criminal Science konzentrierte sich seinerseits auf andere Themen, insbesondere die Strafrechtsreform in den Achsenstaaten (siehe Kapitel VI.1). So zeigten weder das Department of Criminal Science noch die Exiljuristen besonders viel Aufmerksamkeit für das neue Unterkomitee.

Die Gründung des Unterkomitees löste allerdings eine Diskussion zwischen Lauterpacht, Brierly und Turner aus, die über die Einordnung der auf dem Staatsgebiet der Achsenstaaten begangenen Verbrechen debattierten. Turner hatte sich Ende November mit der Bitte, den Vorsitz eines solchen Komitees zu übernehmen, an James L. Brierly gewendet, dabei auch gleich betont, dass kein jüdischer Jurist den Vorsitz übernehmen solle. Dies liege nicht daran, dass es keine qualifizierten Juristen jüdischen Glaubens gebe – die Sorge war wohl, dass die Öffentlichkeit und die juristische Expertengemeinschaft einem Juden weniger Glauben schenken würden.[132] Wenn ein so renommierter internationaler Jurist wie Brierly den Vorsitz übernähme, wäre dies ein Akt der Humanität – damit appellierte Turner nicht nur an Brierlys Expertise, sondern auch an sein durch seine Arbeit für das Academic Assistance Council belegtes humanitäres Engagement.[133] Brierly zeigte sich bereit, sich mit diesem Thema zu befassen, stellte aber infrage, ob es sich wirklich um eine juristische Angelegenheit handele, die durch »any principles of existing law« gelöst werden könne.[134] Wenn sich das vorgeschlagene Komitee mit den Verbrechen befassen solle, die eben keine Kriegsverbrechen seien, könne er sich schwerlich eine juristische Handhabe dieser Taten vorstellen. Letztlich laufe dies auf eine politische Empfehlung heraus – aber er sei nicht sicher, ob »a legal committee ought to suggest political action.«[135]

Hersch Lauterpacht teilte Brierlys Sorge in Bezug auf deutsche Verbrechen, die auf deutschem Territorium verübt wurden. Diese seien offensichtlich keine Kriegsverbrechen. Allerdings könne ein juristisches Expertenkomitee die Empfehlung

130 Siehe Lewis, New Justice, Kap. 6; Antony Polonsky, Introduction, in: Jan Lanicek/James Jordan (Hg.), Governments-in-Exile and the Jews During the Second World War, Edgware 2012, S. 1–34.

131 UNWCC, History, S. 123.

132 FSU, LRP 1/11/9, J. W. Cecil Turner an J. L. Brierly, 12.11.1943.

133 Bod, SPSL 17/8, Professor James Leslie Brierley [sic] (1881–1955), Councillor's file 1933–53; Bod, SPSL 170/1, ders., Correspondence as donor 1933–55.

134 FSU, LRP 1/11/8, J. L. Brierly an J. W. Cecil Turner, 20.11.1943.

135 FSU, LRP 1/11/4, J. L. Brierly an J. W. Cecil Turner, 14.12.1943.

aussprechen, dass ein Waffenstillstandsabkommen die Bestrafung dieser Taten festlege.[136] Turner folgte dieser Sicht:

> »[I]t would be most valuable to have these conclusions stated and laid before the appropriate department of each of the Allied Governments, because it would place before them in a clear light the actual position so that they would see the extent to which it would be necessary to take political as distinct from legal action should they be disposed to move in the matter.«[137]

Diese Einstellung hatte bereits die Arbeit des McNair-Komitees in den Jahren 1942 und 1943 geprägt. Es ging nicht darum, konkrete Handlungsempfehlungen zu geben – dies schien insbesondere Turners Selbstverständnis zu widersprechen –, sondern die juristischen Grundlagen für politische Diskussionen zu schaffen. Exiljuristen wie de Baer hingegen wollten die politische Debatte prägen. Eine klare Trennung zwischen juristischer Analyse und Handlungsempfehlung wollte er nicht machen. Auch Lauterpacht, jüdischer Emigrant – wenngleich kein Exilant –, mischte sich in politische Debatten ein. Er empfahl jedoch, keine Juden an dem geplanten Komitee der Cambridge Commission zu beteiligen: »[S]uch a committee ought not to include many Jews, if any.«[138] Juristisches Wissens sollte durch vorgeblich neutrale Experten generiert werden, die keinen persönlichen Bezug zu den zu untersuchenden Geschehnissen hatten. Dass auch diese eigene Ziele verfolgten und Rechtswissen nie ganz neutral sein kann, wurde dabei außer Acht gelassen.

Turner organisierte schließlich ein Treffen zwischen Brierly und Easterman in Oxford, dazu kam es aber aufgrund der hohen Arbeitsbelastung nicht mehr.[139] Cohn hatte sich inzwischen aus dem Projekt zurückgezogen, was er mit seinem »military commitment« begründete.[140] Cohn war bereits vor dem Krieg britischer Staatsbürger geworden und leistete Militärdienst in der Britischen Armee.[141]

Der weitere Austausch beschränkte sich darauf, dass der WJC seine Veröffentlichungen an Turner schickte, die dieser seinen Studierenden in der Squire Law Li-

136 FSU, LRP 1/11/7, Hersch Lauterpacht an J. W. Cecil Turner, 28.11.1943.

137 FSU, LRP 1/11/5, J. W. Cecil Turner an J. L. Brierly, 29.11.1943.

138 FSU, LRP 1/11/7, Hersch Lauterpacht an J. W. Cecil Turner, 28.11.1943.

139 FSU, LRP 1/11/33, J. W. Cecil Turner an Ernst J. Cohn, 21.1.1944; LRP 1/11/36, Alexander L. Easterman an Turner, 8.2.1944. Brierly hatte schließlich ein Treffen in Oxford vorgeschlagen, woraufhin sich Easterman nicht mehr zurückmeldete. Siehe FSU, LRP 1/11/40, Turner an Easterman, 29.6.1944.

140 FSU, LRP 1/11/35, Ernst J. Cohn an J. W. Cecil Turner, 29.1.1944.

141 Jack Beatson, Aliens, Enemy Aliens, and Friendly Enemy Aliens: Britain as a Home for Émigré and Refugee Lawyers, in: Jack Beatson/Reinhard Zimmermann (Hg.), Jurists Uprooted: German-Speaking Emigré Lawyers in Twentieth Century Britain, Oxford 2014, S. 73–104, hier S. 98 und 101.

brary zur Verfügung stellen wollte.[142] Die weit wichtigere Folge war, dass Lauterpacht ein Memorandum verfasste, das er den jüdischen Organisationen zur Verfügung stellte und in dem er forderte, dass ein Komitee der UNWCC die gegen Personen jüdischen Glaubens verübten Kriegsverbrechen unter Beteiligung jüdischer Personen gesondert untersuchen solle.[143]

Lauterpacht griff dabei auf die Argumentation des WJC zurück, dass es sich um in ihrem Ausmaß und ihrer Grausamkeit unübertroffene Verbrechen handele, allein weil Menschen jüdischen Glaubens als Gruppe zahlenmäßig am stärksten betroffen seien. Eindrücklich beschreibt er die deutsche Verfolgungs- und Vernichtungspolitik und leitete daraus die Notwendigkeit ab, eine separate Untersuchung durchzuführen:

> »With the Jews the reason for direct mass murders has been a policy of extermination pure and simple. It is this fact which places the war crimes committed against Jews in a separate and terrible class of their own. […] [T]he degree of cruelty involved in its execution distinguishes these war crimes from those perpetrated upon other peoples and races.«[144]

Es handele sich aber nicht nur um eine juristische Analyse:

> »[W]e also hold the view that the horror of the war crimes of Germany in so far as they affect the Jews of Europe transcends the problem of punishing the war criminals directly responsible. […] For the sake of the Jewish race and, we believe, of the conscience of humanity, we attach paramount importance to the view that the design to murder an entire people must be branded and penalised as such and that the thoroughness with which that design has been accomplished must be revealed fully, authoritatively, and in all its implications.«[145]

Im Großen und Ganzen übernahm Lauterpacht also die Argumentation des WJC aus dessen Memorandum für die Cambridge Commission, auch wenn der Tatbestand der Verschwörung hier nicht wieder auftaucht. So ordnete Lauterpacht die deutschen Gräueltaten nun als »war crimes« ein, vermutlich auch um das skizzierte Komitee in dem offiziellen Aufgabenbereich der UNWCC zu verorten, der sich

---

142 FSU, LRP 1/11/42, J. W. Cecil Turner an Alexander L. Easterman, 10.10.1944; LRP 1/11/41, Alexander L. Easterman an J. W. Cecil Turner, 21.9.1944, Anlage: WJC, Protection against Group Defamation: Present Law and its Extension, London 1944.

143 University of Southampton, Special Collections [US], Archives of the Anglo-Jewish Association, MS137/AJ37/4/6, Memorandum by Professor Lauterpacht re investigations of War Crimes, Mai 1944, S. 3.

144 US, Archives of the Anglo-Jewish Association, MS137/AJ37/4/6, Memorandum by Professor Lauterpacht re investigations of War Crimes, Mai 1944, S. 2.

145 Ebd., S. 3.

zu dem Zeitpunkt auf die Untersuchung von Kriegsverbrechen beschränkte. Er forderte allerdings nicht, dass ein jüdischer Delegierter in die UNWCC aufgenommen würde, sondern dass man angemessen an der Arbeit eines solchen Komitees beteiligt werde.

Dieses Memorandum legte Lauterpacht neben dem WJC dem Board of Deputies of British Jews und der Anglo-Jewish Association vor, in der Hoffnung, ein gemeinsames Vorgehen und eine vereinte Front gegenüber der UNWCC zu präsentieren. Aufgrund der Konkurrenzsituation zwischen diesen Organisationen war eine Zusammenarbeit aussichtslos und Lauterpacht stimmte zu, dass der WJC sein Memorandum nutzen dürfe.[146] Die British Section des WJC traf sich daraufhin mehrmals mit dem Vorsitzenden der UNWCC Cecil Hurst und dessen polnischem Repräsentanten Stefan Glaser.[147] Zu diesem Zeitpunkt jedoch erklärte sich die UNWCC als nicht dafür zuständig, die an den Juden auf deutschem Boden verübten Verbrechen zu behandeln und verwies den WJC an die nationalen Büros, die Dossiers über Kriegsverbrechen in den besetzten Gebieten erstellten.

Es bleibt festzuhalten, dass die Cambridge Commission als Expertengremium von der British Section des World Jewish Congress in der Hoffnung kontaktiert wurde, dass es das Problem juristisch analysieren würde, dass auf deutschem Territorium verübte Gräueltaten keine Kriegsverbrechen *strictu sensu* waren und nicht unter die Jurisdiktion alliierter Gerichte fielen. Wie auch bei der UNWCC stieß man auf viel Sympathie und Verständnis, jedoch hatte die Frage keine Priorität für das Department of Criminal Science. Jedoch mag die Korrespondenz zwischen Turner, Brierly und Lauterpacht Letzteren angeregt haben, ein eigenes Memorandum zu dem Thema zu verfassen und später als Fürsprecher des Konzepts Verbrechen gegen die Menschlichkeit aufzutreten.

Marcel de Baer als *legal entrepreneur*

Auch für Marcel de Baer war das Völkerstrafrecht ein Instrument, mit dem die »fundamental rights of humanity« geschützt werden sollten. In der UNWCC stand er im engen Austausch mit – und unterstützte – Bohuslav Ečer, der den Straftatbestand der Verbrechen gegen die Menschlichkeit prägte. So sollten Zivilisten jederzeit gegen besondere Grausamkeiten geschützt werden; Staatsoberhäupter – zumindest aus den Achsenstaaten – sollten sich verantwortlich zeigen für ihre Verbrechen; der Befehlsnotstand nicht als Verteidigung gelten und damit die individuelle

146 US, Archives of the Anglo-Jewish Association, MS137/AJ37/4/6, fol. 94f., Hersch Lauterpacht an Leonard Stein (Anglo-Jewish Association), 1.5.1944; ebd., Archives of the Institute of Jewish Affairs, MS 238/2/17, Notes on a Conversation with Professor Lauterpacht, 21.6.1944.

147 UNWCC, Protokoll Nr. 25, 25.7.1944, www.legal-tools.org/doc/od2ocd/; UNWCC, Protokoll Nr. 27, 08.08.1944, www.legal-tools.org/doc/f88a96/.

strafrechtliche Verantwortung neu definiert werden. Im Laufe des Kriegs kam er zu der Überzeugung, dass die Definition von »Kriegsverbrechen« stark erweitert werden und nicht nur die direkt mit der Kriegsführung verbundenen Verbrechen bezeichnen sollte. So trat de Baer, wie Kerstin von Lingen herausgearbeitet hat, als unbedingter Fürsprecher für die Einführung des Straftatbestands »Verbrechen gegen die Menschlichkeit« hervor.[148] Wie die in diesem Kapitel nachgezeichnete Debatte um einen internationalen Strafgerichtshof und die Beteiligung eines jüdischen Repräsentanten an der Cambridge Commission zeigt, setzte sich de Baer gleichzeitig intensiv mit der Zukunft der internationalen Ordnung und Fragen des internationalen Rechts auseinander. Als Erwartungshorizont formierte sich eine internationale Rechtsordnung, in die Deutschland – nachdem es bestraft worden sei – integriert werden sollte.[149] Diese Erwartungen speisten sich, das können wir im Fall de Baers gut erkennen, aus den Schlüssen, die er aus dem »Fiasko von Versailles« zog. Die schlecht vorbereitete Kriegsverbrecherpolitik hatte eine Politik des Appeasements befördert, die schließlich das Erstarken revisionistischer Kräfte in Deutschland befördert habe.

So flankierte de Baers Einsatz für eine Ausweitung der Definition von Kriegsverbrechen eine Kampagne, mit der er Schlüsselforderungen der Exiljuristen an die Öffentlichkeit brachte. Im Mittelpunkt stand dabei aber nicht das Thema »Crimes against Humanity«, sondern das Argument, dass eine friedlichere Welt möglich sei, wenn man diesmal koordiniert und konsequent die im Krieg begangenen Verbrechen verfolge: »If war criminals go unpunished this time we shall be inviting another war. If all are punished, future aggressors will be clearly warned.«[150]

In seinen Artikeln in britischen, exilbelgischen und amerikanischen Zeitschriften wird deutlich, dass de Baer kreativ mit dem internationalen Recht umgehen wollte und viel Spielraum für die Politik sah, sich rechtlicher Konstrukte zu bedienen, um politische Ziele – in diesem Fall die Bestrafung und Einhegung Deutschlands und eine stabile internationale Ordnung – zu erreichen. Diese Haltung spiegelt sich erstens in der 1944 vorgetragenen Forderung de Baers wider, Angriffskriege zu kriminalisieren.[151] So kritisierte er, der Briand-Kellogg-Pakt sei »merely a foundation upon which a strong edifice of positive, concrete law remained to be built.«[152] Bereits im September 1942 hatte er angeregt, das Führen von Angriffskriegen in ei-

148 Von Lingen, Legal Flows.

149 Marcel de Baer, The Legal Position of the United and Axis Nations after the Unconditional Surrender, in: Message: Belgian Review (1943) 22, S. 12.

150 P.H. Powell, Bring Hitler to Justice (Interview mit Marcel de Baer), in: The Star, 7.1.1944.

151 Marcel de Baer, The Case against War Criminals: Conclusions of the Commission on the Trial and Punishment of War Criminals, in: Free World 7 (1944), S. 185.

152 Marcel de Baer, No Peace for War Criminals, in: Free World 7 (1944), S. 132.

ner internationalen Konvention zu verbieten und mit einem konkreten Strafmaß zu belegen:

> »As long as such penalty is not provided, as long as this field of international law remains in the limbos of impractical theory and illusion where it has hovered until the present time, there is no hope that those who are responsible for the waging of war will be punished, and the sooner the public is made aware of this, the better.«[153]

Zu diesem Zeitpunkt lag de Baer bereits das Memorandum Hersch Lauterpachts vor, in dem dieser forderte, Verletzungen des Briand-Kellogg-Pakts als strafrechtliche Angelegenheit zu verstehen.[154] 1944 setzte sich de Baer auch öffentlich dafür ein, dass die Alliierten alle im Zusammenhang mit einem Angriffskrieg begangenen Kriegsverbrechen zum Zuständigkeitsbereich eines internationalen Strafgerichtshofs erklären sollten. Damit positionierte sich de Baer eindeutig gegen das Retroaktivitätsargument, das etwa McNair ins Feld geführt hatte:

> »Some legal critics will certainly trot out the old ›ex post facto‹ horse. The objection of retroactivity has, I believe, been overcome: the waging of an aggressive war, and in all events the occupation of enemy territory after an aggression, are not instantaneous offenses; they are continuous until they are ended. Hitler may therefore be held responsible at least for such occupation as will continue after the enactment of the law. But this will meet our needs.«[155]

Das materielle Recht sei schon vorhanden und müsse nun nur noch von klugen Juristen mit Menschenverstand umgesetzt und mit »means to enforce it« belegt werden.[156]

Zweitens schlug de Baer Anfang 1943 eine »declaration of peace« vor, die direkt nach dem Waffenstillstandsabkommen erfolgen solle und offiziell den Kriegszustand beende, ohne dass ein Friedensvertrag nötig sei. Nach internationalem Recht beinhalte eine bedingungslose Kapitulation nämlich immer noch zu viele Schutzmechanismen, etwa könnten die besetzenden Staaten nicht einfach Eigentum akquirieren, Gesetze ändern oder auf deutschem Gebiet alliierte Gerichte einrichten.[157] Auch eine »bedingungslose« Kapitulation sei nie uneingeschränkt. So sollten

153 Marcel de Baer, The Punishment of War Criminals, in: Belgium 3 (1942) 8, S. 332.

154 UNA, Cambridge Commission, Hersch Lauterpacht, The Punishment of War Criminals (D. 3), S. 5f. Siehe auch Sellars, Crimes against Peace, S. 50, Fn. 12.

155 Marcel de Baer, No Peace for War Criminals, in: Free World 7 (1944), S. 135.

156 Marcel de Baer, The Treatment of War Crimes: IV. Violation of Treaties and Methods of Punishment, in: Bulletin of International News 22 (1945) 7, S. 299.

157 Marcel de Baer, Unconditional Surrender, in: Sunday Times, 14.3.1943.

die Alliierten direkt nach der Kapitulation unilateral den Achsenmächten den Frieden erklären und Deutschland für eine Übergangszeit unter ihre vollkommene Kontrolle stellen.[158]

Drittens präsentierte de Baer nach der Moskauer Deklaration 1943, in der die bedingungslose Kapitulation der Achsenstaaten gefordert wurde, die Idee, dass man mit neutralen Staaten ein Abkommen über die Übergabe von Kriegsverbrechern schließen solle. Er hatte sich in der LIA intensiv mit der Frage beschäftigt, wie man die Kriegsverbrecher überhaupt ergreifen und vor ein Gericht stellen könne. Insbesondere die Flucht in neutrale Staaten und eine potenzielle Zeit des Waffenstillstands gaben ihm zu denken. Wie auch bei seinem Vorschlag einer Friedenserklärung sollten durch eine neue juristische Formulierung – in diesem Fall durch das Framing als »delivery« – Beschränkungen im Auslieferungsrecht umgangen werden. Neutrale Staaten hätten eine moralische Verpflichtung, mit den Alliierten zu kooperieren: »The United Nations are determined to see that Justice is done, and it will be for the neutrals to collaborate comprehensively and assist them in dealing out condign and just punishment to the guilty, in the superior interests of mankind and of a lasting peace.«[159] Abermals zog er Versailles als mahnendes Beispiel heran: 1919/20 habe man versäumt, die Überstellung angeklagter Kriegsverbrecher vorzubereiten. Um diese rechtliche Lücke zu schließen, solle man diesmal nicht die Auslieferung (»extradition«), sondern die Übergabe (»delivery«) von den neutralen Staaten verlangen.

Mit diesen Vorschlägen ging de Baer weit über das hinaus, was in der Cambridge Commission diskutiert wurde. Einer Debatte über Angriffskriege hatten sich die Exiljuristen von Anfang an verschlossen; die Auslieferung von angeklagten Kriegsverbrechern wurde lediglich in einem Bericht des tschechoslowakischen Juristen Václav Beneš thematisiert. Gleichwohl nahmen diese Themen großen Raum in der LIA und der UNWCC, aber auch in der transatlantischen Diskussion ein.[160] So betrieb de Baer im Winter 1943/44 auf einer Reise nach New York Lobbyarbeit für seine Forderungen – offiziell als Vertreter der LIA, aber auch mit dem Ziel, sich als Spezialist des Völkerstrafrechts zu profilieren. Da er einen sogenannten Clipping

158 Marcel de Baer, The Legal Position of the United and Axis Nations after the Unconditional Surrender, in: Message: Belgian Review 4 (1943) 22, S. 11. Mit diesem Vorschlag berief sich de Baer auf einen Bericht der Commission for the Study of the Organization of Peace. Auch die London International Assembly hatte diese Forderung in ihren 1943 veröffentlichten »Reports of Commission I (formerly Commission II) on the Trial and Punishment of War Criminals« gestellt. Als Vorsitzender hatte de Baer diese Diskussion geprägt und transportierte die Schlussfolgerungen der Juristen durch seine Artikel in die Öffentlichkeit.

159 Marcel de Baer, The Attitude of Neutral Countries Towards War Criminals, in: Message: Belgian Review 4 (1943) 10, S. 11. Siehe auch Marcel de Baer, Neutral Countries and War Criminals, in: Belgium, 4 (1943) 11, S. 469–472.

160 Zu LIA siehe Segesser, Recht statt Rache, S. 319f.; UNWCC, History, S. 99–101.

Service engagierte, sind alle Artikel, die in den USA zu de Baer erschienen, erhalten und sorgfältig in private Alben eingeklebt. Sie zeigen, dass er seine Überlegungen zur Kriminalisierung von Angriffskriegen und zu einem »Friedensvertrag« – wie in London – über private Treffen und Interviews in die US-amerikanischen Debatten einspeiste.[161] Er traf dort auch Vertreter des World Jewish Congress, blieb aber bei seiner Meinung, dass die Verbrechen gegen die Juden keine gesonderte Kategorie der Kriegsverbrechen bilden sollten, sondern allgemeiner formuliert werden müssten. Hervorzuheben ist vor dem Hintergrund seiner Arbeit in London, dass sich de Baer als Sprachrohr für die dort versammelten Exiljuristen verstand. Dies ist insofern verständlich, als er Vorsitzender verschiedener Kommissionen in LIA und UNWCC war, ist aber auch mit seinem wohl recht ausgeprägten Selbstbewusstsein zu erklären. In der US-amerikanischen Presse wurde er jedoch tatsächlich als einer der wichtigsten Experten für die Frage der Bestrafung der Kriegsverbrechen wahrgenommen, was wiederum ein positives Licht auf die Debatten in London warf. Die transatlantische Dimension der Geschichte des Völkerstrafrechts kann hier nicht weiter ausgeführt werden, aber sicher unterfütterte die erfolgreiche Vernetzung von Exiljuristen in London und das gemeinsame Entwerfen einer internationalen Rechtsordnung den Anspruch der Europäer, die Nachkriegsordnung mitzugestalten.[162]

Wichtiger als die transatlantische Zirkulation von juristischem Wissen durch *legal entrepreneurs* wie Marcel de Baer war aber seine Rolle im »London Moment«: Da er ab 1941 jeweils wichtige Funktionen in der Cambridge Commission und der LIA hatte und ab 1943 für die UNWCC arbeitete, hatte er ähnlich wie J. M. de Moor und Stefan Glaser, um die es schwerpunktmäßig im nächsten Kapitel gehen wird, eine Transmitter-Funktion. Ohne diese Akteure, die sich der Reform des Völkerstrafrechts verschrieben hatten, wäre die wissenschaftliche Debatte im »London Moment« bei Weitem nicht so produktiv gewesen. So erwies sich das Vakuum, das die britische Regierung durch ihr geringes Interesse an den Nachkriegsplanungen kreierte, als äußerst produktiv für Exiljuristen, die sich in die durch Briten geschaffenen Institutionen wie die Cambridge Commission eingliedern und diese nach ihren Vorstellungen ausgestalten konnten.

---

161 Sellars, Crimes against Peace, S. 50.

162 Vgl. dazu Annette Weinke/Leora Bilsky (Hg.), Jewish-European Émigré Lawyers: Twentieth Century International Humanitarian Law as Idea and Profession, Göttingen 2021; sowie das Projekt »Lobbyisten des Rechts: Transatlantische Völkerrechtler und Menschenrechtsaktivisten im 20. Jahrhundert« von Annette Weinke an der Universität Jena. Konkret hatte de Baer Kontakt mit Sheldon Glueck, siehe Harvard Law School Library, Sheldon Glueck Papers, 1916–1972 (HOLLIS 601626), Nr. 112.

Schlussbemerkungen

Das Komitee zum Völkerrecht unter dem Vorsitz des renommierten englischen Völkerrechtlers Arnold McNair wurde zu einem Raum, in dem Exiljuristen über Vor- und Nachteile eines internationalen Strafgerichtshofs diskutierten. Im Zuge dessen tauschten sie Wissen über das nationale Strafrecht und die ihm zugrunde liegenden Prinzipien in ihrem Herkunftsland aus. Indem sie bewerteten, ob das aktuell geltende Recht und die Institutionen des internationalen Strafrechts ausreichten, um die Gräueltaten des Herrschaftssystems der Deutschen und ihrer Verbündeten zu ahnden, glichen sie ihre Erfahrungen und daraus erwachsenden Problemdiagnosen ab. So machte Stefan Glaser die Legitimität der Strafprozesse davon abhängig, dass das Retroaktivitätsgebot nicht verletzt wurde, und lehnte daher einen internationalen Strafgerichtshof ab, während Johannes M. de Moor und Marcel de Baer das »Versagen« der Siegermächte nach dem Ersten Weltkrieg, Strafjustiz über deutsche Kriegsverbrecher auszuüben, als Grund heranzogen, einen ICC zu fordern.

Die jeweiligen Erfahrungen vor und während des Kriegs bedingten die Erwartungen daran, was das Völkerstrafrecht eigentlich leisten musste. Primär sollte es, so der Tenor in der Cambridge Commission, Frieden sichern und die politische Stabilität nach Kriegsende wiederherstellen. Dies bedeutete auch, die neuartigen, die Zivilbevölkerung in ungekanntem Maße betreffenden Verbrechen zu ahnden und so privaten Racheaktionen und langfristiger internationaler Instabilität vorzubeugen. Der Angriffskrieg und die Vernichtungspolitik des Deutschen Reichs wurden als Beweis dafür verstanden, dass Staaten, die aus der »Gemeinschaft zivilisierter Völker« und ihres Verhaltenskodex ausscherten, eine direkte Bedrohung für den Frieden waren. Daraus folgte, dass sich nach dem Krieg der Fokus des internationalen Strafrechts von transnationalen Verbrechen wie Terrorismus, Piraterie und Menschenhandel, die wegen ihrer grenzüberschreitenden Natur eine international abgestimmte Antwort erforderten, auf Angriffe gegen den Frieden verschob. Hierfür war die Arbeit von *legal entrepreneurs* wie Marcel de Baer zentral: Während sich das Department of Criminal Science auf die Ver- und Angleichung nationaler Strafrechtsregime konzentrieren wollte (in dem Ansinnen, das wissenschaftliche Studium grenzüberschreitender Kriminalität zu professionalisieren), verschob sich auf Druck der Exiljuristen der Fokus der Wissensproduktion auf das Völkerstrafrecht.

Damit ermöglichte die Anwesenheit kontinentaleuropäischer Exiljuristen in London ein neues Nachdenken darüber, welche Handlungen internationale Verbrechen konstituierten. Während es in der Zwischenkriegszeit zivilgesellschaftlichen Akteuren wie den Mitgliedern der ILA und der AIDP nicht gelungen war, politische Entscheider davon zu überzeugen, dass Verbrechen an Zivilisten und das Führen eines Angriffskriegs internationale Verbrechen darstellten und sogar international verfolgt werden müssten, gewann die Debatte darüber mit dem Ausbruch des Zweiten Weltkriegs und insbesondere mit dem Angriff Deutschlands auf die Sowjetunion im Sommer 1941 an neuer Dringlichkeit. Bis mindestens 1943 fand diese primär in transnationalen Wissensräumen statt. Dabei steht die Cambridge Commission für die Verquickung der wissenschaftspolitischen Ambitionen des Department of Criminal Science, das in Cambridge ein internationales Zentrum kriminologischer Forschung aufbauen wollte, und der (politischen) Ziele der Mitglieder, die von ihren persönlichen Erfahrungen als Juristen, ihren Ambitionen in den Exilregierungen und, wie im Fall etwa von Arnold McNair, ihrer Loyalität zur eigenen Regierung abhingen. Diesen Akteuren gelang eine produktive Zusammenarbeit, weil sie in einem »Geist der Sicherheit«[163] vereint waren: Die Reform des Völkerstrafrechts – aber auch die des Strafrechts und des Strafvollzugs auf nationaler Ebene – diente der Neuordnung der »zivilisierten« Welt nach dem Krieg nach den Regeln des internationalen Rechts. Kriegsverbrecher mussten bestraft werden, damit Staaten und Individuen nicht mehr den Angriffskrieg als Mittel wählten, ihre Interessen durchzusetzen. Nur wenn sie Konflikte untereinander vermied, konnte die »Gemeinschaft der zivilisierten Staaten« weiter bestehen. Der Schutz der Zivilbevölkerung – insbesondere der jüdischen – blieb dabei ein untergeordnetes, wenn auch zunehmend an Bedeutung gewinnendes Ziel.

163 Eckel, Weltsteuerung, S. 14.

V Individuelle Rechte und individuelle Verantwortung

Die Debatten um Angeklagtenrechte und den Befehlsnotstand in der Cambridge Commission

> »That an adequate standard of criminal administration in all countries is a necessary element in the promotion of their mutual understanding, and in the maintenance of the social security of each, this Conference hereby established an international commission on a permanent basis to formulate agreed principles which can be applied in the reconstruction and subsequent development of their penal systems«.[1]

Dieser Satz enthält die wesentlichen Ziele der Cambridge Commission, wie sie im November 1941 formuliert wurden. »Penal reconstruction and development« – immerhin im Titel der Cambridge Commission – war nicht nur eine Worthülse, sondern weist darauf hin, dass die Wiederherstellung rechtsstaatlicher Standards als Grundvoraussetzung für die internationale Ordnung verstanden wurde: kein Frieden ohne Recht. Antrieb für die Mitglieder der Kommission war also erst einmal, eine stabile internationale Ordnung (wieder-)herzustellen. Indem die Barbarei der Deutschen bestraft würde, sollte eine internationale Friedensordnung ermöglicht werden. Das humanitäre Kriegsrecht wurde als zentraler Baustein dieses Vorhabens verstanden, denn Kriegsverbrechen und weitergehende Verbrechen gegen die Zivilbevölkerung – die sogenannten *atrocities* – wurden als internationales Verbrechen definiert.[2] So diente aus Sicht der Mitglieder der Cambridge Commission die Reform des Völkerstrafrechts, nach der Verbrechen gegen die Menschlichkeit als internationales Verbrechen und damit als strafrechtlich verfolgbar galten, dem Ziel, die

1 Leon Radzinowicz/J. W. Cecil Turner, Penal Reconstruction and Development: Proceedings of the Conference Held in Cambridge on the 14th November, 1941, Between Representatives of Nine Allied Countries and of the Department of Criminal Science in the University of Cambridge, in: Canadian Bar Review 20 (1942) 3, S. 212–241, hier S. 220.

2 Frédéric Mégret, International Criminal Justice as a Peace Project, in: European Journal of International Law 29 (2018) 3, S. 835–858.

internationale Ordnung zu stabilisieren und zwischenstaatliche Konflikte zu vermeiden.

Das Zusammenleben der »zivilisierten Völker«, das durch den deutschen Angriffskrieg gestört worden war, musste neu geordnet werden. So verständigten sich die Exiljuristen über gemeinsame Standards einer »westlichen« Rechtstradition. Ganz konkret diskutierte die Cambridge Commission daher die Rechte von Angeklagten und die strafrechtliche Verteidigung mit einem Befehlsnotstand als Bereiche, in denen die internationale Kooperation im Strafrecht den Standards »zivilisierter« Staaten unterliegen sollte. Diese beiden Themen geben also Aufschluss über die Wissensgeschichte des internationalen Strafrechts, wobei die Biografien des polnischen Juristen Stefan Glaser, Vorsitzender des Komitees für Angeklagtenrechte, und des niederländischen Richters Johannes M. de Moor, der das Unterkomitee für »superior orders« leitete, im Detail zeigen, welche Erfahrungen und Problemdiagnosen welche Zukunftsvisionen für das internationale Strafrecht bedingten.

1 Die Rechte von Angeklagten im Völkerstrafrecht

Das Komitee zu den »Rights to be accorded to persons suspected or accused of crimes« unter Vorsitz des polnischen Juristen Stefan Glaser war neben dem McNair-Komitee, das sich mit der Definition und Bestrafung von Kriegsverbrechen beschäftigte, das produktivste Komitee und sticht durch seine enge Vernetzung mit angelsächsischen Juristen hervor. Das anfängliche Ziel des im November 1941 gegründeten Komitees war es, Mindestgrundsätze (»a minimum code of rules«) für die Behandlung von Angeklagten zu formulieren. Hierfür entwarf Glaser einen Fragebogen – er wählte also dasselbe Vorgehen wie die anderen Komitees und Unterkomitees – und verschickte diesen an die Mitglieder der Kommission. Von den Mitgliedern der Cambridge Commission antworteten Václav Beneš und Jaroslav Stránský für die Tschechoslowakei, Victor Bodson für Luxemburg, René Cassin für Frankreich, Terje Wold für Norwegen und Marcel de Baer für Belgien. Glaser erhielt zudem ausführliche Antworten von drei Briten (der Vorsitzenden der Howard League for Penal Reform Margery Fry, C. L. Hodgkinson, Anwalt aus Walsall, und dem Vorsteher des Bow Street Police Court A. C. L. Morrison) und sogar aus den USA, vom Dekan des College of Law an der Universität von Illinois, Albert J. Harno. Später kam eine Antwort des ägyptischen Botschafters Hassan Nachat Pasha. Das Komitee unterschied sich also insofern vom McNair-Komitees, als dass es größere Priorität gewesen zu sein scheint, mit britischen Reformern zusammenzuarbeiten. Aus deren Sicht war die Kriegsverbrecherfrage, insbesondere die Frage der gerichtlichen Zuständigkeit, weniger relevant als die Planung der »penal reconstruction« nach dem Krieg.

Der Abschlussbericht des Komitees enthielt keinen »code of minimum rules« mehr, wie ursprünglich geplant, sondern war lediglich ein Grundsatzkatalog. Glaser betonte in seinen kurzen einleitenden Bemerkungen, dass es nicht praktikabel sei »to seek the universal establishment of one detailed code without variations to suit local requirements.« Stattdessen handele es sich um allgemeine Prinzipien, die jedes Land – wenn nicht schon geschehen – übernehmen und im Idealfall in sein Grundgesetz oder seine Verfassung aufnehmen könne.[3] Ursprünglich hatte Glaser internationale Garantien, sogar ein internationales Gericht gefordert: In seinem »Draft of a Minimum Code of Rules«, den er auf Grundlage der Antworten auf seinen Fragebogen formulierte, schlug er nicht nur vor, dass Länder die Regeln zum Schutz von Angeklagten in den Verfassungsrang erheben sollten, sondern dass alle Staaten per internationaler Konvention diese Regeln anerkannten und ein »International Tribunal« errichteten »to hear complaints of any failure to observe such minimum rules.«[4] Dieser Vorschlag fehlte schließlich in den finalen »Main Principles«, wohl, weil er hierfür nicht genug Unterstützung von den Mitgliedern bekam.

Die Genese dieses Dokuments von einem Katalog von Rechten hin zu einer Erklärung von Prinzipien zeigt repräsentativ, wie während des Zweiten Weltkriegs über Angeklagtenrechte gesprochen wurde – als Messlatte für die Rechtsstaatlichkeit eines Staats – und weist auf Glasers Rolle bei der Lenkung dieser Debatte hin. Seine Biografie zeigt wiederum, wie individuelle Erfahrungen und Problemdiagnosen die transnationale juristische Arbeit im »London Moment« prägten. Abschließend wird diskutiert, welche Nachwirkung die Arbeit des Glaser-Komitees hatte.

Warum Angeklagtenrechte?

Die Rechte von Angeklagten waren ein Thema, das den Exiljuristen und den Kriminalwissenschaftlern vom Department of Criminal Science gleichermaßen am Herzen lag. Britische Internationalisten hatte das Thema bereits in den 1930er Jahren stark beschäftigt. Wie in Kapitel II gezeigt, war die Howard League for Penal Reform (HLPR) in der Zwischenkriegszeit in internationale Netzwerke und Debatten über die universelle Vereinheitlichung des Strafrechts eingebunden. Darüber knüpfte sie Kontakt zum gerade eingewanderten polnischen Kriminologen Leon Radzinowicz, der 1940 wiederum Gründungsmitglied des Department of Criminal Science wurde,

3 Florida State University [FSU], Sir Leon Radzinowicz Papers [LRP], 73/3/2, Cambridge Commission, Committee on the rights to be accorded to persons suspected or accused of crimes [Glaser-Komitee], Abschlussbericht, Stefan Glaser, Prefatory Remarks, Feb. 1944, S. 1.

4 FSU, LRP 8/4/3, Cambridge Commission, Stefan Glaser, Committee on the rights to be accorded to persons suspected or accused of crimes, Draft of a Minimum Code of Rules (W.7), Juni 1943, S. 4.

das sich der Entwicklung einer international ausgerichteten Kriminalwissenschaft verpflichtet sah.

Angeregt durch dessen Sekretär J. W. Cecil Turner hielt der polnische Jurist Stefan Glaser, 1940 nach London emigriert, auf der Gründungskonferenz der Cambridge Commission einen Vortrag über »The Treatment of Accused Persons«. Glaser hatte sich, wie noch ausgeführt werden wird, schon in den 1930er Jahren, für dieses Thema eingesetzt und tat sich in London als Fürsprecher einer Verankerung von Angeklagtenrechten in der Nachkriegsordnung hervor. Für die *legal entrepreneurs* spielten Angeklagtenrechte zudem im Kontext der Vergeltung von Kriegsverbrechen eine Rolle: Diese musste, um nicht alle Ankündigungen der Alliierten zu konterkarieren, den damals gültigen Standards der Rechtsstaatlichkeit genügen. Zusammengefasst wird dieser Anspruch in der Analyse Hersch Lauterpachts, seinerseits in den 1920er Jahren aus Galizien nach England emigriert und Professor für internationales Recht in Cambridge:

> »We must constantly bear in mind the fact that the due punishment of war criminals, unless it is accompanied by all practical safeguards of impartiality and, to some extent, mutuality, may be deficient both in effectiveness and in the part which it might otherwise play in the re-establishment of international law.«[5]

Man war überzeugt, dass es ohne rechtsstaatliche Standards im nationalen und internationalen Strafrecht keine wiederhergestellte internationale Ordnung geben werde. Hintergrund dieses Denkmusters war die Erfahrung, dass der Vorwurf, dass der Versailler Vertrag und seine Bestimmungen nicht rechtsstaatlich gewesen seien, maßgeblich zur Destabilisierung der Weimarer Republik beigetragen sowie die Mobilmachung der deutschen Bevölkerung gegen die »äußeren« Feinde und damit letztlich den deutschen Angriffskrieg mit ermöglich hatte.

Glaser selbst formulierte diese Annahme 1944 so:

> »It has been observed that a State which adopts a policy of aggression and outrage against other States frequently begins by outrages committed against the freedom of its own citizens. The Commission is sensible of the international importance in each country of a system of law which, while ensuring an efficient administration of criminal justice, protects the rights of the individual.«[6]

---

5 United Nations Archives [UNA], UNWCC (1943–1948), Records created by the Commission, the Committees, the Research Office, and the Far Eastern and Pacific Sub-Commission, Documents, Reports and Related Materials, International Commission for Penal Reconstruction and Development and its Committees and Sub-Committees: Reports and Notes, Bd. 37 [Cambridge Commission], Hersch Lauterpacht, The Punishment of War Crimes (D.3), o. D. [1942], S. 27.

6 FSU, LRP 73/3/2, Cambridge Commission, Glaser-Komitee, Abschlussbericht, S. 1f.

Damit griff er auf einen häufig geäußerten Gedanken der 1930er Jahre zurück: Der Schutz individueller Rechte stand im direkten Zusammenhang mit Frieden und internationaler Stabilität – wie es um die individuellen Rechte in einem Staat bestellt war, betraf immer auch die internationale Gemeinschaft. Diese Analyse war allerdings losgelöst von Forderungen nach einem bestimmten politischen System, das Wort »Demokratie« etwa fällt nicht.

Auch in seinem Vortrag »The Treatment of Accused Persons« vor den künftigen Mitgliedern der Cambridge Commission betonte Glaser die »individual rights and liberties of man«. Die politischen Rechte von Individuen müssten, wie in der Atlantik-Charta vom 14. August 1941 gefordert, nach dem Krieg Grundlage des Mächtegleichgewichts und sozialen Ausgleichs sein. Dabei müsse das Strafprozessrecht im Zentrum stehen, denn »criminal procedure is perhaps the best and truest mirror of the political life and organization of the State.«[7] In der Vorbereitung politischer Reformen müsse ein Mittelweg zwischen gesellschaftlicher und individueller Sicherheit gefunden werden, der sowohl das Gewaltmonopol des Staats legitimiere als auch Rechtssicherheit für Individuen schaffe. Dasselbe gelte für das Strafprozessrecht, das sowohl die Rechte von Angeklagten als auch die »discovery of the truth« gewährleisten müsse.[8] Als zentrale, der Regelung bedürfende Themenfelder griff Glaser die von ihm bereits 1937 in einer Analyse für den »IV. International Congress of Penal Law« in Paris benannten Punkte auf: die Gestaltung der Untersuchungshaft als Vorbeugungsmaßnahme, nicht als Strafe; der Schutz der Angeklagten vor Zwangsmaßnahmen im Verhör; das Recht auf anwaltliche Vertretung und auf Einsicht in die Beweismittel.[9] In Zeiten politischen und sozialen Verfalls würden zuerst diese individuellen Rechte bedroht und aufgehoben. Deshalb schlug Glaser vor, dass sie nicht nur »constitutional rights« werden müssen, sondern es auch »international safeguards for the above mentioned rights« geben müsse. Ihm schwebten Mindeststandards für die Behandlung von Angeklagten vor, die in das internationale Recht Einzug halten sollten. Er ging sogar einen Schritt weiter: »[P]erhaps an international authority could be endowed with the power to protect such rights as part of the rights of man.«[10]

Was Glaser hier als Agenda für das zu gründende Komitee der Cambridge Commission vorschlug, war eine Kategorie international verbriefter individueller Rechte. Er folgte dem in den 1930er Jahren entwickelten Denkmuster, nach dem das Strafrechtssystem Maßstab für politische Systeme und deren Stellung in der internationalen Ordnung war. In diesem Epistem gab es blinde Flecken: An die Verbriefung individueller Rechte wurde kein politisches System geknüpft, Fragen der

---

7 Radzinowicz/Turner, Proceedings, S. 226.

8 Ebd., S. 226.

9 Ebd., S. 227f.

10 Ebd., S. 229.

demokratischen Repräsentation und des politischen Systems wurden ausgeklammert. Galten die Regeln nur für die Bürgerinnen und Bürger eines Staats oder auch für ausländische Personen auf diesem Staatsgebiet, oder sogar für Staatenlose?

Glaser inszenierte sich hier im November 1941 als Experte für das internationale Strafrecht mit Wissen über die internationale Reformbewegung der 1930er Jahre. Er stellte sich in die Tradition der Debatten, die im Völkerbund, der HLPR, der Association Internationale de Droit Pénal (AIDP), der International Penal and Penitentiary Commission und der International Law Association geführt worden waren, und setzte sich so von der in Cambridge versammelten Gruppe von Exiljuristen ab, die vor dem Krieg wenig Erfahrung in der internationalen Zivilgesellschaft gesammelt hatten. Damit war er insofern erfolgreich, als dass er zum Vorsitzenden des Komitees für Angeklagtenrechte wurde, einem »committee to consider the rights which should be accorded to persons suspected, or accused, of crimes«.[11]

Stefan Glaser und die Rechte von Angeklagten

Mit Stefan Glaser wurde ein ausgewiesener Experte für das internationale Strafrecht mit dem Thema der Angeklagtenrechte betraut. Wie die Rechtswissenschaftler Karolina Wierczyńska und Grzegorz Wierczyński kürzlich herausgearbeitet haben, lag sein Einsatz für ein internationales Strafrecht begründet in seinen Erfahrungen in Polen und London.[12] Seine Arbeit an einer Charta für Angeklagtenrechte in der Cambridge Commission ist vor diesem Hintergrund zu verstehen: Für Glaser entschied sich in den Regelungen für (internationale) Strafverfahren – dies schloss Angeklagtenrechte genauso wie die Diskussion über die Verteidigung mit einem Befehlsnotstand und das Retroaktivitätsverbot ein –, ob der deklarierte Anspruch einer Rechtsstaatlichkeit auch eingehalten wurde. Für die Geschichte der Cambridge Commission und der transnationalen Zusammenarbeit in London ist Glaser eine wichtige Figur, weil er sich schon lange mit dem Thema der strafrechtlichen Verantwortung befasste und mit dafür verantwortlich war, dass diese nach 1943 an prominenter Stelle in der UNWCC diskutiert wurde.

Polen: Expertise für internationales Strafprozessrecht

Seine Expertise zum (internationalen) Strafprozessrecht hatte Glaser bereits in Polen ausgebildet. Stefan Glaser wurde 1895 in Tarnow, einer Handelsstadt in Galizien, geboren, hatte also ähnliche Wurzeln wie Hersch Lauterpacht und Raphael Lemkin

11 Ebd.

12 Karolina Wierczyńska/Grzegorz Wierczyński, Stefan Glaser: Polish Lawyer, Diplomat and Scholar, in: Frédéric Mégret/Immi Tallgren (Hg.), The Dawn of a Discipline: International Criminal Justice and Its Early Exponents, Cambridge 2020, S. 306–334.

und war auch ungefähr gleich alt.[13] Wie de Baer Weltkriegsveteran, diente Glaser im Ersten Weltkrieg als Soldat, zuletzt im Rang eines Leutnants. Er studierte Jura in Wien und Lemberg und habilitierte sich 1920 an der Universität von Krakau. Von 1921 bis 1924 war er Professor für Strafrecht und Strafverfahren an der Katholischen Universität in Lublin und wechselte daraufhin an die Universität in Vilnius, das ein Verwaltungsbezirk der Zweiten Polnischen Republik war.[14] Nachdem er gegen die Ausschaltung der Opposition durch den diktatorisch regierenden Präsidenten Józef Piłsudski protestiert hatte, musste er 1934 aus dem Staatsdienst ausscheiden und arbeitete bis zu seiner Flucht aus Polen 1939 als Rechtsanwalt in Warschau, häufig für Mitglieder der Opposition.[15] Er publizierte weiter zu Fragen des Strafprozessrechts, etwa zu Fragen der Schuld und der Berufung im Strafrecht.[16] Als Vertreter der klassischen Schule der Kriminologie hatte er sich intensiv mit der Frage auseinandergesetzt, welche Bestrafung in einem proportionalen Verhältnis zur Tat eines als rational begriffenen Individuums stehe. Dabei betonte er die Rechtssicherheit als Kern eines modernen Strafrechts, aber auch den vergeltenden Charakter des Strafrechts: »He insisted that punishment should be a form of retaliation which should be proportional to the gravity of the crime.«[17] Die sozialen Umstände und psychologischen Eigenschaften eines Täters sollten nicht, wie von der auf von Liszt beruhenden soziologischen Schule gefordert, im Vordergrund stehen.

Nach der Invasion der deutschen Truppen am 1. September 1939 floh Glaser nach Frankreich und wurde in der Regierung Władysław Sikorskis Direktor des polnischen Justizministeriums. Kurz vor der französischen Kapitulation im Juni 1940 floh Glaser über Portugal nach London, wo er im August »Minister Plenipotentiary to governments of Belgium and Luxemburg« wurde, also polnischer Gesandter für die beiden Benelux-Staaten im Rang eines Ministers.[18] Wie Marcel de Baer und Leon

13 Ebd., S. 307. Zu den biografischen Parallelen von Lauterpacht und Lemkin siehe Philippe Sands, East West Street: On the Origins of Genocide and Crimes against Humanity, London 2016.

14 Bod, SPSL 264/8, Stefan Glaser, Lebenslauf, o. D., S. 1. In ihrer Biografie nennen Wierczyńska/Wierczyński 1921 als Habilitationsjahr.

15 Wierczyńska/Wierczyński, Glaser, S. 310f.

16 Siehe seine Publikationsliste in Bod, SPSL 264/8, Stefan Glaser, Lebenslauf, o. D., S. 2.

17 Wierczyńska/Wierczyński, Glaser, S. 315.

18 University of Oxford, Bodleian Libraries [Bod], Papers of the Society for the Protection of Science and Learning [SPSL], Stefan Glaser, Lebenslauf, o. D., S. 1; Idesbald Goddeeris, Stefan Glaser: Collaborator in European Umbrella Organisations, in: Michel Dumoulin (Hg.), Intégration ou représentation? Les exilés polonais en Belgique et la construction européenne, Louvain-la-Neuve 2005, S. 79–98, hier S. 80. Laut einem Brief im Glaser-Archiv im Polish Institute and Sikorski Museum (PISM) in London verließ Glaser Polen erst am 3. November und arbeitete zwischenzeitlich für die portugiesische Gesandtschaft in Warschau. Im März 1940 reiste er laut diesem Bericht nach Lissabon, wo er sich der polnischen Botschaft vorstellte. Dieser Bericht kann nicht überprüft werden. PISM, Kol. 252/30, Protokol spisany w Posel-

Radzinowicz sprach – und veröffentlichte – Glaser auf Polnisch, Französisch, Italienisch und Deutsch, was für die transnationale Zusammenarbeit ein wertvolles Asset war.[19]

Abb. 7: Stefan Glaser, vor 1933

Narodowe Archiwum Cyfrowe, Nr. 3/1/0/10/178, © public domain

Bei seiner Ankunft in London war Glaser sowohl mit unterschiedlichen europäischen Rechtssystemen als auch mit Problemen der internationalen Kooperation

stwie Rzeczypospolitej Polskiej w Lizbonie dnia 22 czerwca 1940 r. z p. prof. Stefanem Glaserem, Dyrektorem Departamentu Sprawiedliwości [Protokoll eines Gesprächs der Botschaft der Republik Polen in Lissabon vom 22. Juni 1940 mit Prof. Stefan Glaser, Direktor des Justizministeriums], 22.6.1940.

19 Bod, SPSL 264/8, Stefan Glaser, Lebenslauf, o. D., S. 1.

und der Vereinheitlichung des Strafrechts vertraut. Bereits in seiner Antrittsrede in Lublin hatte er sich mit der Auslieferung von »politischen Straftätern« befasst und in den Folgejahren zu diesem Thema veröffentlicht, das das internationale Strafrecht – im Sinne der internationalen Zusammenarbeit im Strafrecht, nicht im Sinne des Völkerstrafrechts – zu dem Zeitpunkt stark prägte.[20] Glaser war in den 1930er Jahren in die Weiterentwicklung des internationalen Strafrechts involviert, die sowohl durch einzelne Juristen, meist Akademiker, als auch durch internationale Fachorganisationen wie die AIDP vorangetrieben wurde. Glaser kam so in den Austausch mit Emil Rappaport, Vespasian Pella und Henri Donnedieu de Vabres, die zu Recht als Wegbereiter für die moderne Disziplin des internationalen Strafrechts gelten.[21] Dabei vertrat er sowohl Ansichten der sogenannten klassischen Schule der Kriminologie – er verstand Bestrafung als Vergeltung –, als auch progressive Ansichten – er sprach sich für eine Internationalisierung des Strafrechts aus, eine Angleichung von Strafrechtsregimen und eine internationale Gerichtsbarkeit für Verstöße gegen das Völkerrecht, ja sogar für eine Universalisierung der Strafgerichtsbarkeit für bestimmte Verbrechen, wobei sein Horizont, wie Wierczyńska und Wierczyński betonen, europäisch blieb.[22] Er nahm zudem 1935 an der letzten Sitzung des IPPC vor dem Krieg in Berlin teil, der von NS-Juristen für Propagandazwecke missbraucht wurde, und kritisierte dort die eugenische Politik der Nationalsozialisten als unmoralisch.[23]

Gesetzlichkeitsprinzip

Glasers Einsatz für Angeklagtenrechte erklärt sich insbesondere damit, dass er das Gesetzlichkeitsprinzip über alles stellte, also dass eine Handlung nur strafbar war, wenn sie vorher im Gesetz als Straftat definiert worden war. So tat er sich auf der

---

20 Siehe seine Publikationsliste in Bod, SPSL 264/8, Stefan Glaser, Lebenslauf, o. D., S. 2.

21 Wierczyńska/Wierczyński, Glaser, S. 311, zur Auslieferung als Frage des internationalen Strafrechts S. 317–320; siehe auch die anderen Beiträge zu den genannten Juristen im Sammelband »Dawn of a Discipline«: Patrycja Grzebyk, Emil Stanisław Rappaport: His Road from Abolition to Prosecution of Nations, in: Mégret/Tallgren, Dawn of a Discipline, S. 93–117; Andrei Mamolea, Vespasian V. Pella: International Criminal Justice as a Safeguard of Peace, 1919–1952, in: ebd., S. 49–92; Frédéric Mégret, Henri Donnedieu de Vabres: Penal Liberal, Moderate Internationalist and Nuremberg Judge, in: ebd., S. 146–173.

22 Wierczyńska/Wierczyński, Glaser, S. 318.

23 So schreibt Glaser in seinen Memoiren: Stefan Glaser, Urywki wspomnień, London 1974, S. 88f. Glaser unterschrieb einen Änderungsantrag für die Schlussakte, der sich strikt gegen die Sterilisiation von Straftätern und Menschen mit Behinderungen aussprach, siehe International Penal and Prison Congress (Hg.), Proceedings of the XIth International Penal and Penitentiary Congress Held in Berlin, August, 1935, Bern 1937, S. 481f. Siehe auch Richard Wetzell, Nazi Criminal Justice in the Transnational Arena: The 1935 International Penal and Penitentiary Congress in Berlin, in: Stephen Skinner (Hg.), Ideology and Criminal Law: Fascist, National Socialist and Authoritarian Regimes, Oxford 2019, S. 77–104.

Sitzung der IPPC 1935 als unbedingter Fürsprecher des Prinzips des Rückwirkungsverbots des Strafrechts hervor, das Grundlage jeden modernen Strafrechtssystems sein müsse: Eine Tat konnte nur mit einer Strafe belegt werden, wenn diese zum Zeitpunkt der Ausführung als Straftat definiert war.[24] Wenn Strafrichter hingegen analog Recht anwendeten, also eine Handlung als Straftat einstuften, obwohl für diese keine Strafnorm existierte, gereiche dies dem Angeklagten in einer unzulässigen Weise zum Nachteil. Diesen Punkt führte Glaser Anfang 1942, als er seine Arbeit in der Cambridge Commission begann, in einem Artikel für das britische *Journal of Comparative Legislation and International Law* weiter aus.[25] In dem an seine Fachkollegen gerichteten Text präsentierte Glaser sich als Experte für das Gesetzlichkeitsprinzip und die strafrechtliche Schuldtheorie und stellte ihre historischen Grundlagen dar. Das Prinzip »nullum crimen sine lege« verortete er in der kontinentaleuropäischen Rechtstradition und machte es als universell gültige Grundlage einer »zivilisierten« demokratischen Strafrechtsordnung aus, da es vor Despotismus und Machtmissbrauch schütze. Diese Analyse nutzte er, um eine vernichtende Kritik an den NS-Reformen des deutschen Strafrechts zu formulieren. Deren »policy of a ruthlessly despotic system of government« zeige deutlich, dass das Gesetzlichkeitsprinzip eine »powerful barrier against tendencies towards abuse of justice« sei: »It is unquestionably one of the most important safeguards against the worst of all oppressions – that oppression which hides itself under the mask of justice.«[26] Die NS-Reformen stellte er als letzte Konsequenz der Reformen dar, die auch die soziologische Schule der Kriminologie befürworteten, nämlich eine größere Unabhängigkeit der Richter. Aus Glasers Sicht öffneten etwa »indeterminate sentences« dem Primat der Judikative über die Legislative und damit dem Missbrauch der richterlichen Unabhängigkeit Tür und Tor: Wenn der Richter über das Strafmaß entscheiden und es damit nach dem individuellen Täter ausrichten könne, habe er zu viel Spielraum und sei dadurch politisch korrumpierbar. Er stellte damit eine der Aufklärung und der individuellen Freiheit verpflichtete Rechtsgemeinschaft, die ihre Wurzeln im Christentum habe, dem Verstoß gegen diese zivilisatorischen Grundsätze durch Deutschland entgegen. Er plädierte dafür, dass in einer demokratischen Rechtsordnung in jedem Fall das geschriebene Gesetz diktieren müsse, welche Handlungen eine Straftat darstellten und mit welcher Strafe diese belegt werden dürften:

> »The discretionary power of the judge to fill up *lacunae* [gaps] in the law results in uncertainty as to what the law is and what the punishment, with the further consequence that punishments are unequal, varying according to the

24 IPPC, Proceedings, S. 124.

25 Stefan Glaser, Nullum crimen sine lege, in: Journal of Comparative Legislation and International Law 24 (1942) 1, S. 29–37.

26 Ebd., S. 33 und 37.

social position of the condemned, and often that punishment is inflicted on the innocent.«[27]

Aus Glasers Verständnis des Gesetzlichkeitsprinzips folgte auch das Analogieverbot: Ein Richter durfte nicht per Analogie eine Handlung als strafbar definieren, sondern musste im Zweifel den Angeklagten freisprechen. Daher könne das Prinzip auch als »Magna Carta of the innocent« verstanden werden.[28] Gleichzeitig verhelfe diese Rechtssicherheit auch dem (demokratischen) Staat zu mehr Stabilität und fördere die Kooperation zwischen Staaten, wie sie vor dem Krieg praktiziert worden sei.[29]

Das Retroaktivitätsverbot war für Glaser also ein Schutzmechanismus für bürgerliche Freiheiten. Jede Abkehr davon gefährdete den demokratischen Rechtsstaat, ja, sogar alle Fortschritte und Siege der christlichen Kultur.[30] Die Rechte von Angeklagten waren folglich eine Grundvoraussetzung für die zivilisatorische Mission der westlichen Aufklärung sowie des Katholizismus, und der Despotismus der NS-Herrschaft eine Gefahr für diese Mission. Glaser argumentierte vor dem Hintergrund seiner eigenen Erfahrung mit den Angriffen auf den Rechtsstaat in Polen – ohne diese jedoch gesondert hervorzuheben – und seiner Überzeugung, dass internationale Solidarität Grundlage des Zusammenwirkens von Staaten im Bereich des Strafrechts sein müsse.

Internationalismus

Glasers Interesse für Angeklagtenrechte erklärt sich nicht nur aus seiner juristischen Biografie, sondern auch aus seinem Internationalismus. In London war er neben seiner Arbeit für die polnische Gesandtschaft, die Cambridge Commission und die UNWCC in die transnationale Hochschulpolitik involviert, die ihn in Verbindung mit exilierten und britischen Akademikern brachte. So gründete Glaser 1942 die Association of University Professors and Lecturers of the Allied Countries in Great Britain, deren Ziel es war, den Wiederaufbau der Universitäten in den besetzten Ländern nach dem Krieg vorzubereiten und die Kooperation zwischen Exilanten und britischen Akademikern zu fördern. Bis 1943 war er deren Präsident und unterhielt in diesem Kontext einen engen Kontakt zu Arthur Goodhart. Weitere bekannte Exiljuristen waren der französische Strafrechtsprofessor und Nationalkommissar des Freien Frankreich René Cassin und der chinesische Diplomat Yuen-Li Liang –

27 Ebd., S. 30.

28 Ebd., S. 34.

29 Glaser verweist hier auf Veröffentlichungen von Vespasian Pella und Emil Rappaport zur Vereinheitlichung des Strafrechts. Ebd., S. 35, Fn. 29.

30 Ebd., S. 37.

beide Mitglied beziehungsweise Beobachter der Cambridge Commission.[31] Die Association hatte 1943 248 Mitglieder aus 17 Ländern und kooperierte eng mit britischen Stellen, die auch den Wiederaufbau der Universitäten nach dem Krieg vorbereiten sollten, insbesondere dem Committee on Post-War University Education der British Association for the Advancement of Science und dem Board of Education. Gleichzeitig gehörte die Association zu dem engen Netz von Organisationen, die internationale Kooperation als Grundvoraussetzung für die Nachkriegsplanungen begriffen. So war sie auch im für Fragen der Bildung zuständigen Komitee der London International Assembly vertreten und organisierte im Juli 1943 unter Leitung Arthur Goodharts eine Sitzung der International Law Association in London.[32] In seiner Rede als Vorsitzender betonte Glaser bei dieser Gelegenheit:

> »It is our deepest conviction that the closest union in the intellectual sphere between the Continent and these countries is not only of first rank importance for the progress of culture and civilization, for the improvement and development of spiritual values, but that such an understanding will at the same time be of far-reaching importance from the political point of view and will perhaps be the most positive pledge of the stability of peace and order in the future world.«[33]

Wie die Zusammenarbeit für die Weiterentwicklung des internationalen Strafrechts sollte auch die internationale Kooperation im Hochschulwesen Frieden und Stabilität nach dem Krieg gewährleisten. Glaser glaubte an eine spirituell begründete Werte- und Kulturgemeinschaft der beteiligten Nationen – insbesondere ihrer Akademiker – und präsentierte sich als überzeugter Internationalist. Wie auch in dem Artikel »Nullum crimen sine lege« stellte er mehrere Referenzen zur christlich begründeten Wertegemeinschaft der Europäer her, was seine Verbindung zur polnischen Christ-Demokratischen Partei (Stronnictwo Pracy) zeigt.

Gleichzeitig vertrat Glaser die polnische Exilregierung bei der Conference of Allied Ministers of Education und trat als Vorsitzender der Association of Polish University Professors in Great Britain (1939–1944) und Professor und Dekan der Polish Faculty of Law (1943–1944) in Oxford für die Belange polnischer Studierender und Professoren ein. Sein Engagement in diesem Bereich zeigt einerseits, dass Glaser den Wiederaufbau nach dem Krieg sowohl institutionell – im Sinne der Universitäten – als auch inhaltlich – auf der Ebene des internationalen Strafrechts – vorbereiten wollte. Seine Betonung einer »academic fraternity« zwischen den alliierten

31 Bod, SPSL 92/15, o. A. Early History of the Association, in: Association of University Professors and Lecturers of the Allied Countries in Great Britain (Hg.), Communication, Nr. 2 (1944) 2, S. 9–15, hier S. 9.

32 Bod, SPSL 92/15, Stefan Glaser, President's Address, 18.7.1943, in: ebd., S. 16–24, hier S. 23.

33 Ebd., S. 20.

Staaten setzte einen gemeinsamen Referenzrahmen voraus, den Glaser etwa mit der Society of the Protection of Science and Learning teilte.[34] Aber auch in seinen Schriften zur Auslieferung von Straftätern hatte er vor dem Krieg die »solidarity of states« betont, die die Kooperation im Strafrecht begründen sollte.[35]

Im Februar 1942 wurde Glaser zum Vorsitzenden des »Committe on the Rights to be Accorded to Persons Suspected or Accused of Crimes« der Cambridge Commission bestimmt. Bei seiner Ankunft in London hatte er sich bereits zwei Jahrzehnte mit internationalen Aspekten des Strafrechts befasst. Etwa zur selben Zeit, als er den Vorsitz des Komitees für Angeklagtenrechte übernahm, veröffentlichte Glaser seinen Artikel zum Retroaktivitätsverbot und unterstrich dadurch seinen Anspruch, sich in die wissenschaftliche Debatte über internationale Aspekte des Strafrechts einzuschalten. Seine erste Handlung als Vorsitzender war es, einen Fragebogen zu entwerfen und diesen im Komitee zu verbreiten.

Glaser schrieb dann auf Grundlage der Antworten auf seinen Fragebogen einen Bericht und entwarf einen »Draft Minimum Code of Rules«, den er bei einem Treffen des Komitees am 17. Juni 1943 in London vorstellte.[36] Daraufhin überarbeitete Glaser den »Draft Code«, um am 29. Juli der Cambridge Commission ein »Statement of Main Principles to be incorporated in the legal System« vorzulegen. Im Februar 1944 lag der Abschlussbericht dieses Komitees vor, der das Resultat der Abstimmung zwischen den Exiljuristen und englischen Reformern war.[37] Im folgenden Abschnitt wird die Arbeit des Komitees detailliert nachgezeichnet und gezeigt, dass es Glaser nicht gelang, internationale Sicherheitsgarantien für Angeklagtenrechte in dem Prinzipienkatalog zu verankern, er aber in anderen Bereichen Kompromisse zwischen englischen und kontinentaleuropäischen Juristen schmieden konnte.

Das Glaser-Komitee

Grundlage der Debatten war der Fragebogen Glasers: Die ersten Fragen umrissen den Standpunkt Glasers und waren eher rhetorischer Natur:

> »1. Has the criminal procedure to emphasise the interest of society or should it emphasise the interest of the accused person, or should it be constructed so as to bring about an equilibrium of the two?
> 2. Is it more important to aim at providing that no guilty person should escape,

---

34 Dieses Argument bringt Isabella Löhr vor: Isabella Löhr, Solidarity and the Academic Community: The Support Networks for Refugee Scholars in the 1930s, in: Journal of Modern European History 12 (2014) 2, S. 231–246.

35 Wierczyńska/Wierczyński, Glaser, S. 317.

36 FSU, LRP 8/4/3, Cambridge Commission, Glaser-Komitee, Stefan Glaser, Draft of a Minimum Code of Rules (W.7), Juni 1943.

37 FSU, LRP 73/3/2, Cambridge Commission, Glaser-Komitee, Abschlussbericht, Feb. 1944.

or that no innocent person should be unjustly convicted?
3. If we adopt the last point of view (which in our opinion is the only one consistent with a democratic organisation), is it advisable to accord to accused persons special guarantees in the course of the proceedings?«[38]

Die Behandlung von Angeklagten verwies aus seiner Sicht auf einen Grundkonflikt zwischen Staat und Individuum, zwischen dem, was Kriminologen »social defence« nannten, und dem individuellen Recht auf rechtsstaatliche Verfahren in Strafprozessen. Dabei bezog er eindeutig Stellung, was den möglichen Antworten einen starken Rahmen vorgab und Gegenargumente nur in einem engen Rahmen geteilter Grundannahmen ermöglichte. Wenn er also fragte, ob es verboten sein solle, einen Angeklagten dem Richter in Handschellen vorzuführen, und dabei darauf hinwies, dass dies den Angeklagten »in a manifest position of inferiority« bringe, machte er bereits Formulierungsvorschläge für die Mindestgrundsätze.[39] So umriss Glaser bereits in seinen Fragen als wichtigste Schutzmechanismen die (zeitliche) Beschränkung der Untersuchungshaft, den Schutz des Häftlings vor polizeilicher und richterlicher Willkür, das Verbot, unter Zwang abgelegte Geständnisse als Beweismittel zu verwenden, das Recht auf Rechtsbeistand und die Mitteilung, worin die Anklage bestand. Im Gegensatz zur finalen Grundsatzerklärung legt Glaser einen Schwerpunkt auf die Umstände während der Haft und fragte erst unter Punkt 14 (von 33), ob der Angeklagte direkt nach seiner Verhaftung das Recht habe zu erfahren, was ihm vorgeworfen werde, und unter Punkt 18 nach dem Recht auf Rechtsbeistand und Übersetzung.

Glaser bediente sich wie die anderen Komitees der Cambridge Commission der Technik der internationalen Organisationen der Vorkriegszeit, die über Fragebögen Wissen systematisierten und anschließend in einem Bericht kondensierten, um Gemeinsamkeiten und Unterschiede zu analysieren und im Idealfall gemeinsame Forderungen abzuleiten.[40] Glasers Fragen waren dezidiert normativ gehalten. Im Vordergrund stand allerdings nicht, wie etwa im Fragebogen Arnold McNairs, die Gewinnung von Wissen über die Besonderheiten nationaler Rechtssysteme, um diese vergleichen zu können und Probleme bei der Vereinheitlichung des Strafprozessrechts zu antizipieren, sondern die Herleitung eines universell gültigen Katalogs an Mindeststandards, deren ultimatives Ziel der Schutz des Angeklagten sein musste, dessen Schuld noch nicht bewiesen war.

---

38 UNA, Cambridge Commission, Glaser-Komitee, Stefan Glaser, Questionnaire (D.35), 1942, S. 1.

39 Ebd., S. 3.

40 So hatte etwa die HLPR 1937 einen Fragebogen zirkuliert, der die Regelungen zur Untersuchungshaft und der Befragung von Angeklagten in den Mitgliedsstaaten des Völkerbundes abfragte. Die eingesendeten Antworten wurden im Dossier »The Accused« veröffentlicht. FSU, LRP 9/4/18, HLPR, The Accused: Custody of Prisoners before Trial.

In seinem Bericht für die Sitzung im Juni 1943 fasste Glaser die Antworten der Beteiligten so zusammen, dass man geschlossen der Meinung sei, dass es internationale Schutzmechanismen geben müsse, die Details jedoch nicht diskutiert worden seien. So stimmten die Mitglieder des Komitees Wold, Hodkinson, Harno und Morrison zu, dass es internationale Garantien geben müsse, machten jedoch keine darüber hinausgehenden Vorschläge.[41] Insbesondere A.C.L. Morrison, Vorsitzender des Bow Street Police Court, hielt die Einrichtung eines internationalen Gerichts offensichtlich für äußerst unrealistisch.[42] Margery Fry ergänzte, dass, wenn dies scheitere, Staaten einer zentralen internationalen Autorität jährlich Rechenschaftsberichte vorlegen sollten.[43] Dabei hatte sie die Berichte der Staaten an das Fünfte Komitee des Völkerbunds im Blick, die zwar keinerlei Sanktionsmöglichkeiten mit sich brachten, aber immerhin eine Öffentlichkeit für das Thema schufen. Der englische Anwalt C.L. Hodgkinson hingegen antwortete ganz offen: »I do not know.«[44] Glaser selbst machte klar: »I attach special importance to this kind of international guarantees as purely national provisions, declarations as well as guarantees are always exposed to the danger of being altered or even abolished together.«[45] Im »Draft of a Minimum Code of Rules« schlug Glaser dementsprechend vor, dass es Garantien für den Schutz von Angeklagten geben müsse, zum einen in der Verfassung, zum anderen auf internationaler Ebene in internationalen Konventionen und sogar ein »International Tribunal to hear complaints of any failure to observe such minimum rules.«[46]

Des Weiteren betonte Glaser in seinem Bericht an das Komitee, dass die »necessity for the application of a democratic conception of criminal procedure in war crimes trials, in order to preserve the proper balance between the interests of society and those suspected or accused of war crimes« im Zentrum seiner Arbeit stehe.[47] Es ging Glaser um ein liberales Strafprozessrecht, in dem zuallererst die Unschuldsvermutung gilt. Rechtsstaatlichkeit sei aber nicht nur im Interesse des Individuums, dessen Rechte geschützt werden, sondern auch der Gesellschaft, da die Verurteilung einer unschuldigen Person das Vertrauen in den Strafvollzug unterminiere.

41 FSU, LRP 8/3/5, Cambridge Commission, Glaser-Komitee, Answers to Questionnaire, Juni 1942.

42 FSU, LRP 8/4/27, Cambridge Commission, Glaser-Komitee, A.C.L. [Arthur Cecil Lockwood] Morrison, Answers to Questionanaire, Juni 1942.

43 FSU, LRP 8/3/10, Cambridge Commission, Glaser-Komitee, Margery Fry, Answers to Questionnaire, Juni 1942.

44 FSU, LRP 8/3/7, Cambridge Commission, Glaser-Komitee, C.L. Hodgkinson, Answers to Questionnaire, Juni 1942.

45 UNA, Cambridge Commission, Glaser-Komitee, Stefan Glaser, Report (D.36), 17.6.1943, S. 6.

46 FSU, LRP 8/4/3, Cambridge Commission, Glaser-Komitee, Stefan Glaser, Draft of a Minimum Code of Rules (W.7), Juni 1943, S. 4.

47 UNA, Cambridge Commission, Glaser-Komitee, Stefan Glaser, Report (D.36), 17.6.1943.

Daher müsse die Untersuchungshaft letztes Mittel sein und nur unter der Gewährung größter Schutzmaßnahmen durchgeführt werden. Währenddessen müsse der Angeklagte grundsätzliche Rechte haben wie das Recht auf einen Anwalt, das Recht, Beweismittel rechtzeitig einzusehen, und das Recht auf Aussageverweigerung.

Bei dem Treffen am 17. Juni im British-Norwegian Institute wurden Bericht und »Draft Code« ausführlich debattiert. An der Sitzung nahmen 17 Juristen und Margery Fry teil, neben dem ägyptischen Botschafter die Justizminister der Niederlande, Norwegens, Jugoslawiens und die Mitglieder des Department of Criminal Science, außerdem britische Juristen wie Professor Arthur Goodhart und Vertreter der belgischen und norwegischen Justizministerien sowie des Komitees Freies Frankreich.[48] Nur die Tschechoslowakei, Griechenland und Luxemburg waren nicht vertreten – die griechische Exilregierung weilte inzwischen in Kairo.[49] Bei diesem Treffen im norwegischen Kulturinstitut, gegenüber von Kensington Garden und einen kurzen Fußweg von der norwegischen Botschaft entfernt, muss eine hitzige Debatte stattgefunden haben. Aus J. W. Cecil Turners Kopie der »Draft Rules« ist insbesondere zu entnehmen, dass die Artikel mit internationalem Bezug gestrichen werden sollten. Aus seinen Anmerkungen kann geschlossen werden, dass ein Streitpunkt offensichtlich der Verfassungsrang der Angeklagtenrechte war – in dem Punkt »The above-mentioned rules shall be enacted in the constitutional laws of each country as ›minimum rules‹« ist »constitutional« gestrichen. Auch schienen einige Juristen Anstoß daran zu nehmen, dass es sich bei dem »Draft Minimum Code« um einen »Code« handeln sollte; stattdessen sollten grundlegende Prinzipien erarbeitet werden.[50]

Glaser überarbeitete daraufhin die »Draft Rules«. Im neuen »Draft Statement of Main Principles to be incorporated in the Legal System« waren internationale Schutzmechanismen nicht mehr vorgesehen. In der Cambridge Commission bestand also Uneinigkeit über den Nutzen und die Notwendigkeit internationaler Garantien für Angeklagtenrechte. Dies ist vor dem Hintergrund, dass sich die Exilanten mit der effizienten Bestrafung von Kriegsverbrechen beschäftigten, bemerkenswert. So betonten die Juristen immer wieder, dass es sich bei den Kriegsverbrecherprozessen – ob durch nationale oder internationale Gerichte – um rechtsstaatliche Verfahren handeln müsste. In der Abwägung zwischen Angeklagtenrechten und

48 FSU, LRP 73/3/2, Cambridge Commission, Glaser-Komitee, Abschlussbericht, Feb. 1944, J. W. Cecil Turner, Introductory Note.

49 Ebd.

50 FSU, LRP 8/4/28, Cambridge Commission, Glaser-Komitee, Stefan Glaser, Draft of a Minimum Code of Rules, Juni 1943, handschriftl. Notizen J. W. Cecil Turner. Vgl. auch Leon Radzinowicz in FSU, LRP 20/3/4, International Commission for Penal Reconstruction and Development, Vollversammlung, 29.7.1943, Protokoll [Cambridge Commission, Protokoll], S. 1 und S. 22.

dem Wunsch, möglichst schnell Verbrechen zu vergelten, stand letzteres im Vordergrund, auch weil man um jeden Preis private Racheaktionen vermeiden wollte.

Einen letzten Versuch unternahm Glaser noch, internationale Garantien in den Rechtekatalog aufzunehmen. Beim Treffen der Cambridge Commission am 29. Juli 1943 hielt Glaser eine Rede, in der er seinen Bericht zusammenfasste. Er kategorisierte seine Vorschläge in politische, juristische, administrative und internationale Aspekte: So sei es im Interesse politischer Systeme, faire Verfahren zu garantieren, da die Verurteilung einer unschuldigen Person das Vertrauen in den Staat unterminiere. Daher müsse die Untersuchungshaft letztes Mittel sein und nur unter der Gewährung größter Schutzmaßnahmen durchgeführt werden. Aus juristischer Sicht müsse daher der Angeklagte mit allen Rechten ausgestattet werden, die ihn befähigten, am Ermittlungsverfahren beteiligt zu sein, und ihn vor Falschinformationen und die Erzwingung eines Geständnisses schützten. Zudem müsse die Untersuchungshaft administrativ und personell getrennt sein von Gefängnissen für verurteilte Täter.[51] Schließlich betonte Glaser den internationalen Kontext der Bemühungen um einen besseren Schutz von Angeklagtenrechten und wies auf die Vorschläge des Fünften Komitees des Völkerbunds hin.[52] Um die Unabhängigkeit der Justiz auch unter politischem Druck zu schützen, müsse es nationale und internationale Schutzmechanismen geben: Die »Draft Rules« müssten Verfassungsrecht werden und auch international in Konventionen abgesichert werden.[53]

Während die Exiljuristen mit den von Glaser vorgenommenen Änderungen zufrieden waren, drängte insbesondere der britische Jurist Arthur L. Goodhart, Professor für Rechtsprechung in Oxford, auf eine Diskussion der »Main Principles«:

> »Unfortunately I have a very considerable number of points to make. This Draft is so contrary to existing English and American laws. [...] A good many people have come here at great inconvenience, and if we are to have no discussion here to-day, what is the use of our coming.«[54]

So merkte er etwa an, dass die Garantie, dass jedem ein Anwalt zustehe, im Zweifel durch den Staat bezahlt, eine weitreichende Änderung der bestehenden Gesetze bedeute.[55] Auch die Fragen, welche Beweismittel ein Angeklagter vor dem Verfahren

---

51 Ebd., S. 13–16.

52 Ebd., S. 14.

53 Ebd., S. 16.

54 Ebd., S. 18. Goodhart und Glaser kannten sich interessanterweise aus der Association of University Professors and Lecturers of Allied Countries in Great Britain, der Glaser vorsaß, und Goodhart verfasste in den 1950er Jahren das Vorwort für Glasers erste Monografie zum internationalen Strafrecht, »Introduction à l'étude du droit international pénal« (Brüssel 1954).

55 FSU, LRP 20/3/4, Cambridge Commission, Protokoll, 29.7.1943, S. 18.

einsehen dürfe, ob ein Angeklagter in Abwesenheit verurteilt werden dürfe und welche Gerichte als Berufungsinstanz handeln dürften, provozierten die Kritik Goodharts, und zwar so sehr, dass Turner sich genötigt sah, ihn zu erinnern: »Remember this is only a draft statement of principles, not legislative enactments.«[56] Aus Sicht Goodharts waren die »Main Principles« viel zu stark von den Kontinentaleuropäern geprägt. Dieser Konflikt zwischen kontinentaleuropäisch und angelsächsisch geprägten Juristen spiegelte sich in den Kommentaren Stefan Glasers zu den »Main Principles« im Abschlussbericht wider, die auf die unterschiedlichen Rechtstraditionen der beteiligten Juristen eingehen. So schränkte er etwa ein, dass das Prinzip, dass ein Angeklagter, wenn er als Zeuge unter Eid aussagt, gezwungen werden kann, eine Aussage zu machen, nur in Staaten angewandt werden kann, in denen Angeklagte überhaupt unter Eid aussagen können.[57] Damit sollte die Kluft zwischen kontinentaleuropäischer und angelsächsischer Rechtstradition überbrückt werden.

Exiljuristen als Transmitter von Wissen

Aus dem »London Moment« heraus wurde das Thema der Angeklagtenrechte weiterverfolgt: So wurden der Bericht Glasers und die »Main Principles« von J. W. Cecil Turner verbreitet; somit kann das Glaser-Komitee als Zelle in der »Bienenwabe« transnationaler Kooperation im internationalen Strafrecht während des Zweiten Weltkriegs verstanden werden, die zu einer Verständigung über rechtliche Normen im internationalen Strafrecht führte, einer gerade erst entstehenden Disziplin.[58]

Die Cambridge Commission hatte bereits 1942 festgelegt, dass ihre Beschlüsse nicht veröffentlicht werden sollten. In seiner Autobiografie schreibt Leon Radzinowicz sogar, dass einige Analysen vernichtet wurden, da sie vertraulich und politisch zu heikel gewesen sein sollen.[59] Jedoch sollten alle Berichte an die zuständigen Beamten aller alliierten Regierungen weitergeleitet werden. So schickte J. W. Cecil Turner im Februar 1944 den Bericht des Glaser-Komitees an diejenigen, die den Fragebogen Glasers 1943 beantwortet hatten: an R.M. Jackson, der noch Mitglied des Department of Criminal Science war, aber nun im Innenministerium arbeitete, an Margery Fry von der HLPR, C.L. Hodgkinson und Albert J. Harno; des Weiteren an Professor James Brierly und einen J. Maude, vermutlich vom Temple

56 Ebd., S. 22.

57 LRP 73/3/2, Cambridge Commission, Glaser-Komitee, Abschlussbericht, Notes on the Foregoing Articles, S. 1.

58 Zum Bild der Bienenwabe siehe Patricia Clavin, Defining Transnationalism, in: Contemporary European History 14 (2005) 4, S. 421–439, hier S. 438.

59 Leon Radzinowicz, Adventures in Criminology, London 1998, S. 150.

Court.[60] Außerdem versendete Turner die Berichte von Glaser und McNair an den ägyptischen Botschafter Hassan Nashat Pasha, an Wellington Koo, den neuen chinesischen Botschafter, den polnischen Justizminister Professor Wacław Komarnicki, den britischen Gefängniskommissar Alexander Paterson, den Staatssekretär im Innenministerium Alexander Maxwell sowie den Vorsitzenden der UNWCC Cecil Hurst.[61]

Schließlich überquerte der Bericht Glasers den Atlantik: Turner schickte ihn an James J. Robinson, Gründer des Institute of Criminal Law Administration der Universität von Indiana und zu dem Zeitpunkt Mitglied des »Advisory Committee on Federal Laws of Criminal Procedure« für den amerikanischen Supreme Court, an Thorsten Sellin, neu berufener Professor für Soziologie an der Universität Pennsylvania, und an Sam Bass Warner, Dozent an der Harvard Law School und während des Kriegs Anwalt im War Production Board.[62] Damit ist zunächst nicht so viel über die Reichweite des Berichts gesagt – ob er aufmerksam studiert oder lediglich wahrgenommen und abgeheftet wurde, kann auf Grundlage der ausgewerteten Quellen nicht gesagt werden. Erhalten ist nur ein ausführlicher Kommentar Sam B. Warners zu den einzelnen Artikeln der »Main Principles«, der noch einmal die Schwierigkeiten offenlegte, so detaillierte Prinzipien festzuschreiben, wie Glaser das vorschlug.[63]

Die Verbreitung des Berichts Glasers spiegelt das Netzwerk des Department of Criminal Science wider. Man stand in stetem Austausch mit den US-amerikanischen Kollegen, denen man Bewunderung entgegenbrachte. So gewann das Department Sam B. Warner 1943 als Autor für die *English Studies of Criminal Science und* Thorsten Sellin verfasste 1945 einen kurzen Artikel über die Behandlung von Rückfallkriminalität in den Vereinigten Staaten, der in der *Canadian Bar Review* erschien, mit der das Department eine enge Arbeitsbeziehung pflegte.[64] Zudem

---

60 FSU, LRP 1/7/13, J. W. Cecil Turner an R.M. Jackson, 24.2.1944; FSU, LRP 1/7/12, Turner an Margery Fry, 23.2.1944; LRP 1/4/34, Turner an C.L. Hodgkinson, 23.2.1944; ebd., Turner an A[lbert] J. Harno, 23.2.1944; ebd., Turner an J. Maude, 23.2.1944; LRP 1/4/33, Turner an James L. Brierly, 23.2.1944.

61 LRP 1/4/34, J. W. Cecil Turner an Hassan Nashat Pasha, 23.2.1944; LRP 1/4/26, R.M. Jackson an [Vi Kyuin] Wellington Koo, 23.2.1944; LRP 1/4/34, Turner an W[acław] Komarnicki, 23.2.1944; ebd., Turner an Alexander Paterson, 23.2.1944; ebd., Turner an Alexander Maxwell, 24.2.1944; LRP 1/4/32, Turner an Cecil Hurst, 23.2.1944.

62 LRP 1/4/31, J. W. Cecil Turner an Prof. J[ames] J. Robinson, 23.2.1944; LRP 1/4/25, Turner an Thorsten Sellin, 19.5.1944; 1/4/34, Turner an Sam B. Warner, 23.2.1944.

63 FSU, LRP 8/3/9, Sam B. Warner an J. W. Cecil Turner, 7.6.1944.

64 Sam Bass Warner, Modern Trends in the American Law of Arrest (English Studies in Criminal Science, Bd. 5), Toronto 1943; Thorsten Sellin, The Treatment of the Recidivist in the United States, in: The Canadian Bar Review 23 (1945) 8, S. 637–639.

unterrichtete Leon Radzinowicz dieses Netzwerk über die fortlaufende Arbeit des Department, auch abseits der Cambridge Commission.[65]

Abschließend soll auf den Stellenwert der Angeklagtenrechte für die *legal entrepreneurs*, und stellvertretend für sie Stefan Glaser, eingegangen werden. Stefan Glaser versuchte, das Thema der Angeklagtenrechte in den Debatten der Exiljuristen zu etablieren. Er konnte dabei zurückgreifen auf jahrelange Erfahrung in internationalen Fachorganisationen auf der einen Seite und seine juristische Expertise im europäischen Strafprozessrecht auf der anderen Seite. Auf dieser Grundlage investierte Glaser einige Zeit und Mühen, um die Antworten auf seinen Fragebogen in einen Bericht und einen »Draft Code« zu verdichten. Er fasste verständlich die unterschiedlichen Positionen zusammen und bezog eindeutig Stellung; er füllte damit die Rolle aus, die ihm der institutionelle Rahmen der Cambridge Commission zuschrieb. Rechtsstaatliche Prinzipien sollten zum Grundgerüst eines internationalen Strafrechts gehören und auch für Kriegsverbrecher gelten. Wierczyńska/Wierczyński kommen daher zu dem Schluss, dass »the degree of restraint« der anderen Mitglieder der Cambridge Commission bemerkenswert sei. Für die Exiljuristen sei Gerechtigkeit, nicht Rache, Ziel der Verfolgung von Kriegsverbrechen gewesen.[66]

Allerdings geriet das Ziel einer alliierten Erklärung von Angeklagtenrechten im Laufe des Kriegs in den Hintergrund und musste immer wieder gegen das Ziel der raschen und effizienten Ahndung von Kriegsverbrechen abgewogen werden. So fand auch keine Kooperation mit anderen Akteuren statt, die sich bereits in der Zwischenkriegszeit mit diesem Thema beschäftigt hatten – hier springt die HLPR ins Auge, hatte Glaser selbst doch die Arbeit seines Komitees in die Tradition der Arbeit des Völkerbunds und damit auch der HLPR gestellt, die ihre internationale Arbeit in den 1930er Jahren ganz dem Ziel einer internationalen Konvention für die Rechte von Angeklagten und Häftlingen widmete. Es ist keine Korrespondenz zwischen Glaser und der HLPR enthalten, aber Margery Fry beantwortete Glasers Fragebogen und nahm an der Sitzung seines Komitees im Juni 1943 teil. Glaser wurde außerdem im Januar 1943 über die Sitzung des Internationalen Komitees

65 So begann Radzinowicz 1941 die Vorarbeiten für seine fünfbändige »History of English Criminal Law and its Administration from 1750« und trat darüber mit Kollegen in Großbritannien, den USA und Kanada in Austausch. Siehe FSU, LRP 19/3/17, Department of Criminal Science, Extracts from Letters, 1941–1943. Die Antworten folgender Adressaten werden aufgelistet: Lord Maugham, Alexander Maxwell, Prof. W.P.M. Kennedy (Chairman School of Law, University of Toronto), J.C. McRuer (Member of Royal Commission on the Penal System of Canada 1948), Cecil A. Wright (Editor Canadian Bar Review), Prof. Jerome Hall (Indiana University School of Law), Prof. Thorsten Sellin (Univ. of Pennsylvania), Prof. J.L. Gillin (University of Wisconsin).

66 Wierczyńska/Wierczyński, Glaser, S. 325.

der HLPR unterrichtet, war sich also über deren Aktivitäten bewusst.[67] Im Februar 1944 schickte Turner in seiner Funktion als Sekretär der Cambridge Commission Margery Fry den Abschlussbericht Glasers zu.[68] Fry war also definitiv darüber unterrichtet, zu welchen Schlussfolgerungen das Glaser-Komitee gekommen war. Sie selbst äußerte sich, nachdem der Völkerbund als Ansprechpartner praktisch verschwunden war, 1943 erstmals wieder zu ihrem Herzensthema, es fand aber keine weitere Kooperation zwischen Cambridge Commission und HLPR zu diesem Thema statt. Die Exiljuristen legten den Schwerpunkt ihrer Arbeit auf das Völkerstrafrecht und interagierten nicht weiter mit den Strafrechtsreformern. Stattdessen stand der Austausch mit anderen Juristen aus den Exilregierungen im Vordergrund.[69]

Vor dem Hintergrund, dass sich das Department of Criminal Science während des Kriegs den klassischen Themen der Strafrechtsreformbewegung annahm und sich so als akademische Einrichtung etablierte, verwundert dies, jedoch war es aus Sicht der Exiljuristen, die die Kodifizierung eines Völkerstrafrechts zum Ziel hatten, nur folgerichtig. In diesem Kontext traten die Angeklagtenrechte in Konkurrenz zu den Rechten der Opfer, wie es die UNWCC 1948 in einem Bericht an die UN-Menschenrechtskommission formulierte: Wenn ein Angeklagter sich auf den Befehlsnotstand berief, hatte er ein Recht dazu oder wog das Interesse der Opfer an einer Ahndung schwerer? Galt auch im Völkerstrafrecht das Retroaktivitätsverbot oder musste man Analogien anwenden, um neuartige Straftaten als solche zu bewerten?

Glaser selbst – und hier spiegelt sich ein Grunddilemma des Völkerstrafrechts wider – wollte die Prinzipien, die er als Grundlage für ein liberales Strafrecht verstand, letztlich *nicht* eins zu eins auf das Völkerstrafrecht übertragen. Aufgrund seiner Erfahrungen während des Kriegs als Vertreter einer der Nationen, die besonders stark von der NS-Vernichtungspolitik getroffen wurden, kam er zu dem Schluss, dass das Völkerstrafrecht im Gegensatz zum Strafrecht durchaus mit Analogien arbeiten könne, und trat später als Unterstützer der Nürnberger Prozesse auf, die von anderer Seite hart kritisiert wurden, weil hier gegen rechtsstaatliche Prinzipien wie das Retroaktivitätsverbot verstoßen wurde.[70]

Voraussetzung für Glasers Funktion als Kommentator der Entwicklungen im internationalen und im Völkerstrafrecht war die abermalige Emigration Glasers nach

---

67 PISM, A53/7, T. Gwiazdowski an Stefan Glaser, 18.1.1943.

68 FSU, LRP 1/7/12, J. W. Cecil Turner an Fry, 23.2.1944.

69 Glaser arrangierte Treffen des polnischen Justizministers und anderer exilierter Juristen: Siehe u.a. PISM, A53/7, Jan van Angeren an Stefan Glaser, 7.12.1943.

70 Zu dieser Frage siehe z.B. Hans Kelsen, The Rule against Ex Post Facto Law and the Prosecution of the Axis War Criminals, in: The Judge Advocate Journal 2 (1945) 3, S. 8–12.

Belgien, die zeigt, wie der »London Moment« als Schaltstelle für Karrieren fungieren konnte. Glaser wurde 1944 Botschafter der polnischen Exilregierung in Belgien. Nachdem aber die amerikanische und britische Regierung der polnischen Exilregierung im Juli 1945 die Anerkennung entzogen und die von der Sowjetunion gestützte Regierung in Warschau anerkannt hatten, musste er sich abermals in der neuen politischen Ordnung zurechtfinden und sich beruflich neu orientieren.[71] Er hatte gehofft, nach Polen zurückkehren zu können, und sich dadurch auch bei der Londoner Exilregierung unbeliebt gemacht; gleichzeitig war er für die Regierung in Warschau eine Persona non grata.[72] Aus seiner Zeit in London hatte er ein beachtliches Netzwerk in der britischen akademischen Elite und bat sowohl Lord Beveridge als auch Professor James L. Brierly um Hilfe.

So nahm Glaser Ende 1945 über James L. Brierly Kontakt mit der Society for the Protection of Science of Learning (SPSL) auf, einer britischen Hilfsorganisation, die Kurzzeitstipendien an akademische Flüchtlinge vergab und diesen in einigen Fällen erfolgreich kurz- oder langfristige Stellen an Universitäten vermittelte. Der SPSL erklärt er, dass er wegen der politischen Situation in Polen seit Oktober 1945 kein Mitglied der polnischen Gesandtschaft in London mehr sei und nun eine Anstellung als Professor suche.[73] Dies hielt Brierly für äußerst unwahrscheinlich: »The difficulty is of course that he, like all the foreign lawyers, just cannot offer anything that an English law school needs, and I should say that his chance of obtaining academic work in this country is simply nil.«[74] Damit spielte er natürlich auf die Unterschiede zwischen dem englischen und dem kontinentalen Rechtssystem an. Glaser befand sich bereits in Brüssel und hoffte zu dem Zeitpunkt noch, nach Polen zurückkehren zu können – angesichts seiner Verbindung mit der Exilregierung eher unrealistisch –, wollte aber die für 1946 angesetzten Wahlen abwarten.[75] Ende 1946 schilderte Lord Beveridge die Situation immer noch so: »Since then [his time in England] as of course you know he was for a short time the representative of the London Polish Government in Brussels, and now that that Government has ceased to be recognised, he is stranded in Brussels with no job, and with very little to live on.«[76] Die SPSL versuchte, Glaser eine Position als Dozent für Strafrecht in den USA zu vermitteln und

71 Goddeeris, Glaser, S. 81.

72 Wierczyńska/Wierczyński, Glaser, S. 314.

73 Bod, SPSL 268/8, Stefan Glaser an [Joseph B.] Skemp (SPSL), 2.12.1945.

74 Bod, SPSL 268/8, James L. Brierly an Joseph B. Skemp, 31.12.1945, Zitat S. 1f. Gleiche Einschätzung durch Arnold McNair, ebd. McNair an Skemp, 24.1.1946.

75 Siehe Bod, SPSL 268/8, James L. Brierly an Joseph B. Skemp, 31.12.1945, Zitat S. 1f.

76 Bod, SPSL 264/8, Lord Beveridge an Arthur L. Goodhart, 4.12.1946.

kontaktierte ohne Erfolg die juristische Fakultät der New School of Social Research und das Catholic Committee for Refugees in New York.[77]

Schließlich wurde Glaser Professor für internationales Strafrecht in Leuven und Gent.[78] Er veröffentlichte Einführungen in das internationale Strafrecht und Kommentare zu den Nürnberger Prozessen, befasste sich mit dem Gesetzlichkeitsprinzip in Kriegsverbrecherprozessen, Auslieferung, internationalen Verbrechen und individueller strafrechtlicher Verantwortung im internationalen Recht – seine akademische Karriere schloss also direkt an die Themen der Exiljuristen in London an.[79] Dabei betonte er auch immer die Bedeutung von rechtsstaatlichen Standards in internationalen Strafprozessen, etwa in Bezug auf die Nürnberger Charta.[80] Er engagierte sich in internationalen Organisationen wie der Europäischen Bewegung International (European Movement International) und war Mitglied in den Nouvelles Equipes Internationales, einer christdemokratischen Sammelbewegung.[81] Als angesehener Experte für internationales Strafrecht war er auch in die Entwicklung der Europäischen Menschenrechtskonvention involviert. Die 1950 verabschiedete Europäische Menschenrechtskonvention beinhaltete ebenfalls das Recht auf ein faires Verfahren (Art. 6) und ein Retroaktivitätsverbot (Art. 7).[82] Glaser war zudem Mitglied eines Komitees, das 1948 ein »Projet de Déclaration des Droits« erarbeitete und somit juristische Vorarbeit für den Haager Europa-Kongress leistete, auf dem europäische Föderalisten aus Politik, Akademia und Zivilgesellschaft eine europäische Grundrechts-Charta forderten.[83]

So lässt sich abschließend ein differenziertes Bild Glasers als *legal entrepreneur* zeichnen: Einerseits setzte er sich für eine internationale Konvention für Angeklagtenrechte ein, unternahm aber keine Schritte, um politisch wirksam zu werden, etwa, indem er das Thema in das Legal Committee der UNWCC einbrachte oder Kontakt zur HLPR aufnahm. Zudem stellte er sich in der Cambridge Commission gegen einen internationalen Strafgerichtshof, der ihm nicht geeignet schien, das jeweilige

77 Siehe Bod, SPSL 264/8, Ilse Ursell (SPSL) an A[dolph] Lowe (Institute of World Affairs), 7.1.1947; ebd., Ursell an Reverend Emil N. Komora (Catholic Committee for Refugees), 26.3.1947.

78 Wierczyńska/Wierczyński, Glaser, S. 314.

79 Siehe unter anderem Stefan Glaser, Introduction à l'étude du droit international pénal, Bruxelles 1954.

80 Stefan Glaser, Vers une jurisdiction criminelle internationale, in: Revue pénale suisse 67 (1952), S. 281–306, hier S. 299.

81 Goddeeris, Glaser, S. 85–89.

82 Convention for the Protection of Human Rights and Fundamental Freedoms, Rom, 4.11.1950, https://www.echr.coe.int/documents/convention_eng.pdf (abgerufen 15.1.2022).

83 Brian Simpson, Human Rights and the End of Empire: Britain and the Genesis of the European Convention, Oxford 2001, S. 608.

Gerechtigkeitsempfinden der europäischen Nationen zu befriedigen. Mit seiner Arbeit für die UNWCC scheint sich seine Einstellung geändert zu haben und er wurde ein Unterstützer internationaler Strafgerichtsbarkeit und trat fortan gegen eine legalistische Lesart des Völkerstrafrechts ein. Glaser legte aber weiterhin – aufgrund seiner Erfahrungen als international vernetzter Akademiker, überzeugter Christdemokrat und Opfer der Anti-Oppositionspolitik in der Zweiten Polnischen Republik – den Schwerpunkt auf das Strafrecht als Mittel der Verständigung zumindest zwischen den »zivilisierten« Völkern. Die internationale Angleichung der Rechte von Angeklagten sollte einen gemeinsamen Rechtsraum schaffen, in dem das Gesetzlichkeitsprinzip galt und es so zu weniger Konflikten zwischen den Staaten kam. Das juristische Wissen über diesen wichtigen Aspekt im Strafprozessrecht wurde so aus Polen über den »London Moment« in die USA und das Nachkriegseuropa zirkuliert.

2 Die Verteidigung mit einem Befehlsnotstand in der Cambridge Commission

1948 legte die UNWCC der Menschenrechtskommission der Vereinten Nationen einen Bericht vor, der sich mit Menschenrechtsfragen im Zusammenhang mit den Kriegsverbrecherprozessen nach dem Zweiten Weltkrieg befasste.[84] Der Bericht war vom Legal Committee unter der Leitung Robert Craigies verfasst worden – der vorherige Vorsitzende Stefan Glaser war ja seit 1944 in Belgien und nicht mehr Mitglied der UNWCC – und betonte die Vorläufigkeit der Erkenntnisse, liefen doch die meisten Gerichtsverfahren, nämlich die Nürnberger Nachfolgeprozesse, noch. In diesem Bericht befassten sich die Vertreter der UNWCC mit der Frage, welche Menschenrechte vor und während des Kriegs verletzt worden waren und welche rechtsstaatlichen Grundsätze in den Kriegsverbrecherprozessen angewandt wurden, um das Recht der Angeklagten auf ein faires Verfahren zu schützen, während gleichzeitig verhindert werden musste, dass die gerechte Verurteilung der Schuldigen »legal technicalities« zum Opfer fiel. Gerade weil die Achsenstaaten selbst alle Grundsätze von Rechtsstaatlichkeit ins Lächerliche gezogen hätten, sei es umso wichtiger, »that the victor nations should avoid the same practices and that persons accused of having committed war crimes should see that the minimum rights essential to a fair trial are being safeguarded during proceedings taken against them.«[85] In einem gut neunzig Seiten umfassenden Abschnitt werden daher Fälle diskutiert, in denen das Recht der Angeklagten auf ein faires Verfahren und die

84 UNWCC, Information Concerning Human Rights Arising from Trials of War Criminals: Report (E/CN.4/W.19), 15.5.1948.

85 Ebd., S. 250–273, Zitat S. 273.

Rechte ihrer Opfer kollidierten, etwa wenn ein Angeklagter sich auf den Befehlsnotstand berief.[86] Hier musste das Gericht also im Einzelfall über die persönliche Verantwortung des Angeklagten entscheiden:

> »It is at this point that the rights of the victims and those of the accused may be regarded as being in conflict. For in all such situations it is the right of only one of two categories that can be made good: either the right of the victim, by imposing a punishment upon the perpetrator; or the right of the accused, by admitting a plea of exoneration from responsibility or of mitigation of punishment.«[87]

Die internationalen Militärgerichtshöfe von Nürnberg und Tokio hatten zwar festgelegt, dass »superior orders« Angeklagte nicht entlasteten, auch wenn dieser Umstand bei der Straffestlegung berücksichtigt werden könne, aber durch die Nürnberger Nachfolgeprozesse blieb das Thema auf der Agenda.[88]

Im Folgenden wird herausgearbeitet, wie die Cambridge Commission über den Befehlsnotstand als Verteidigung diskutierte, welche Verbreitung ihre Ideen erfuhren und welche Bedeutung diese Frage in der Wissensgeschichte des internationalen Strafrechts einnimmt. Es wird gezeigt, wie anhand der Angeklagtenrechte und der Verteidigung mit einem Befehlsnotstand fundamentale Grundsätze des künftigen Völkerstrafrechts diskutiert wurden. Beide Aspekte berührten die anvisierten Strafprozesse insbesondere in der Frage, wie der Anspruch der Exiljuristen, die Bestrafung von Kriegsverbrechen nach rechtsstaatlichen Standards vorzubereiten, mit dem von den Exilanten formulierten Wunsch zu vereinbaren war, durch eine effiziente Bestrafung der deutschen Verbrechen »Recht und Ordnung« wiederherzustellen.

Mit dem niederländischen Richter Johannes M. de Moor wird nach Marcel de Baer und Stefan Glaser ein dritter Exiljurist in den Fokus gerückt, der als Vorsitzender des »Sub-Committee on Superior Orders« eine zentrale Rolle in der Cambridge Commission spielte. De Moor favorisierte eine regelbasierte internationale Ordnung und verstand die Kriegsverbrecherprozesse als einen Aspekt des Wiederaufbaus nach dem Krieg. Er verstand sich vor allem als Moderator zwischen

---

86 Ebd., Section D, S. 182–273. Der Bericht zitierte aus Hersch Lauterpachts »The Law of Nations« (1944), das auf seiner Analyse für die Cambridge Commission beruhte, siehe ebd., S. 104f.

87 UNWCC, Human Rights, S. 105. Vgl. Dan Plesch, Human Rights after Hitler: The Lost History of Prosecuting Axis War Crimes, Washington, D.C. 2017, S. 145f. Plesch geht hier auch kurz auf die auch im Glaser-Komitee diskutierte Frage des Berufungsrechts *(right of appeal)* ein.

88 UNWCC, Human Rights, S. 105; Charter of the International Military Tribunal, Art. 8; Control Council Law No. 10, Art. 10.

den divergierenden Positionen der Exiljuristen zum Befehlsnotstand und nahm im Gegensatz zu de Baer nicht öffentlich Stellung. Auch beschränkte er seine juristischen Berichte auf das Wesentliche, während de Baer zu jedem Thema jederzeit ausschweifend referierte. Hingegen teilte de Moor mit de Baer die Analyse, dass eine juristische Lösung der Kriegsverbrecherfrage ein wichtiger Schritt auf dem Weg hin zu einer regelbasierten internationalen Ordnung sei. Ihnen gemeinsam war die Erfahrung als Richter in Belgien respektive den Niederlanden, die daraus erwachsene Rolle als Militärrichter für ihre Exilregierungen in London und der Blick auf die Bestrafung der Kriegsverbrechen als juristisches Problem, das auch einer rechtlichen Lösung bedürfe. Während, wie in Kapitel IV gezeigt, der Holocaust für alle Exiljuristen ein zunehmend wichtiger Motor für die Zusammenarbeit war, stellte ihr Erwartungshorizont eher eine schlagkräftige internationale Organisation – ein generalüberholter Völkerbund – und ein demokratischen Grundsätzen unterworfenes Strafrecht denn einen internationalen Menschenrechtskatalog dar. Mit Blick auf de Moor und die Verteidigung mit einem Befehlsnotstand kann dieser Punkt noch einmal differenziert werden: Die Weiterentwicklung des internationalen Strafrechts wurde geboren aus dem Ansinnen, die Verbrechen der Deutschen zu ahnden und dadurch Frieden herzustellen. Bei der Verteidigung mit einem Befehlsnotstand zeigten sich abermals große Divergenzen zwischen der jeweiligen nationalstaatlichen Praxis, was einer effizienten Verfolgung der Kriegsverbrechen im Wege stand. So machten die Exiljuristen dieses Thema als ein zentrales Hindernis aus, das der Bestrafung von Kriegsverbrechen im Wege stehen könnte. Damit berührten sie einen neuralgischen Punkt des Völkerstrafrechts: Wer konnte überhaupt für Kriegsverbrechen zur Rechenschaft gezogen werden, wenn diese im Auftrag staatlicher Stellen ausgeführt worden waren? Wie die UNWCC in ihrem Bericht an die Human Rights Commission der UN 1948 ausführte, stand das Recht auch dieser Angeklagten auf ein faires Verfahren dem »right of the victims« auf Vergeltung gegenüber. In den Debatten um den Befehlsnotstand ging es um nichts weniger als die (Neu-)Bewertung individueller und kollektiver Schuldfähigkeit für in bewaffneten Konflikten begangene Verbrechen.

Johannes M. de Moor als *legal entrepreneur*

Im Gegensatz zu Stefan Glaser wurde de Moor nicht *legal entrepreneur,* weil er inhaltliche Expertise zum internationalen Strafrecht hatte, sondern weil sein Wissen über das niederländische Strafrecht im transnationalen Kontext zur wertvollen Expertise wurde.[89] Da man sich zuerst über die Möglichkeiten austauschte, Kriegsverbre-

89 Der folgende Abschnitt basiert auf Sara Weydner, A Lawyer in Exile: Johannes M. de Moor and the Circulation of Legal Knowledge in Wartime London, in: Journal of the History of International Law 24 (2022) 3, S. 391–406.

chen über nationale Gerichte zu verfolgen, mussten die jeweiligen europäischen Rechtssysteme vergleichend untersucht werden. De Moor wurde auf Grundlage dieser Arbeit schnell zum Unterstützer eines internationalen Strafgerichtshofs und entwickelte in einigen Reden und Analysen Ideen zur internationalen Nachkriegsordnung. Seine Ansichten wurden wirkmächtig, weil er erfolgreich zwischen den Exiljuristen vermittelte und Konsens herstellte. De Moors Motivation, diese Rolle einzunehmen und so zum *legal entrepreneur* zu werden, speiste sich aus nationalen und transnationalen Kommunikationsräumen. Zum einen war er Präsident des niederländischen Seegerichtshofs und musste so auch über Jurisdiktionskonflikte entscheiden. Zum anderen beschäftigte sich de Moor im Rahmen der Nachkriegsplanungen seiner Regierung mit den internationalen Aspekten dieser Frage, was ihn wiederum dazu bewog, Mitglied der Cambridge Commission und der LIA zu werden.

Abb. 8: Johannes M. de Moor, März 1942

Nationaal Archief, Den Haag, Nr. 935–0659, © public domain

De Moor wurde 1896 als Johannes Marten de Moor in Rotterdam geboren und promovierte 1918 beziehungsweise 1923 in Jura und Politikwissenschaften.[90] Er praktizierte als Anwalt in Enschede und wurde 1928 Richter. 1934 wurde er Richter am Bezirksgericht (*arrondissementsrechtbank*) in Rotterdam. De Moor war zudem Mitglied der liberalen Partei Vrijzinnig Democratische Bond und war im Vorsitz der niederländischen Vereinigung für den Völkerbund und den Frieden (Vereeniging voor Volkenbond en Vrede). Als die deutschen Truppen die Niederlande im Mai 1940 besetzten, flüchteten de Moor und seine französische Ehefrau über Portugal nach London.[91] Am 11. Dezember 1940 wurde de Moor Vorsitzender des Außergewöhnlichen Schifffahrtsrats (Buitengewone Raad voor de Scheepvaart), weil er Erfahrungen als Richter in Rotterdam – der größten Hafenstadt der Niederlande – besaß und sich bereits mit dem Rechtsgebiet auskannte.[92] Im Sommer 1941 war de Moor an den Beratungen über die Einrichtung eines niederländischen Seegerichtshofs beteiligt und wurde am 15. Oktober 1941 Präsident der Nederlandse Rechtbank te Londen. Ähnlich wie bei de Baer gab es keinen Überschuss an qualifizierten Kandidaten für diese Positionen und de Moor war der einzige erfahrene Richter am Gerichtshof. In dieser Position hatte de Moor Jurisdiktion über Angriffe auf niederländische Handelsschiffe und sollte das Funktionieren der niederländischen Flotte absichern.[93]

Als Experte für niederländisches Recht und internationales Seerecht wurde de Moor als Redner zur Gründungssitzung der Cambridge Commission eingeladen, die zu dem Zeitpunkt noch ein Handbuch über die Strafrechtssysteme in Europa plante.[94] Sein Vortrag basierte auf einer Rede, die er zur Einrichtung des

---

90 Nederlands Instituut voor Oorlogsdocumentatie, Amsterdam [NIOD], archief 234 mr.dr. J. M. de Moor, inv.no. 20, H. Winkel (Secretary Ned. Groep LIA) an Sekretär der LIA, 28.5.1943, S. 2; Nationaal Archief, Inventaris van Het Archief van de Buitengewone Raad voor de Scheepvaart te Londen (1940–1946), No. 2.16.31, Den Haag 1975, S. 37; Kerstin von Lingen, »Crimes against Humanity«: Eine Ideengeschichte der Zivilisierung von Kriegsgewalt 1864–1945, Paderborn 2018, S. 227f.

91 Anna Maria Geertrudis Smit, Nederlandse Maritieme Rechtspraak Op Her Grondgebied Van Groot-Brittannië Gedurende De Tweede Wereldoorlog: Een Wetenschappelijke Proeve O Het Gebied Van De Rechtsgeleerdheid, Dissertation Radboud Universiteit 1989, S. 373; Nationaal Archief, Inventaris, S. 37.

92 Henri Antony Zee, In Ballingschap: De Nederlandse Kolonie in Engeland 1940–1945, Amsterdam 2005, S. 189; Smit, Nederlandse Maritieme Rechtspraak, S. 77; Nationaal Archief, Inventaris, S. 37; Minister Alberda, Eröffnungsrede Buitengewone Raad voor de Scheepvaart, 27.2.1941, abgedruckt in Nationaal Archief, Inventaris, S. 39.

93 Smit, Nederlandse Maritieme Rechtspraak, S. 172. Vgl. J. M. de Moor, Eröffnungsrede Buitengewone Raad voor de Scheepvaart, 27.2.1941, abgedruckt in Nationaal Archief, Inventaris, S. 41-42.

94 NIOD 234/36, J. W. Cecil Turner an J.M de Moor, 17.10.1941.

niederländischen Seegerichtshofs am 3. November 1941 gehalten hatte.[95] Darin stellte er die Etablierung der Seegerichtshöfe der Exilregierungen auf Grundlage des Allied Powers Maritime Courts Act von 1941 als »an entirely new departure in international law« dar. Das erste Mal würden ausländische Richter Verstöße nichtbritischer Staatsbürger gegen ausländisches Recht auf britischem Boden ahnden – etwa niederländische Richter die durch einen Niederländer auf niederländischen Schiffen begangene Verbrechen – und damit Souveränität übertragen.[96] Das große Konfliktpotenzial, das in der Frage begründet liege, welche Verbrechen in wessen Zuständigkeitsbereich liegen, sei durch den Maritime Courts Act ausgeräumt worden. Ein erster praktischer Schritt Richtung Vereinheitlichung von Strafrechtsnormen sei damit getan, was als großes Zugeständnis der Briten und Ausdruck ihrer Solidarität mit den Exilregierungen zu werten sei.[97]

Im Februar 1942 wurde de Moor Mitglied der Cambridge Commission und etwa zeitgleich der Kommissionen zu Kriegsverbrechen und kollektiver Sicherheit der LIA.[98] Folgerichtig wurde de Moor 1943 auch der Vertreter der Niederlande in der UNWCC. Dabei half ihm sicher auch, dass er Vize-Präsident der Netherlands Law Association gewesen war und er mit den Arbeitsweisen kontinentaleuropäischer juristischer Arbeitsgruppen vertraut war. Als *legal entrepreneur* zirkulierte de Moor rechtliches Wissen zwischen der transnationalen epistemischen Gemeinschaft der Exiljuristen und der niederländischen Exilregierung. Er war Mitglied des Arbeitskreises für Probleme des Wiederaufbaus (Studie-Groep voor Reconstructie-Problemen), einer im August 1941 gegründeten privaten Organisation für Analysen und Debatten von etwa 200 niederländischen Experten, die wegen ihres Vorsitzenden Paul Rijkens, Mitgründer von Unilever, unter dem Namen »Studie-Commissie Rijkens« bekannt wurde.[99] De Moor beschäftigte sich hier als Experte für Seerecht mit internationalen Verkehrswegen und verfasste für den Rechtsausschuss einen

95 NIOD 234/36, J. M. de Moor an Arthur L. Goodhart, 22.11.1941.

96 Radzinowicz/Turner, Proceedings, S. 222, S. 224. Anfang 1942 erschien diese zusammen mit den Begrüßungsworten des Lordkanzlers Simon in der *Law Quarterly Review*. Johannes M. de Moor, The Allied Maritime Courts, in: Law Quarterly Review 58 (1942) 1, S. 1–40.

97 Radzinowicz/Turner, Proceedings, S. 223. De Moors Vortrag basierte auf seiner gekürzten Rede zur Einrichtung des niederländischen Seegerichtshofs am 3. November 1941, dessen Vorsitz er innehatte. Vgl. NIOD 234/36, J. M. de Moor an Arthur L. Goodhart, 22.11.1941. Anfang 1942 erschien diese zusammen mit den Begrüßungsworten des Lordkanzlers Simon in der *Law Quarterly Review*. Vgl. Johannes M. de Moor, The Allied Maritime Courts, in: Law Quarterly Review 58 (1942) 1, S. 1–40.

98 NIOD 234/21, LIA, Members on September 28th, 1942. Nach der Umstrukturierung der LIA 1943 war de Moor Mitglied in der »Commission I for Questions Concerned with the Liquidation of the War«, III (Legal Commission) und IV (Collective Security and Disarmament).

99 Nationaal Archief, Inventaris, S. 37; Ethel John Lindgren, Reconstruction Research Conducted in Britain by the European Allies, in: Agenda: A Quarterly Journal of Reconstruction 1 (1942) 3, S. 255–272, hier S. 265f. Zu Rijkens siehe Ben Wubs, International Business

Bericht über Kriegsverbrecher.[100] Diesen Bericht übersetzte er für die LIA und schickte ihn im September 1942 gemeinsam mit seiner Erörterung des Befehlsnotstands für die Cambridge Commission an Justizminister van Angeren.[101] Er hoffte, dass seine Arbeit der Exilregierung dabei helfen würde, ihre eigene Kriegsverbrecherpolitik festzulegen und mit den Alliierten abzustimmen.[102] Im Gegensatz zu de Baer war er damit nicht in die öffentliche Debatte über Kriegsverbrechen involviert, sondern beschränkte sich in seinem Aktionsradius auf die niederländische Exil-Community und die transnationalen Expertengruppen, zwischen denen er Wissen zirkulierte.

Was war de Moors Motivation? Immer wieder klagte de Moor über die große Arbeitsbelastung, die sein Richteramt am Seegerichtshof mit sich brachte und die es ihm erschwere, sich in seiner Freizeit auch noch zu Fragen des Völkerstrafrechts zu äußern.[103] Die überlieferten Reden und Analysen de Moors zeigen, dass er die Ahndung von Kriegsverbrechen in eine der kollektiven Sicherheit verpflichteten Nachkriegsrechtsordnung eingebettet sah, in der Staaten gemeinsamen Regeln unterworfen waren. Dies wiederum durchdrang seine Vorschläge zum Völkerstrafrecht, die die individuelle strafrechtliche Verantwortung über das Primat der staatlichen Souveränität stellten. De Moor glaubte, dass durch das stete Zusammenwachsen der Welt auch Krieg und Frieden globale Herausforderungen waren, die internationale Antworten erforderten. Nach dem Krieg sollte eine Weltorganisation für kollektive Sicherheit geschaffen werden, die in der Lage war, universell akzeptierte rechtliche Normen durchzusetzen. Diese »organisation de droit« – im Gegensatz zu einer »organisation de pouvoir politique« – sei keine naive Utopie, sondern eine essenzielle Notwendigkeit für den Friedenserhalt.[104] So erkläre sich das Scheitern des Völkerbunds nicht mit dessen grundsätzlicher Struktur, sondern damit, dass die absolute Souveränität von Staaten unangetastet geblieben sei. Diese müsse zukünftig – genauso wie Individuen durch das Strafrecht in ihren Freiheiten eingeschränkt wür-

---

and National War Interests: Unilever Between Reich and Empire, 1939–45, London 2008, S. 137–140.

100 NIOD, archief 235b/3e, de Moor, Bestraffing van Oorlogsmisdadigers: Rapport aan Commissie II van de International Assembly en aan de Juridische Commissie (Studiegroep R), Juni/Juli 1942. De Moor war zudem Mitglied in der Unterkomission IIId zu »internationale verbindingen«, siehe Nationaal Archief, Inventaris, S. 37.

101 NIOD 234/36, J. M. de Moor an Jan van Angeren, 24.9.1942. NIOD 234/11, J. M. de Moor, Bestraffing van Oorlogsmisdadigers; ders., Raapport aan the International Commission for Penal Reconstruction and Development at Cambridge. Bijzonder Deel: The Plea of Superior Order.

102 NIOD 234/36, Jan van Angeren an J. M de Moor, 10.8.1942; ebd., de Moor an van Angeren, 12.8.1942.

103 NIOD 234/36, J. M. de Moor an Jan van Angeren, 12.8.1942.

104 Chatham House Archives, London, Section 10/3h, J. M. de Moor, Rapport sur l'Ordre Juridique International pour le Comité III de la London International Assembly, S. 2.

den – durch das Völkerrecht beschränkt werden.[105] In einem Vortrag vor der League of Nations Union 1942 führte er weiter aus, dass »a system of universally acknowledged and universally applicable legal rules« eingerichtet werden solle, die durch einen internationalen Gerichtshof angewandt und durch eine internationale Armee vollstreckt werden sollten.[106]

Aus den Quellen kann nicht rekonstruiert werden, für wie wahrscheinlich de Moor selbst die Umsetzung dieses Systems kollektiver Sicherheit hielt. Schließlich war der Zweite Weltkrieg, wie Or Rosenboim gezeigt hat, eine Hochzeit für globalistische Weltordnungsmodelle.[107] Sicher ist aber, dass dieser Erwartungshorizont de Moors Verständnis des Völkerstrafrechts beeinflusste. Er sprach sich für die Einrichtung eines internationalen Strafgerichtshofs aus, der insbesondere die auf dem Staatsgebiet der Achsenstaaten begangenen Verbrechen ahnden sollte (siehe Kapitel IV). Außerdem war er entscheidend an der Entwicklung der Vorstellung der Exiljuristen beteiligt, dass individuelle strafrechtliche Verantwortung über staatlicher Souveränität stehen solle.

Das »Sub-Committee on Superior Orders«

Im August 1942 berichtete J. M. de Moor seinem Justizminister Jan van Angeren, dass bei der letzten Sitzung des McNair-Komitees ein Unterkomitee zum »plea of superior orders« gegründet und er zu dessen Vorsitzenden bestimmt worden sei.[108] Bei dem Treffen am 15. Juli 1942 am Sitz der polnischen Exilregierung waren neben de Moor, dem Generalsekretär der Cambridge Commission J. W. Cecil Turner und dem Vorsitzenden Arnold McNair 14 Juristen aus der Tschechoslowakei (Václav Beneš), Luxemburg (Victor Bodson), Frankreich (Jean Burnay, René Cassin), Belgien (Marcel de Baer, Georges Kaeckenbeeck), Polen (Stefan Glaser, Bohdan Winiarski), Großbritannien (Arthur L. Goodhart, Hersch Lauterpacht, Leon Radzinowicz), Norwegen (Peter Stabell) und Jugoslawien (Božidar Vlajić) vertreten.[109] Von den Staaten mit Exilregierung war nur Griechenland nicht vertreten, dafür nahmen gleich fünf britische Juristen an der Sitzung teil (Radzinowicz war zu dem Zeitpunkt zwar erst vier Jahre in Großbritannien, aber mit der Universität Cambridge affiliiert). Goodhart, Lauterpacht und de Moor wurden beauftragt, das Thema der »defence of superior orders« zu bearbeiten. Warum de Moor ausgewählt wurde, das Unterkomitee zu leiten, ist nicht bekannt, aber von Lauterpacht wissen wir, dass er bei der

105 Ebd., S. 5f.

106 NIOD 234/12, J. M. de Moor, Problems of Post-War Security (Entwurf), Vortrag League of Nations Union, General Council Meeting, 19.6.1942, S. 4.

107 Or Rosenboim, The Emergence of Globalism: Visions of World Order in Britain and the United States, 1939–1950, Princeton 2017.

108 NIOD 234/36, J. M. de Moor an van Angeren, 4.8.1942.

109 FSU, LRP 1/5/7, McNair-Komitee, vertraulicher Bericht, 30.7.1942.

Sitzung sein Memorandum »Punishment of War Crimes« vorstellte, das auch einen Abschnitt zum Befehlsnotstand enthielt.[110] Mit einem kurzen Blick auf diesen Text sollen die grundsätzlichen Herausforderungen herausgearbeitet werden, die die Verteidigung mit dem Argument des Befehlsnotstands für das Völkerstrafrecht darstellte.

Lauterpacht nutzt das Beispiel des Freispruchs deutscher Angeklagter nach dem Ersten Weltkrieg auf Grundlage eines Befehlsnotstands, um zu zeigen, dass eine breite Anwendung dieser Verteidigung die Existenz von Strafprozessen ad absurdum führen würde. Er schlussfolgert: »writers on international law have almost universally rejected the doctrine of superior orders as an absolute justification of war crimes.« Allerdings könne die Lösung auch nicht sein, den Befehlsnotstand als Verteidigung ganz auszuschließen, sondern ein Mittelweg müsse gefunden werden. Bei dieser Entscheidung müssten Gerichte einbeziehen, unter wie viel Zwang ein Angeklagter stand und ob er wusste, dass die Tat gesetzeswidrig sein würde *(mens rea)*. Diese eingeschränkte Anwendung der Verteidigung mit einem Befehlsnotstand »will testify in a significant manner to the determination of the United Nations to abide also in this matter by the obligations of international law.«[111] Eine Interpretation des *plea of superior orders*, die mildernde Umstände akzeptierte, ohne offensichtlich unmenschliche Taten zu decken, sollte bis zu einem gewissen Grad die Macht eingrenzen, die die Alliierten nach ihrem Sieg über die Deutschen haben würden, und damit deren Bekenntnis zu den allgemein anerkannten Regeln des internationalen Rechts unterstreichen.

Lauterpachts Memorandum wurde im August 1943 an den Lordkanzler Simon geschickt, einem Unterstützer der Arbeit am Völkerstrafrecht, und 1944 im *British Yearbook of International Law* veröffentlicht. Seine Arbeit an dem Thema bewirkte Veränderungen im britischen und amerikanischen Militärhandbuch, was deren Politik zum Befehlsnotstand betraf.[112] In der Cambridge Commission hatte Lauterpacht zudem die Gelegenheit, Großbritanniens Rechtspolitik zu bewerten. Im August 1942 bat de Moor die Mitglieder der Cambridge Commission, kurze Analysen des (Militär-)Strafrechts ihres Herkunftslandes und deren Anwendung nach dem Ersten

110 Siehe UNA, Cambridge Commission, J. W. Cecil Turner, Introductory Note (D. 1), 29.7.1943; ebd., Hersch Lauterpacht, Punishment of War Crimes (D.3), Juli 1942.

111 UNA, Cambridge Commission, Hersch Lauterpacht, Punishment of War Crimes, Memorandum for Committee on Crimes against International Public Order (D.3), 17.6.1942, S. 39–46, hier S. 45.

112 Kirsten Sellars, »Crimes against Peace« and International Law, Cambridge 2013, S. 50; Hersch Lauterpacht, The Law of Nations and the Punishment of War Crimes, in: British Yearbook of International Law 21 (1944), S. 58–95; United Nations War Crimes Commission (Hg.), History of the United Nations War Crimes Commission and the Development of the Laws of War, London 1948, S. 276.

Weltkrieg auszuarbeiten.[113] Er erhielt Antworten von Marcel de Baer und Charles Tschoffen für Belgien, Arthur L. Goodhart für die USA, Stefan Glaser für Polen, Andreas Aulie und Terje Wold für Norwegen, Victor Bodson für Luxemburg, Václav Beneš für die Tschechoslowakei, Hersch Lauterpacht für Großbritannien, M. Simon für Frankreich und Constantin Stavropoulos für Griechenland. De Moor selbst verfasste eine Antwort für die Niederlande.[114]

Die Antworten der Juristen spiegelten kleine, aber entscheidende Unterschiede zwischen kontinentaleuropäischer und angelsächsischer Rechtspraxis wider: Während Gerichte in den USA und Großbritannien sowie in Frankreich und der Tschechoslowakei den Befehlsnotstand generell *nicht* als Verteidigung akzeptierten (außer wenn die Anordnung gesetzeskonform erschien),[115] erlaubten Norwegen, Belgien, Polen und Luxemburg diese Verteidigung, um sich dann vorzubehalten, sie auszuschließen, wenn der Befehl gegen das Gesetz verstieß.[116] Während sich die Exilanten auf die Beschreibung der jeweiligen Präzedenzfälle oder der Gesetzeslage beschränkten, formulierte de Moor einige allgemeinere Beobachtungen zum Themenkomplex Befehlsnotstand. Das Grundproblem sei

> »the possible conflict between the duty of obedience incumbent on all members of the armed forces and the responsibility of the citizen for his own acts, even when performed at the command of a superior authority. From this one no one can be wholly relieved, as even soldiers and public functionaries re-

---

113 UNA, Cambridge Commission, Sub-Committee on the Defence of Superior Orders, Johannes M. de Moor an Mitglieder (W.4), 19.8.1942; FSU, LRP 1/5/81, J. W. Cecil Turner an Arnold McNair, 20.8.1942.

114 UNA, Cambridge Commission, Sub-Committee on the Defence of Superior Orders, Answers to Questionnaire (D.16 to D.26), 42 S., o. D. [1942]. Jean Burnay (Frankreich), Victor Bodson (Luxemburg) und Andreas Aulie (Norwegen) antworteten erst im Mai 1943: FSU, LRP 1/6/17, J. W. Cecil Turner an J. Burnay, 11.5.1943; LRP 1/6/22, Bodson an Turner, 24.5.1943; LRP 1/6/23, Aulie an Turner, 24.5.1943.

115 UNA, Cambridge Commission, Sub-Committee on the Defence of Superior Orders, USA (Professor A.L. Goodhart), Answers to Questionnaire (D. 18), S. 13–17; ebd., Great Britain (Professor Lauterpacht), Answers to Questionnaire (D. 23), S. 28–32; ebd., Czechoslovakia (Dr. Benes), Answers to Questionnaire (D. 22), S. 26-27, ebd., France (Monsieur Simon), Answers to Questionnaire (D. 24), S. 33–37.

116 UNA, Cambridge Commission, Sub-Committee on the Defence of Superior Orders, Norway (Mr. A[ndreas] Aulie), Answers to Questionnaire (D. 20), S. 20–22; ebd., Belgium (Dr. de Baer), Answers to Questionnaire (D. 16), S. 1–6; ebd., Belgium (Monsieur Ch. Tschoffen), Answers to Questionnaire (D. 17), S. 7–12; ebd., Poland (Professor S[tefan] Glaser, LL.D.), Answers to Questionnaire (D. 19), S. 18–19; ebd., Luxembourg (Monsieur Victor Bodson), Answers to Questionnaire (D. 21), S. 23–25.

main responsible human beings, and do not become mere instruments in the exercise of their duties.«[117]

Es gebe zwar Situationen, in denen die Verteidigung mit einem Befehlsnotstand greife, insbesondere wenn der Befehl des Vorgesetzten rechtmäßig erschien *(lawful order)* oder wenn sich der Untergebene bei Nichtbeachtung des Befehls in Gefahr begeben hätte *(irresistible compulsion)*. Jedoch dürfe dies nicht zu blindem Gehorsam führen:

»The subordinate has on occasions not only the right to disregard the order. It may be his duty to do so [...]. In the case of acts which clearly violate unchallenged rules of international law, it will in my opinion be impossible to assume that the subordinate believed in good faith that the superior officer was competent to order their commission.«[118]

Wenn der Untergebene bei Befolgung des Befehls die Grundsätze internationalen Rechts verletzte, könne man weder davon ausgehen, dass es sich um einen rechtmäßigen Befehl gehandelt habe, noch dass eine unabwendbare Gefahr für den Untergebenen bestanden hätte – beide Rechtsgrundsätze würden hier in den meisten Fällen nicht mehr greifen. Daraus schloss de Moor, dass ein Waffenstillstandsvertrag klare Vorgaben zur Verteidigung mit einem Befehlsnotstand stipulieren und damit die Rechtsprechung eines internationalen Strafgerichtshofs vorbereiten solle: »An International Criminal Court may find it possible to give a lead and to create a message of unity.«[119] Damit griff de Moor die Debatten des McNair-Komitees zum Waffenstillstandsvertrag auf: Mit dem Ziel, eine Situation wie nach dem Ersten Weltkrieg zu vermeiden, in der deutsche Kriegsverbrecher nicht ausgeliefert, ihre Anklage schließlich deutschen Gerichten überlassen und der Großteil der von den Alliierten identifizierten Personen nie angeklagt oder freigesprochen wurden, sollte diesmal bereits der Waffenstillstandsvertrag festlegen, wie mit Kriegsverbrechern umzugehen sei.[120] Auch de Moor wollte aus den Fehlern der Vergangenheit lernen und durch eine internationale Verständigung darüber, wie mit dem »plea of superior orders« umzugehen sei, ein Schlupfloch für Kriegsverbrecher schließen. Er argumentierte mit den staatsbürgerlichen Pflichten von Soldaten – nur weil man eine

117 UNA, Cambridge Commission, Sub-Committee on the Defence of Superior Orders, Netherlands (Dr. J. M. de Moor), Answers to Questionnaire (D. 26), S. 40.

118 Ebd., S. 41.

119 Ebd., S. 42.

120 FSU, LRP 1/5/7, McNair-Komitee, vertraulicher Bericht, 30.7.1942. Eine Forderung, die de Baer bereits im September in die öffentliche Debatte trug, siehe Marcel de Baer, The Punishment of War Criminals, in: Belgium 3 (1942) 8, S. 332–337. Siehe auch Kapitel IV.

Uniform trage, lege man nicht seinen moralischen Kompass ab, so die Argumentation de Moors – die allgemein anerkannten Regeln des internationalen Rechts seien jedem bekannt.

Auch in den anderen Antworten auf den Fragebogen tauchen keine wertenden Formulierungen wie »rules of civilised warfare«, Zivilisation oder Barbarei auf. Die Sprache der Juristen beschränkt sich in den Beschreibungen der im Krieg begangenen Verbrechen auf »war crimes«, »heinous crimes« oder »atrocités«. Ihr primärer Bezugsrahmen war nicht das Völkerstrafrecht, sondern das (Militär-)Strafrecht der jeweiligen Herkunftsstaaten und die Frage, ob diese eine Bestrafung der Besatzer gewährleisten werden können. So folgten sie dem vergleichenden Ansatz, den das Department of Criminal Science verfolgte, versäumten aber auch, Stellung zu nehmen zum Problem der individuellen strafrechtlichen Verantwortung von Befehlsempfängern auf der einen Seite und befehlsgebenden Vorgesetzten auf der anderen. Die Antworten der Exiljuristen auf den Fragebogen Arnold McNairs vom 28. April 1942 zeigen jedoch, dass sich die Juristen von Anfang an über die Problematik des Befehlsnotstands bewusst waren. Dort forderten sie übereinstimmend, dass der »plea of superior orders« per Waffenstillstandsabkommen als Verteidigung ausgeschlossen oder stark beschränkt werden müsse.[121] De Moor gelang es jedoch nicht, die Studien der nationalen Strafrechtsbestimmungen zu kondensieren und eine gemeinsame Erklärung zum Befehlsnotstand herbeizuführen.

Im April 1943 beschwerte sich Turner gegenüber McNair, dass de Moor ihm immer einfach die Akten seines Unterkomitees weiterschicke. Er habe diese in der Hoffnung behalten, dass de Moor noch einen umfassenden Bericht verfassen würde, der das gesammelte Material ordne und zusammenfasse: »But he now asks me to let you have everything, so I fear that he is not able to do this at present.«[122] Aus Sicht des Department of Criminal Science muss dies frustrierend gewesen sein. Aus rechtsvergleichender Perspektive lagen nun zwar kurze Studien der jeweiligen Rechtspraxis vor, die für die jeweiligen Justizministerien von Bedeutung gewesen sein mochten, aber es gab immer noch keinen konzisen Überblick darüber, in welchen Staaten deutsche Kriegsverbrecher der Bestrafung entgehen würden, weil sie sich auf den Befehlsnotstand berufen konnten. Auch die Herausforderungen für einen internationalen Strafgerichtshof waren nur im Ansatz umrissen worden. Aus der Korrespondenz de Moors mit Justizminister van Angeren wissen wir, dass de Moor im August 1942 tatsächlich plante, einen längeren Bericht für sein Un-

121 UNA, Cambridge Commission, McNair-Komitee, Answers to Questionnaire of 28 April 1942, S. 38–41.

122 FSU, LRP 1/6/9, J. W. Cecil Turner an Arnold McNair, 14.4.1943.

terkomitee zu schreiben.[123] Bereits im Herbst war jedoch klar, dass er dazu nicht imstande sein würde.[124]

Die Zirkulation von Wissen im »London Moment«

Dennoch ist die Arbeit des Unterkomitee de Moors aus mehreren Gründen interessant: Wie schon für die Komitees von McNair, de Baer und Glaser lässt sich zeigen, wie Exiljuristen rechtliches Wissen geradezu herstellten, nämlich über das kontinentaleuropäische System der Fragebogen, länderspezifischen Antworten und der Berichterstattung eines bestellten Vorsitzenden. Die Briten passten sich bereitwillig diesen Praktiken an, vielleicht auch weil sie selbst über wenig Erfahrung in internationalen Expertengremien verfügten. Zweitens waren die Exiljuristen zwar motiviert, diese Fragebögen zu beantworten, aber de Moor gelang es nicht, einen Abschlussbericht zu verfassen. Die Arbeitsbelastung in den jeweiligen Exilregierungen war sehr hoch und neben der Cambridge Commission nahmen viele Exilanten auch noch an anderen nationalen und transnationalen Organisationen für die Nachkriegsplanung teil. Dennoch trugen die *legal entrepreneurs* der Cambridge Commission ihre Anfangsbeobachtungen in die LIA und UNWCC weiter und beeinflussten dort die Entwicklung des Völkerstrafrechts bezüglich individueller strafrechtlicher Verantwortung. De Moor spielte hierbei weiter eine wichtige Rolle. So zeigte die Arbeit zum Befehlsnotstand den Exiljuristen, dass es auch bei diesem Thema divergierende Rechtstraditionen gab und es ihrer Expertise und Kooperation bedurfte, sowohl um die nationale Rechtsprechung nach dem Krieg zu vereinheitlichen – zu große Unterschiede wurden als Gefahr für die Friedenssicherung gesehen – als auch um eine gemeinsame alliierte Position für einen internationalen Strafgerichtshof zu entwickeln.

Im Februar 1943, also wenige Monate, nachdem das Unterkomitee den Fragebogen de Moors beantwortet hatte, wählte die Commission I der London International Assembly de Moor und de Baer zu Berichterstattern für dasselbe Thema.[125] De Moor erarbeitete einen Vorbericht und griff dafür auf die Arbeit der Cambridge Commission zurück.[126] Er schlug vor: »The defence of superior orders will not be recognised where the perpetrator was aware, or could be aware, that this deed was infamous.«[127]

123 NIOD 234/36, J. M. de Moor an Jan van Angeren, 4.8.1942.

124 NIOD 234/36, J. M. de Moor an Jan van Angeren, 24.9.1942.

125 UNA, Cambridge Commission, LIA, Commission I, Minutes, 23.2.1943.

126 Seinen Kollegen von der LIA konnte er jedoch nicht die kompletten Unterlagen seines Unterkomitees zugänglich machen, da diese inzwischen als vertraulich eingestuft worden waren, sondern nur seine und de Baers Texte.

127 UNA, Cambridge Commission, LIA, Commission I, J. M. de Moor, Preliminary Report on the Plea of Superior Order, 15.3.1943.

De Moor folgte somit seinem eigenen Vorschlag, den er für die Cambridge Commission formuliert hatte. Er hatte allerdings Überzeugungsarbeit zu leisten: Die Mehrheit der Commission I wollte den Befehlsnotstand generell als Verteidigung anerkennen und hierfür nur Ausnahmen definieren. De Moor hingegen wollte den Weg einschlagen, den einige Staaten in ihrem (Militär-)Strafrecht schon beschritten hatten, nämlich den Befehlsnotstand generell *nicht* als Verteidigung zuzulassen, und davon Ausnahmen zu definieren:

> »In the case of acts which clearly violate unchallenged rules of international law, it will in my opinion be impossible to assume that the subordinate believed in good faith that the superior officer was competent to order their commission. In this case it will generally be impossible to speak of irrisistible [sic!] compulsion, unless a refusal to obey would place the life or the safety of the subordinate in immediate and serious jeopardy.«[128]

De Moor gelang es tatsächlich, eine gemeinsame Position herbeizuführen, was er als äußerst wichtig erachtete, da ein uneinheitliches Vorgehen der Alliierten unweigerlich zu Konflikten führen würde.[129] In der »Draft Convention for the Creation of an International Criminal Court submitted to the London International Assembly« hieß es, dass der Befehlsnotstand selbst keine legitime Verteidigung darstelle. Auch für den Fall, dass der Angeklagte unter Zwang gehandelt habe, sei dies bei besonders grausamen Verbrechen oder wenn der Angeklagte Mitglied einer »kriminellen Organisation« wie der SS gewesen sei keine Verteidigung.[130]

Diese Position fand auch ihren Weg in die UNWCC, die wieder kontrovers über das Thema debattierte: 1945 legte der tschechoslowakische Repräsentant Bohuslav Ečer die Position der LIA als Minderheitsbericht vor, weil er die Empfehlung des UNWCC-Unterkomitees »Superior Orders« kritisch sah. Er bemängelte insbesondere, dass die UNWCC nicht, wie von den Exiljuristen vorgeschlagen, ein allgemeingültiges Prinzip formulierte, das alle Kriegsverbrecherprozesse anwenden sollten, und sah darin ein Schlupfloch für Mitglieder von NS-Organisationen, sich doch auf den Befehlsnotstand zu berufen.[131] Auch wenn die UNWCC keine internationale Vereinheitlichung dieser Frage forderte, sondern es den einzelnen

---

128 UNA, Cambridge Commission Papers, LIA, Commission I, J. M. de Moor, Superior Orders, 11.4.1943, Appendix III, S. 7. Hervorhebung im Original.

129 Ebd.

130 UNWCC, Draft Convention for the Creation of an International Criminal Court Submitted to the London International Assembly (SC II/2), 14.2.1944, S. 7, https://www.legal-tools.org/doc/a3a3ef/.

131 UNWCC, Bohuslav Ečer, Effect of the Plea of »Superior Orders« (C.83), 15.3.1945, https://legal-tools.org/doc/005b08. Siehe auch UNWCC, History, S. 277–280.

Mitgliedsstaaten überließ, Regelungen zu finden, wird hier deutlich, wie eng verwoben die Arbeit von Cambridge Commission, LIA und UNWCC war, und wie wichtig personelle Kontinuitäten für die Ausbildung strafrechtlichen Wissens waren.

Die Maxime, dass der Befehlsnotstand keine legitime Verteidigung darstelle, fand ihren Niederschlag auch in der Londoner Charta für den Internationalen Militärgerichtshof in Nürnberg. Im Zweiten Weltkrieg fand somit eine fundamentale Abkehr vom Primat staatlicher Souveränität statt, indem die Immunität von Staatsoberhäuptern aufgehoben wurde, während sich gleichzeitig ihre Untergebenen nicht grundsätzlich auf die Befehle ihrer Vorgesetzten berufen konnten. Individuen mussten also die strafrechtliche Verantwortung für die eigenen Handlungen übernehmen, was gedanklich den Weg für einen internationalen Strafgerichtshof bereitete: Es gab Verbrechen, die gingen die ganze Staatengemeinschaft an. Diese internationalen Verbrechen mussten gerichtlich geahndet werden, damit man die Rechtsgemeinschaft der »zivilisierten« Staaten wiederherstellen konnte.

Schlussbemerkungen

Die Analyse der Debatten um die Einrichtung eines internationalen Strafgerichtshofs in Kapitel IV sowie um Angeklagtenrechte und den Befehlsnotstand als Verteidigung in diesem Kapitel haben gezeigt, dass mit Marcel de Baer, Stefan Glaser und Johannes M. de Moor drei prototypische Exiljuristen im Zentrum der Cambridge Commission standen: De Baer und de Moor waren beide juristische Praktiker. Sie hatten vor ihrer Emigration nach England als Richter in Belgien respektive den Niederlanden gearbeitet und sahen für sich keine Zukunft darin, im Dienst eines von Deutschland besetzten Staats zu stehen. Zudem hatten beide ausländische Ehefrauen, was für die Entscheidung zur Flucht ebenfalls ausschlaggebend gewesen sein mochte. Zumindest von de Baer wissen wir außerdem, dass die Tätigkeit für die belgische Exilregierung eher eine pragmatische Entscheidung aus dem amerikanischen Exil heraus war, wo er keine Anstellung fand, als eine Zielsetzung, die mit der Flucht aus Belgien bereits feststand. In London konnten dann beide als Richter am belgischen beziehungsweise niederländischen Seegerichtshof Fuß fassen. Zur Arbeit für die Cambridge Commission und wohl auch die London International Assembly kamen beide aus dem Anliegen heraus, die Nachkriegsplanungen nicht nur innerhalb ihrer Exilregierungen, sondern auch international mitzuprägen. Das Primat der Friedenssicherung trieb sie dazu an, sich der Frage anzunehmen, wie eine effiziente Bestrafung von Kriegsverbrechen gesichert werden könne und welche rechtlichen Reformen hierfür nötig – und möglich – seien. Während de Baer daraus ableitete, dass das Völkerstrafrecht umfassend ausgeweitet werden müsse und auch Verbrechen gegen die Zivilbevölkerung und das Führen von Angriffskriegen als internationale Verbrechen konzipiert werden müssten, konzentrierte sich de Moor auf die Organisation der internationalen Staatengemeinschaft nach dem Krieg, insbesondere die Strukturen einer auf rechtlichen Regelungen basierenden internationalen Organisation. Für beide stand dabei allerdings außer Frage, Kolonien in die Unabhängigkeit zu entlassen und diese als gleichberechtigte Völkerrechtssubjekte in die »Gemeinschaft zivilisierter Staaten« aufzunehmen. Hier lassen sich also die Lebenswege zweier Juristen nachzeichnen, die keine politischen Umwälzungen im Sinne fundamentaler Reformen der internationalen Ordnung und der monarchischen Strukturen ihrer Heimatländer forderten, sondern die Reformen des Völkerstrafrechts als Einlösung der Versprechen des internationalen Rechts verstanden, Stabilität und Frieden zu bringen.

Auf der anderen Seite steht Stefan Glaser für einen Typus des geflüchteten Akademikers, der sich schon in den 1930er Jahren damit beschäftigte, wie mehr internationale Kooperation im Strafrecht möglich sei und wie diese Reformen nach rechtsstaatlichen Prinzipien gelingen könnten. Insbesondere die Rechte von Angeklagten beschäftigten die Strafrechts- und Strafvollzugsreformer in dieser Zeit. Im »London Moment« ergriff Glaser – wie etwa die deutschen Juristen Max Grünhut und Hermann Mannheim – die Gelegenheit, sich mit gleich gesinnten Exilanten zu vernetzen und die Idee wiederzubeleben, dass eine internationale Vereinheitlichung im Strafprozessrecht letztlich zu mehr gesellschaftlichem Ausgleich und weniger internationalen Konflikten führen würde.

Damit bildet London für die Wissensgeschichte des internationalen Strafrechts ein wichtiges Scharniermoment zwischen der Reformbewegung der Zwischenkriegszeit und der Behandlung strafrechtlicher Fragen in den Vereinten Nationen, weil Ideen wie die einer internationalen Konvention für Angeklagtenrechte aufgegriffen, verändert und in England sowie transatlantisch verbreitet wurden. In dieser Wissensgeschichte war das Paradigma der Friedenssicherung prägend, wie die Ausführungen in Kapitel IV und V gezeigt haben – dies wiederum lag an den beteiligten Akteuren, die auf Grundlage ihrer Erfahrungen vor ihrer Flucht aus Europa (als Kriegsgefangener und Kolonialbeamter im Fall de Baers, als der Opposition nahestehender Akademiker und Anwalt im Fall Glasers) Problemdiagnosen der Gegenwart und Erwartungen an die zukünftige internationale Ordnung formulierten, in der internationale Kooperation im Strafrecht und ein reformiertes Völkerstrafrecht die Grundlagen für strafrechtliche Verantwortung von Individuen im Kriegsfall, aber auch für den Schutz vor staatlicher Willkür bilden sollten.

Die Cambridge Commission war ein Wissensraum im »London Moment«, der Exiljuristen die Möglichkeit bot, sich an den internationalen Nachkriegsplanungen zu beteiligen. Dabei stand zwar das Völkerstrafrecht im Vordergrund, jedoch beschränkten sich die Juristen nicht auf die Kriegsverbrecherpolitik. Wie das Komitee Stefan Glasers zeigt, und noch mehr das folgende Kapitel zum »Committee on the Establishment of a proper criminal justice in Axis countries, and those under their control«, war das Themenspektrum breiter als völkerstrafrechtliche Themen. So war die Cambridge Commission nicht nur ein Trittstein auf dem Weg nach »Nürnberg«, sondern, wie das letzte Kapitel zeigt, eine Organisation, deren Themensetzung, Finanzierung und Mitgliederstruktur historische Wurzeln in der Strafrechtsreformbewegung der Zwischenkriegszeit hatte.

VI Die Zukunft der europäischen Rechtsordnung

Cambridge Commission und Howard League for Penal Reform im »London Moment«

Exilanten in London während des Zweiten Weltkriegs versuchten, durch ihre Analysen die Zukunft zu gestalten und so Wirkmächtigkeit in Zeiten eines überwältigenden Ohnmachtsgefühls zurückzugewinnen. Indem sie juristisches Wissen generierten und in einen transnationalen Austausch traten, wollten sie Grundprinzipien erarbeiten, an denen sich der Wiederaufbau des Rechtssystems nach dem Krieg orientieren sollte. Dabei stellten die nationalsozialistische Diktatur und ihr Herrschaftssystem in Deutschland und den besetzten Staaten den Hauptbezugspunkt dar, von dem es sich abzugrenzen galt. Die Rolle der Judikative und der Polizei war dabei für die Juristen von besonderem Interesse. Darin spiegelten sie, selbst wenn sie ihn nicht explizit rezipierten, ein Deutungsschema Ernst Fraenkels wider: Der deutsche Exiljurist analysierte in seiner 1941 in den USA erschienenen und bis heute wirkmächtigen Studie »The Dual State« mit einem Fokus auf die Rechtspraxis, wie während der nationalsozialistischen Diktatur der Rechtssicherheit gewährende »Normenstaat« ausgehöhlt und graduell durch einen »Maßnahmenstaat« ersetzt wurde, in dem politische Ziele das Handeln der Akteure bestimmten und Rechtsunsicherheit erzeugten.[1] Mit dem Normen- und Maßnahmenstaat, die gemeinsam und in sich veränderndem Verhältnis den berühmten »Doppelstaat« bildeten, bot Fraenkel Kategorien an, die präzise beschrieben, wie richterliche Unabhängigkeit und Rechtssicherheit verloren gingen und was dies für Auswirkungen auf Bürger und Staatenlose hatte.[2]

Die Exiljuristen in London arbeiteten (zumindest nach jetzigem Wissensstand) nicht mit dem analytischen Instrumentarium, das Fraenkel anbot. Allerdings lasen sie mit Sicherheit die große Zahl an Herrschaftsanalysen des NS-Staats, die auf die Funktionsweisen des Rechts in der Diktatur abzielten und die »fateful divergence«

1 Ernst Fraenkel, The Dual State: A Contribution to the Theory of Dictatorship, New York 1941. Siehe Sören Eden, Fraenkels »Doppelstaat« als Rechtsgeschichte: Arbeitsrecht und Politik während der NS-Diktatur, in: Zeithistorische Forschungen 16 (2019) 2, S. 278–299.

2 Eden, Fraenkels »Doppelstaat«, S. 297.

Deutschlands vom Westen thematisierten.[3] Ihre Problemdiagnosen und ihre Entwürfe für die Nachkriegsordnung arbeiteten sich an diesen Studien ab und entwarfen Grundsätze für die Rechtsordnung nach der Zerschlagung der deutschen Diktatur, der Besetzung Deutschlands, der Bestrafung der Kriegsverbrecher und der Wiederherstellung demokratischer Strukturen. Die rechtsstaatlichen Standards genügende, aber effiziente Ahndung von Kriegsverbrechen genauso wie die Angleichung von strafrechtlichen Grundsätzen in Europa nach dem Krieg sollte der Wiederherstellung von Recht und Ordnung durch verbesserte internationale Kooperation dienen.

Die Arbeit der International Commission for Penal Reconstruction and Development (Cambridge Commission) und der Howard League for Penal Reform (HLPR) stand somit im Kontext der britischen Nachkriegsplanungen für die Besetzung Deutschlands, die in enger Absprache mit den Amerikanern primär im Außenministerium vorbereitet wurde. Seit 1939 führte der Foreign Research and Press Service im Auftrag des Außenministeriums umfangreiche Studien durch, die alle Gesellschaftsbereiche Deutschlands umfassten. Wissen über den Gegner war nicht nur kriegs-, sondern auch friedensentscheidend: Nur wer im Informationsdickicht der Kriegspropaganda den Überblick bewahrte und sich auf die politische, wirtschaftliche, gesellschaftliche und rechtliche Situation in Deutschland, in den mit Deutschland verbündeten oder den von Deutschland besetzten Staaten nach Kriegsende vorbereitete, konnte eine neue europäische Ordnung aufbauen und weitere Kriege verhindern – so zumindest der Anspruch der involvierten Experten. Da die britischen Stellen, die mit den Nachkriegsplanungen betraut waren, Ausländern aus Gründen der Geheimhaltung zumeist verschlossen blieben und – im Gegensatz zu der Situation, die wir in den USA beobachten können – nur in sehr begrenztem Maße mit Deutschen kooperiert wurde, entstand ein Vakuum, in das nichtstaatliche Organisationen wie die Cambridge Commission und die HLPR vordrangen.[4]

In diesen organisatorischen Strukturen konnten Exilanten Wissen über die Erfordernisse einer liberalen Strafjustiz produzieren, debattieren und nach außen verbreiten, und auf dieser Grundlage einen gemeinsamen Erwartungshorizont

---

3 Kim Priemel, The Betrayal: The Nuremberg Trials and German Divergence, Oxford 2016, S. 40–59, Zitat S. 40.

4 Lothar Kettenacker, Krieg zur Friedenssicherung: Die Deutschlandplanung der britischen Regierung während des Zweiten Weltkrieges, Göttingen 1989; Ulrich Reusch, Die Londoner Institutionen der britischen Deutschlandpolitik 1943–1948: Eine behördengeschichtliche Untersuchung, in: Historisches Jahrbuch (1980) 100, S. 318–443; Ulrike Walton-Jordan, Safeguards Against Tyranny: The Impact of German Émigré Lawyers on British Legal Policy Towards Germany, 1942–1946, in: Anthony Grenville (Hg.), German-Speaking Exiles in Great Britain (The Yearbook of the Research Centre for German and Austrian Exile Studies, Bd. 2), Amsterdam 2000, S. 1–24.

abstecken. Dieser Prozess wird in diesem Kapitel mit einem Fokus auf das »Committee on the Establishment of a proper criminal justice in Axis countries, and those under their control« der Cambridge Commission und das Internationale Komitee der HLPR genauer beleuchtet. Es wird erstens gezeigt, welche Mechanismen des Internationalismus den produktiven Austausch der Exilantinnen und Exilanten möglich machten, und wie Ausbildung, Herkunft und Geschlecht die Position des jeweiligen Sprechers oder der jeweiligen Sprecherin beeinflussten. Zweitens wird deutlich, dass eine Wissensgeschichte des internationalen Strafrechts – im Sinne der wissenschaftlichen oder Experten-gesteuerten Auseinandersetzung mit internationalen und vergleichenden Aspekten der Strafjustiz – ohne die Einbeziehung strafrechtlicher und kriminologischer Experten, die keinen oder wenig Bezug zum Völkerstrafrecht hatten, unvollständig bliebe.

1 Die Cambridge Commission und die Reform des Strafrechts in Europa

Die Wurzeln des Konflikts begreifen

Als der englische Jurist J. W. Cecil Turner und der polnische Kriminologe Leon Radzinowicz vom Department of Criminal Science in Cambridge im November 1941 die Cambridge Commission initiierten, hatten sie vergleichende kriminalwissenschaftliche Untersuchungen im Sinn, die die Wiederherstellung vorwiegend der europäischen Strafrechtsregime nach dem Krieg vorbereiten sollten. So war die Gründung der Cambridge Commission aus der Idee geboren, ein vergleichendes Handbuch über europäische Strafrechtssysteme anzufertigen. Zudem stand das Department of Criminal Science im engen Austausch, bisweilen auch in Konkurrenz, mit den Strafrechtsreformern der HLPR und wollte eine international ausgerichtete Kriminologie in Großbritannien etablieren, die die Vorbeugung und Behandlung (»prevention and treatment of crime«) durch die wissenschaftliche Erforschung von Kriminalität im Sinn hatte.[5] Dass 1943 ein »Committee on the Establishment of a proper criminal justice in Axis countries, and those under their control« gegründet wurde, kann also als Realisierung dieses Anspruchs verstanden werden.

1942 noch waren die meisten Vorstöße des Department of Criminal Science, sich den klassischen Themen der Strafrechtsreformbewegung zuzuwenden, ins Leere gelaufen. So standen für das erste Treffen der Kommission am 27. Februar 1942 mit einem Vortrag von Gefängnisleiter A.C.L. Morrison zu Jugendgerichten und von Terje Wold zur Gesetzgebung der norwegischen Exilregierung zwei Themen auf der Agenda, die eine lange Tradition in der international vernetzten

5 Siehe dazu Kapitel II und III.

Strafrechtsreformbewegung hatten: das Jugendstrafrecht als Labor für neue strafrechtliche Sanktionsmechanismen und die vergleichende Strafrechtswissenschaft, die aus der Gegenüberstellung nationaler Regelungen gemeinsame Standards zu entwickeln versuchte.[6] Die spätere inhaltliche Ausrichtung der Kommission auf das Völkerstrafrecht war keineswegs vorgezeichnet, was die Vorschläge für die Gründung erster Komitees zeigen: Laut einer Agenda für das Februartreffen aus dem Nachlass Johannes M. de Moors schlugen Turner und Radzinowicz bei dem Treffen die Gründung von Komitees für folgende Themen vor:

»(i) Minimum Rules for the trial of Juvenile Offenders.
(ii) The inclusion in Constitutional Statues of principles governing the administration of criminal law.
(iii) Extradition.
(iv) The preservation of international peace through municipal systems of criminal law.
(v) The use of military force in police duties.«[7]

De Moor notierte die Namen René Cassins beim zweiten Komitee und Marcel de Baers beim fünften Komitee, andere Namen sind nicht zu entziffern. Es ist also davon auszugehen, dass beide Juristen Interesse an diesen Themen geäußert hatten. Zudem waren Komitees für Angeklagtenrechte (»The Treatment of Accused Persons«), für die Angleichung der Regeln für das Strafrecht bei Rückfallkriminalität (»Rules of Penal Laws for Recidivists«) und für Verstöße gegen das internationale Recht (»Rules and Procedure to Govern the Case of Crimes Against International Public Order«) im Gespräch, wie einer Agenda Turners zu entnehmen ist.[8] Außerdem zog man ein Komitee in Erwägung, das Probleme der Strafrechtspflege in Kolonien erarbeiten sollte. Turner kontaktierte Anfang 1942 den belgischen Justiz- und Kolonialminister Albert de Vleeschauwer mit der Frage, ob dieser den Vorsitz übernehmen wolle, allerdings lehnte dieser ab, weil er kurz darauf in den

6 A.C.L. Morrison, Juvenile Courts, in: The Canadian Bar Review 20 (1942) 6, S. 516–524; Terje Wold, The 1942 Enactment for the Defence of the Norwegian State, in: The Canadian Bar Review 20 (1942) 6, S. 505–509. Zur Strafrechtsreformbewegung siehe Sylvia Kesper-Biermann/Petra Overath (Hg.), Die Internationalisierung von Strafrechtswissenschaft und Kriminalpolitik (1870–1930): Deutschland im Vergleich, Berlin 2007, S. 3–16; Mark Lewis, The Birth of the New Justice: The Internationalization of Crime and Punishment, 1919–1950, Oxford 2014.

7 Nederlands Instituut voor Oorlogsdocumentatie Amsterdam [NIOD], archief 234 de Moor, inv.no 36, International Commission for Penal Reconstruction and Development, Meeting in the Council Room, University of Cambridge on Friday 27 February 1942, at 2.35 p.m., Agenda, handschriftl. Notizen J. M. de Moor.

8 NIOD 234/36, J. W. Cecil Turner, Notes on Agenda, o. D.

Kongo reisen würde.[9] Turner nahm vor diesem Hintergrund Abstand von der Idee, weil er offensichtlich keinen anderen geeigneten Vorsitzenden in der Cambridge Commission fand.[10]

Aus den meisten dieser Vorschläge erwuchsen keine konkreten Projekte, weil sich die Exiljuristen vor dem Hintergrund der öffentlichen und politischen Diskussion um die Antwort auf die Gräueltaten, die in Kontinentaleuropa begangen wurden, zuallererst mit der Bestrafung von Kriegsverbrechen befassen wollten. So wurden Anfang 1942 lediglich drei Komitees gebildet: Der polnische Richter Stefan Glaser übernahm den Vorsitz des Komitees für Angeklagtenrechte, der englische Professor für internationales Recht Arnold McNair wurde Vorsitzender des Komitees für das Völkerrecht und Božidar Vlajić saß einem Komitee für Auslieferungsfragen vor. Auch wenn damit immerhin zwei der drei Komitees einen engen Bezug zu den Belangen der Strafrechtsreformbewegung der Zwischenkriegszeit hatten – die internationale Vereinheitlichung der strafrechtlichen Regeln bei der Behandlung von Häftlingen und Angeklagten sowie bei Auslieferungen –, war das McNair-Komitee, wie in Kapitel IV gezeigt, bei Weitem am produktivsten. Dennoch ist es bemerkenswert, dass das Department of Criminal Science den im Namen der Kommission formulierten Arbeitsauftrag – »penal reconstruction and development« – nicht primär vom Völkerstrafrecht aus dachte, sondern von der Kooperation von Staaten in strafrechtlichen Fragen und der Angleichung ihrer Strafrechtssysteme her. Und auch die Exiljuristen schienen, wie de Moors Notizen zeigen, anfangs nicht abgeneigt, sich unter diesem internationalistischen Paradigma mit strafrechtlichen Fragen zu befassen.

Im Juli 1943 bot sich eine erneute Chance für das Department of Criminal Science, sich als Motor für eine international ausgerichtete Kriminalwissenschaft zu etablieren. So wurde auf der letzten Sitzung der Cambridge Commission ein »Committee on the Establishment of a proper criminal justice in Axis countries, and those under their control« gegründet (»Committee of Criminal Justice«). Der Zeitpunkt hierfür war günstig: Die neu gegründete UNWCC war kurz davor, ihre Arbeit aufzunehmen, und das vordergründige Ziel des McNair-Komitees, rechtliche Probleme

9 Centre d'Etude Guerre et Société (CegeSoma), Brüssel, Archives Albert de Vleeschauwer (AA 658), No. 11/965, J. W. Cecil Turner an Albert de Vleeschouwer, 7.3.1942; de Vleeschouwer an J. W. Cecil Turner, 18.4.1942. Jedoch gab er im Kolonialministerium der belgischen Exilregierung eine kurze Analyse in Auftrag zur Frage Turners, ob Richter für ihr Amt in den Kolonien dorthin emigrieren und sich permanent niederlassen oder im »Mutterland« ausgebildet werden, für eine kurze Zeit in den Kolonien arbeiten und dann zurückkehren sollten. Ebd., J. W. Cecil Turner an de Vleeschouwer, 7.3.1942, handschriftl. Notiz. Dieser Bericht enthielt eine Beschreibung der Karrierewege belgischer Richter im Kolonialdienst.

10 Ebd., J. W. Cecil Turner an Albert de Vleeschouwer, 24.4.1942. Potenziell hätte sich Marcel de Baer angeboten, der in den 1920er Jahren Richter in Belgisch-Kongo gewesen war, siehe Kapitel I.

der Bestrafung von Kriegsverbrechen auf der Agenda der Nachkriegsplanungen zu sehen, erreicht. Aus den Quellen spricht ein Gefühl der Dringlichkeit und die Erwartung einer baldigen Befreiung Europas und Besatzung Deutschlands, nachdem die amerikanische und britische Regierung auf der Konferenz von Casablanca die bedingungslose Kapitulation als Kriegsziel formuliert hatten. Alliierte Truppen landeten jedoch erst ein Jahr später im Juni 1944 in Europa, im September konnte Antwerpen besetzt werden, im Oktober wurde mit Aachen die erste deutsche Stadt erobert. Die Exilanten in London arbeiteten jedoch in der Erwartung, dass ihre Empfehlungen und Analysen schon bald gebraucht werden könnten.

Die Geschichte dieses Komitees zeigt noch einmal eindrücklich, dass die Idee, das Strafrecht sei ein wichtiges Instrument der Friedenssicherung, die Debatten im Zweiten Weltkrieg prägte. Es wurde ein direkter Zusammenhang zwischen rechtsstaatlichen Standards im Inland und der Außenpolitik eines Staats hergestellt, wobei die »administration of justice« als Aspekt der Sozialpolitik dargestellt wurde. Die Akten des »Committee of Criminal Justice« geben daher einen neuen Einblick in die Arbeit der exilierten *legal entrepreneurs* und zeigen abermals auf, dass die Geschichte der Cambridge Commission nicht nur vom Völkerstrafrecht her gedacht werden kann.

Die Initiative zur Gründung des »Committee of Criminal Justice« ging von J. W. Cecil Turner aus. Er knüpfte damit an die Arbeit am Handbuch an, das 1941 den Grundstein für die vergleichend angelegte Arbeit des Department of Criminal Science hatte legen sollen. In einem Resolutionsentwurf argumentierte er mit der Funktion der Friedenssicherung, die das (internationale) Strafrecht habe.[11] Damit langfristig keine weiteren Angriffskriege von Deutschland, Italien oder Japan ausgehen könnten, müsse man nicht nur großangelegte Umerziehungsmaßnahmen und Abrüstung erwägen, sondern auch die Strafjustiz reformieren, denn kriegerischen Handlungen vorangehen würden immer Verstöße gegen die »principles of criminal justice«. Als autoritatives Zitat zitierte Turner einen Satz aus »The Problem of Germany«, einer im Juni vom Royal Institute of International Affairs veröffentlichten Studie: »The suppression of personal freedom in a powerful country like Germany naturally represents a fearful danger for her neighbours, since violations against the rights of the individual citizen is apt to be a preparation for external

11 United Nations Archives [UNA], UNWCC (1943–1948), Records created by the Commission, the Committees, the Research Office, and the Far Eastern and Pacific Sub-Commission, Documents, Reports and Related Materials, International Commission for Penal Reconstruction and Development and its Committees and Sub-Committees: Reports and Notes, Bd. 37 [Cambridge Commission], J. W. Cecil. Turner, Committee on the Establishment of a Proper Criminal Justice in Axis Countries [Committee of Criminal Justice], and Those under Their Control (E.1), 29.7.1943.

aggression.«[12] Damit verortete er das von ihm vorgeschlagene Komitee im Kontext der lebhaften Debatten und Studien zur (rechtlichen) Nachkriegsordnung, die auch in anderen Foren transnationaler Zusammenarbeit stattfanden. Zudem verwies er darauf, dass die anstehenden Reformen im Strafrecht der Achsen- und besetzten Staaten – die »penal reconstruction« – als Friedensprojekt zu verstehen seien: Das Strafrecht sollte integraler Bestandteil des internationalen Wiederaufbaus sein und als Teil der Kriminalwissenschaft Gegenstand internationaler Kooperation werden.

Um diesem Projekt gerecht zu werden, benötigte man zuallererst eine wissenschaftliche Dokumentation der Änderungen dieser Strafrechtssysteme durch die deutsche Besatzungsmacht.[13] Die Produktion von strafrechtlichem Wissen hatte inzwischen eine deutlich politische Intention: Die erstellten Studien sollten die zuständigen Ministerien in ihrer Nachkriegsplanung beeinflussen. So gestand Turner auf der Sitzung der Cambridge Commission im Juli 1943 ein, dass es zwar viel Fachwissen brauche, um die Strafrechtssysteme zu analysieren, die die Achsenstaaten in ihrem Territorium oder in den besetzten Gebieten eingerichtet hätten. Man müsse aber dringend verstehen, »where the poison lies«.[14] Je früher man diese Analysen durchführe, desto besser könne man die Exekutive beeinflussen.[15] Wie zu Beginn der Arbeit der Cambridge Commission zwei Jahre zuvor verstand Turner deren Arbeit als akademische Tätigkeit, die die Grundlage für politische Entscheidungen legen sollte.

Diese Positionierung ergab sich aus dem Wunsch Turners, das Department of Criminal Science als ernst zu nehmende Forschungseinrichtung zu etablieren und damit der vergleichenden kriminologischen Forschung Vorschub zu leisten. *Legal entrepreneurs* wie de Baer hingegen wünschten sich eindeutige politische Stellungnahmen, was die anfängliche Zurückhaltung der Exiljuristen bei der Sitzung im Juli erklärt. Dies antizipierend, leitete Winfield den Antrag Turners auf Gründung eines neuen Komitees zur Analyse der Strafrechtssysteme der Achsenstaaten mit folgenden Worten ein: »Don't prejudge the next item on the Agenda. When I first read it, I misunderstood it.«[16] Die Exiljuristen waren zurückhaltend und keiner meldete sich,

---

12 Ebd., S. 1; Royal Institute of International Affairs, The Problem of Germany: An Interim Report by a Chatham House Study Group, London 1943, S. 40. Bei dem Arbeitskreis handelte es sich um die »Political Group« des »Committee on Reconstruction« des RIIA, in der auch Mitarbeiter der Exilregierungen mitarbeiteten. Siehe Chatham House Archives, London, Section 9/20, Committee on Reconstruction, Political Group.

13 UNA, Cambridge Commission, J. W. Cecil. Turner, Committee of Criminal Justice (E.1), 29.7.1943, S. 2.

14 Florida State University [FSU], Leon Radzinowicz Papers [LRP] 17/9/1, Cambridge Commission, Meeting of the full Commission at the Home Office, Whitehall, London, S.W., 29.7.1943, Protokoll, S. 26.

15 Ebd., S. 27.

16 Ebd., S. 26.

um an dem Komitee teilzunehmen.[17] Man stand kurz davor, die UNWCC einzurichten und auch die Nachkriegsplanungs-Organisationen der Exiljuristen arbeiteten unter Hochdruck – einen weiteren Bericht über die im deutschen Herrschaftsgebiet errichteten Strafrechtssysteme zu schreiben, schien vor diesem Hintergrund wohl nicht besonders attraktiv.

Trotz dieses fehlenden Enthusiasmus der Exiljuristen konnten Turner und der neue Vorsitzende des Komitees, Brigadegeneral Edward Chambers Betts – selbst Jurist aus Alabama und *judge advocate-general* für die US-Armee in Europa –, 1944 auf eine recht produktive Arbeit des Komitees zurückblicken.[18] Im September lagen Berichte vor vom luxemburgischen Justizminister Victor Bodson, von Stefan Glaser, vom tschechoslowakischen Justizminister Jaroslav Stránský in Zusammenarbeit mit Václav Beneš, vom norwegischen Justizminister Terje Wold und von René Golstein, Stabschef *(chef de cabinet)* des belgischen Justizministeriums und Nachfolger des verstorbenen Charles Tschoffen.[19] Unter diesen sechs hochrangigen Autoren waren drei Justizminister; drei Juristen waren promoviert und im Fall von Glaser sogar habilitiert.[20]

Die Berichte zeigen auf, dass die klare Abgrenzung, die Turner zwischen »Politik« und »Wissenschaft« vornahm, für die *legal entrepreneurs* nicht einzuhalten war, vermutlich weil sie in die Arbeit ihrer Exilregierungen so stark involviert und weil sie persönlich stärker betroffen waren als englische Juristen, die keine Fluchterfahrung hatten und nicht mit den Herausforderungen des Exils konfrontiert waren. So behauptete René Golstein, dass die belgischen juristischen Autoritäten alles getan hätten, um die deutschen Forderungen nach Zusammenarbeit abzuwehren, was zumindest eine wohlwollende Lesart der kollaborierenden Kräfte in Belgien war.[21] Ansonsten offerierte Golstein keine weitergehende Analyse, sondern stellte die Gesetzestexte zur Verfügung, auf deren Grundlage in Belgien das deutsche Strafrecht angewandt wurde. Der Bericht zur Tschechoslowakei und dem dort von den deutschen Besatzern installierten Justizsystem gab einen deutlich detaillierteren Einblick und

17 Ebd.

18 Siehe FSU, LRP 1/4/23, J. W. Cecil Turner an Jan van Angeren, 17.8.1944. Zu Betts siehe UNWCC, War Crimes News Digest No. XII, 23.5.1946, www.legal-tools.org/doc/58b4aa/, S. 1f.

19 Siehe FSU, LRP 1/6/48, Albert Delfosse an J. W. Cecil Turner, 5.11.1943.

20 FSU, LRP 17/9/4, Cambridge Commission, Committee of Criminal Justice (E.2), September 1944.

21 FSU, LRP 17/9/5, Cambridge Commission, Committee of Criminal Justice (E.2), R. Golstein, Belgium, S. 1–14, hier S. 2. Zur belgischen Kollaboration siehe z.B. Martin Conway, The Sorrows of Belgium: Liberation and Political Reconstruction, 1944–1947, Oxford 2012, Kap. 1. Zu einem vernichtenden Urteil kommen Rudi Van Doorslaer/Emmanuel Debruyne/Frank Seberechts/Nico Wouters, La Belgique docile: Les autorités belges et la persécution des Juifs en Belgique durant la Seconde Guerre mondiale, Bruxelles 2007.

verwies insbesondere auf die unterschiedliche Behandlung von Deutschen, Tschechen und Slowaken.[22] Die Darstellung zu Luxemburg stellte auf die Entwicklung seit Mai 1940 ab. Die Besatzungsmacht habe von der Haager Konvention und rechtsstaatlichen Bestimmungen Abstand genommen und ein System von zivilen, Militär- und Sondergerichten eingerichtet, das vollkommen den (politischen) Zielen der Besatzungsmacht untergeordnet sei – einer »juridical monstrosity in the international domain.«[23] Bodson beschrieb analytisch klar die Auswirkungen der deutschen Herrschaft auf die luxemburgische Justiz, die gleichzeitig von Willkür und organisierter Aushebelung von Schutzmechanismen geprägt sei.

Stefan Glaser offerierte schließlich eine detaillierte Analyse der deutschen Verwaltung in den in das Deutsche Reich inkorporierten Gebieten und im von Deutschland besetzt gehaltenen Generalgouvernement, den besetzten Gebieten. In beiden Fällen seien Polen und Juden jegliche bürgerliche Rechte genommen worden. Glaser beschrieb, wie die Nationalsozialisten Justiz und Polizei nutzten, um alle Menschen ohne deutsche Staatsbürgerschaft zu unterdrücken und eine Terror- und Vernichtungspolitik zu betreiben. Dies sei »not only a negation of all fundamental principles recognized by civilized States but also puts itself into contradiction with the International Law. At the same time this system is a derision of everything that is normally exercised by a State to fight criminality.«[24]

Bei Glaser zeigt sich persönliche Betroffenheit und prägnante juristische Bewertung, wie wir es schon von seiner Arbeit als Vorsitzender des Komitees für Angeklagtenrechte kennen. Wie in Kapitel V ausgeführt, hatte sich der polnische Akademiker und Anwalt schon lange vor dem Krieg mit rechtsstaatlichen Garantien von bürgerlichen Rechten im Strafrecht befasst, insbesondere mit dem Rückwirkungsverbot im Strafrecht und gemeinsamen (europäischen) Standards bei der Auslieferung von Angeklagten oder verurteilten Straftätern. Der Bericht für das »Committee for Criminal Justice«, den er 1944 schrieb, fasste sein bis dahin gewonnenes Wissen über die Negation aller Rechte für (nach der Definition der Nationalsozialisten) Nichtdeutsche zusammen und stellte es in dem vertraulichen Rahmen der Cambridge Commission anderen Exiljuristen und den britischen Kollegen zur Verfügung. Dabei war er der Einzige, der ausführlich auf die besondere Situation der Juden einging und auch das Ziel der Konzentrationslager – nämlich deren Vernichtung –

22 FSU, LRP 17/9/5, Cambridge Commission, Committee of Criminal Justice (E.2), Jaroslav Stránský/Václav Beneš, Czechoslovakia, S. 15–20.

23 Ebd., Victor Bodson, Luxembourg, S. 20–34, Zitat S. 24. Zu ähnlichen Schlüssen kommt Terje Wold, Norway, S. 35–37.

24 Ebd., Stefan Glaser, Criminal Law and Organisation of Jurisdiction in German-Occupied Poland, S. 38–61, hier S. 41. Siehe auch ders., The German Police System in Poland, S. 62–74, wo die Mechanismen der Kontrolle und Unterdrückung durch Polizei, SS und Gestapo in Deutschland sowie der »Sonderdienst« der polnischen »Volksdeutschen« und die Instrumentalisierung der polnischen Polizei beschrieben werden.

ausbuchstabierte. Dies ist einerseits darauf zurückzuführen, dass der Großteil der deutschen Vernichtungslager auf polnischem Territorium lag, andererseits scheint Glaser dem Thema mehr Aufmerksamkeit entgegengebracht zu haben als seine Kollegen. Alle Studien zusammengenommen, wurde die Zielsetzung des »Committee for Criminal Justice« aber erfüllt, nämlich einen Überblick über Veränderungen im Justizsystem in Gebieten unter deutscher Herrschaft zu generieren.

Mechanismen der internationalen Zusammenarbeit: Cambridge Commission

Ein Blick auf die weiteren Aktivitäten des »Committe for Criminal Justice« zeigt, dass sich der Denkradius der Cambridge Commission seit 1941 verschoben hatte: So wurden sowohl Studien zu Italien und Deutschland als auch eine (letztlich gescheiterte) Kooperation mit Vertretern der sowjetischen und der chinesischen Botschaften angeregt. Mit dem Kriegsende im Blick schien die Konzentration auf die besetzten Staaten Europas nicht mehr ausreichend. So kontaktierte J. W. Cecil Turner im November 1943 (vier Monate nach Gründung des Komitees) die Mitglieder und als »Beobachter« mit der Cambridge Commission affiliierte Juristen und bat sie um Mitarbeit. Sie sollten einen kurzen Bericht über Änderungen im Strafgesetz, Strafprozessrecht und Strafvollzug verfassen, die die Achsenstaaten in ihrem besetzten Land forciert hatten.[25] Er strebte ein Treffen in rund sechs Wochen an. Eine Sitzung des Komitees fand jedoch nicht mehr statt. Im Herbst 1944 teilte Turner den Mitgliedern mit, dass man wegen der allgemeinen politischen Situation auf dem »Kontinent« ein Treffen verschieben müsse, und schickte ihnen das erstellte Material.[26] Mehrere Mitglieder hatten Turner mitgeteilt, dass sie unter großem Arbeitsdruck ständen und kaum Zeit fänden: De Moor antwortete, dass er unter »great pressure of work« sei, Wold war gleichermaßen »heavily laden with work« und Glaser kämpfte mit »scarcity of time«.[27] De Baer reiste im Dezember in die USA und versprach, nach seiner Rückkehr die gewünschten Informationen zusammenzustellen; letztlich übernahm dies anscheinend René Golstein.[28]

---

25 Z.B. FSU, LRP 1/6/39, J. W. Cecil Turner an J. M. de Moor, 12.11.1943. Eine Empfängerliste findet sich hier: LRP 1/6/34.

26 FSU, LRP 1/2: Turner an Constantinos Stavropoulos (Griechenland), Victor Bodson (Luxemburg), René Golstein und Marcel de Baer (Belgien), L[eonid] Teplov (Sowjetunion), B. Winiarski und Stefan Glaser (Polen), Alexander Maxwell, R.M. Jackson und Margery Fry (Großbritannien), Dr Hassan Nachat Pasha (Ägypten), Dr Yuen-Li Liang (China), Terje Wold und Peter Stabell (Norwegen), J. M. de Moor (Niederlande), Jean Burnay und René Cassin (Frankreich), Prof. Jaroslav Stransky und Vaclav Benes (Tschechoslowakei), 21. und 22.9.1944.

27 FSU, LRP 1/6/44, Terje Wold an J. W. Cecil Turner, 19.11.1943; LRP 1/6/43, Stefan Glaser an Turner, 17.11.1943; LRP 1/6/45, J. M. de Moor an Turner, 26.11.1943.

28 FSU, FSU, LRP 1/6/47, Marcel de Baer an J. W. Cecil Turner, 13.12.1943.

Während Glaser und Wold doch noch Berichte vorlegten, fehlten schließlich Analysen für Griechenland, Frankreich und die Niederlande sowie für die nichteuropäischen Länder Ägypten, die Sowjetunion und China. Manfred Simon, in Vertretung René Cassins, der inzwischen in Algier war, wollte offenbar ein Dossier über Frankreich schreiben, das sogar veröffentlicht werden sollte, dieses Dossier scheint aber nicht abgeschlossen worden zu sein.[29] Auffallend ist, dass im Gegensatz zu den anderen Komitees der Cambridge Commission der Blick über den europäischen Tellerrand gerichtet werden sollte, was sich angesichts der Globalität des Kriegs aufdrängte. So sagte Leonid F. Teplow, Erster Sekretär der sowjetischen Botschaft in London, zu, dass er die betreffenden Informationen in Moskau einholen wolle, allerdings ist kein weiterer Briefwechsel erhalten.[30] Turner fragte auch den als Beobachter affiliierten chinesischen Diplomaten Yuen-Li Liang an, der jedoch kein Interesse zeigte.[31]

Festzuhalten ist, dass die Cambridge Commission auch nach der Gründung der UNWCC noch aktiv war, gerade weil sie nicht nur völkerstrafrechtliches Wissen generierte. Zwar war die Arbeit des McNair-Komitees zum Völkerstrafrecht abgeschlossen und die Debatten über die Bestrafung der deutschen Kriegsverbrechen hatten sich auf die UNWCC verlagert. Das Department of Criminal Science verstand die Kommission aber darüber hinaus als Wissensraum, in dem Informationen über Strafrechtssysteme ausgetauscht und idealerweise gemeinsame Standards entwickelt wurden. So erarbeitete, wie in Kapitel V.1 dargestellt, das Komitee für Angeklagtenrechte unter dem Vorsitz Stefan Glasers im Sommer 1944 einen Katalog an Mindeststandards für die Behandlung von Angeklagten und das »Committee for Criminal Justice« schickte sich an, Wissen über das Strafrecht in den von den Achsenstaaten besetzten Gebieten zu sammeln. Dies kam dem Namen der »Commission for penal reconstruction and development« am nächsten, wollte man doch den Wiederaufbau und die sich an rechtsstaatlichen Gesichtspunkten orientierende Verbesserung des Strafrechts in Europa vorbereiten. Die Exiljuristen beteiligten sich an diesen Komitees, im Fall des Glaser-Komitees agierten sie sogar als *legal entrepreneurs*, indem sie an universell gültigen Normen für das internationale Strafrecht arbeiteten. Das »Committee for Criminal Justice« beschrieb den Status quo, was wiederum als Grundlage für politische Entscheidungen dienen sollte. Indem die Verletzungen rechtsstaatlicher Standards durch die Achsenmächte beschrieben wurden, wurde eine alternative Nachkriegsordnung entworfen, in der bürgerliche Rechte geschützt wurden und Strafprozesse und der Strafvollzug auf deren Achtung aufbauten.

---

29 FSU, LRP 1/6/49, Manfred Simon (Commissariat National à la Justice et à l'Instruction Publique) an J. W. Cecil Turner, 17.11.1943; ebd., Turner an Simon, 16.12.1943.

30 FSU, LRP 1/6/46, Leonid Teplov an J. W. Cecil Turner, 29.11.1943.

31 FSU, LRP 1/6/40, Yuen-Li Liang an J. W. Cecil Turner, 13.11.1943.

In einem Punkt unterschied sich das »Committee for Criminal Justice« entscheidend von den anderen: Es wurden zwei Analysen des italienischen Strafrechts erstellt und das erste Mal mit Spezialisten für das Strafsystem der Achsenstaaten zusammengearbeitet. Turner gewann die Journalistin und Italien-Kennerin Sylvia Sprigge und den amerikanischen Juristen und Kriminologen Morris Ploscowe als Autorin beziehungsweise Autor. Damit erweiterte er zum einen das Netzwerk, das für die Etablierung des Department of Criminal Science als Forschungseinrichtung notwendig war. Für ihre vergleichende Forschung benötigten Turner und Radzinowicz Kontakte in andere Länder, die sie mit Informationen, Veröffentlichungen und weiteren Ansprechpartnern versorgten. Zum anderen wurde das »Committee for Criminal Justice« so seinem Anspruch gerecht, Studien über das Strafrecht in den Achsenstaaten selbst, nicht nur in den besetzten Gebieten, vorzulegen und zu verbreiten (über den deutschen Fall wird gleich zu sprechen sein).

Sylvia Sprigge steuerte 1944 eine Untersuchung zum italienischen »Special Tribunal for the Defence of the State« bei, einem Militärgericht und Instrument der Exekutive, sich politischer Gegner zu entledigen.[32] Turner nahm Ende 1943 – also zum selben Zeitpunkt, zu dem er auch die Mitglieder der Cambridge Commission anschrieb – Kontakt mit ihr auf, nachdem er einen Artikel von ihr über Italien in der *Times* gelesen hatte.[33] Sprigge sagte schnell zu, einen Beitrag für das Komitee zu schreiben – sie verurteilte den Faschismus und seine politische Instrumentalisierung der Gerichte aufs Schärfste und zeigte sich erfreut, dass Wissenschaftler Interesse an Italien zeigten. Von 1927 bis 1931 war sie Korrespondentin des *Manchester Guardian* in Rom gewesen und stand 1944 kurz vor ihrer erneuten Abreise nach Rom für dieselbe Zeitung.[34] In ihrem Beitrag kam sie zu dem Schluss, dass, bis der Rechtsstaat in Italien wiederhergestellt sei, eine demokratische Nachkriegsordnung nicht möglich sei. Damit nahm sie die gleiche Position wie Turner und Radzinowicz ein, denen sehr am Kontakt zu Sprigge gelegen war. Radzinowicz bat Sprigge nach ihrer Ankunft in Rom darum, den Kontakt zum neuen italienischen Justizminister herzustellen, womit eine weitere Ressource für direkte Informationen aus Italien rekrutiert werden sollte.[35] Damit nahm Sprigge als Journalistin eine beson-

32 FSU, LRP 1/7/26, Sylvia Sprigge an J. W. Cecil Turner, 7.6.1944; LRP 73/6/4, Sylvia Sprigge, The Special Tribunal for the Defence of the State: Origin and Working of the Institution, Juni 1944.

33 Turner kontaktierte die *Times* am 9.11.1943, damit diese den Kontakt zum »writer of the article on Italy« herstelle, siehe FSU, LRP 1/7/29, K.M. Evant (The Times) an J. W. Cecil Turner, 10.11.1943. Höchstwahrscheinlich bezog sich Turner auf: Italian Prisoners' Future, From Our Diplomatic Correspondent, in: The Times, 15.10.1943, S. 4. Sprigge bot in einem ihrer Briefe an, den Kontakt zu zwei »free Italians« in London herzustellen, die über ihre Haft in Italien berichten könnten, siehe LRP 1/7/29, Sprigge an J. W. Cecil Turner, 12.11.1943.

34 FSU, LRP 1/7/24, Sylvia Sprigge an J. W. Cecil Turner, 21.6.1944.

35 FSU, LRP 1/7/25, Leon Radzinowicz an Sylvia Sprigge, 10.8.1944.

dere Stellung im Netzwerk der britischen Kriminalwissenschaftler ein, da sie einen Zugang zum postfaschistischen Italien darstellte und neben Margery Fry die einzige Frau war, mit der die Cambridge Commission zu der Zeit in Kontakt stand. Die Produktion von Wissen über das Strafrecht und das Projekt der »penal reconstruction« fand zweifelsohne in männlich dominierten Wissensräumen statt.

Neben Sprigge verfasste Morris Ploscowe den Bericht »Purging Italian Criminal Justice of Fascism« für das »Committe for Criminal Justice«.[36] Ploscowe, der an der Harvard Law School studiert hatte, hatte vor dem Krieg extensiv Europa bereist und sich in vergleichender Perspektive mit dem amerikanischen und europäischen Strafrecht und -vollzug beschäftigt.[37] Dieser Text sticht heraus, weil er als einziger konkrete Vorschläge machte, wie man den Wiederaufbau der Strafjustiz nach dem Krieg realisieren könne. Dabei betonte Ploscowe insbesondere die Bedeutung der Gewaltenteilung, um die Macht der Exekutive unter Mussolini wieder einzuhegen. Er beschreibt die Rolle der »subservient judiciary« im faschistischen Staat und ihren Einfluss auf italienische Bürger – die hier als reine Opfer dargestellt werden – lebhaft.[38] Für ihn als überzeugten Demokraten ist die Strafjustiz Kern jeder liberalen Ordnung: »Human liberty in a democracy is not something that can be disposed of by police official, prosecutors or party officials. It is under the tutelage of the law and the courts.«[39] Er machte zudem konkrete Vorschläge für die Abschaffung von Sondergerichten und der Schutzhaft.

Damit übernahmen Ploscowes wie auch Sprigges Text die Funktion, den britischen und den exilierten Juristen Informationen über das weitgehend unbekannte Feld des italienischen Strafrechts zu vermitteln. Bis zur Gründung des »Committe for Criminal Justice« im Juli 1943 hatten sich die Exiljuristen fast ausschließlich mit den Lücken im Strafrecht beschäftigt, die die Ahndung von Kriegsverbrechen in besetzten Gebieten und den Achsenstaaten selbst, und damit die Wiederherstellung von »Recht und Ordnung«, erschweren könnten. Aus Sicht des Department of Criminal Science gehörte zur Nachkriegsordnung aber auch der Wiederaufbau rechtsstaatlicher Strukturen in diesen Gebieten, denn letztlich konnten aus ihrer Sicht weitere Angriffskriege nur dadurch verhindert werden, dass Staaten die Rechte ihrer Bürger genauso wie das internationale Recht respektierten. Mit den Studien zu besetzten Gebieten und Italien sollte hierfür wissenschaftliche Vorarbeit geleistet werden, indem zuerst einmal Informationen über die Rolle der Justiz beim Auf-

36 FSU, LRP 17/10/6, [Morris Ploscowe], Purging Italian Criminal Justice of Fascism, o. D., ca. Juni 1942. Dass Ploscowe der Autor ist, ist dem Briefwechsel von Sprigge und Turner in FSU, LRP 1/7/29 zu entnehmen. Da sein Bericht gemeinsam mit Sprigges Text paginiert ist, kann angenommen werden, dass er ungefähr zur selben Zeit fertiggestellt wurde.

37 William M. Freeman, Ex-Magistrate Ploscowe Dies: Criminal-Law Expert Was 71, in: The New York Times, 22.9.1975, S. 36.

38 LRP 17/10/6, Ploscowe, Purging Italian Criminal Justice of Fascism, S. 1.

39 Ebd., S. 7.

bau totalitärer Strukturen zusammengetragen wurden. Damit trat die Kommission Ende 1943 in eine neue Phase ein: weg vom Völkerstrafrecht hin zum Strafrecht als Gradmesser der »Zivilisation« eines Staats.

Das Ende der Cambridge Commission

J. W. Cecil Turner kümmerte sich als Generalsekretär der Cambridge Commission um die Verbreitung der erstellten Studien. Er schickte sie an Alexander Maxwell, Unterstaatssekretär im Innenministerium, William Malkin im Außenministerium und Cecil Hurst, Vorsitzender der UNWCC, allerdings ohne viel Rücklauf zu erhalten.[40] Allerdings hatten die Mitglieder der Cambridge Commission, die auch für die UNWCC arbeiteten, im Februar 1944 bereits zugesagt, ihre Berichte zur Verfügung zu stellen, was zumindest auf Interesse schließen lässt.[41] Auch James L. Brierly, Professor für internationales Recht in Oxford und enger Kontakt Turners, und Arthur L. Goodhart, Professor für Jurisprudenz in Oxford, erhielten die Berichte im Herbst 1944.[42] Eine weitere Verbreitung mögen die Texte durch die Journalistin Sylvia Sprigge erfahren haben, die dieses »fine piece of work« für ihre Arbeit als Korrespondentin in Rom mitnahm, »for my own reference, & to guide the Italian penal reform Committee.«[43] Die Akten des »Committee for Criminal Justice« waren zwar als vertraulich markiert, allerdings schrieb Turner in einem Brief an Sprigge, dass sie den Bericht gerne in ihren Artikeln verwenden dürfe, wenn sie denn korrekt zitiere.[44] Zudem erfuhr Ploscowes Analyse nicht nur Verbreitung in der Cambridge Commission und damit auch in den Exilregierungen, sondern auch in der amerikanischen Öffentlichkeit. 1945 erschien ein Artikel gleichen Titels in der renommierten *Columbia Law Review*.[45] Die Analyse von Stefan Glaser zum polnischen Strafrecht sollte zwar in der *Pamphlet Series* des Department of Criminal Science erscheinen. Allerdings scheint dies nicht realisiert worden zu sein, vielleicht weil Glaser schon 1944

40 LRP 1/2/15, J. W. Cecil Turner an Alexander Maxwell, 22.9.1944; LRP 1/2/7, Turner an William Malkin (Foreign Office), 22.9.1944; LRP 1/2/8, Turner an Cecil Hurst, 22.9.1944. Maxwell selbst äußerte sich nicht zu den Materialien, siehe LRP 1/7/18, Privatsekretär von Alexander Maxwell an Turner, 26.9.1944.

41 UNWCC, Resolution prepared by Professor Glaser, as Chairman of Committee III (C8), 21.2.1944, www.legal-tools.org/doc/c68ae3/; UNWCC, Minutes No. 10, 22.02.1944, www.legal-tools.org/doc/497f83/.

42 LRP 1/2/4, J. W. Cecil Turner an J. L. Brierly, 3.10.1944; LRP 1/2/5, Turner an Arnold McNair, 2.10.1944; LRP 1/2/6, Turner an Goodhart, 1.10.1944.

43 LRP 1/7/20, Sylvia Sprigge an J. W. Cecil Turner, 25.10.1944.

44 LRP 1/7/22, J. W. Cecil Turner an Sylvia Sprigge, o. D. [ca. Sept. 1944].

45 Morris Ploscowe, Purging Italian Criminal Justice of Fascism, in: Columbia Law Review 45 (1945) 2, S. 240–264.

London verließ und nach Brüssel umzog.[46] Insgesamt kann man also sagen, dass das Department durchaus versuchte, die für das »Committe for Criminal Justice« erstellten Studien an die relevanten Stellen zu bringen und so durch die Bereitstellung von Informationen Einfluss auf den politischen Prozess der Nachkriegsplanungen zu nehmen. Dies hatte es mit anderen Gruppierungen gemein, die eine Verwissenschaftlichung der Nachkriegsplanung zum Ziel hatten, sich zu diesem Zweck transnational vernetzten und ausländischen Experten Raum gaben, als *legal entrepreneurs* zu agieren. Wissensbroker wie J. W. Cecil Turner waren sowohl für die Etablierung dieser Wissensräume als auch letztlich für die Zirkulation strafrechtlichen Wissens zu britischen Akademikern und Politikern zentral.

Aber auch für die eigene Positionierung im akademischen Feld war die Arbeit des »Committe for Criminal Justice« nicht unerheblich. Wie Turner und Radzinowicz wiederholt betonten, war eines der wichtigsten Ziele des Department of Criminal Science, vergleichende Studien in der Kriminalwissenschaft zu fördern. Diese Programmatik hatten sie auch mit den Berichten über die Entwicklung des Strafrechts unter deutscher Besatzung verfolgt. 1944 erschienen zudem zwei Arbeiten zur Geschichte des Strafrechts in Deutschland und der Schweiz. Der deutsche Exiljurist Max Grünhut veröffentlichte im März 1944 »The Development of the German Penal System, 1920–1932«.[47] Diese Studie war zwar, soweit das aus den Quellen ersichtlich ist, nicht für das »Committee for Criminal Justice« erstellt worden, lässt sich aber auch einordnen in die Bemühungen Turners, das Department als Wissensraum für strafrechtliche Forschungen mit internationaler, vergleichender Perspektive zu etablieren. Im Dezember 1944 erschien »Swiss Criminal Law« der Schweizer Juristin Helene Pfander, ebenfalls erst als Artikel in der *Canadian Bar Review* und dann als Broschüre in der *Pamphlet Series* der vom Department herausgegebenen *English Studies of Criminal Science*.[48] Pfanders Broschüre enthielt auch Antworten auf

---

46 In einem Lebenslauf, den Glaser für die Society for the Protection of Science and Learning verfasste, war auch aufgeführt: »The Characteristics and Tendencies of the New Polish Criminal Code. In print, but not yet published, English Studies of Criminal Science, Pamphlet Series, University of Cambridge.« Siehe University of Oxford, Bodleian Libraries [Bod], Papers of the Society for the Protection of Science and Learning [SPSL], 264/8, Stefan Glaser, Lebenslauf, o. D., S. 5.

47 Max Grünhut, The Development of the German Penal System 1920–1932, in: The Canadian Bar Review 22 (1944) 3, S. 198–252. Der Artikel wurde anschließend auch als Broschüre veröffentlicht: Max Grünhut, The Development of the German Penal System, 1920–1932 (English Studies in Criminal Science Pamphlet Series, Bd. 8), Toronto 1944.

48 Helene Pfander, The Leading Principles of the Swiss Criminal Code, in: Canadian Bar Review 22 (1944) 10, S. 890–902; dies., Swiss Criminal Law: Replies to the Questionnaire framed by the Department of Criminal Science, Cambridge, and the Leading Principles of the Swiss Criminal Code (English Studies in Criminal Science: Pamphlet Series, Bd. 10), Toronto 1944.

den 1941 von Turner und Radzinowicz entworfenen Fragebogen zu den Strafrechtssystemen der europäischen Länder, über den der Erstkontakt zu den meisten Exiljuristen hergestellt worden war.

Für den Wiederaufbau nach dem Krieg waren beide Texte zwar wenig geeignet – Grünhut beschränkte sich auf den Zeitraum vor der nationalsozialistischen Herrschaft und Pfander stellte recht unkritisch den Status quo in der Schweiz vor –, jedoch sollte die Signalwirkung dieser Veröffentlichungen an die Wissenschaftsgemeinschaft nicht unterschätzt werden. Das Department veröffentlichte zum ersten Mal einen Text eines Autors beziehungsweise einer Autorin, die aus einem verfeindeten oder neutralen Staat stammten. Damit wurde die Kommunikation darüber, was ein demokratisches System der Strafjustiz nach dem Krieg ausmachen sollte, hin zu Vertretern dieser Staaten geöffnet, wobei Grünhut selbst Verfolgter und Exilant war und in Großbritannien versuchte, beruflich Fuß zu fassen. Im Gegensatz zum internationalen Komitee der HLPR und dem britischen Außenministerium, die mit deutschen Exiljuristen kooperierten, hatte die Cambridge Commission seit ihrer Gründung keinen Kontakt gesucht.[49] Man glaubte wohl, auf deutsche Expertise – die ohnehin äußerst verdächtig war, man denke an die Internierungen von »enemy aliens« 1940 unter anderem auf der Isle of Man – verzichten zu können.

Mit der Arbeit des »Committee for Criminal Justice« und der Verbreitung der erstellten Berichte im September 1944 endete die Arbeit der Cambridge Commission. Zwar scheint die Kommission 1945 noch einmal Mitgliedsbeiträge erhoben zu haben – zumindest ist ein Schriftwechsel mit dem Innenministerium erhalten – und Turner und einzelne Mitglieder kommunizierten gelegentlich miteinander.[50] Jedoch kehrten die Exilanten entweder in ihre von der Besatzung befreite Heimat zurück oder wandten sich anderen Aufgaben zu, die in vielen Fällen weiter dem Projekt des internationalen Strafrechts dienten. So arbeitete Marcel de Baer weiter für die UNWCC und anschließend für die United Nations Relief and Rehabilitation Administration (UNRRA), Stefan Glaser wurde Professor für internationales Strafrecht in Belgien und Leon Radzinowicz arbeitete zumindest temporär für die Vereinten Nationen in New York. Arnold McNair und Hersch Lauterpacht wurden Richter am internationalen Gerichtshof in Den Haag.

Die Zusammenarbeit in der Cambridge Commission hatte ihren Mitgliedern nicht nur den Mehrwert transnationaler Kooperation gezeigt. Der Austausch von Expertenwissen half dabei, Probleme im Völkerstrafrecht zu antizipieren und erste Lösungsvorschläge zu machen. Noch bedeutender war möglicherweise, dass

49 Zur Zusammenarbeit deutscher Exilanten mit der britischen Regierung siehe Reusch, Die Londoner Institutionen der britischen Deutschlandpolitik; Walton-Jordan, Safeguards against Tyranny.

50 FSU, LRP 1/2/30, M.M. Jackson (Innenministerium) an J. W. Cecil Turner, 27.3.1945; LRP 1/2/2, Marcel de Baer an J. W. Cecil Turner, 29.4.1946.

sich Exilanten und Engländer darauf einigten, dass zur Nachkriegsordnung ein reformiertes internationales Strafrecht gehören musste. Weitere zwischenstaatliche Konflikte sollten verhindert werden, indem man zum einen gemeinsame Standards zum Schutz von Angeklagten diskutierte und zum anderen rechtliche Normen entwickelte, um die beispiellose Verletzung individueller Rechte juristisch beschreiben und damit den Opfern eine Stimme geben zu können. Dieser Prozess fand mitnichten nur in der Cambridge Commission statt, aber der Zusammenhang der Entwicklung des Völkerstrafrechts im Zweiten Weltkrieg zu der Disziplin der international ausgerichteten Strafrechts- und Kriminalwissenschaft wird hier besonders gut ersichtlich. So führt das Lesen der für das »Committee for Criminal Justice« verfassten Berichte vor Augen, wie eng aus Sicht der beteiligten Akteure der Angriffskrieg mit der Etablierung totalitärer Strukturen verwoben war, und wie zentral für Letzteres die Aushebelung von Schutzmechanismen im Strafrecht, im Gerichtsprozess und im Strafvollzug war. Sie beschreiben vollkommene Willkür, die allen rechtsstaatlichen Grundsätzen zuwiderlief: das Beschneiden von Berufungsgerichten, die Einführung von Sondergerichten, Ungleichheit vor dem Gesetz, mit auf ihren Prozess Wartenden überfüllte Gefängnisse, der unverhältnismäßige Einsatz der Todesstrafe und schließlich das Lagersystem zur Einschüchterung und Vernichtung »fremden« Lebens – die Liste dieser Mittel des »methodical terror« (Glaser) ließe sich lange weiterführen.[51] Hier fanden die englischen und die Exiljuristen ihren gemeinsamen Nenner, der sie bei allen Kontroversen etwa über einen internationalen Strafgerichtshof zur Zusammenarbeit antrieb und ihren Beitrag zur Nachkriegsplanung für die »penal reconstruction« prägte.

Im Falle der Untersuchung zum Strafrecht in Deutschland und Italien kam dieser jedoch zu spät und war zu unstrukturiert, um einen deutlichen Effekt auf die Deutschlandpolitik der alliierten Regierungen auszuüben. Die Exilanten, die für das britische Außenministerium beziehungsweise das amerikanische Office of Strategic Services arbeiteten, hatten hierfür deutlich bessere Voraussetzungen. Somit lag der größere Mehrwert des »Committe for Criminal Justice« darin, die internationalen Netzwerke des Department of Criminal Science zu stärken und die gerade als akademische Disziplin aufkeimende Kriminologie in Großbritannien mit dem Ausland zu vernetzen.

51 LRP 17/9/5, Cambridge Commission, Committee of Criminal Justice (E.2), Stefan Glaser, Criminal Law and Organisation of Jurisdiction in German-Occupied Poland, S. 53.

2 Die Kriminologie und der Krieg: Das Internationale Komitee der Howard League for Penal Reform, deutsche Exiljuristen und die Reform des Strafvollzugs

Die Produktion von Wissen über (Straf-)Recht im Exil war vielgestaltig und umfasste sowohl das Völkerstrafrecht – die juristischen Mittel, durch die Kriegsverbrechen bestraft werden können – als auch das internationale Strafrecht in einem weiteren Sinne, insbesondere die Rechtsvergleichung mit dem Ziel der Rechts*an*gleichung. Im Zweiten Weltkrieg schrieb sich die Praxis der Zwischenkriegszeit fort, dass sich Strafrechtler mit internationaler Kriminalität befassten: Einerseits sollten durch internationale Kooperation transnationale Verbrechen wie Drogen- oder Menschenhandel eingeschränkt, andererseits durch internationale Konventionen die Rechte von Angeklagten und Häftlingen geschützt werden. In diesem Feld wurde auch kriminologisches Wissen erzeugt, etwa wenn es um die Ursachen und die Mittel der Bekämpfung von (transnationaler) Kriminalität ging.[52] In London stand Exilanten neben der Cambridge Commission noch eine weitere Institution zur Verfügung, in der sie kriminologisch arbeiten konnten: Das Internationale Komitee der Howard League for Penal Reform, 1942 gegründet, wollte auch einen Beitrag zum Wiederaufbau einer Strafjustiz leisten, in der Angeklagte und Häftlinge human und nach universell gültigen Standards behandelt würden. 15 Exilantinnen und Exilanten aus Belgien, der Tschechoslowakei, Frankreich, Deutschland, den Niederlanden, Griechenland, Ungarn, Norwegen, Polen und der Schweiz, größtenteils mit juristischer Ausbildung, traten dem Komitee bei, das von der Vizepräsidentin der HLPR Margery Fry geleitet wurde und von 1942 bis 1945 zusammentrat, um primär Standards im Jugendstrafvollzug in europäischer Perspektive zu diskutieren.[53] Dabei produzierten sie kriminologisches Wissen in dem Sinne, dass sie Untersuchungen zu den Ursachen der Jugendkriminalität durchführten und kriminalpolitische Empfehlungen abgaben. Die Formulierung allgemeingültiger Standards stand dabei anfangs im Vordergrund, trat aber zugunsten vergleichender Perspektiven in den Hintergrund.

Dabei waren die Überschneidungen mit der Cambridge Commission sowohl personeller als auch inhaltlicher Natur. Das Zusammenleben in London und Oxford und die Auswüchse totalitärer Konzeptionen von Verbrechen und Strafen auf

---

52 Hier wird bewusst der Begriff »Kriminologie« – im Gegensatz zum zeitgenössischen »criminal science« – gewählt, um auf die Beschäftigung mit Kriminalität über die universitäre Disziplin hinaus hinzuweisen, »the new methodological approach to the core issues of criminal law and penology advocated by many reformers between the 1870s and the Second World War.« Vgl. Michele Pifferi, Criminology and the Rise of Authoritarian Criminal Law, 1930s–1940s, in: Stephen Skinner (Hg.), Ideology and Criminal Law: Fascist, National Socialist and Authoritarian Regimes, Oxford 2019, S. 105–124, hier S. 105.

53 Im Anhang findet sich eine Übersicht der Teilnehmenden des Internationalen Komitees.

dem europäischen Kontinent führten zu transnationaler Kooperation. Ziel war die Reform des Strafrechts und -vollzugs, um soziale und internationale Stabilität herbeizuführen. Während sich die Cambridge Commission dem Völkerstrafrecht, den Rechten von Angeklagten und der vergleichenden Darstellung der Änderungen in der Strafjustiz in den besetzten Ländern widmete, fokussierte sich das Internationale Komitee der HLPR auf die Jugendgerichtsbarkeit. Diese Debatten waren ein Ort für transnationale Auseinandersetzung über die Vereinheitlichung von Strafrecht – und dessen Grenzen – und zeigen die Mechanismen des Internationalismus, die den »London Moment« prägten.

In einem ersten Schritt wird die transnationale Zusammenarbeit des Internationalen Komitees dargestellt, mit dem Ziel, die Einflussmöglichkeiten der Exilantinnen und Exilanten zu bewerten und die inhaltliche Debatte über Jugenddelinquenz in die breitere Debatte über das Verhältnis von staatlichem Gewaltmonopol und individuellen Rechten in der Nachkriegsordnung einzuordnen. In einem zweiten Schritt wird der Kreis hin zum Völkerstrafrecht geschlossen und der Beitrag von Kriminologen zu diesem Wissensfeld kritisch diskutiert, um abschließend das Wissensfeld des internationalen Strafrechts bei Eintritt in die globale Nachkriegsordnung klarer konturieren zu können.

Die Konstituierung des Internationalen Komitees

Im Herbst 1941 hatte die HLPR dem britischen Office for Reconstruction Problems vorgeschlagen, ein internationales Komitee für die »post-war reconstruction« mit Fokus auf Fragen des Strafvollzugs zu gründen, um maximalen Nutzen aus der Anwesenheit von Exilanten aus Europa zu ziehen. Gleichzeitig wollte Vize-Präsidentin Margery Fry so die internationale Arbeit der HLPR fortführen. In der Zwischenkriegszeit hatte sie sich persönlich für die Verabschiedung einer internationalen Konvention für die Rechte von Häftlingen eingesetzt, die unter anderem wegen des Kriegsausbruchs nicht verabschiedet wurde. Fry hoffte, dass ein solches »Committee on Post-war Penal Administration« Standards für die Strafjustiz entwickeln würde, darunter das Retroaktivitätsverbot, die Unabhängigkeit der Justiz, Mindeststandards für die Behandlung von angeklagten und verurteilten Personen und den Umgang mit Staatenlosen. Außerdem stellte sie sich internationale Untersuchungen über die Ursachen von Kriminalität und deren Bekämpfung vor.[54]

Die Überschneidungen mit den Themen des Department of Criminal Science in Cambridge – das ebenfalls in der Vereinheitlichung des Strafrechts der »zivilisierten

54 University of Warwick, Modern Records Centre [MRC], Records of the Howard League for Penal Reform [HLPR], MSS. 16B/1/3, Margery Fry, Subjects Suggested for Consideration by the Proposed International Conference on Post-war Penal Administration. Die Hintergründe werden näher in Kapitel II und III beschrieben.

Staaten« den Schlüssel für die Nachkriegsordnung sah – sind offensichtlich. Aber auch auf personeller Ebene gab es Schnittmengen: Margery Fry war offiziell eine der britischen Repräsentanten in der Cambridge Commission (auch wenn sie sich bewusst zurückhielt und nicht aktiv teilnahm); Václav Beneš aus der Tschechoslowakei, Constantin Stavropoulos aus Griechenland und André Aulie aus Norwegen waren ebenfalls in beiden Gruppen Mitglied. Max Grünhut, ein extrem produktives Mitglied der HLPR, verfasste 1944 eine Studie zur Geschichte des deutschen Strafrechts für das Department of Criminal Science. Beiden Gruppierungen gelang es zwar nicht, die Einrichtung einer offiziellen intergouvernementalen Kommission für die »penal reconstruction« anzustoßen, jedoch konnten sie neues kriminologisches Wissen über die Behandlung von Kriminalität in internationaler Perspektive vorweisen. Diese Debatten sind in der im 19. Jahrhundert gründenden Reformbewegung zu verorten, die unter der Devise »treatment not punishment« das Strafrecht nicht mehr primär als Instrument der Abschreckung verstand, sondern die gesamte Strafjustiz als Mittel der »social defence« auf der einen Seite sowie der Rehabilitation und Reintegration des Täters auf der anderen Seite sah.[55] Sowohl bei der Behandlung von Kriegsverbrechern als auch von jugendlichen Straftätern verdichteten sich diese Vorstellungen von Verbrechen und Strafe. Dabei standen die Mitglieder scheinbar unter dem Eindruck, dass der Krieg bald gewonnen sei und nun rasch konkrete Vorbereitungen für die Nachkriegszeit getroffen werden müssten.

Auf der ersten Sitzung des Internationalen Komitees im Juli 1942 legten sich die Exilierten auf konkrete Themen fest, die das Komitee behandeln sollte. Anwesend waren der britische Abgeordnete und Vorsitzende der HLPR George Benson, die Sekretärin Cicely Craven und der deutsche Kriminologe Hermann Mannheim für die HLPR, der ehemalige Gefängnisdirektor Adolphe Delierneux für Belgien, der ehemalige Strafrechtsprofessor Max Grünhut aus Deutschland, eine Frau Zarras für Griechenland, der vormalige Gefängnisleiter W. P. C. Molenaar für die Niederlande, der norwegische Nationale Polizeichef Andreas Aulie sowie die Jugendrichterin Wanda Woytowicz-Grabińska und der Kriminologe Leon Radzinowicz für Polen (Radzinowicz war außerdem wie bereits ausgeführt Gründungsmitglied des Department of Criminal Science und Mitglied der Cambridge Commission). Während der Existenz des Komitees sollten noch Vertreter für die Tschechoslowakei, Frankreich und die Schweiz hinzukommen.[56]

55 Zur Geschichte des Jugendstrafrechts: Julia Sloth-Nielsen, The Role of International Human Rights Law in the Development of South Africa's Legislation on Juvenile Justice, in: Law, Democracy & Development, 5 (2001) 1, S. 59–83.

56 Soweit nicht anders angegeben, stammen biografische Angaben aus Margery Fry/Max Grünhut/Hermann Mannheim/Wanda Grabinska/C.D. Rackham, Lawless Youth: A Challenge to the New Europe: A Policy for the Juvenile Courts prepared by the International Committee of the Howard League for Penal Reform 1942–1945, London 1947, S. 5f.

Der Leiter der Sitzung, George Benson, benannte als Ziel des Komitees, dass die versammelten Experten Memoranda zu den »penal systems« ihrer Herkunftsländer verfassen und Vorschläge für Reformen nach dem Krieg entwickeln.[57] Diese sollten bei Kriegsende den Regierungen vorgelegt werden, um einen langfristig angelegten Reformplan anzustoßen. Auf der Agenda standen »emergency conditions« nach dem Krieg sowie »long-term policy goals.«

Adolphe Delierneux, ehemals Gefängnisleiter in Belgien und nun Direktor des belgischen Justizministeriums in London, schlug als Erstes vor, dass man sich mit dem Ausnahmezustand nach dem Krieg befassen solle.[58] Dies stieß auf wenig Unterstützung, weil man erwartete, dass der Strafvollzug nach dem Krieg vor allem mit Kollaborateuren und Kriegsverbrechern umgehen musste, deren Schutz man nicht als prioritär ansah. Delierneux hingegen wollte unbedingt eine Situation wie nach dem Ersten Weltkrieg vermeiden, als wegen der Überfüllung der Gefängnisse keine humane Behandlung von Gefangenen mehr möglich gewesen sei.[59] Gefangene müssten nach den Prinzipien eines Rechtsstaats behandelt werden – auch wenn es sich um Kollaborateure handele: »They must be judged without pity but in justice, [but] he considered it indispensable that during the period of purge and repression, implacable justice should reign and not savage revenge.« Delierneux wollte sogar eine »Moral International Authority« unter Führung Großbritanniens und der USA eingesetzt sehen, die die Einhaltung rechtsstaatlicher Standards im Strafvollzug in dieser riskanten Situation sicherstellen sollte.[60]

Auch der ehemalige Staatsanwalt Andreas Aulie (jetzt Polizeichef der norwegischen Exilregierung) unterstützte diese Sichtweise, da er eine gute Vorbereitung der juristischen Aufarbeitung der Kollaboration als Schritt hin zur Wiederherstellung der »alten Zivilisation« Norwegens begriff.[61] Beide schnitten die juristische und politische Frage der Strafverfolgung von Kollaborateuren und Kriegsverbrechern an, die die Exiljuristen in der Cambridge Commission und anderen Organisationen so prominent beschäftigen sollte. Indem Delierneux auf der Einhaltung rechtsstaatlicher Standards auch in diesen Fällen bestand, markierte er die Strafverfolgung als Gradmesser für die Rechtsstaatlichkeit der europäischen Gesellschaften nach dem Krieg.

Auch wenn wohl alle Anwesenden dieser Grundannahme zustimmten, war der Schutz von Kollaborateuren aus naheliegenden Gründen für die osteuropäischen

57 MRC, MSS. 16B/1/3, HLPR, International Committee, Minutes, 1st Meeting, 23.7.1942, S. 1.

58 Zu Delierneux siehe Leon Radzinowicz, Adventures in Criminology, London 1998, S. 63–64.

59 MRC, MSS. 16B/1/3, HLPR, International Committee, Minutes, 1st Meeting, 23.7.1942, S. 2.

60 Ebd., S. 3.

61 Zu Aulie: Erling Lyngtveit, Andreas Aulie, in: Store norske leksikon, 13.02.2009, https://nbl.snl.no/Andreas_Aulie (Zugriff 14.5.2020).

Exilanten ein rotes Tuch und Delierneux' Forderung scheiterte am Dissens im Komitee. Insbesondere Wanda Grabińska und Leon Radzinowicz sprachen sich gegen seinen Vorschlag aus.[62] Radzinowicz kritisierte, dass dieser kein adäquates Thema für ein wissenschaftliches, internationales Expertengremium, sondern eine politische Frage und damit eine nationalstaatliche Aufgabe sei – ein Hinweis darauf, warum er sich in die Debatten über die Bestrafung von Kriegsverbrechen in der Cambridge Commission nicht einschaltete. Grabińska wurde noch deutlicher: »If time was given to a consideration of such questions, the populations of invaded countries might regard such attitude as a symptom of indifference to their present sufferings, and of favour to the traitors.« Es gebe dringlichere Aufgaben als das Wohlergehen dieser Häftlinge. Und überhaupt gebe es in Polen keine »Verräter« (hier zeigt sich bereits, dass eine internationalistische Gesinnung Patriotismus und eine Verwurzelung in der nationalen Identität nicht ausschloss – dies waren keine Kosmopoliten).[63] Der niederländische Vertreter Molenaar, ehemals Direktor des Strafgefängnisses in Amsterdam, sah das Thema des Ausnahmezustands zudem als zu theoretisch an, als losgelöst von den zu erwartenden politischen Gegebenheiten nach dem Krieg: »[I]t seemed more likely that the people in the different countries would act without waiting for the very few of their countrymen at present in this country to return and re-establish law and order.«[64]

Die Exilierten sahen keinen Handlungsspielraum, oder, wie Grabińska, keine Notwendigkeit, sich dem Thema zuzuwenden. Damit deutete sich die Trennung zwischen dem völkerstrafrechtlichen Projekt der Cambridge Commission, die die juristische Ahndung von Kriegsverbrechen vorbereiten wollte, und der Arbeit der HLPR an, die die Bedingungen des Strafvollzugs und damit bürgerliche Rechte in den Mittelpunkt stellte. Der zweite Agenda-Punkt der Sitzung, »Long-term Policy of reform in penal administration«, schien weitaus vielversprechender, da alle Beteiligten die Verankerung von Mindeststandards im Strafvollzug – Herzensprojekt der HLPR – als integralen Bestandteil des Wiederaufbaus nach dem Krieg ansahen. Als erster Gegenstand sollte die Behandlung von minderjährigen Straftätern untersucht werden und alle Mitglieder bis zum nächsten anberaumten Treffen am 8. Oktober 1942 Memoranda vorbereiten. Weitere Themen sollten dort besprochen werden, unter anderem das »Treatment of Adults«.[65]

---

62 MRC, MSS.16B/1/3, HLPR, International Committee, Minutes, 1st Meeting, 23.7.1942, S. 3.

63 Ebd., S. 2.

64 Ebd., S. 3. Zu Molenaar und seiner Aufgabe, die Internierung von Kollaborateuren nach der Befreiung der Niederlande vorzubereiten, siehe Helen Grevers, Van landverraders tot goede vaderlanders: De opsluiting van collaborateurs in Nederland en Belgie 1944–1950, Dissertation Amsterdam Institute for Humanities Research 2013, S. 52f.

65 MRC, MSS.16B/1/3, HLPR, International Committee, Minutes, 1st Meeting, 23.7.1942, S. 5.

Der Schwerpunkt der Arbeit des Internationalen Komitees lag jedoch bis 1945 auf dem Jugendstrafrecht, weil dieses als Laboratorium für Reformen im Strafrecht und -vollzug genug Diskussionspunkte bot. So fokussierten die Mitglieder des Internationalen Komitees ihre begrenzten Ressourcen auf dieses Thema. Wie Staaten mit straffälligen Jugendlichen umgehen, war seit Beginn der internationalen Strafrechtsreformbewegung im 19. Jahrhundert intensiv diskutiert worden, auch weil sich hier besonders stark die Frage danach stellt, wie bürgerliche Rechte von jungen Straftätern und die Behauptung des Gewaltmonopols eines Staats austariert werden sollen. Die Einführung von speziellen Jugendgerichten war in Europa und dem Vereinigten Königreich eine recht neue Entwicklung der Zwischenkriegszeit, was auch ein Ergebnis der transnationalen Debatte über die besonderen Bedürfnisse von Jugendlichen war, die sich von denen von Erwachsenen unterschieden. Die Ursachen von Kriminalität und die Mittel ihrer Bekämpfung sollten sich unterscheiden, je nachdem, welche Person vor Gericht stand. Dieselbe Diskussion wurde, mitunter mit stark eugenischem Einschlag, über Kriminalität etwa von Menschen mit geistigen Behinderungen oder Suchtverhalten geführt.

Die HLPR unterstützte von Anfang an die Einführung von Jugendgerichten, die die Rechte von Minderjährigen in besonderem Maße schützten, etwa durch die Trennung erwachsener und minderjähriger Straftäter, anderer Verfahrensregeln, die die Persönlichkeitsrechte der Angeklagten in besonderem Maße schützten, und die Verschränkung von Jugendgerichten mit den Sozialdiensten. So waren im Idealfall Sozialarbeiter anwesend, die Richter erschienen in Zivil, der Gerichtssaal war vom restlichen Gericht getrennt, die anzuwendenden Strafen ermöglichten keine Haftstrafen mehr, dafür aber strenge Eingriffe in den Erziehungsauftrag der Eltern. Jugendliche im Vereinigten Königreich konnten in sogenannte »approved schools«, spezielle Internate, oder Borstals geschickt werden, Jugendhaftanstalten, die als »Besserungsanstalten« durch Bildung und Arbeit die Disziplin des Straffälligen wiederherstellen sollten, um diesen wieder in die Gesellschaft zu integrieren.

Die HLPR begriff die Borstals – ein Inbegriff der disziplinierenden Funktion der Strafjustiz – als progressive Einrichtungen zum Schutz von Jugendlichen und Gesellschaft und propagierte auch international diese Form der Verbrechensbekämpfung. Dies stand damit im Zusammenhang, dass in der internationalen Reformbewegung und im Völkerbund Kriminalität vor allem als soziale Frage behandelt wurde, der durch Sozialpolitik begegnet werden musste, nicht durch restriktivere Gesetzgebung. Zu dieser Tradition, die die Priorisierung des Jugendstrafrechts durch die HLPR erklärt, kam die Entwicklung, dass es während des Kriegs einen auffälligen Anstieg an Jugendkriminalität gab, was Margery Fry auf die Evakuierungen aus den Großstädten, Schulausfälle und Bombenangriffe zurückführte.[66]

66 HLPR, Editorial, in: The Howard Journal 5 (1940) 4, S. 223f. Siehe auch Kapitel III.

Aus dieser Vorgeschichte ergab sich, dass der staatliche Umgang mit Jugendstraftätern in den Fokus nicht nur kriminologisch arbeitender Strafrechtler, sondern auch der HLPR geriet. Dabei war Margery Fry, wie schon in Kapitel II und III ausgeführt, der treibende Motor: 1940 erschien Frys Vortrag »The Ancestral Child« in der Reihe der renommierten Clarke Hall Lectures; 1942 veröffentlichte sie gemeinsam mit Champion B. Russell »A Note Book for the Children's Court« sowie einen wissenschaftlichen Artikel zu Jugendgerichten im *Journal of Educational Sociology*. Sie verband, wie auch schon vor dem Krieg, wissenschaftliche Forschung und praktische Handreichung.[67] Ohne sie wäre möglicherweise auch die Arbeit des Internationalen Komitees im Sand verlaufen. Zwar lagen schon im Dezember 1942 alle Memoranda für das Internationale Komitee vor (mit Ausnahme von Constantin Stavropoulos und W. P. C. Molenaar) und man versuchte bereits, Mitglieder für Spanien, Portugal, Russland, die Tschechoslowakei und Italien zu gewinnen, wobei – im Vergleich zur Cambridge Commission – die frühe Einbeziehung von Vertretern aus den »Achsenstaaten« augenfällig ist.[68] Das nächste Treffen verschob sich jedoch um einige Monate auf den Juni 1943 und fand erst statt, nachdem Margery Fry von ihrer Reise durch die USA zurückgekehrt war.[69]

Bei diesem Treffen konsolidierte sich die Agenda des Komitees. Margery Fry und Wanda Grabińska setzten sich mit ihrer Überzeugung durch, dass das Internationale Komitee grundlegende Prinzipien für die Behandlung von jugendlichen Straftätern ausarbeiten solle: »[A] valuable contribution could be made if the committee would prepare a statement embodying agreed principles in dealing with young offenders, without entering into national differences and special problems of particular countries.«[70] Die Beschreibung bestehender nationaler Systeme sollte höchstens dazu dienen, gemeinsame Herausforderungen für die Nachkriegsordnung zu identifizieren. So wollte Grabińska über die Empfehlungen des Völkerbunds hinausgehen und noch im selben Jahr eine Grundsatzerklärung erarbeiten, die man bei Kriegsende den Justizministerien der befreiten Länder vorlegen könne.[71]

Unter den Mitgliedern des Internationalen Komitees war Grabińska die erfahrenste Internationalistin und versuchte proaktiv, die Agenda zu gestalten.

---

67 Margery Fry, The Ancestral Child (Clarke Hall lectures 5), London 1940; Margery Fry/Champion B. Russell (Hg.), A Note Book for the Children's Court, Oxford 1942; Margery Fry, Wartime Juvenile Delinquency in England and Some Notes on English Juvenile Courts, in: The Journal of Educational Sociology, 16 (1942) 2, S. 82–85. Zu Bertrand B. Russell siehe Gordon Rose, The Struggle for Penal Reform: The Howard League and its Predecessors, London 1961, S. 99.

68 MRC, MSS. 16B/1/3, HLPR, Minutes, 219th Meeting, 17.12.1942, S. 2.

69 MRC, MSS. 16B/1/3, HLPR, International Committee, Minutes, 2nd Meeting, 1.6.1943.

70 Ebd., S. 1.

71 League of Nations Child Welfare Committee, Organisation of Juvenile Courts and the Results Attained Hitherto, Genf 1935.

Hier spielte sie auf ihre Arbeit im Child Welfare Committee des Völkerbunds an, als dessen Berichterstatterin sie bereits viel Erfahrung in der internationalen Zusammenarbeit gesammelt hatte. Grabińska war zudem Vize-Präsidentin der International Federation of Women Magistrates, Barristers and Members of Other Branches of the Legal Profession und Generalsekretärin der International Association of Children's Magistrates gewesen.[72] Dieses Engagement fußte auf ihrer Stellung als Vorsitzende des Warschauer Jugendgerichts vor ihrer Emigration 1939.[73] In London beriet sie die polnische Exilregierung und baute auf ihr Netzwerk mit internationalen Frauengruppen wie dem Liaison Committee of International Women's Organisations auf, um die Gräueltaten der Nationalsozialisten und den Frauen- und Kinderhandel in den besetzten Gebieten anzuprangern.[74]

Grabińska hatte vorausschauenderweise bereits vor der Sitzung eine Agenda mit der Sekretärin der HLPR Cicely Craven abgestimmt, die so übernommen wurde: Themenfelder waren erstens das Prinzip »Treatment not Punishment«, zweitens die Kompetenzen und die Organisation der Jugendgerichte, drittens deren Verfahrensregeln, viertens die Maßnahmen, die Jugendgerichte ergreifen konnten, von der Abmahnung hin zur Einweisung in Erziehungsanstalten, fünftens die Sozialdienste, die mit den Gerichten zusammenarbeiteten, und sechstens Fragen der Nachsorge (»after-care«). Diese Themen – mit der zusätzlichen Frage der Prävention von Jugendkriminalität – sollten die Arbeit des Internationalen Komitees strukturieren. Dies war ein Zeugnis für Grabińskas Fähigkeiten im Agenda-Setting.[75]

»Treatment, not Punishment«: Ziele der Jugendgerichtsbarkeit

In den folgenden Diskussionen ging es um die Instanz der Jugendgerichte als solche, um die Stellung der Richter und um eugenische Maßnahmen. Damit sollten die Grundlagen für eine »zivilisierte« Jugendgerichtsbarkeit gelegt werden, wobei es umstritten war, was dies genau bedeutete. In ihrer Einleitung für die 1948 erschienene Publikation des Internationalen Komitees, »Lawless Youth«, diagnosti-

72 Woytovicz-Grabinska, in: Lonsea, www.lonsea.de/pub/person/6617 (abgerufen 28.9.2021); Wanda G. Grabinska, Former U.N. Official and Judge in Poland, in: New York Times, 19.6.1980, S. D.19.

73 Iwona Dadej, »The Napoleonic Civil Code is to Blame for My Decision to Study Law«: Female Law Students and Lawyers in the Second Polish Republic (1918–1939), in: Sara L. Kimble/Marion Röwekamp (Hg.), New Perspectives on European Women's Legal History, New York 2017, S. 217–246, hier S. 228; Samantha Caslin, Save the Womanhood! Vice, Urban Immorality and Social Control in Liverpool, c. 1900–1976, Liverpool 2018, S. 172, Fn. 41.

74 Auskunft von Sara Kimble (DePaul University, Chicago) an die Verfasserin, 2.22.2019.

75 MRC, MSS. 16B/1/3, HLPR, International Committee, Minutes, 2nd Meeting, 1.6.1943, S. 2. Vgl. das Inhaltsverzeichnis von Fry et al., Lawless Youth, S. 7f.

zierte Margery Fry zwei Entwicklungstendenzen im Jugendstrafrecht der demokratischen Staaten in Europa, des britischen Commonwealth und Nordamerika, die sie als wegweisend für die Reform des Jugendstrafrechts in internationaler Perspektive verstand. In diesem »westlichen Zivilisationskreis«, wie sie es nannte, sei die Trennung von Jugend- und Erwachsenenstrafrecht und die Abkehr von vergeltender Bestrafung (»retributive punishment«) zugunsten einer reformierenden Behandlung (»reformative treatment«) von Jugendstraftätern zu beobachten.[76] Das Paradigma der Abschreckung war in den meisten Staaten durch ein modernes Wohlfahrtsdenken abgelöst worden, das durch Miteinbeziehung des Umfelds des Jugendlichen und die darauf abgestimmte individualisierte Strafbemessung und Behandlung (»individualized treatment«) die Erziehung der Jugendlichen und ihre Reintegration in die Gemeinschaft zum Ziel hatte – selbst wenn es letztlich ein Element der Bestrafung beinhaltete.[77] Die Frage, wie man mit jugendlichen Straftätern umgehen wolle, sei also eine humanitäre, soziale und pädagogische (und weniger eine juristische), denn noch habe man eine Chance, durch die richtige Antwort auf das jugendliche Fehlverhalten eine kriminelle »Karriere« zu verhindern.[78] Dieser Ansatz prägte auch die Debatten im Internationalen Komitee, die im Folgenden analysiert werden.

Jugendgerichte in der Nachkriegszeit

Die ehemalige Jugendrichterin Grabińska hatte den Ehrgeiz, ein neues, verbessertes Schema für eine Jugendgerichtsbarkeit nach dem Krieg zu entwickeln, nach dem eine staatliche Instanz für alle mit Kindheit und Jugend verbundenen Fragen zuständig sei. So stellte sie sich gegen Max Grünhuts Vorschlag, die Jugendgerichte lediglich durch eine »Youth Welfare Authority« mit weitreichenden Kompetenzen zu ergänzen, und sprach sich aus für einen »much more courageous, new and ideal plan which had not previously been put forward – that of making one Authority responsible for all questions relating to childhood.«[79] Grünhuts Exposé kritisierte sie als zu kompliziert und kleingeistig – er wolle doch im Grunde das deutsche System als Idealmodell ausgeben: »Dr. Grünhut's scheme was, with some modifications, the German scheme, there was little new in it, whereas she felt deeply that there was an opportunity now to be really progressive and introduce entirely new ideas.«[80] Jetzt sei der richtige Zeitpunkt, eine Handreichung für Regierungen auszuarbeiten, auf deren Grundlage ein System der Jugendfürsorge aufgesetzt werden könne, nach dem *eine* Behörde für alle mit Minderjährigen zusammenhängenden Fragen zuständig sei.

---

76 Fry, Treatment not Punishment, in: ebd., S. 9–21, hier S. 11.

77 Ebd., S. 15.

78 Ebd., S. 17.

79 MRC, MSS. 16B/1/3, HLPR, International Committee, Minutes, 4th Meeting, 5.10.1943, S. 3.

80 Ebd., S. 6.

Grünhut stimmte zu, dass man die Übermacht der Exekutive, die zurzeit in den totalitären Staaten zu beobachten sei, nicht durch eine Übermacht der Judikative – ein »purely legalistic system« – ersetzen dürfe.[81] Man müsse die Frage von Jugendkriminalität im Rahmen des sozialen und rechtlichen Wiederaufbaus Europas nach dem Krieg sehen, in dem die Rechte von Individuen höchste Bedeutung haben müssten. Vor diesem Hintergrund könne man die Entscheidung über Beschränkungen der Freizügigkeit von Minderjährigen nicht einfach einem administrativen Organ überlassen. Eine juridische, nicht primär soziale Institution gewähre außerdem den Eltern ein Recht auf ein Berufungsverfahren. Auch Margery Fry gab diesem Gedanken Raum: »[I]n democratic countries, especially those which have known the totalitarian tyranny, there is a deep-rooted fear of placing power in the hands of the administration without adequate checks.«[82]

Fry gelang es, zwischen den Positionen zu vermitteln: Grünhut nahm Grabińskas Vorschlag in seine abschließende Analyse »The Juvenile Courts: Its Competence and Constitution« mit auf und stellte beide Ideen als mögliche Reformansätze vor.[83] Dabei betonte er allerdings, dass die Jugendrichter und juristische Verfahrensregeln weiter eine zentrale Rolle spielen müssten, da diese die Rechte der Jugendlichen schützen würden.[84] Die Mitglieder des Internationalen Komitees konnten sich also schließlich darauf einigen, dass Jugendfürsorge und Jugendgerichte eng zusammenarbeiten sollten, damit bei der Entscheidung des Gerichts soziale, psychologische und medizinische Aspekte einbezogen werden konnten.

Die Zukunft der Jugendgerichtsbarkeit war aufs Engste mit der Frage verbunden, welche Rolle juridische Institutionen in der Nachkriegsordnung spielen sollten. In diesem Zusammenhang kam auch die Bestrafung von Kriegsverbrechern nach dem Krieg zur Sprache. Im November 1943 nahm Bohuslav Ečer an einer Sitzung des Komitees teil. Zu diesem Zeitpunkt war er bereits Vertreter der Tschechoslowakei in der UNWCC und bereitete für die Exilregierung die Strafverfolgung von Kriegsverbrechern und deren Verbrechen gegen die Zivilbevölkerung vor.[85] Er nahm den überraschend illiberalen Standpunkt ein, dass spezielle Gerichte ohne Berufungsrecht gewährleisten sollten, dass innerhalb kurzer Zeit möglichst viele Prozesse abgeschlossen werden könnten. Minderjährige – die einen nicht zu vernachlässigenden Anteil an den verübten Gräueltaten hätten – sollten weiterhin vor

81 Ebd., S. 7.

82 Fry, Treatment not Punishment, S. 19.

83 Max Grünhut, The Juvenile Courts: Its Competence and Constitution, in: Fry et al., Lawless Youth, S. 22–49, insb. S. 40.

84 Ebd., S. 49.

85 Zu Ečers Arbeit in der UNWCC siehe Kerstin von Lingen, »Crimes against Humanity«: Eine Ideengeschichte der Zivilisierung von Kriegsgewalt 1864–1945, Paderborn 2018, v.a. S. 277–282.

die existierenden Jugendgerichte gebracht werden. Eine tiefgreifende Reform dieser Institution sei vor Abschluss der Kriegsverbrecherprozesse nicht denkbar oder realistisch, so Ečer.[86] In der Abwägung zwischen dem Schutz der Jugendlichen und der Gemeinschaft müsse die Ahndung der Kriegsverbrechen und die Rückgewinnung der Jugendlichen an erster Stelle stehen – die Einführung von Arbeitslagern in der Sowjetunion in den 1920er Jahren hätten gute Ergebnisse gezeitigt.[87]

Ečers Ausführungen provozierten rechtfertigende Reaktionen: Grünhut erklärte, dass Jugendgerichte nicht automatisch besonders milde urteilten und es insofern keinen Widerspruch zwischen der Ahndung von Gräueltaten und der Reform der Jugendgerichtsbarkeit gebe. Im Gegenteil, gerade in solchen Perioden, in denen Gesellschaften vor großen Umwälzungen stünden, müssten progressive Vorschläge in die Debatten eingespeist werden. Ečers Landsmann Georg Weis erinnerte daran, dass das Prinzip der individualisierten Behandlung von Jugendlichen (im Gegensatz zur Bestrafung) sowohl in Krisen- als auch in Friedenszeiten gelten müsse. Jugendliche, die unter dem Einfluss der Nationalsozialisten einer »mass psychosis« erlegen seien und Gräueltaten begangen hätten, verdienten umso mehr, nach den im Komitee ausgearbeiteten Prinzipien behandelt zu werden.[88]

Man stimmte also überein, dass Gerichte eine herausragende Stellung in der gesellschaftlichen und staatlichen Neuordnung nach dem Krieg einnehmen müssten, jedoch wird auch deutlich, wie unterschiedlich die Debatten über Kriegsverbrecher in der UNWCC und über Jugendgerichtsbarkeit im Internationalen Komitee verliefen: In den Debatten über das Völkerstrafrecht in Cambridge Commission, LIA und UNWCC hatte die schnelle, effiziente Bestrafung von Kriegsverbrechen durch nationale und internationale Gerichte Priorität, um Gräueltaten zu vergelten und unkontrollierte Racheaktionen der Zivilbevölkerung zu verhindern. Hingegen nahmen die Strafrechtsreformer des Internationalen Komitees die Nachkriegsjustiz als Chance war, zumindest in Europa »progressive« Modi der Gerichtsbarkeit mit einem Fokus auf Rehabilitation und individualisierter Behandlung einzuführen. Dabei unterschied sich der Zeithorizont der Akteure – kurzfristige Bestrafung der Kriegsverbrecher versus langfristige Umstrukturierung der Jugendgerichtsbarkeit –, wohl auch, weil die Erfahrungen während des Kriegs so unterschiedlich waren. Die in den Exilregierungen eingebundenen *legal entrepreneurs* hatten einen anderen Einblick in das Ausmaß der begangenen Gräueltaten als die Exilanten und Briten, die im Internationalen Komitee den Ton angaben. Für sie war nicht die Jugendkriminalität während des Kriegs der Ausgangspunkt für ihre Reformvorschläge – diese wurde als Sonderfall verstanden –, sondern ihre Erfahrungen in Jugendgerichten sowie in der internationalen Zusammenarbeit im Rahmen des Völkerbunds vor dem Krieg.

86 MRC, MSS.16B/1/3, HLPR, International Committee, Minutes, 5th Meeting, 11.11.1943, S. 5f.

87 Ebd., S. 7.

88 Ebd., S. 6.

So kamen die *legal entrepreneurs* und die Strafrechtsreformer in keinen richtigen Dialog und die Debatte im November 1943 war einer der seltenen Momente, in denen beide Gruppierungen interagierten und Argumente austauschten.

Die Position der Richter

Die meisten Exiljuristen deuteten die NS-Diktatur, wie eingangs ausgeführt, als Unrechts-, gar als »Unstaat« (Fraenkel), in dem politische Maßnahmen rechtlich verbindliche Normen ersetzt hatten und jede Rechtssicherheit erodiert war. Unter ihnen waren viele, die vor ihrer Flucht selbst als Richter oder zumindest als Anwalt gearbeitet hatten. Daher stand die Rolle der Gerichte und insbesondere von Richtern im Zentrum der Überlegungen zur Nachkriegsordnung, nicht etwa der Strafvollzug. Die Unabhängigkeit der Richter wurde dabei als ein zentrales Merkmal der zukünftigen rechtsstaatlichen Ordnung auf dem europäischen Kontinent angesehen. Auch wenn hier Konsens herrschte, war die konkrete Ausgestaltung der richterlichen Unabhängigkeit Ausgangspunkt für kontroverse Debatten. Dies betraf zum einen den Öffentlichkeitsgrundsatz von Verfahren, zum anderen die Freiheit von Richtern, das Strafmaß selbst festzusetzen. Nachdem Gerichte ein zentrales Instrument des diktatorischen Maßnahmenstaats geworden waren, mussten die Exilanten in beiden Fällen zwischen der (öffentlichen) Kontrolle richterlicher Entscheidungen und dem Prinzip der richterlichen Unabhängigkeit abwägen.

Dies betraf erstens die Streitfrage um den Grundsatz der Öffentlichkeit bei Jugendstrafverfahren. Während man sich weitgehend einig darin war, dass die Verfahrensöffentlichkeit beschränkt werden müsse, um eine intime und vertrauenerweckende Atmosphäre zu schaffen, wurde die Möglichkeit der Presse, Bericht zu erstatten, kontrovers diskutiert.[89] Während es seit der UN-Kinderrechtskonvention von 1989 eine internationale Übereinkunft darüber gibt, dass es im Sinne des Kindeswohls keine öffentliche Verhandlung geben soll, führte diese Frage im Internationalen Komitee zu heftigen Debatten über das Ausmaß der Beschränkungen des Öffentlichkeitsgrundsatzes für die Presse – oder, wie Hermann Mannheim es formulierte, zu einer »full and frank discussion of the matter within our Committee [which] could, in spite of a number of mutual concessions, achieve no complete reconciliation of views«.[90] Die Spannungslinie verlief zwischen Wanda Grabińska, die sich gegen die Verfahrensöffentlichkeit aussprach, und der HLPR und anderen

89 Das Prinzip der »socialization of the court« war 1922 von Miriam van Waters definiert worden und wurde von allen Mitgliedern des Internationalen Komitees anerkannt. Siehe Hermann Mannheim, The Juvenile Court: Its Procedure, in: Fry et al., Lawless Youth, S. 50–79, hier S. 69; Miriam van Waters, Socialization of Juvenile Court Procedure, in: Journal of Criminal Law and Criminology 13 (1922) 1, S. 61–69.

90 Netzwerk Menschenrechte, UN-Kinderrechtskonvention: Jugendstrafrecht, https://www.kinderrechtskonvention.info/jugendstrafrecht-3719/ (zuletzt abgerufen 1.12.2019); Hermann Mannheim, Procedure, S. 67.

Exilanten, die den Ausschluss der Presseöffentlichkeit als Gelegenheit verstanden, rechtsstaatliche Schutzmechanismen für die Angeklagten zu umgehen – also interessanterweise nicht zwischen englischem Gewohnheitsrecht und kontinentaleuropäischer Rechtsordnung.

So betonte der ungarische Anwalt Andrew Neugroschel (geb. als Endre, 1946 als Andrew Martin eingebürgert), dass ein öffentliches Gerichtsverfahren auch bei Minderjährigen zu bevorzugen sei, weil das Vertrauen in die Unabhängigkeit der Gerichte in Europa vollkommen erschüttert sei:

> »[A]fter all these years in Europe under Nazi rule, with courts sitting in camera as far as possible, with most unhappy results, there would be a longing for public control of all trials of a criminal nature; and that publicity, including press publicity, should be a rule even in juvenile courts [...] and exclusion of publicity the exception.«[91]

Er sympathisierte mit dem englischen System, in dem Jugendgerichte öffentlich tagten, da alles andere als eine Einschränkung der Pressefreiheit verstanden wurde. In dem Sinn äußerte sich auch Cicely Craven, die auf die Fehlbarkeit von Richtern abzielte: »If the committee wished to exclude the press, there would be a strong reservation made by the English members. The best judge was human and therefore sometimes needed props, and one prop was the knowledge that his procedure in court would be watched by his fellows outside.«[92] Auch die erzieherische Wirkung einer Presseöffentlichkeit sowie die Kontrollfunktion der Richter wurden angesprochen.[93] Man einigte sich vorerst auf folgende Stellungnahme, die von Neugroschel formuliert worden war:

> »That the presence of the press should be the rule, the judge to have discretion to exclude but only at the request of the parties representing the child. He should not be bound to exclude it even at their request, but he should be able to do so if they convinced him that it would be unjust or unwise for the press to report.«[94]

---

91 MRC, MSS. 16B/1/3/5, HLPR, International Committee, Minutes, 6th Meeting, 7/12/1943, S. 3. Neugroschel hieß ursprünglich Marton Endre Neugröschel und benannte sich 1946 bei seiner Einbürgerung in Großbritannien in Andrew Martin um. S. M. Cretney, Martin [formerly Neugroschel], Andrew (1906–1985), in: Oxford Dictionary of National Biography, 23.09.2004, https://doi.org/10.1093/ref:odnb/64542.

92 MRC, MSS. 16B/1/3/6, HLRP, International Committee, Minutes, 7th Meeting, 21.2.1944, S. 2.

93 MRC, MSS. 16B/1/3/5, HLPR, International Committee, Minutes, 6th Meeting, 7.12.1943, S. 1–3.

94 Ebd., S. 4.

Bei der nächsten Sitzung zwei Monate später nahm Wanda Grabińska jedoch die konträre Position ein. Sie kritisierte das englische System und setzte Bezüge zu ihrer achtjährigen Erfahrung als Berichterstatterin für Jugendkriminalität beim Völkerbund und als Jugendrichterin in Polen strategisch ein, um ihr Argument zu stärken.[95] So berichtete sie aus erster Hand aus dem Völkerbund, dass die Presse in den meisten Ländern von Jugendgerichten ausgeschlossen sei, und brachte Kritik an dem Argument zum Ausdruck, dass die Verfahrens- und Presseöffentlichkeit eine Kontrollfunktion für Richter habe. Dies sei »exaggerated and somewhat humiliating«, da in einer Demokratie die Unabhängigkeit der Judikative gegeben sei.[96] Damit reagierte sie auf einen Kommentar Max Grünhuts, der den Öffentlichkeitsgrundsatz leidenschaftlich verteidigte.[97]

Aufgrund dieser Unstimmigkeiten, die in den verschiedenen Erfahrungen und Problemdiagnosen der Mitglieder begründet lagen, formulierte Hermann Mannheim in seinem Memorandum keine allgemeine Empfehlung für Verfahrensregeln für Jugendgerichte.[98] Statt einer gemeinsamen Stellungnahme findet man eine Beschreibung der unterschiedlichen Rechtstraditionen im europäischen Rechtskreis, in dem die Presse größtenteils ausgeschlossen sei, und England, Schottland und den USA, wo die Pressefreiheit großes Gewicht habe und Reportern der Zutritt gewährt werden müsse.[99] Die Mehrheit des Komitees, so Mannheim, habe sich daher dafür ausgesprochen, dass in begrenztem Umfang die Presseöffentlichkeit zu Gerichtsverhandlungen zugelassen werden müsse, während diese Haltung bei einer Minderheit – hier meint er vor allem Wanda Grabińska – als »a peculiarity of the Anglo-American world unacceptable to Continental countries« auf wenig Verständnis gestoßen sei.[100] So wich das Internationale Komitee vom ursprünglichen Ziel ab, allgemein- oder zumindest im »Westen« gültige Prinzipien für die Jugendgerichtsbarkeit zu formulieren. Stattdessen wurden Reformvorschläge gemacht, nationale Traditionen beschrieben, deren Vor- und Nachteile abgewogen, und auf besonders interessante Bestimmungen hingewiesen.

---

95 Zum Völkerbund siehe David Niget, From Criminal Justice to the Social Clinic: The Role of Magistrates in the Circulation of Transnational Models in the Twentieth Century, in: William S. Bush/David S. Tanenhaus (Hg.), Ages of Anxiety: Historical and Transnational Perspectives on Juvenile Justice, New York 2018, S. 15–38, hier S. 26.

96 MRC, MSS. 16B/1/3/6, HLRP, International Committee, Minutes, 7th Meeting, 21.2.1944, S. 5.

97 Ebd., S. 3.

98 Ursprünglich war das Memorandum von Bohuslav Ečer verfasst worden, der das Komitee wegen seiner Verpflichtungen für die UNWCC im Februar 1944 verließ. Siehe MRC, MSS. 16B/1/3, HLPR, Minutes, 227th Meeting, 25.2.1944, S. 5.

99 Mannheim, Procedure, S. 67.

100 Ebd., S. 69.

Die Unabhängigkeit von Richtern spielte, zweitens, beim Thema »Measures to be Taken« eine zentrale Rolle. Die Exilanten diskutierten, in welchem Rahmen diese das Strafmaß beziehungsweise die zu ergreifenden Maßnahmen festlegen durften. Wieder forderte Grabińska eine unbeschränkte Wahlfreiheit für Richter. Sie argumentierte in ihrem Memorandum, dass in rechtsstaatlichen Systemen Jugendgerichte eine große Flexibilität haben müssten, aus einer ganzen Bandbreite an erzieherischen Maßnahmen (»educative measures«) die auszuwählen, die genau zum Minderjährigen und seinem Umfeld passten und den größten Erfolg für die Resozialisierung versprachen – von einer simplen Ermahnung über eine Bewährungsstrafe über die tageweise Trennung von der Familie bis hin zur Aufnahme in eine staatliche Erziehungseinrichtung (»principle of the freedom of treatment«). Dabei müsse, wie von Fry ausgeführt, das Primat »treatment not punishment« gelten, also immer die Bedürfnisse des Kinds im Vordergrund stehen. Nicht das Kind müsse bestraft werden, sondern die »community« habe eine Bringschuld, diesem die Eingliederung in die Gesellschaft zu ermöglichen.[101] So lehnte Grabińska bestrafende Maßnahmen (»punitive measures«), die eine Haftstrafe bedeuteten, grundsätzlich ab. Diese seien eine »flat contradiction to the trend of modern thought and practice, whose whole stress is on the substitution of educative for penal measures in dealing with children and young persons.«[102]

Aus der historischen Rückschau konstruierte Grabińska eine Verpflichtung, die Bemühungen der europäischen Reformbewegung wieder aufzugreifen und begonnene Umwälzungen im Jugendstrafrecht konsequent weiterzuführen oder zu vollenden. Die bisher nicht umgesetzte Ankündigung Ellen Keys von 1900, dass man ein »Century of the Child« vor sich habe, müsse nun mit Leben gefüllt und die Erkenntnisse der »soziologischen Schule« umgesetzt werden: Statt, wie von der Klassischen Schule gefordert, Minderjährige entsprechend ihres Vergehens und ihres Alters zu bestrafen, müsse die Persönlichkeit des Täters Grundlage jeder ergriffenen Maßnahme sein mit dem Ziel des »social readjustment«.[103] Dieses System erforderte einen Verfassungsstaat, der Grundrechte schütze, sowie ausgebildete und erfahrene Richter, die den flexiblen Maßnahmenkatalog, der ihnen zur Verfügung stand, sinnvoll einzusetzen wüssten.

Andere Mitglieder des Internationalen Komitees bezweifelten, dass nach dem Krieg der richtige Zeitpunkt sei, die Strafbemessung komplett den Richtern zu

---

101 Wanda Grabińska, The Juvenile Court: Measures to be Taken, in: Fry et al., Lawless Youth, S. 80–125, insb. S. 80–86.

102 Ebd., S. 123–125. Hier bezieht sich Grabińska auf eine Resolution des Völkerbunds von 1935, die vom Child Welfare Committee ausgearbeitet worden war, dessen Vorsitzende Grabińska war. Ebd., S. 125.

103 Grabińska, Measures, S. 81.

überlassen – unter den Nationalsozialisten habe sich, so etwa Andrew Neugroschel, erwiesen, dass dies Willkür fördere und Rechtsunsicherheit schaffe.[104] Georg Weis, ein Prager Anwalt und jüdischer Exilant, verwies darauf, dass es diese gefährlichen Tendenzen auch bei der Debatte um die Bestrafung von Kriegsverbrechern gebe und verwies auf die Verletzung des Retroaktivitätsverbot durch die Definition neuer Straftatbestände.[105] Max Grünhut erwartete einen allgemeinen Backlash gegen das Prinzip, Menschen aufgrund ihrer Persönlichkeit, nicht aufgrund einer konkreten Handlung zu bestrafen, womit er Weitsicht auf künftige Kontroversen über die Verzerrung der Annahmen der soziologischen Schule durch faschistische Regime bewies.[106] Allerdings fand das Komitee hier wieder zusammen, indem es definierte, dass sich das Gericht nach dem Wohlergehen des Kinds richten müsse und dabei nur die aufgeführten Maßnahmen anwenden dürfe – also etwa keine Inhaftierung in einem Gefängnis. Konsens war: »[T]he two ideas must go together: that full discretion of the court could not be contemplated without at the same time accepting the idea of treatment and not punishment, and that the first had no validity without full acceptance of the second.«[107]

Eugenik

Der progressive Ansatz zur Bekämpfung von Jugendkriminalität kam beim letzten Treffen des Internationalen Komitees im Mai 1944 auf den Prüfstand. Diskutiert wurde ein Kapitelentwurf von Adolphe Delierneux zur Prävention von Kriminalität, der mit seinen biologistisch-eugenischen Annahmen das ostentativ progressive Denkkollektiv herausforderte. Letztlich erschien das Kapitel anonym in »Lawless Youth«: Delierneux war inzwischen stellvertretender Leiter der Social Defence Section der Vereinten Nationen und verlangte, dass man ihn wegen der »kontroversen Natur« des Textes nicht als Autor nenne, da dies die wichtige Arbeit der Abteilung in der Verbrechensbekämpfung gefährden könne.[108]

---

104 MRC, MSS. 16B/1/4, HLPR, International Committee, Minutes, 8th Meeting, 31.3.1944, S. 2, Zitat S. 4.

105 Ebd., S. 3 und 5f. Zu Weis siehe Walther Killy/Rudolf Vierhaus, Dictionary of German Biography, Bd. 10, Art. Weis, Georg, Berlin 2011, S. 419.

106 MRC, MSS. 16B/1/4, HLPR, International Committee, Minutes, 8th Meeting, 31.3.1944, S. 2; Pifferi, Authoritarian Criminal Law.

107 MRC, MSS. 16B/1/4, HLPR, International Committee, Minutes, 8th Meeting, 31.3.1944, S. 5, Zitat S. 4.

108 MRC, MSS. 16B/1/4, HLPR, Executive Committe, Minutes, 258th Meeting, 13.6.1947, S. 5; University of Reading, Archives, Special Collections [UR], Records of George Allen&Unwin Ltd. [AUC], 305/4, A[dolphe] Delierneux an Margery Fry, 27.5.1947. Aufgrund eines Kommunikationsfehlers wird Delierneux' Autorenschaft im gedruckten Buch auf S. 101 erwähnt, siehe AUC 355/2, George Allen&Unwin an Cicely Craven, 8.3.1948.

Zuerst soll also ein kurzer Blick in den Text geworfen werden, der in »Lawless Youth« erschien und folgendermaßen beginnt: »The criminal is only one aspect of human wastage, one of the most dangerous aspects. How to circumscribe the wastage, in view of efforts to stem the tide of crime, will be the aim of this chapter.«[109] Was folgt, ist eine ungeordnete Aufzählung von sozial- und kriminalpolitischen Maßnahmen, die Gesellschaften ergreifen sollten, um zu verhindern, dass die Menschheit ihr Potenzial verschenke. Zum einen sollten sie die Geburt von »qualitativ minderwertigem« Leben verhindern, und zwar durch Geburtenkontrolle und die freiwillige Sterilisation »of certain abnormals, of certain contagious persons who, according to all probability, would produce degenerates.«[110] Neben diesen eugenischen Maßnahmen solle der Staat sozialpolitische Maßnahmen ergreifen, um insbesondere Mütter und Kinder zu schützen und zu fördern und dadurch letztlich Kriminalität zu verhindern. Dass er dabei betont, dass man für Kinder eine »atmosphere of tolerance, liberty, respect, emancipation« schaffen müsse, ist ein scheinbarer Widerspruch, der mit der tiefen Verankerung biologistischer Denkmuster in europäischen Gesellschaften zu erklären ist.[111] Diese Sozialpolitik sollte ergänzt werden durch eine auf soziale Reintegration setzende Kriminalpolitik, die nur in Ausnahmefällen die Gefängnisstrafe einsetze, und eine anthropologische Erforschung von Häftlingen. Sozial- und Kriminalpolitik sollten einen Mittelweg zwischen dem Schutz der Freiheit der »social misfits« und dem Schutz der Gemeinschaft bieten.[112]

Das Internationale Komitee diskutierte einen Entwurf dieses Textes im Mai 1944. Besonders interessant ist der Austausch über die biologistische Deutung von Kriminalität und die Sterilisierung von Häftlingen, die zeigt, wie nah die Strafrechtsreformbewegung autoritativen Deutungen von Strafrecht stand.[113] Bei dieser Debatte versuchte Delierneux Autorität herzustellen, indem er wiederholt auf seine praktische Erfahrung vor allem als Gefängnisleiter in Mol abstellte. Als neutraler, von wissenschaftlichen Theorien unvoreingenommener Beobachter sei er aus seiner Arbeit im Gefängnis heraus und auf Grundlage langer Studien des

109 Anonymous [A. Delierneux], Prevention, in: Fry et al., Lawless Youth, S. 135–148, hier S. 135.

110 Delierneux, Prevention, S. 139.

111 Ebd., S. 141. Zum Einstieg in die Geschichte der Eugenik siehe Alison Bashford/Philippa Levine (Hg.), The Oxford Handbook of the History of Eugenics, Oxford 2010; Stefan Kühl, Die Internationale der Rassisten: Aufstieg und Niedergang der internationalen Bewegung für Eugenik und Rassenhygiene im 20. Jahrhundert, Frankfurt a. M. 1997. Zur internationalen Bevölkerungspolitik und deren Verschränkung mit eugenischen Ideen siehe Alison Bashford, Global Population: History, Geopolitics, and Life on Earth, New York 2014; Matthew Connelly, Fatal Misconception: The Struggle to Control World Population, Cambridge, MA 2008.

112 Delierneux, Prevention, S. 135, 144.

113 Vgl. Pifferi, Criminology and the Rise of Authoritarian Criminal Law.

»human material« zu seinen Empfehlungen gekommen.[114] Er suggerierte damit, dass seine Schlussfolgerungen nicht angreifbar seien, weil er aus erster Hand bezeugen könne, dass die wenigsten Menschen durch Armut kriminell würden, sondern eine Veranlagung dazu hätten.[115]

Die Mitglieder der HLPR versuchten Delierneux dazu zu bewegen, die Aussage einzuschränken, dass vor allem »hardened criminals« mit einer krankhaften Prädisposition ein Problem darstellten, allerdings lehnten sie biologische Erklärungen für Kriminalität auch nicht grundsätzlich ab. So wandte Mannheim ein, dass sowohl physische und biologische als auch soziale und wirtschaftliche Faktoren bei Kriminalität eine Rolle spielten, und ob Armut nicht auch vorherbestimmt sei, sei eine kontroverse Frage. Belgien könne ein Einzelfall ohne große Aussagekraft für andere Länder sein.[116] Aber eine eindeutige Gegenrede, die die Grundannahme infrage stellte, dass Kriminalität vererbbar sei, kam nicht aus dem Kreis der HLPR, sondern von einem Herrn Brachet, der auf den Einfluss der Gesellschaft verwies.

Dieser Herr Brachet, über den sonst nichts bekannt ist, positionierte sich auch zum zweiten großen Diskussionspunkt, der Sterilisierung von Straftätern – »one of the gravest attacks against individual liberty and integrity.« Vor diesem Hintergrund solle Sterilisierung nur durch staatliche Stellen ohne »political, racial, social or philosophical prejudices«, auf Grundlage von wissenschaftlichen Beweisen, und unter Aufsicht einer kompetenten und unparteiischen Jury durchgeführt werden.[117] Grünhut verwies auf die Empfehlung des »English Committee on Sterilisation« von 1934, die einen guten Leitfaden in der Frage darstelle. Sterilisierung dürfe nie eine Zwangsmaßnahme sein, könne aber als freiwillige Maßnahme der Bevölkerungspolitik Sinn ergeben.[118] So einigte sich das Komitee darauf, dass man nicht – wie von Delierneux ursprünglich vorgeschlagen – »compulsory sterilisation« als Mittel der Vorbeugung von Kriminalität empfahl, sondern wie in Skandinavien das Prinzip freiwilliger Sterilisation unter demokratischen Schutzmaßnahmen befürwortete.[119]

So gelang es dem Internationalen Komitee zwar, die Vorschläge Delierneux' abzuschwächen, etwa für die Sterilisation von »abnormal criminals who, on realease, would be almost certain to go on producing a lot of children«.[120] Man einigte sich darauf, dass das Kapitel in überarbeiteter Form erscheinen dürfe und die Mitglieder Anmerkungen ergänzen dürften, in denen sie ihre abweichende Meinung er-

---

114 MRC, MSS.16B/1/4/2, HLPR, International Committee, Minutes, 9th Meeting, 26.5.1944, S. 2f., Zitat S. 4.

115 Ebd., S. 5.

116 Ebd., S. 4f.

117 Ebd., S. 9.

118 Ebd., S. 10.

119 Ebd., S. 7.

120 Ebd., S. 7f.

klärten.[121] Dennoch gibt die Debatte um die Vererbbarkeit von kriminellen Neigungen und die Sterilisierung von Gewohnheitsverbrechern einen Einblick, wie vorherrschend biologistische Erklärungsmuster von Kriminalität selbst in einer selbst ernannten »progressiven« Gruppierung wie dem Internationalen Komitee waren. Der »Schutz« der Gemeinschaft vor Kriminalität, die »social defence«, hatte immer auch stark illiberale und exkludierende Tendenzen. Der dehumanisierende Ton Delierneux' und die Einteilung in qualitatives und minderwertiges Leben zeugt von der Persistenz eugenischer Rhetorik auch angesichts des »Euthanasie«-Programms der Nationalsozialisten. Dies zeigt, wie schmal die Linie zwischen den Forderungen progressiver Strafrechtsreformer, dass die »Behandlung« von Angeklagten auf Grundlage einer Analyse ihrer Persönlichkeit und ihres Umfelds konzipiert werden müsse, und der Suche nach biologischen Erklärungsmustern war. Wie Pifferi argumentiert hat, waren die Grundannahmen der Reformbewegung mit ihrem Fokus auf die Persönlichkeit des Täters und die Freiheit von Richtern, über die Art der »Behandlung« von Straftätern zu entscheiden, ohne eine starke Verankerung von Bürgerrechten äußerst anfällig für autoritäre Deutungen, in denen Kriminalität als Charaktereigenschaft galt und richterliche Unabhängigkeit zu Willkür wurde.[122] Dass das Kapitel Delierneux', wenn auch nicht unter seinem Namen, in »Lawless Youth« erschien, kann nur als Niederlage für das Projekt der Humanisierung der Strafjustiz nach dem Krieg verstanden werden.

»Lawless Youth«

Beim für seine liberalen Autoren und Übersetzungen bekannten Londoner Verlag George Allen & Unwin erschienen, zeigt das Cover des Buchs »Lawless Youth« ein Standfoto aus dem 1944 erschienenen Film »Children of the City«, in dem Regisseur Budge Cooper für das schottische Ministry of Information Kinder- und Jugendkriminalität in Schottland porträtierte (s. Abb. 9).[123] Dies vermittelte dem kundigen Leser, dass es sich um eine Handreichung für eine auf Rehabilitation zielende Kriminalpolitik handelte, die Jugendkriminalität nicht mit vergeltenden, sondern reformierenden Maßnahmen begegnen wollte. Der zweite Untertitel lautete »A Policy for the Juvenile Courts prepared by the International Committee of the Howard League for Penal Reform 1942–1945« und signalisierte zum einen die internationale Kooperation, die hinter dem Buch stand, zum anderen die Leitung der HLPR, die weithin als Lobbygruppe für liberale Strafvollzugsreformen bekannt war. Potenzielle Leserinnen und Leser, die das Buch in die Hand nahmen, hatten also bereits eine bestimmte Erwartungshaltung.

121 Ebd., S. 10.

122 Pifferi, Authoritarian Criminal Law, S. 118.

123 Children of the City, Regie: Budge Cooper, Paul Rotha Productions, 1944, https://movingimage.nls.uk/film/0291 (abgerufen 18.5.2020).

Abb. 9: Cover von »Lawless Youth«, Allen & Unwin, London 1948

Private Aufnahme

Den Kontakt zum Verlag hatte die HLPR hergestellt. Nachdem mit Kriegsende 1945 die meisten Mitglieder des Internationalen Komitees Großbritannien wieder verlassen hatten, suchte man einen Verlag, um die Ergebnisse des Komitees zu veröffentlichen.[124] Im Februar 1946 schickte Cicely Craven das Manuskript an Philip Unwin, der bereits 1943 sein Interesse bekundet, aber die HLPR wegen der kriegsbedingten Papierkontingentierung auf später vertröstet hatte.[125] Im Mai wurde der

124 HLPR, Annual Report 1944–45, London 1945, S. 17.

125 UR, AUC, 263/5, Cicely Craven an Philip Unwin, 18.2.1946.

Vertrag mit dem Verlag George Allen & Unwin unterzeichnet und im Januar 1947 lagen die Fahnen des Buchs vor.[126] Als das Buch Ende 1947 erschien, versprach der Untertitel des Buchs eine Handreichung für diejenigen, die mit dem Wiederaufbau der Strafjustiz nach dem Krieg befasst waren.[127] Die Exilanten hatten darüber debattiert, welche Form diese Handreichung annehmen sollte: Sollte das Komitee unterschiedliche Ansätze als Alternativen vorstellen oder einen Idealtypus entwerfen? Grabińska war immer noch für die zweite Variante, »one scheme based on progressive ideas, which could be adapted by all countries according to their state of social and legal development.«[128] Sie sprach sich in ihrer direkten Art gegen eine andere Vorgehensweise aus:

> »Originally it [das Internationale Komitee] had been intended to publish a statement of policy embodying fundamental principles to be agreed by the committee, in the hope that such a statement might be of service to governments in enemy-occupied countries when, after the war, they would be faced with problems of reconstruction in all directions. If, instead of this, the book took the form of a report of discussions of nine or ten persons who by accident of war were in London together, it would be interesting to specialists but the original purpose would be lost as it would be little use to officials who were not specialists.«[129]

Andrew Neugroschel hingegen hob als Vorteil dieses Ansatzes hervor, dass eine Gegenüberstellung unterschiedlicher nationaler Lösungsansätze ein vollständigeres Bild ergebe und Denkanstöße für Reformer geben könnten:

> »[T]he more the proposed book represented the thought that lay behind it, based on the material at the disposal of the committee and the freedom of thought and speech enjoyed by its members, the more valuable was it likely to be. He did not think its helpfulness would depend on the unanimity or otherwise of the committee.«[130]

---

126 UR, AUC 263/5, Vertrag zwischen HLPR und George Allen&Unwin Ltd., Mai 1946; UR, AUC 305/4, George Allen&Unwin Ltd. an Cicely Craven, 4.1.1947. Die lange Bearbeitungszeit erklärt sich damit, dass Cicely Craven weitere Texte für Frankreich, die Niederlande und Ungarn einholen wollen, letztlich aber nur eine Ergänzung für Frankreich erhielt, und mit der Umstellung von der Kriegswirtschaft. UR, AUC 263/5, Cicely Craven an Philip Unwin, 3.10.1946.

127 UR, AUC 305/4, George Allen&Unwin Ltd. an Cicely Craven, 16.12.1947.

128 MRC, MSS.16B/1/4, HLRP, International Committee, Minutes, 8th Meeting, S. 6.

129 MRC, MSS.16B/1/3/6, HLRP, International Committee, Minutes, 7th Meeting, 21.2.1944, S. 6.

130 Ebd.

Neugroschel und die meisten anderen Mitglieder sahen die Sammlung von Material und den freien Austausch von Meinungen als besonderes Merkmal des Internationalen Komitees an. Die von ihnen in vergleichender Perspektive erstellten Studien sollten ihr Beitrag zum sozialen und rechtlichen Wiederaufbau nach dem Krieg sein, den sie wiederum nur leisten konnten, weil sie sich in relativer Sicherheit in London befanden und sich dort – insbesondere nachdem die Internierungswelle von 1940/41 vorüber war – transnational vernetzen konnten. Margery Fry beschreibt diesen Effekt der transnationalen Debatten in ihrer Einleitung für »Lawless Youth« als eine »national parallax«, also als produktiv, weil unhinterfragte Vorannahmen und Diskursmuster durch den Blick ins andere Land hinterfragt werden müssen. Die sei für die Meinungsbildung der Zivilgesellschaft ein wichtiger Denkanstoß.[131]

In »Lawless Youth« stellt Grabińska ihrer Forderung gemäß und im Gegensatz zu Hermann Mannheim und Max Grünhut allgemeine Prinzipien auf, die in jeder »zivilisierten« Jugendstrafgerichtsbarkeit gelten sollten.[132] Ihrem Wunsch, für alle Bereiche der Jugendgerichtsbarkeit einen solchen Katalog an »General Principles« zu erarbeiten, wurde nicht in systematischer Weise Folge geleistet. Dennoch stellt das Buch, wie von Neugroschel gewünscht, eine wertvolle Sammlung der verschiedenen Möglichkeiten dar, die Strafjustiz für Minderjährige auszugestalten. Neben den überblicksartig angelegten Kapiteln enthielt das Buch zehn Länderstudien, die das jeweilige System der Jugendgerichtsbarkeit vorstellten.[133] Teilweise nahmen die Autorinnen und Autoren auch eine vergleichende Perspektive ein und formulierten selbst Grundsätze, die ihrer Meinung nach die Jugendstrafjustiz leiten sollten.[134] Grabińska unterschätzte womöglich die Wirkung dieser Wissensproduktion, von der zwar kein großes politisches Signal ausging, aber die dennoch bedeutsam war: Für die HLPR, weil sie ihre in den 1920ern begonnene internationale Arbeit fortführen konnte, für die Exilanten selbst, weil sie ihre Netzwerke beträchtlich erweiterten und damit zumindest ein Gefühl der Selbstwirksamkeit im Exil erfuhren, und für die Geschichte der Jugendgerichtsbarkeit und letztlich der Kinderrechte, weil die Reformbemühungen der 1930er Jahre weitergetragen wurden und Eingang in den Wirtschafts- und Sozialrat der Vereinten Nationen fanden.

---

131 Fry, Treatment not Punishment, S. 9f.

132 Grabińska, Measures, S. 85f., 108–122.

133 Fry et al., Lawless Youth, Appendix A: Critical Summaries of the Law and Practice concerning the Treatment of Young Offenders. O. A., Belgium; Vaclav Benes, Czechoslovakia; Cicely M. Craven, England and Wales; André Klotz/Paul Samama, France; Max Grünhut, Germany; Constantin A. Stavropoulos, Greece; W. P. C. Molenaar, Holland; F. Hiörthoy/A. Aulie, Norway; Wanda Grabińska, Poland; Jeanne-Marie Small, Switzerland. Die Berichte wurden größtenteils 1942/43 verfasst. Der französische Beitrag wurde 1944 eingereicht und 1946 ergänzt, Max Grünhut reichte seine Analyse des NS-Jugendstrafrechts erst im April 1945 ein.

134 So etwa Klotz und Samama in ihrem Kapitel zu Frankreich, ebd., S. 187f.

Mechanismen der transnationalen Zusammenarbeit: Howard League for Penal Reform

Wenn nun der Austausch im Internationalen Komitee die Funktion einer »national parallax« hatte, wie von Fry formuliert, dann soll abschließend das Zusammenspiel von Internationalismus, Geschlecht und nationaler Identität beleuchtet werden. Drei Aspekte stechen bei der Analyse der transnationalen Zusammenarbeit im Internationalen Komitee der HLPR hervor: die Stellung von Frauen, die Kooperation mit deutschen Juristen, und der Eurozentrismus des Komitees. Wie in der vorangegangenen Beschreibung deutlich geworden ist, nahmen Margery Fry als Vorsitzende und Wanda Grabińska als erfahrene Internationalistin und unverblümte Kritikerin »rückständiger« Ansätze im Jugendstrafrecht eine prominente Stellung im Internationalen Komitee ein. Beide nahmen an fast allen Sitzungen des Komitees teil und hatten erhebliche Gesprächsanteile. Unter den insgesamt 26 Personen, die in unterschiedlicher Intensität mit dem Internationalen Komitee kooperierten, waren sieben Frauen. Mehr Aussagekraft hat allerdings, dass von den insgesamt sechs analytischen Beiträgen in »Lawless Youth« drei von Frauen stammten – Margery Fry (»Treatment not Punishment«), Wanda Grabińska (»The Juvenile Court«) und Clara D. Rackham, zweimalige Kandidatin für das Unterhaus, Friedensrichterin und Strafrechtsreformerin (»Auxiliary Services and After-Care«). Außerdem gab es einen Beitrag von Jeanne-Marie Small über die Schweiz sowie von Cicely Craven über England und Wales.[135] Die Beteiligung von Frauen sticht umso mehr ins Auge, wenn man das Internationale Komitee mit der Cambridge Commission vergleicht. Lediglich eine Frau – wieder Margery Fry – war Mitglied der Cambridge Commission, und diese nahm auf Zuraten des Innenministeriums nicht an deren Treffen teil. Auch das Department of Criminal Science bestand nur aus Männern und unter den Autorinnen und Autoren der Reihe *English Studies of Criminal Science* war nur eine Frau, Helene Pfander.

Dies zeigt beispielhaft die gegenderten Mechanismen des Internationalismus im »London Moment«. Vor dem Krieg waren sowohl die Judikative als auch die Rechtswissenschaft als Disziplin Bereiche, die Frauen größtenteils verschlossen blieben. Einen Zugang zu der professionalisierten Beschäftigung mit Strafrecht und -vollzug bot die internationale Reformbewegung. So waren sowohl Fry als auch

---

135 Zu Rackham und ihrer Verbindung zur Strafrechtsreformbewegung: Anne Logan, MP and/or JP: An Examination of the Public Work of Selected Women During the Early Years of Women's Enfranchisement (c. 1920–1931), in: Open Library of Humanities 6 (2020) 2, doi: 10.16995/olh.565. Jeanne-Marie Small arbeitete für die Save the Children International Union, siehe Jeanne-Marie Small, Children in Bondage. A Survey of Child Life in the Occupied Countries of Europe and in Finland, Conducted by the Save the Children Fund, London 1942.

Grabińska im Völkerbund aktiv und versuchten, dort die Rechte von Häftlingen und Angeklagten respektive die Reform des Jugendstrafrechts voranzubringen, beide von der Prämisse ausgehend, dass das Strafrecht und die humane Behandlung von Straftätern ein Gradmesser der »Zivilisation« eines Landes seien. Dabei wurden diese Themen als soziale, humanitäre Anliegen formuliert, nicht als primär juristische Fragen, und im Fünften Komitee des Völkerbunds behandelt, das für »soziale« Angelegenheiten zuständig war.[136] Gleichzeitig gelang es sowohl Fry als auch Grabińska, auf nationaler Ebene Ämter in der Jugendgerichtsbarkeit zu übernehmen: Fry wurde 1921 Magistratin, eine unbezahlte Laienrichterin für englische Jugendgerichte, während Grabińska in Polen sogar als Jugendrichterin arbeitete. Aus diesen Positionen heraus konnten sie Wissen über die Ursache von Kriminalität generieren und Maßnahmen zur »Behandlung« dieses sozialen Übels vorschlagen. Das internationale Strafrecht als Disziplin, die bereits in den 1920er und 1930er Jahren viele Fragen aufwarf, die die Exiljuristen im »London Moment« beschäftigen sollten, blieb jedoch eine größtenteils männliche Domäne.[137]

Diese ungefähre »Arbeitsteilung« zwischen den Geschlechtern[138] setzte sich im Zweiten Weltkrieg fort, als sich die transnationale Zusammenarbeit konfigurierte. So beteiligten sich keine Juristinnen an der Arbeit der Cambridge Commission, während das Internationale Komitee der HLPR eine gemischte Zusammensetzung hatte und Fry und Grabińska eine Plattform für ihre Reformbemühungen bot. Dass sich Exilantinnen an den internationalen Nachkriegsplanungen beteiligten, ist umso bemerkenswerter, als dass die wenigen Juristinnen, die nach England emigrierten, ihre berufliche Karriere aufgaben und entweder in ihrer Ausbildung nicht entsprechenden Berufen arbeiteten oder die aussichtsreicheren Karrieren ihrer Ehemänner unterstützten.[139] Dass Grabińska und Fry sogar besonders wichtige Diskursteilnehmerinnen wurden, lässt sich mit ihrem vor dem Krieg erworbenen Expertenwissen und ihrem biografischen Hintergrund erklären. Dabei spielte insbesondere das Wissen darüber, wie internationale Zusammenarbeit reibungslos funktioniert (oder eben nicht), eine Rolle. Beide waren maßgeblich daran beteiligt, dass

136 Diese Zuordnung blieb auch in den Vereinten Nationen bestehen, wo der Wirtschafts- und Sozialrat Fragen der »prevention and treatment of crime« behandelt.

137 Siehe Immi Tallgren, Absent or Invisible?: ›Women‹ Intellectuals and Professionals at the Dawn of a Discipline, in: Frédéric Mégret/dies. (Hg.), The Dawn of a Discipline: International Criminal Justice and Its Early Exponents, Cambridge 2020, S. 381–413.

138 Hier wird von zwei Geschlechtern ausgegangen, da sich die historischen Akteure, soweit bekannt, eindeutig als Frauen bzw. Männer identifizierten.

139 So zum Beispiel die promovierte Suse Schwarzenberger, die ihren Ehemann Georg – später ein bekannter Völkerrechtler – unterstützte, siehe Suse Schwarzenberger, German Academics in the 20th Century: A Personal Story, London, o. D., insb. Kap. 9–16. Derzeit entsteht ein größer angelegtes Forschungsprojekt zu Frauen im »London Moment« (Julia Eichenberg, Universität Bayreuth).

die Debatten des Internationalen Komitees kontrolliert abliefen, die anfangs definierten Themenbereiche systematisch abgearbeitet wurden, und letztlich ein Buch erschien, dass das gesammelte Wissen über das Jugendstrafrecht und seine Bedeutung für den Wiederaufbau nach dem Krieg der Öffentlichkeit präsentierte. So stellte Fry den Kontakt zum Verlag her.

Es kann also festgestellt werden, dass das Internationale Komitee auch deshalb erfolgreich war, weil Fry geschickt Ressourcen und Expertenwissen der Exilantinnen und Exilanten anzapfte und dabei ein bereits in der internationalen Zusammenarbeit etabliertes Thema – die Jugendgerichtsbarkeit – aufgriff und mit einem konkreten Reformanliegen bearbeitete. Diese Ausrichtung wiederum war besonders anschlussfähig für bereits mit der internationalen Reformbewegung vertraute Juristen und Juristinnen wie Grabińska. Dieser gelang es, ihre Erfahrungen als Richterin und als Berichterstatterin des Child Welfare Committee des Völkerbunds in Einfluss auf das Internationale Komitee umzumünzen.

Zudem profitierte das Internationale Komitee bei seiner Gründung davon, dass die HLPR bereits eng mit zwei deutschen Exiljuristen zusammenarbeitete und diese Kooperation weiterführen konnte. Hermann Mannheim und Max Grünhut, beide ehemalige Professoren für Strafrecht, die im Zuge der Entlassungswelle jüdischer Beamter ihre Stellen in Berlin beziehungsweise Bonn verloren, waren bei fast allen Sitzungen anwesend, beteiligten sich aktiv und steuerten zwei wichtige Memoranda zur Abschlusspublikation bei.[140] Wie in Kapitel I dargestellt, befand sich Mannheim seit 1935 in London und arbeitete an der LSE, er war Mitglied des Vorstandes der HLPR und publizierte in deren Zeitschrift *Howard Journal*. Grünhut ging erst kurz vor Kriegsausbruch ins Exil und erhielt ein Stipendium vom All Souls College in Oxford. Dort kooperierte er mit der HLPR und dem Barnett House, einem Ausbildungszentrum für Sozialreformer, und führte Studien zu den Auswirkungen der Evakuierung von Kindern aus London durch. Es bestand also sowohl eine räumliche als auch eine inhaltliche Nähe zur HLPR. Grünhut hatte sich in der Zwischenkriegszeit für die Internationale Kriminalistische Vereinigung engagiert und stand der internationalen Strafrechtsreformbewegung nahe. Für »Lawless Youth« steuerte er neben seiner Analyse der Kompetenzen von Jugendgerichten eine präzise Analyse des Jugendstrafrechts der nationalsozialistischen Diktatur bei, das auf Vergeltung und Anpassung an oder Ausschluss aus der »Volksgemeinschaft« abzielte.[141] Mannheim übernahm eher widerstrebend das Kapitel zum Verfahrensrecht, da der ursprüngliche Autor Bohuslav Ečer ganz von seiner Aufgabe für die UNWCC eingenommen wurde.

---

140 Mehr zu den Biografien Mannheims und Grünhuts in Kapitel I.

141 Max Grünhut, The Treatment of Juvenile Offenders, in: Fry et al., Lawless Youth, Appendix A, S. 191–205.

Wie auch die Reformerinnen standen deutsche Exiljuristen – im Gegensatz zu ihren Kollegen aus den von Deutschland besetzten Ländern – vor besonderen Herausforderungen, wenn sie sich in die Nachkriegsplanungen einbringen wollten. Wie in Kapitel I thematisiert, musste es erst einmal gelingen, im Exil beruflich Fuß zu fassen und sich zu den relevanten Diskursgemeinschaften Zugang zu verschaffen. Dann bestand große Zurückhaltung staatlicher Stellen, mit deutschen Emigranten zusammenzuarbeiten und diese in die Nachkriegsplanungen zu involvieren. Dies lag sowohl an der allgemeinen Furcht vor einer »Unterwanderung« durch »enemy aliens« – die zur Internierung deutscher, österreichischer und italienischer Exilanten geführt hatte – als auch daran, dass die britische Regierung lange vollends mit den aktuellen Kriegserfordernissen beschäftigt war und den Nachkriegsplanungen wenige Ressourcen widmete.

Mannheim und Grünhut gingen unterschiedlich mit dieser Situation um. Grünhut griff vor allem auf seine Expertise im deutschen (Jugend-)Strafrecht zurück und schrieb Analysen für »Lawless Youth« und die *English Studies of Criminal Science* über deutsches Recht. Er erstellte zudem eine Studie für das britische Außenministerium über das deutsche Strafrecht.[142] Aus seinen Texten spricht das Bedürfnis, an der Wiederherstellung des Rechtsstaats in Deutschland mitzuwirken. So fragte er 1945: »Is it really too optimistic to expect that the rebuilding of the world in ruins will provide not only a hard and primitive life, but also useful and constructive work with new possibilities for the rehabilitation of wayward and delinquent youth?«[143] Das Internationale Komitee war also eine Gelegenheit für ihn, seine Expertise zu Deutschland in den Dienst der Nachkriegsplanungen zu stellen.

Hermann Mannheim, der schon deutlich länger in England war, hatte sich von seinem Herkunftsland gelöst und präsentierte sich als vergleichend arbeitender Kriminologe (langfristig war er damit erfolgreicher als Grünhut, der im Gegensatz zu Mannheim nie eine Professur bekleidete). An den Sitzungen des Internationalen Komitees nahm er als Vertreter der HLPR teil, nicht als Experte für Deutschland. Während des Kriegs veröffentlichte er zahlreiche wissenschaftliche Beiträge, mit denen er sich in der an englischen Universitäten gerade erst entstehenden Kriminologie etablierte.[144] Besonders hervorzuheben sind seine Studien zur Ju-

142 The National Archives, Kew/London [TNA], FO 1060/1254, Max Grünhut (Office of the Legal Advisor to the Control Office for Germany and Austria), Memorandum on the Revision of German Criminal Law, 4.11.1946. Siehe auch Roger Hood, Hermann Mannheim and Max Grünhut: Criminological Pioneers in London and Oxford, in: The British Journal of Criminology, 44 (2004) 4, S. 469–495, hier S. 482.

143 Grünhut, The Treatment of Juvenile Offenders, S. 205.

144 U. a. Hermann Mannheim, The Dilemma of Penal Reform, London 1939; Hermann Mannheim, Social Aspects of Crime in England Between the Wars, London 1940; Hermann Mannheim, War and Crime, London 1941; Hermann Mannheim, American Criminology and Penology in War Time, in: The Sociological Review 34 (1942) 3–4, S. 222–234.

gendkriminalität, von der er eine in Kooperation mit Alexander M. Carr-Saunders und Edmund C. Rhodes im Auftrag des Innenministeriums durchführte.[145] Diese Expertise bot Mannheim ebenfalls dem Außenministerium an.[146]

Zudem war Hermann Mannheim neben dem amerikanischen Professor Sheldon Glueck einer der wenigen selbst ernannten Kriminologen, die sich während des Zweiten Weltkriegs ausführlich mit dem Thema der Kriegsführung als internationalem Verbrechen befasste. Während Glueck ein wichtiger Akteur in der Frage um die Einrichtung eines internationalen Strafgerichtshofs wurde, befasste sich Mannheim nicht primär mit dem Völkerstrafrecht, sondern mit der Frage, wie Krieg mit dem Instrument der Kriminologie analysiert werden könne.[147] So hielt Mannheim 1940 eine öffentliche Vorlesungsreihe zum Thema Krieg und Kriminalität, die 1941 unter dem Titel »War and Crime« veröffentlicht wurde. Hier argumentierte er, Krieg solle nicht nur als Thema für das humanitäre Völkerrecht behandelt werden, sondern müsse auch den Strafrechtler und den Kriminologen interessieren – schließlich handele es sich um Fragen der kollektiven Verantwortung von Staaten und Unternehmen.[148] Er fällte folgendes, vernichtendes Urteil:

> »In the twenty years between 1919 and 1939 International and Criminal Law have utterly failed to cope with this problem of how to deal with the individual war-monger as well as with the kindred problem of the criminal responsibility of States for war crimes and for wars which themselves constitute crimes.«[149]

Ein grundlegendes Problem sei dabei, dass – während liberale Strafrechtssysteme der Vergeltung und Rache als Ziel der Bestrafung eines individuellen Täters abgeschworen hätten – zwischen Staaten der »spirit of retribution« (verständlicherweise) noch allzu präsent sei.[150] Um die Annahmen des Strafrechts auch im internationalen Recht zu verankern, müsse strafrechtliche Verantwortung für das Führen

145 Alexander M. Carr-Saunders/Hermann Mannheim/Edmund C. Rhodes, Young Offenders: An Enquiry into Juvenile Delinquency, Cambridge 1942.

146 TNA, FO 1060/860, Hermann Mannheim, Memorandum on the Revision of the German Juvenile Court Act, July–August 1947, 4.8.1947. Von ihm stammt vermutlich auch TNA, FO 371/39075, C16579, o. A., Report on the Reform of German Juvenile Court Law, 9.11.1944.

147 Zu Glueck siehe Priemel, Betrayal, S. 62; John Hagan/Wenona Rymond-Richmond, Darfur and the Crime of Genocide, Cambridge 2009, S. 36–53; Ross McGarry/Sandra Walklate, A Criminology of War?, Bristol 2021, S. 30.

148 Hermann Mannheim, War and Crime, London 1941, S. 175. Siehe dazu Sandra Walklate and Ross McGarry, Criminology and War: Transgressing the Borders, London 2015, S. 7.

149 Mannheim, War and Crime, S. 171f.

150 Ebd., S. 178.

eines Kriegs zugewiesen werden. Daher müssten bereits während des Kriegs Vorbereitungen für »the establishment of an impartial International Tribunal« getroffen werden.[151]

Trotz dieser Überlegungen gab es während des Kriegs keine genuin kriminologischen Studien, die staatliche oder Massenverbrechen im internationalen Raum zu erklären versuchten. So blieben trotz personeller Überschneidungen die Wissensbestände des Völkerstrafrechts und der Kriminologie weitestgehend getrennt. Die Auseinandersetzung mit den Ursachen von staatlicher Gewalt sowie Gewalt im Krieg durch Kriminologen wurde auch nach dem Krieg nicht weiterverfolgt.[152] Dies lag auch daran, dass Mannheim, um seine akademische Karriere voranzubringen, sich darauf konzentrierte, Teil des britischen »governmental projects« der Kriminologie zu werden, statt sich weiter mit Fragen des internationalen Rechts zu beschäftigen.[153]

Obwohl Mannheim und Grünhut unterschiedliche Schwerpunkte legten und andere Strategien wählten, um sich als Exilanten im englischen Wissenschaftsbetrieb zu etablieren, bleibt festzuhalten, dass die Nachkriegsplanungen allgemein und die Mitarbeit am Internationalen Komitee im Besonderen eine Gelegenheit waren, sich in der britischen Reformbewegung einen Ruf zu erwerben und damit Grundlagen für die Karriere als Kriminologen nach dem Krieg zu legen – im Gegensatz zu den Exilanten aus den besetzten europäischen Staaten war eine Rückkehr nach Deutschland ungewiss und eine Anbindung an die englische Kriminalwissenschaft existenziell wichtig. Für die anderen Mitglieder des Komitees war die Zusammenarbeit mit zwei deutschen vertriebenen Juden eine willkommene Gelegenheit, auf deren Expertise über das nationalsozialistische Herrschaftssystem zurückzugreifen. Wenn Zweifel darüber bestanden, ob Deutschland in die Gemeinschaft »zivilisierter Staaten« zurückgeführt werden könne, ist dies den Protokollen der Sitzungen des Internationalen Komitees nicht zu entnehmen. So war das NS-Herrschaftssystem ein warnendes Beispiel dafür, was passierte, wenn die

151 Ebd., S. 203. Mannheim zog damit eine Parallele zur Wirtschaftskriminalität (Staaten müssten genauso wie Unternehmen strafbar gemacht werden können), die auch Murray Bernays am amerikanischen Kriegsministerium dazu inspirierte, den Anklagepunkt der Verschwörung *(conspiracy charge)* für den Nürnberger Prozess gegen die Hauptkriegsverbrecher zu entwickeln. Vgl. Priemel, Betrayal, S. 70; Kirsten Sellars, »Crimes against Peace« and International Law, Cambridge 2013, S. 68f.

152 Siehe u.a. Andy Aitchison, Criminological Theory and International Crimes: Examining the Potential, in: Ilias Bantekas/Emmanouela Mylonaki (Hg.), Criminological Approaches to International Criminal Law, Cambridge 2014, S. 1.

153 In »Criminal Justice and Social Reconstruction« ging er kurz nach dem Krieg allerdings noch einmal auf die Bedeutung internationaler Zusammenarbeit in der Strafrechtspflege ein: Hermann Mannheim, Criminal Justice and Social Reconstruction, London 1946.

Annahmen der positivistischen Schule der Kriminologie ins Extreme weitergedacht wurden.

Die vorgeschlagenen Reformen der Jugendgerichtsbarkeit sollten für alle Länder in Europa gelten, die Fry unter dem Oberbegriff »Western civilization« zusammengefasst sah. Neben den Berichten über Belgien, die Tschechoslowakei, England und Wales, Deutschland, Griechenland, Frankreich, die Niederlande, Norwegen, Polen und die Schweiz sollten weitere Autorinnen oder Autoren aus Schweden, Jugoslawien, Italien und Russland gewonnen und damit ein Großteil Europas abgedeckt werden. Auch wenn dies nicht gelang, stellt »Lawless Youth« ein Manifest des auf Rehabilitation und »treatment« zielenden Reformprogramms in der Jugendstrafgerichtsbarkeit dar – mit Ausnahme der Vorschläge Delierneux' für eine eugenische Kriminalpolitik.

Bei diesem geografischen Fokus blieb – und das ist die dritte und letzte Beobachtung – das gesamte Commonwealth außen vor, was angesichts des großen Netzwerks an Berichterstattern der HLPR insbesondere in den Dominions, aber auch in China, als vertane Chance zu werten ist.[154] Auch die Jugendgerichtsbarkeit in den Kolonien sollte separat von den »hoch entwickelten« europäischen Ländern behandelt werden, damit man in einem ersten Schritt maximale Standards für letztere erarbeiten könne.[155] Besonders hervor sticht aber, dass bis zur letzten Sitzung keine Vertreterin oder kein Vertreter der USA einbezogen wurde. Die USA waren ein naheliegender Vergleichsfall, nicht nur, weil sich Eleanor und Sheldon Glueck in Harvard bereits einen Namen mit ihren Forschungen zu Jugendkriminalität machten, sondern weil Margery Fry 1941/42 eine Reise im Stil eines »penitentiary tourism« durch die USA unternahm und Gefängnisse und Reformprojekte besuchte. Fry nahm die USA als Vorbild und Pionier wahr, als »laboratory for social experiments«.[156] Auch Hermann Mannheim unterhielt Kontakte zu Sheldon Glueck und veröffentlichte zu den Reformen in den USA.[157] In den Debatten des Internationalen Komitees wurde häufig Bezug auf den Vorbildcharakter des amerikanischen Systems genommen.[158] Dennoch sollten die USA lediglich als Referenz verwendet und kein Länderreport

154 Mehr zu diesem Netzwerk in Kapitel II.1.

155 MRC, MSS. 16B/1/3, Howard League, International Committee, Minutes, 2nd Meeting, 1.6.1943, S. 3.

156 Fry, Treatment not Punishment, S. 12.

157 Harvard Law School Library, Sheldon Glueck Papers, 1916–1972 (HOLLIS 601626), Correspondence, Mannheim, Hermann 1934–1966; Hermann Mannheim, New Trends in the Treatment of Adolescent Offenders in the U.S.A, in: The Howard Journal 6 (1941) 1, S. 70–74; Hermann Mannheim, American Criminology and Penology in War Time, in: The Sociological Review 34 (1942) 3–4, S. 222–234.

158 MRC, MSS. 16B/1/3, Howard League, International Committee, Minutes, 5th Meeting, 11.11.1943, S. 4.

erstellt werden.[159] Dies wurde damit begründet, dass das Jugendstrafrecht in den einzelnen Bundesstaaten zu unterschiedlich sei.

1944 unternahm das Komitee noch einen Versuch, einen amerikanischen Experten zu gewinnen, der sich mit den Regelungen in allen Bundesstaaten auskenne. Über das Netzwerk Delierneux' wurde der Kontakt zu einem Herrn Hoelen hergestellt, der London allerdings im Frühjahr wieder verließ.[160] Anschließend lud man Lithgow Osborne, den stellvertretenden Direktor der UNRRA in London und Sohn des Gefängnisreformers Mott Osborne, zur letzten Sitzung ein, was jedoch keine Kooperation zur Folge hatte.[161] So blieb das Internationale Komitee ein europäisch-englisches Unterfangen, das in den transnationalen Räumen Londons zur Kriegszeit durchgeführt wurde.

Das neunte und letzte Treffen des Internationalen Komitees fand im Mai 1944 statt, kurz vor dem »D-Day«, der alliierten Landung in der Normandie und der Eröffnung einer zweiten Front gegen Deutschland. In Folge der Befreiung Europas kehrten viele Exilanten und Exilantinnen nach Europa zurück, ihre Arbeit im »London Moment« hatte aber bleibende Auswirkungen sowohl für die Akteure selbst, die für ihre Zusammenarbeit geschaffenen Wissensräume in England sowie für das internationale Strafrecht und die internationale Kriminalpolitik.

Die Howard League for Penal Reform in der Nachkriegszeit

Die HLPR sammelte durch die Anwesenheit der Exiljuristen Expertise zur Jugendkriminalität und hielt an diesem Thema weiter fest. Nachdem 1947 »Lawless Youth« erschienen war, stieß man Rezensionen an[162] und nutzte die eigene Mitgliederbasis, um auf die Publikation aufmerksam zu machen.[163] Gleichzeitig schaltete sich die

159 Sheldon Glueck/Eleanor Touroff Glueck, Juvenile Delinquents Grown Up, New York 1940. 1950 erschienen erste Ergebnisse ihrer soziologischen Panel-Untersuchung, die ihren Klassiker-Status begründete, Sheldon Glueck/Eleanor Glueck, Unraveling Juvenile Delinquency, New York 1950.

160 MRC, MSS. 16B/1/3/6, HLRP, International Committee, Minutes, 7th Meeting, 21.2.1944, S. 7.

161 MRC, MSS. 16B/1/4, HLPR, International Comittee, Minutes, 8th Meeting, 31.3.1944, S. 1; MSS. 16B/1/4/2, HLPR, International Committee, Minutes, 9th Meeting, 26.5.1944, S. 1. Osborne wurde anschließend amerikanischer Botschafter für Norwegen, dessen Exilregierung sich noch in London befand. United Nations Relief and Rehabilitation Administration, UNRRA: Organization, Aims, Progress, Washington, D.C. 1944, S. 28; US Department of State, Office of the Historian, Lithgow Osborne (1892–1980), https://history.state.gov/departmenthistory/people/osborne-lithgow (abgerufen 27.8.2021).

162 Reekie machte Vorschläge für geeignete englische und amerikanische Zeitschriften: UR, AUC 355/2, I.H. Reekie (Assistant Secretary HLPR) an J. Freeman (George Allen&Unwin), 8.1.1948.

163 Der Verlag bereitete 1948 Flyer und Bestellscheine als Beilage für den Jahresbericht der HLPR vor: UR, AUC 355/2, Cicely Craven an Philip Unwin, 19.1.1948. Die italienischen Rechte wur-

HLPR als NGO in die englischen Debatten über die richtigen politischen Antworten auf die steigende Jugendkriminalität ein. Noch im Krieg veranstaltete die HLPR eine Konferenz zum Thema »What is this Juvenile Delinquency?«, an der 250 Expertinnen und Experten teilnahmen.[164] 1949 knüpfte man an diese Arbeit an und lud zu einer großen Konferenz zur Jugendkriminalität nach Oxford ein, bei der Max Grünhut als Vorsitzender agierte.[165] An prominenter Stelle hielt Margery Fry, die sich gerne öffentlich zu dem Thema äußerte, einen Vortrag vor ihren britischen Kolleginnen und Kollegen.[166] Hier ist also eine Hinwendung zur nationalen Kriminalpolitik zu beobachten. Auch die Arbeit von Hermann Mannheim und Max Grünhut, die sich beide gegen eine Rückkehr nach Deutschland entschieden und in England blieben, fokussierte auf die britische Politik. Sie nutzten ihre im Krieg vorgezeigte Expertise, um nach dem Krieg am »governmental project« der Kriminologie mitzuwirken.[167] Grünhut erstellte 1956 eine Handreichung für Jugendgerichte für England und Wales, Mannheim kooperierte weiter eng mit dem Innenministerium und führte 1955 eine großangelegte Studie mit L.T. Wilkins durch.[168]

Während man die Jugendkriminalität vor allem als nationales Problem betrachtete, für das der internationale Blick Lösungsansätze generieren konnte, verschob sich der Fokus der internationalen Arbeit der HLPR nach dem Krieg und mit Blick auf die Gründung der Vereinten Nationen von der Jugendkriminalität hin zu einem vertrauten Thema – den Rechten von Häftlingen und Inhaftierten. Margery Fry war 1938 das letzte Mal in Genf gewesen, um im Völkerbund Lobbyarbeit für ihren Konventionsentwurf zu betreiben. Während des Kriegs beschäftigte sich das Internationale Komitee mit Grundprinzipien der Behandlung von Jugendkriminalität.

So wurde das Projekt einer »International Charter for Prisoners« erst 1945 von Neuem angegangen. Dies stand im Kontext der Bemühungen der HLPR, sich international als die britische nichtstaatliche Organisation zu behaupten, die bei

---

den 1949 an einen Mailänder Verlag verkauft. UR, AUC 401/20, Aldo Garzanti an George Allen&Unwin, 8.3.1949.

164 HLPR, Annual Report 1944–45, London 1945, S. 12.

165 Oxford University Archives [OUA], Records of the Barnett House Association, SC 1/25/9, The Challenge of Juvenile Delinquency, Konferenz, Oxford, 4.6.1949.

166 OUA, BH, SC 1/25/9, Margery Fry, The Problem to be Faced, Entwurf. Siehe auch Somerville College, Oxford [SC], Margery Fry Papers [MFP], 41/4, Margery Fry, Vortragsmanuskript Institut de Droit Comparé de l'Université de Paris, 25.5.1948; The Child's Need for Love, BBC Woman's Hour transcripts, 10.4.1947; The Criminal Justice Bill, 21.11.1947.

167 Siehe David Garland, Of Crimes and Criminals: The Development of Criminology in Britain, in: Mike Maguire/Rod Morgan/Robert Reiner (Hg.), The Oxford Handbook of Criminology, 2. überarb. Aufl., Oxford, New York 1997, S. 11–56 und 20–29.

168 Max Grünhut, Juvenile Offenders Before the Court, Oxford 1956; R.S.T. Chorley, Hermann Mannheim: A Biographical Appreciation, in: The British Journal of Criminology 10 (1970) 4, S. 324–347, hier S. 341.

der Formulierung einer internationalen Kriminalpolitik und Kriminalwissenschaft mitwirkte. Bereits im August 1944 übte die HLPR Druck auf Regierungschefs und Botschafter in London aus, »urging the governments of the United Nations during the reconstruction period to consider the importance of international co-operation in preventing crime and delinquency, the final expression of human waste.«[169] Wie Adnan Sattar ausgeführt hat, war sie damit die erste Organisation, die dieses Thema nach den fehlgeleiteten Bemühungen 1941, die britische Regierung davon zu überzeugen, eine internationale Kommission zu dem Thema einzurichten, wieder auf die Tagesordnung brachte.[170] Die HLPR setzte sich wieder für mehr internationale Kooperation im Bereich der Strafrechtsreform ein und wollte sicherstellen, dass die UN die Arbeit des Völkerbunds und insbesondere die Kooperation mit der IPPC wieder aufnahm.[171] Zu diesem Zweck veranstaltete sie im Juli 1945 eine Pressekonferenz, bei der Margery Fry, Adolphe Delierneux und Alexander Paterson eine neue internationale Konvention für Angeklagte forderten.[172]

Schlussbemerkungen

Es gelang der HLPR in der Folgezeit nicht, diese Charta in die Nachkriegsdebatten über die Kodifizierung von Menschenrechten einzuspeisen. Allerdings schaffte sie es, das Thema der Strafjustiz als *internationales* Thema auf der Agenda des neu eingerichteten Wirtschafts- und Sozialrats der Vereinten Nationen zu verankern. So nahm sie eine Scharnierfunktion zwischen Vor- und Nachkriegszeit ein und stellte sicher, dass bereits existierende Wissensbestände und institutionelle Kooperationen weitergeführt wurden. Eine detaillierte kritische Geschichte der institutionellen und diskursiven Rahmen der internationalen Zusammenarbeit in der Kriminalpolitik – und der Platz der Jugendgerichtsbarkeit darin – verspricht wichtige Einblicke in die Mechanismen der internationalen Zusammenarbeit nach dem Krieg.[173]

169 HLPR, Annual Report 1943–44, S. 10f.

170 Adnan Sattar, Criminal Punishment and Human Rights: Convenient Morality, London 2019, S. 146.

171 HLPR, Annual Report 1944–45, London 1945, S. 12.

172 Margery Fry, International Charter For Prisoners, in: The Times, 12.7.1945, S. 2; MRC, MSS. 16B/1/4, HLPR, Executive Committee, Minutes, 238th Meeting, 20.7.1945.

173 Bisher finden sich vor allem Institutionsgeschichten, die von involvierten Akteuren geschrieben wurden: Benedict Solomon Alper/Jerry F. Boren, Crime: International Agenda: Concern and Action in the Prevention of Crime and Treatment of Offenders, 1846–1972, Lexington 1972; William Clifford, The Standard Minimum Rules for the Treatment of Prisoners, in: The American Journal of International Law 66 (1972) 4, S. 232–244. Siehe aber Efi Avdela, When Juvenile Delinquency Became an International Post-War Concern: The United Nations, the Council of Europe and the Place of Greece, Wien 2018.

So sei an dieser Stelle lediglich darauf verwiesen, dass die Arbeit des Internationalen Komitees der HLPR für die beteiligten Exilantinnen und Exilanten eine Gelegenheit bot, sich über die Zukunft der Jugendgerichtsbarkeit auszutauschen und so Stellung zu diesem aus ihrer Sicht so wichtigen Thema der Nachkriegsordnung zu beziehen. Darüber hinaus konnte die HLPR so ihre internationale Arbeit weiterführen, auch wenn das Projekt einer internationalen Konvention für die Rechte von Angeklagten einige Jahre ruhen musste. Schließlich zeigt sie beispielhaft, dass in diesem »London Moment« die Strafjustiz ein Motor transnationaler Kooperation wurde, da die Reform derselben – auf Ebene der Jugendgerichtsbarkeit genauso wie des Völkerstrafrechts – als unabdingbare Voraussetzung für eine friedliche, von Rechtssicherheit beherrschte Nachkriegsordnung angesehen wurde.

Die Weiterentwicklung des Völkerstrafrechts im Zweiten Weltkrieg hin zu einer auf individueller strafrechtlicher Verantwortung beruhenden internationalen Strafjustiz war eng verbunden mit der Geschichte des Strafrechts und der Kriminologie in Großbritannien. Durch die Anwesenheit von Exiljuristen in Großbritannien wurde die Produktion von Wissen über das internationale Strafrecht angestoßen, insbesondere über die Ahndung von Kriegsverbrechen durch einen internationalen Strafgerichtshof und die internationale Reform des Strafrechts während des Wiederaufbaus nach dem Krieg.

Die Wissensräume des »London Moment« lassen sich geografisch und inhaltlich näher beschreiben, wenn man das Internationale Komitee und die Cambridge Commission gegenüberstellt. Die Cambridge Commission traf sich nur anfangs in Cambridge, die weiteren offiziellen Treffen fanden in London statt (im britischen Innenministerium und im Czechoslovak beziehungsweise dem British-Norwegian Institute). Da man eine nichtstaatliche Gruppierung war, deren Mitglieder als Privatpersonen agierten, konnte man sich nicht in den (ohnehin überfüllten) Räumen der Exilregierungen treffen. Dem Department of Criminal Science wäre es sicher lieber gewesen, hätten die Zusammenkünfte in Cambridge stattgefunden, versuchte man doch durch die internationale Arbeit wissenschaftliches Prestige aufzubauen. Die Zusammenkunft von Ministern und Richtern der Exilregierungen in den Räumen der Universität hätte dazu beigetragen, das Department als ganz neue Einrichtung bekannter zu machen. Dies war jedoch – wie das durch einen ausgefallenen Zug stark verkürzte Treffen im Februar 1942 deutlich zeigt – wenig praktikabel. Die Treffen des Internationalen Komitees fanden ebenfalls in London statt, obwohl die HLPR ihre Büroräume und Unterlagen nach Oxford und in das Haus von Cicely Craven evakuiert hatte, genauer gesagt an Orten der englischen Reformbewegung, anfangs im Friends House der Quäker, dann im St. Leonard's House, dem Sitz der National Association of Discharged Prisoners' Aid Societies nahe dem Innenministerium. Da die meisten europäischen Mitglieder von Cambridge Commission und Internationalem Komitee in London lebten, war dies ebenfalls eine aus praktischen

Gründen sinnvolle Entscheidung und verweist auf die Bedeutung der Stadt London für die Strukturen internationaler Kooperation.

Weniger wörtlich verstanden waren beide Organisationen Räume, in denen Wissen produziert und zirkuliert wurde, gemeinsame Problemdiagnosen gestellt und ein Erwartungshorizont für die Nachkriegszeit gezeichnet wurde. Gemeinsam war ihnen, dass sie beide im Grunde europäische Projekte blieben und die Kooperation mit außereuropäischen Akteuren nicht zu einer Ausweitung des Untersuchungsgegenstands führte. Auch wenn der Sekretär der Cambridge Commission J. W. Cecil Turner Kontakt zu den chinesischen und der russischen Botschaft in London herstellte und diese als neutrale Beobachter kooptieren konnte, folgte daraus keine inhaltliche Zusammenarbeit. Einzelne Mitglieder beider Gruppierungen hatten zudem enge Kontakte in die USA. So reiste neben Hersch Lauterpacht und Marcel de Baer auch Margery Fry während des Kriegs in die USA. Jedoch wurden mit einer Ausnahme keine juristischen Analysen über die USA verfasst.[174] Beide Organisationen blieben also europäische Vorhaben, was trotz der Bewunderung für die USA den Eurozentrismus der Juristinnen und Juristen widerspiegelt.

Ein wichtiger Unterschied war, dass die Cambridge Commission im Gegensatz zum Internationalen Komitee fast ausschließlich aus Männern bestand. Während die Kriminalwissenschaft als Sozialwissenschaft progressiven gesellschaftlichen Strömungen und der Mitarbeit der Zivilgesellschaft – und damit auch Frauen – zumindest bis zu einem gewissen Grad offenstand, war die Beschäftigung mit der Bestrafung von Kriegsverbrechern Männern vorbehalten, die vor ihrer Emigration oftmals als Richter oder Anwälte gearbeitet hatten. Diese Kontinuitäten beeinflussten dann auch im Krieg, welche Exilantinnen und Exilanten in welchem Kontext über Recht sprechen und welchen Einfluss sie auf die Nachkriegsplanungen nehmen konnten: Die ehemaligen Richter und Anwälte, die nach Kriegsausbruch nach England emigriert waren, waren in den meisten Fällen auch in ihre jeweiligen Exilregierungen eingebunden. Hier beschäftigten sie sich schon früh mit der Entwicklung einer Kriegsverbrecherpolitik und vernetzten sich zum Zweck der interalliierten Abstimmung, und um Druck auf die Politik zu machen, mit ihren Kollegen. Währenddessen lebten geflüchtete Wissenschaftler oftmals viele Jahre am Existenzminimum und waren davon abhängig, Forschung zu betreiben, die ihnen eine auskömmliche Position an einer britischen Universität sicherte. Hier boten sich die Kriminologie und das internationale Strafrecht im Sinne der Entwicklung internationaler Standards eher an als das internationale (Völkerstraf-)Recht.

Trotz des Vorbehalts, dass die fehlende Kooperation beider Organisationen eine verpasste Chance war, soll hier abschließend die Produktivität der Juristen im Exil

---

174 Arthur Goodhart erstellte einen kurzen Beitrag für die Cambridge Commission über die Handhabung des Befehlsnotstands als Verteidigung in den USA: UNA, Cambridge Commission, Dr de Moor's Sub-Committee, Reply by Prof. Goodhart (D.18), o. D. [1942].

betont werden, die aus ihrer persönlich oftmals tragischen, zumindest aber herausfordernden Situation der Flucht den Anspruch ableiteten, die Nachkriegsordnung nach ihren Vorstellungen zu gestalten und die von ihnen imaginierte »Gemeinschaft zivilisierter Völker« auf den richtigen Weg zurückzuführen.

Fazit: Das internationale Strafrecht im »London Moment« und der »London Moment« in der Geschichte des internationalen Strafrechts

> »[T]here are times in the history of every nation when the normal pattern of development is upset. We might call them moments of mutation, when the slow process of social evolution receives a sudden jolt, when public opinion and official administration are alike willing to accept, to welcome, a rapid step forward on the path they have been, almost unconsciously, treading. [...] We believe that in many countries the era of reconstruction after the war may well prove to be such a moment.«[1]

Dies schrieb Margery Fry 1947. Die Vizepräsidentin der Howard League for Penal Reform (HLPR) brachte damit die Hoffnungen auf den Punkt, die mit dem Kriegsende 1945 und der Gründung der Vereinten Nationen verbunden waren. Vielleicht, so klingt es hier an, war jetzt endlich der Zeitpunkt gekommen, im großen Maßstab soziale und juristische Reformen durchzuführen, die unter anderem den Strafvollzug weltweit auf neue Füße stellten. Eine internationale Kriminalpolitik sollte Standards etablieren für alle Bereiche des Strafrechts und dabei vor allem die Rechte von Angeklagten und Häftlingen und ihre Rehabilitation in den Mittelpunkt stellen.

Tatsächlich befassten sich die Vereinten Nationen, genauer gesagt der Wirtschafts- und Sozialrat, mit der Erforschung der Ursachen von Kriminalität und den Möglichkeiten ihrer Bekämpfung. Auch wurden 1948 bürgerliche Rechte wie die Rechte von Angeklagten Teil der Allgemeinen Erklärung der Menschenrechte. Aber der Strafvollzug ist ein Spiegel politischer Systeme geblieben: In totalitär oder autokratisch regierten Diktaturen wird das Strafrecht zum Mittel der Politik. Es gibt keine Rechtssicherheit, grundlegende Rechte etwa der Opposition oder der Medien werden durch eine politisierte Justiz massiv verletzt. Daran haben internationale

1 Margery Fry, Treatment not Punishment, in: dies. et al. (Hg.), Lawless Youth: A Challenge to the New Europe: A Policy for the Juvenile Courts prepared by the International Committee of the Howard League for Penal Reform 1942–1945, London 1947, S. 9–21, hier S. 11.

Konventionen – deren diskursive Macht unbenommen bleibt – wenig geändert. Auch die Reformen des Völkerstrafrechts blieben nach dem Krieg hinter den Erwartungen zurück. Die internationalen Strafgerichtshöfe in Tokio und Nürnberg waren nicht die Geburtsstunde einer liberalen internationalen Rechtsordnung, wie sie sich die Exiljuristen im »London Moment« vorstellten. Unter den Logiken des Kalten Kriegs wurde kein ständiger internationaler Strafgerichtshof gegründet. Der Erklärung der Menschenrechte 1948 folgte nicht unmittelbar eine Politik, die sich die Menschenrechte zum Referenzrahmen genommen hätte. Bis heute ist der Angriffskrieg ein Mittel der Politik.

Das zu konstatieren, bedeutet nicht, die vielfältigen Fortschritte beim Schutz von Menschenrechten und bei der Verfolgung von Verbrechen an der Zivilbevölkerung und Kriegsverbrechen zu verkennen – es verweist vielmehr darauf, wie weitreichend die Zukunftsentwürfe waren, die während des Zweiten Weltkriegs insbesondere von Exilanten in Großbritannien entwickelt wurden. In zukunftsoffenen Ausnahmesituationen wie dem Zweiten Weltkrieg verschiebt sich der Erwartungshorizont von Menschen. Während bisherige Gewissheiten – etwa die Erwartung eines bestimmten Lebensweges – erschüttert werden, kann sich gleichzeitig ein Raum ergeben, in dem eine alternative Zukunft imaginiert wird.

Im Zweiten Weltkrieg wurde London zu einem derartigen Ort. Im »London Moment« lebten und arbeiteten Kontinentaleuropäer und Briten auf engstem Raum zusammen, natürlich nicht ohne Konflikte, aber in einem ständigen Austausch. Dies ermöglichte in allen Politikbereichen eine transnationale Zusammenarbeit über die direkte Kriegsführung hinaus. Das internationale Strafrecht war eines der Wissensfelder, die intensiv von internationalen Expertengruppen bearbeitet wurden.

Zumindest die britische Regierung verfolgte bis mindestens 1943 keine Politik, die die Bestrafung von Kriegsverbrechen, insbesondere des Holocausts, in den Vordergrund gestellt hätte. Dies schuf ein Vakuum, in dem sich kontinentaleuropäische und britische Juristen über die Zukunft der internationalen Rechtsordnung zu verständigen versuchten und Deutungsmuster internationaler Kriminalität entwickelten: Der Angriffskrieg Deutschlands und die Gräueltaten, die massenhaft an Zivilisten verübt worden waren, wurden als justiziable Verbrechen verstanden; diejenigen, die diese Verbrechen angeordnet und durchgeführt hatten, mussten gerichtlich zur Rechenschaft gezogen werden, auch wenn sie bisher Immunität oder der Verweis auf einen Befehl eines Vorgesetzten schützte. Das kurzfristige Ziel der Exiljuristen war die Vergeltung der Verbrechen, langfristig sollte eine internationale Rechtsordnung hergestellt werden – flankiert von Reformen nationaler Strafrechtsregime, die Rechtssicherheit herstellten und den Schutz bürgerlicher Rechte garantierten.

Aus Sicht der Exilanten und ihrer britischen Partner stellte das Strafrecht einen zentralen Indikator für den »Zivilisationsgrad« eines Staats dar, wobei sie die »Gemeinschaft zivilisierter Staaten« in einer dichotomen Logik rein westlich definierten. Sie analysierten, dass ein Rechtsstaat mit einer humanen, effizienten, vor allem jedoch rechtsstaatlichen Kriminalpolitik eine ebenfalls regelbasierte Kooperation mit anderen Staaten in gutem Glauben eingehen werde. Ein Land hingegen, in dem die Bürgerinnen und Bürger zu Recht kein Vertrauen in dessen Rechtsstaatlichkeit hätten, neige auch dazu, anderen Staaten gegenüber aggressiv aufzutreten. Daraus folgte aus Sicht der Juristen und Reformer, dass Rechtsstaatlichkeit und das Völkerrecht zentrale Bestandteile der globalen Nachkriegsordnung sein mussten. Sie entwarfen daher Reformen sowohl des Strafrechts (unter anderem des Jugendstrafrechts) als auch des Völkerstrafrechts. Die Bestrafung von Kriegsverbrechen war dabei sowohl Voraussetzung für die Schaffung einer internationalen Rechtsordnung als auch ein Testfall für die internationale Kooperation – schafften es die alliierten Regierungen, ihre unterschiedlichen Rechtsordnungen zu harmonisieren und sich auf gemeinsame Standards für die Erfassung und Bestrafung angeklagter Kriegsverbrecher zu einigen?

Über die Auseinandersetzung mit diesen Fragen entstanden im Herbst 1941 mit der International Commission for Penal Reconstruction and Development – der Cambridge Commission – und dem Internationalen Komitee der HLPR Institutionen, in denen britische und kontinentaleuropäische Juristen und Juristinnen Wissen über das internationale Strafrecht produzierten. In diesen sogenannten Wissensräumen wurden gedankliche Vorbereitungen getroffen für die rechtliche Nachkriegsordnung. Im Rahmen der Cambridge Commission wurde eine neue Definition von Kriegsverbrechen angestoßen, die später in der United Nations War Crimes Commission in der Formulierung des Straftatbestandes »Verbrechen gegen die Menschlichkeit« mündete. Es wurden Studien zu Jurisdiktionskonflikten bei der Ahndung grenzüberschreitender Verbrechen, zur Einrichtung eines internationalen Strafgerichtshofs und zum Befehlsnotstand als Verteidigung erstellt – aber auch Mindeststandards für die Rechte von Angeklagten formuliert und die Entwicklung des Strafrechts in den von Deutschland besetzten Gebieten analysiert. Das Internationale Komitee der HLPR stellte die Rehabilitation (jugendlicher) Straftäter und den Schutz der Gesellschaft vor Kriminellen in den Mittelpunkt seiner Arbeit. Beide Gruppen bedienten Wissensfelder, auf denen auch nach dem Krieg eine intensive internationale Kooperation stattfand – wenn auch nicht immer mit dem gewünschten Ergebnis. Diese Kooperation im Strafrecht sowie die Formulierung internationaler Standards blieben auch auf der politischen Agenda, weil sich Exilanten während des Kriegs so intensiv mit diesen Feldern befasst, Netzwerke geschaffen und neue Themenfelder erschlossen hatten.

Was den »London Moment« im internationalen Strafrecht besonders auszeichnet, war die enge inhaltliche und personelle Verknüpfung des Strafrechts, der Kriminologie und des Völkerstrafrechts. So waren es nicht nur Experten des internationalen Rechts, die sich an den rechtlichen Nachkriegsplanungen beteiligten, sondern auch – und in entscheidenden Positionen – Strafrechtler, ehemalige Richter und Anwälte sowie Kriminologen. Sie alle befassten sich mit der Frage, was eigentlich ein »internationales Verbrechen« konstituiere und wie dies strafrechtlich geahndet werden könne. Im Mittelpunkt stand die Frage, wie Staaten mit Jurisdiktionskonflikten umgehen sollten – welche Gerichte konnten welche Verbrechen welcher Staatsbürger ahnden? Aus der Beobachtung, dass hier zu viele Regelungslücken bestanden, ergab sich schon 1942 die Forderung der Exiljuristen nach einem internationalen Strafgerichtshof. Damit untrennbar verbunden war aber die Formulierung internationaler Standards für die Strafgerichtsbarkeit auf nationaler Ebene. Das Ziel einer stabilen internationalen Rechtsordnung war nicht nur über die Bestrafung begangener Kriegsverbrechen zu erreichen, so zeigten sich die Exiljuristen überzeugt, sondern auch über die internationale Vereinheitlichung von Verfahrensstandards, was etwa den Schutz von Angeklagtenrechten anging. So stellten das Völkerstrafrecht und die internationale Zusammenarbeit im Strafrecht zwei Seiten derselben Medaille dar.

Insbesondere die Cambridge Commission nimmt daher in der Wissensgeschichte des internationalen Strafrechts nicht nur, wie in der Forschung bisher betont wurde, die Rolle eines »Wegbereiters« der Nürnberger Prozesse ein. Sie sollte vielmehr als Wissensraum verstanden werden, in dem Völkerrecht und Strafrecht zusammengedacht wurden als Systeme, deren Ausgestaltung darüber entschied, ob eine friedliche Koexistenz und Kooperation zwischen »zivilisierten« Völkern möglich waren. Die effiziente Bestrafung von Kriegsverbrechen durch nationale und internationale Gerichte war hierfür zwar Voraussetzung, aber aus ihrer Sicht längst nicht hinreichend. Vielmehr sollten alle Strafrechtssysteme einer kritischen Prüfung unterzogen werden und der Krieg idealerweise Katalysator für die Weiterentwicklung und Angleichung (europäischer) Strafrechtsregime sein, in denen bürgerliche Rechte geschützt würden.

Der Auslöser für die Gründung der Cambridge Commission und des Internationalen Komitees der Howard League for Penal Reform im Kriegsjahr 1941 war die gemeinsame Forderung, strafrechtliche Fragen in die Nachkriegsplanungen einzubeziehen. Zu diesem Zeitpunkt hatte sich das Stadtbild Londons, aber auch der Alltag in Oxford und Cambridge, radikal verändert. Mit der Machtübernahme der Nationalsozialisten im Jahr 1933, den Nürnberger Gesetzen 1935 und den Novemberpogromen 1938 suchten insgesamt etwa eine halbe Million Menschen aus den deutschsprachigen Gebieten Zuflucht im Ausland. Eine Minderheit von ihnen gelangte nach Großbritannien. Die Universitäten versuchten sich in einem Balanceakt zwischen dem vermeintlichen Schutz der eigenen begrenzten Ressourcen und der Hilfe für eine gedachte Gemeinschaft von Wissenschaftlern. Mit Unterstützung der Society of the Protection of Science and Learning, die diese Bemühungen federführend organisierte, gelangten so auch die deutschen Strafrechtler Hermann Mannheim und Max Grünhut nach England. In Ermangelung einer Expertise in englischem oder internationalem Recht setzten sie fortan einen Forschungsschwerpunkt auf die Kriminologie und schufen sich so ihre eigene akademische Nische. Ähnlich verfuhr ein weiterer Exilant, Leon Radzinowicz. Der polnische Kriminologe traf 1938 in England ein und gründete gemeinsam mit den englischen Strafrechtlern J. W. Cecil Turner und Percy H. Winfield eine kriminologische Forschungsgruppe an der Universität Cambridge (das Department of Criminal Science).

Als mit Kriegsausbruch und der Besetzung Europas durch Deutschland 1940 und 1941 zahlreiche weitere Flüchtlinge nach London gelangten und Exilregierungen und ihre Mitarbeiter anfingen, aus der relativen Sicherheit Englands heraus die Nachkriegsordnung vorzubereiten, wurde auch das Department of Criminal Science eine der »Honigwaben« transnationaler Kooperation, die die Nachkriegsplanungen auszugestalten suchten.[2] Zur gleichen Zeit machte sich die HLPR bereit, ihre internationale Arbeit auch im Krieg weiterzuführen. Obwohl es nicht gelang, die britische Regierung zu einem Partner in diesem Unterfangen zu machen, gründeten das Department of Criminal Science und die HLPR im Winter 1941/42 internationale Expertengremien. Beide Gruppierungen nutzten dabei »Mechanismen des Internationalismus« (Geyer/Paulmann): die Annahme, dass Frieden durch Reformen im (internationalen) Strafrecht zu erreichen sei; die Zwitterstellung, die sich aus dem Selbstverständnis als nichtstaatlicher Organisation und der Finanzierung durch staatliche Akteure ergab; die Weiterführung der etablierten Praxis, in thematisch gegliederten Komitees zu arbeiten und deren Berichterstatter Analysen vorlegen zu lassen; und schließlich das Ziel einer auf wissenschaftlichen Erkenntnissen beruhenden internationalen Kriminalpolitik. Diese Ideen und Praktiken strukturierten die Produktion von juristischem Wissen in den Kriegsjahren.

Das Department of Criminal Science und die HLPR untermauerten ihrerseits durch transnationale Kooperation den eigenen Anspruch, nach dem Krieg relevante politische Akteure bei der Formulierung einer internationalen Kriminalpolitik zu werden. Aus dieser Motivation heraus agierten insbesondere J. W. Cecil Turner und Margery Fry als Wissensbroker für das internationale Strafrecht und gingen auf Exilantinnen und Exilanten zu, die zu diesem Zeitpunkt wenige Plattformen für ihre Forderungen nach einer Reform des internationalen Strafrechts hatten. Diese angesprochenen Personen wiederum sahen in der transnationalen Vernetzung eine Möglichkeit, als legitime Gesprächspartner wahrgenommen zu werden und der Erfahrung des Kontrollverlusts und der Machtlosigkeit, die eine Flucht mit sich bringt, etwas entgegenzusetzen.

Der Fokus auf den belgischen Richter Marcel de Baer hat gezeigt, wie die individuellen Erfahrungen der Exiljuristen ihre Vision für das internationale Strafrecht beeinflussten. De Baer wurde über seine Vergangenheit als Kolonialbeamter,

2 Patricia Clavin, Defining Transnationalism, in: Contemporary European History 14 (2005) 4, S. 421–439, hier S. 438.

als Soldat im Ersten Weltkrieg und als Richter in einem 1940 von deutschen Truppen besetzten Land zu einem vehementen Fürsprecher eines internationalen Strafgerichtshofs. Er nutzte die Studien, die die Mitglieder der Cambridge Commission zur Rechtspraxis ihrer Herkunftsstaaten in Bezug auf Kriegsverbrechen verfassten, als Ressource für seine weitere Arbeit in der London International Assembly (LIA) und später der United Nations War Crimes Commission (UNWCC). Gleichzeitig diente ihm die Cambridge Commission als erster Resonanzboden für seine Ideen zur Reform des internationalen Strafrechts, die aus seiner Sicht Voraussetzung dafür war, dass die Alliierten – und vielleicht irgendwann auch wieder Deutschland – nach dem Krieg eine Rechtsgemeinschaft bilden konnten, in der Angriffskriege als internationales Verbrechen galten. Während er Fragen des internationalen Friedens hervorhob, stand er einer Zusammenarbeit mit Vertretern des World Jewish Congress skeptisch gegenüber, wollte er doch vermeiden, dass die Verbrechen gegen die jüdische Zivilbevölkerung gesondert betrachtet wurden. Im vom britischen Völkerrechtler Arnold McNair geleiteten Komitee für das Völkerrecht zeigt sich zudem das Machtverhältnis zwischen Briten und Exilanten in der Cambridge Commission: McNair unterband ein klares Bekenntnis zu einem internationalen Strafgerichtshof, wie es de Baer forderte, da er die britische Regierung nicht in die unbequeme Position bringen wollte, sich zu einer juristischen Antwort auf die Kriegsverbrecherfrage zu bekennen. Dies gelang ihm, weil die Exilanten selbst keine homogene Gruppe liberaler Internationalisten waren. Sie waren auch keine unpolitischen Akademiker ohne nationale Eigeninteressen, sondern agierten in einem Spannungsfeld zwischen eigenen juristischen Zukunftsentwürfen und den Interessen ihrer Exilregierungen.

Dies wurde auch in den Debatten um individuelle strafrechtliche Verantwortung und die Rechte von Angeklagten in Strafprozessen deutlich. Johannes M. de Moor, niederländischer Richter, befasste sich vor dem Hintergrund seiner Unterstützung für den Völkerbund in der Zwischenkriegszeit eingehend mit der Fragestellung, ob die Verteidigung mit einem Befehlsnotstand einen der Kriegsverbrechen beschuldigten Angeklagten entlasten könne. Er nahm eine Vermittlerposition zwischen den Exiljuristen ein, um eine gemeinsame juristische Grundlage für die Kriegsverbrecherprozesse zu schaffen und Jurisdiktionskonflikten vorzubeugen. Seine Motivation war – im Gegensatz zu seinem polnischen Kollegen Stefan Glaser – weniger das Entsetzen über die damals schon ausreichend dokumentierten Gräueltaten der Deutschen und ihrer Verbündeten in Kontinentaleuropa, sondern die Vision einer internationalen Rechtsordnung, in der die Niederlande als Kolonialmacht weiterhin eine politische Rolle spielten.

Der Themenkomplex der individuellen strafrechtlichen Verantwortung wurde durch Debatten über die Rechte von Angeklagten flankiert. Der Schutz dieser Personengruppe vor staatlicher Willkür etwa durch das Rückwirkungsverbot im Strafrecht sollte aus Sicht des polnischen Anwalts Stefan Glaser Teil des Wiederaufbaus nach dem Krieg sein. Damit griff er Debatten im Völkerbund auf – 1938 war eine Resolution zu ebendiesem Thema verabschiedet worden. Er nutzte aber auch seine Forschung zu Auslieferungsverfahren und zum Rückwirkungsverbot sowie seine Erfahrung als Anwalt für Oppositionspolitiker, um sich als Sprecher über das internationale Strafrecht zu positionieren. So gelang es Glaser, dass die Cambridge Commission einen Katalog an Grundprinzipien formulierte, der Strafprozessen – und damit auch den Kriegsverbrecherprozessen – zugrunde liegen sollte. Dies diente der Selbstvergewisserung der Exiljuristen als Vertreter der erklärtermaßen »zivilisierten« Welt, in der selbst bei der Bestrafung der barbarischsten Taten keine Willkür, sondern Rechtssicherheit herrschen sollte.

Aus einer ähnlichen Motivlage heraus untersuchte die Cambridge Commission 1943 die Reformen des Strafrechts in den sogenannten Achsenstaaten und den von ihnen besetzten Staaten. Der Dokumentation der aktuellen Gesetzeslage wurde große Bedeutung beigemessen, da dieses Wissensreservoir als Grundlage für Reformen nach dem Krieg verstanden wurde. Tatsächlich wurde die hier (und an anderen Stellen) aufgebaute Expertise nach dem Krieg teilweise von den britischen Besatzungsbehörden genutzt, um rasch ein neues Justizsystem in Deutschland aufzubauen. Das Department of Criminal Science selbst nutzte die Studien der Cambridge Commission wiederum, um sich als Forschungseinrichtung für Strafrecht und Kriminologie zu etablieren. Es zirkulierte den Bericht des zuständigen Komitees international und machte so auf die Tätigkeiten in Cambridge aufmerksam.

Auch das Internationale Komitee der HLPR erfüllte die Funktion sowohl der Vorbereitung der Nachkriegsreformen als auch der Selbstvergewisserung, dass man sich für internationale Reformen einsetzte, so niederdrückend die aktuelle politische und militärische Lage auch sei. Im Gegensatz zur Cambridge Commission gelang ihr sogar eine Veröffentlichung, das 1948 erschienene Kompendium »Lawless Youth«, in dem das Warum und Wie von Jugendstrafgerichten analysiert wurde. Dabei sollte eine größere Unabhängigkeit der Richterinnen und Richter vor einer Usurpation der Judikative durch autokratische Kräfte schützen, während eine gesonderte Jugendgerichtsbarkeit der Rehabilitation von minderjährigen Straftätern und dadurch dem Schutz der Gesellschaft dienen sollte. Allerdings formulierte das Internationale Komitee keine allgemeingültigen Mindeststandards für die Jugendgerichtsbarkeit. Auch das Herzensthema Margery Frys, eine internationale Konvention für Angeklagtenrechte, fand erst nach dem Krieg wieder politische Befürworter, was angesichts der Internierung, Misshandlung und Tötung ethnischer Minderheiten, politischer Kritiker und Kriegsgefangener während des Kriegs zumindest bemerkenswert ist. Obwohl der direkte politische Einfluss des Internationalen Komitees also begrenzt blieb, trugen seine Mitglieder das Wissen über andere europäische Strafrechtssysteme weiter und nutzten es nach dem Krieg in Forschung und Praxis. Die deutschen Exilanten Hermann Mannheim und Max Grünhut konnten die internationale Vergleichsfolie in Studien zur Kriminalität nutzen, während etwa Wanda Grabińska ihre Londoner Zeit als Sprungbrett für eine Beschäftigung in den Vereinten Nationen nutzte.

Die Geschichte der Cambridge Commission und der HLPR im »London Moment« verweist darauf, dass es anachronistisch wäre, die Geschichte des internationalen Strafrechts auf eine Vorgeschichte der Nürnberger Prozesse zu reduzieren. Im Gegenteil, die an dieser »argumentative practice« (Martti Koskenniemi) beteiligten Akteure brachten unterschiedliche Wissensbestände mit und bearbeiteten sowohl völkerstrafrechtliche als auch strafrechtliche Fragestellungen in internationaler Perspektive.[3] Bemerkenswerterweise kam dabei – trotz der engen biografischen Verknüpfung von Experten für Strafrecht, Kriminologie und internationales Recht – die Debatte über die Bestrafung von Kriegsverbrechen im »London Moment« fast ohne die direkte Beteiligung von Kriminologen aus. In der Zwischenkriegszeit hatten sich von Marc Lewis »criminological jurists« genannte Rechtswissenschaftler auf Grundlage kriminologischer Theorien den Themen transnationale Kriminalität, Auslieferung oder Polizeikooperation gewidmet.[4] Diese hielten sich während des Zweiten Weltkriegs jedoch mit wenigen Ausnahmen auffallend zurück, was die Formulierung eines rechtlichen Rahmens für die Bestrafung von Kriegsverbrechen anging. Genannt seien Sheldon Glueck, der US-amerikanische Kriminologe, der als Mitglied der London International Assembly zum Fürsprecher eines internationalen Strafgerichtshofs wurde, und Hermann Mannheim, der erste Ideen dazu entwickelte, wie die Erkenntnisse der Kriminologie auf »internationale Verbrechen« wie Kriegsverbrechen und Angriffskriege übertragen werden könnten.[5] Allerdings verfolgten weder Glueck noch Mannheim ihr Interesse für das Völkerstrafrecht und internationale Verbrechen nach 1945 weiter. Erst als Reaktion auf die Einrichtung internationaler Strafgerichtshöfe in den 1990er Jahren und im Zuge des Booms transnationaler Perspektiven in sozial- und geisteswissenschaftlichen Fächern sind mehr und mehr Rufe nach einer »supranationalen Kriminologie« laut geworden, die neue, genuin kriminologische Forschungsdesigns zur Erklärung internationaler Verbrechen wie Genozide oder Verbrechen gegen die Menschlichkeit entwickeln sollte.[6]

---

3 Martti Koskenniemi, Law, Teleology and International Relations: An Essay in Counterdisciplinarity, in: International Relations 26 (2012) 1, S. 3–34, hier S. 19.

4 Mark Lewis, The Birth of the New Justice: The Internationalization of Crime and Punishment, 1919–1950, Oxford 2014, Kap. 4, insb. S. 102.

5 Hermann Mannheim, War and Crime, London 1941. Ausnahme bleibt die Forschung zu Sheldon Glueck, siehe Daniel Maier-Katkin/Daniel P. Mears/Thomas J. Bernard, Towards a Criminology of Crimes against Humanity, in: Theoretical Criminology 13 (2009) 2, S. 227–255.

6 Ilias Bantekas/Emmanouela Mylonaki (Hg.), Criminological Approaches to International Criminal Law, Cambridge 2014; Alette Smeulers/Roeof Haveman (Hg.), Supranational Criminology: Towards a Criminology of International Crimes, Antwerpen 2008; Ross Mc-

Die Konversation zwischen juristischen und sozialwissenschaftlichen Forschungsfeldern, die sich im weitesten Sinne mit internationalen Verbrechen befassen, steht hier allerdings erst am Anfang.

Um die Geschichte des internationalen Strafrechts in dieser ganzen Breite zu erforschen, haben sich biografische Ansätze als nützlich erwiesen. Es waren Strafrechtsreformer und Kriminologen, die zuerst Wissensräume für Exiljuristen und -juristinnen im »London Moment« geschaffen haben, keine Völkerrechtler. Die Agenden der Cambridge Commission und der HLPR wurden im Zusammenspiel von drei Personengruppen ausgestaltet: Wissensbroker, also gesellschaftlich etablierte Wissenschaftler und zivilgesellschaftliche Akteure wie J. W. Cecil Turner und Margery Fry, die unter Zuhilfenahme ihrer Netzwerke und Ressourcen neue Wissensräume schufen; *optimal marginals*, Neuankömmlinge an den Universitäten wie Leon Radzinowicz und Hermann Mannheim, die neue Forschungsthemen setzen konnten, weil sie zwar neu im Feld, aber bereits akademisch etabliert genug waren, um angehört zu werden; und *legal entrepreneurs* wie Marcel de Baer und Stefan Glaser, die als Exiljuristen unmittelbar an der Produktion und Zirkulation von Wissen über das internationale Strafrecht beteiligt waren. Nur im Zusammenspiel dieser drei großen Akteursgruppen konnte sich das Wissensfeld des internationalen Strafrechts im »London Moment« so ausbilden, wie im vorliegenden Buch beschrieben.

Zentral war dabei das Thema der Legitimität, also die Frage, wer im konstruktivistischen Sinne »sprechfähig« war. Dabei überlagerten sich die Zuschreibungs- und Zugehörigkeitskategorien Nation, Geschlecht, Beruf und Habitus und beeinflussten die Entscheidungen britischer Akteure, wer die Wissensräume im übertragenen Sinne betreten durfte. Aber auch der Zufall – wer war in den Exilregierungen für rechtliche Fragen der Nachkriegsplanungen zuständig – und persönliche Eigenschaften wie etwa das Selbstvertrauen de Baers spielten hier eine Rolle. So versuchten die Exiljuristen und -juristinnen im »London Moment«, durch transnationale Zusammenarbeit dem Bruch ihres bisherigen Lebenswegs durch die Emigration und der für viele erneuten Erfahrung einer kriegerischen Auseinandersetzung einen Sinn abzutrotzen. Hermann Mannheim und Max Grünhut besetzten eine Forschungslücke und kamen über die Kriminologie in Kontakt mit den Strafrechtsreformern der HLPR; Leon Radzinowicz nutzte seine Emigration, um die Basis für eine äußerst erfolgreiche internationale und nationale Karriere als Kriminologe zu

Garry/Sandra Walklate (Hg.), The Palgrave Handbook of Criminology and War, London 2016; Ruth Jamieson, Towards a Criminology of War in Europe, in: Vincenzo Ruggiero/Nigel South/Ian Taylor (Hg.), The New European Criminology: Crime and Social Order in Europe, London 1998, S. 480–506; Daniel Maier-Katkin/Daniel P. Mears/Thomas J. Bernard, Towards a Criminology of Crimes against Humanity, in: Theoretical Criminology 13 (2009) 2, S. 227–255.

legen; Marcel de Baer beanspruchte Einfluss auf das Völkerstrafrecht – ohne Vorkenntnisse in dem Bereich zu haben – und vernetzte sich transnational, um Verbündete zu finden; Stefan Glaser setzte sich für geflüchtete Wissenschaftler ein und wollte damit zur Rettung der christlichen Zivilisation beitragen. Diese unterschiedlichen Motivationslagen und Erwartungshorizonte sind nicht immer in den juristischen Quellen zu erkennen. Die Sprache des Rechts erzeugt leicht die Illusion, dass es sich um objektive Analysen handele – obwohl natürlich auch Rechtswissen kontingent ist, also ein soziales, kontextabhängiges Konstrukt. Eine Wissensgeschichte des internationalen Strafrechts im »London Moment« zeigt somit eindrücklich, dass die internationale Geschichte im Zweiten Weltkrieg und darüber hinaus nur als Zusammenspiel von Akteuren, Ideen und Praktiken begriffen werden kann.

Dieses Buch zeigt, dass ein ausschließlicher Fokus auf die Geschichte der Menschenrechte oder der in Nürnberg vor Gericht gebrachten völkerstrafrechtlichen Tatbestände andere Akteure und Diskurse ausklammern würde. Zwar wurde der Vorschlag, einen internationalen Strafgerichtshof einzurichten, aus der Vorstellung einer internationalen Gemeinschaft geboren, die, wie Annette Weinke es formuliert hat, »gemeinsame Werte der Humanität und Moralität zu verteidigen habe.« So spielte die Rhetorik der Menschenrechte bei der Formulierung neuer Straftatbestände bereits eine wichtige Rolle, obwohl die Exiljuristen eine »direkte Bezugnahme auf die Schlagwörter des menschenrechtlichen Diskurses« vermieden.[7] Noch augenfälliger ist jedoch – das kann zumindest in Bezug auf die Cambridge Commission konstatiert werden – die bereits von Jan Eckel konstatierte Rhetorik der Sicherheit und der Stabilität, die den Schutz der internationalen Ordnung vor Aggressoren wie Hitlerdeutschland und vor internationalen Verbrechen wie Kriegsverbrechen und Verbrechen gegen die Menschlichkeit in den Mittelpunkt stellte. Auch die HLPR – die mit ihrem Kampf für den internationalen Schutz von Angeklagtenrechten durchaus in die Menschenrechtshistoriografie eingeschrieben werden sollte – argumentierte, dass die Strafrechtsreform der Friedensbildung nach dem Krieg diene. Fragen der Verhinderung von Krieg spielten für die Exiljuristen insbesondere in den ersten Kriegsjahren eine wichtigere Rolle als die Ahnung von Gräueltaten, die an Zivilisten verübt wurden. Sowohl die Kriegsverbrecherprozesse als auch die Entwicklung einer internationalen Kriminalpolitik in den Vereinten Nationen folgten diesem Dispositiv der Sicherheit.[8]

So ist Frédéric Mégret und Samuel Moyn darin zuzustimmen, dass die lange Tradition des Diktums »Frieden durch Recht«, das auch im »London Moment« sei-

7 Annette Weinke, Gewalt, Geschichte, Gerechtigkeit: Transnationale Debatten über deutsche Staatsverbrechen im 20. Jahrhundert, Göttingen 2016, S. 115f.

8 Siehe Reece Walters, Social Defence and International Reconstruction: Illustrating the Governance of Post-War Criminological Discourse, in: Theoretical Criminology 5 (2001) 2, S. 203–221.

nen Niederschlag erfuhr, nicht durch einen präsentistisch anmutenden Fokus auf »atrocity crimes« überlagert werden sollte. Während des Zweiten Weltkriegs trug eine Gruppe europäischer Exiljuristen in England dazu bei, dass die Alliierten nicht den Gedanken der Rache, sondern den der juristischen Bestrafung und letztlich der Rehabilitation Deutschlands und der Achsenstaaten ins Zentrum ihrer Politik stellten (mit all den Problemen bei der gesellschaftlichen Kriegsaufarbeitung, die daraus folgten). Die Geschichte der Cambridge Commission und des Internationalen Komitees der HLPR zeigt die Vielschichtigkeit des Wissensfelds des internationalen Strafrechts, in dem Themen wie kollektive Sicherheit, individuelle strafrechtliche Verantwortung und Menschenrechte immer wieder neu verhandelt werden. Welche Taten als »internationale Verbrechen« begriffen werden, wie über ihre Ursachen und ihre Bestrafung gesprochen wurde, prägt bis heute unseren Blick auf die Verantwortung der Staatengemeinschaft für die Ahndung innerstaatlicher Verbrechen wie Genozide und Verbrechen gegen die Menschlichkeit und die angemessene politische und juristische Reaktion auf Kriegsverbrechen und Angriffskriege.

Anhang

Mitglieder und Komitees der Cambridge Commission und der HLPR

Mitglieder der International Commision for Penal Reconstruction and Development (Cambridge Commission)

Land	Name	Funktion in London	Funktion in der Cambridge Commission
Ägypten	Dr. Hassan Nachat Pasha	* 1895, ägyptischer Botschafter in London	Mitglied
Belgien	Marcel de Baer	* 1890, Vorsitzender des belgischen Militär- und Seegerichtshofes	Mitglied, Vorsitzender der Unterkomitees »Meaning and Scope of War Crimes« und »National Law and Jurisdiction« im »Committee Concerned with Crimes against International Public Order«
	Charles Tschoffen	* 1898, Chef de Cabinet im Justizministerium	Mitglied im Unterkomitee »The Defence of Superior Order«
	René Golstein	* 1891, Chef de Cabinet im Justizministerium	Mitglied im »Committee on the Establishment of a proper criminal justice in Axis countries, and those under their control«
China	Dr. Yuen-Li Liang	* 1900, Diplomat	Beobachter

Frankreich	Jean Burnay	* 1899, Directeur des Affaires Judiciaires	Mitglied
	Prof. René Cassin	* 1887, Commissaire à la Justice et à l'Éducation	Mitglied
Griechenland	Dr. Constantin Stavropoulos	* 1905, Rechtsberater im Justizministerium, Vorsitzender des griechischen Marinegerichts in London	Mitglied
	M. Antonopoulos	Justizministerium	Mitglied
Großbritannien	Alexander Paterson	* 1884, Prison Commissioner	Beobachter
	Margery Fry	* 1874, Vize-Präsidentin der Howard League for Penal Reform	Beobachterin
	Prof. Percy H. Winfield	* 1878, Professor of English Law und Vorsitzender des Department of Criminal Science, Universität Cambridge	Vorsitzender
	J. W. Cecil Turner	* 1886, Sekretär des Department of Criminal Science, Universität Cambridge	Sekretär
	Leon Radzinowicz	* 1906, Department of Criminal Science, Universität Cambridge	Mitglied
	Prof. Arnold McNair	* 1885, Vizekanzler der Universität Liverpool	assoziiertes Mitglied, Vorsitzender des »Committee Concerned with Crimes against International Public Order«
	Prof. Hersch Lauterpacht	* 1897, Professor für Internationales Recht, Universität Cambridge	assoziiertes Mitglied
	Dr. Richard M. Jackson	* 1903 Dozent in Cambridge	Mitglied
Jugoslawien	Milan Gavrilović (auch Gavrilovitch)	* 1882, Justizminister	Mitglied
	Dr. Božidar Vlajić (auch Vlaitch)	* 1888, Justizministerium	Mitglied

Luxemburg	Dr. Victor Bodson	* 1902, Justizminister	Mitglied
Niederlande	Dr. Johannes M. de Moor	* 1896, Vorsitzender des niederländischen Seegerichtshofs	Mitglied; Vorsitzender des »Sub-Committee on the Defence of Superior Order«
Norwegen	Terje Wold	* 1899, Justizminister	Mitglied
	Peter Stabell	* 1908, Sekretär, Justizministerium	Mitglied
Polen	Prof. Stefan Glaser	* 1895, Minister für die belgische Exilregierung	Mitglied; Vorsitzender des »Committee on the Rights of the Accused«
	Prof. Bohdan Winiarsky	* 1884, Präsident der Polnischen Bank in London	Mitglied
Tschechoslowakei	Jaroslav Stránský	* 1884, Justizminister	Mitglied
	Dr. Václav Beneš	* 1910, Justizministerium	Mitglied, Vorsitzender des »Sub-Committee on Extradition«
UdSSR	Leonid F. Teplow (auch Teplov)	* 1909, Botschaft der UdSSR	Beobachter

Quellen: Florida State University, Leon Radzinowicz Papers, 1/17/9, Liste der Mitglieder, ca. 1944; Einzelnachweise im Literaturverzeichnis

Komitees der Cambridge Commission

1942–43 Committee Concerned with Crimes against International Public Order, Vorsitz: Arnold McNair

- Sub-Committee on the Meaning and Scope of War Crimes, Vorsitz: Marcel de Baer
- Sub-Committee on National Law and Jurisdiction, Vorsitz: Marcel de Baer
- Sub-Committee on the Defence of Superior Order, Vorsitz: Johannes M. de Moor
- Sub-Committee on Extradition, Vorsitz: Václav Beneš

1942–44 Committee on the Rights of the Accused, Vorsitz: Stefan Glaser

1943	Committee on Atrocities Committed against the Jewish Community (Arbeit nicht aufgenommen)
1943–1944	Committee on the Establishment of a Proper Criminal Justice in Axis Countries, and Those Under Their Control, Vorsitz: Edward Chambers Betts

Mitglieder des Internationalen Komitees der Howard League for Penal Reform (HLPR)

Land	Name
Großbritannien	George Benson
	Margery Fry
	Cicely M. Craven
	Clara Dorothea Rackham
	Mr. C.W.W. Greenidge
Belgien	Adolphe Delierneux
Deutschland	Dr. Max Grünhut
	Dr. Hermann Mannheim
Frankreich	André Klotz
	Paul Samama
	Dr. Keller
Griechenland	Constantin A. Stavropoulos
	Frau Zarras
Niederlande	W. P. C. Molenaar
Norwegen	Dr. Andreas Aulie
	F. Hiörthoy
Polen	Wanda Grabińska
	Leon Radzinowicz
Rumänien	A. Weinreb
Schweiz	Jeanne-Marie Small
Tschechoslowakei	Dr. Bohuslav Ečer
	Dr. George Weis
Ungarn	Dr. A. Neugroschel
	Miss Hagen

USA	Lithgow Osborn
?	M. Brachet

Quellen: Fry et al., Lawless Youth, S. 5f. und Protokolle des Internationalen Komitees, Modern Records Centre, University of Warwick

Abbildungsverzeichnis

Abkürzungen

AAC	Academic Assistance Council
AGR	Archives générales du Royaume
AUC	Records of George Allen & Unwin Ltd.
BH	Department of Social Policy and Social Work: Records of the Barnett House Association
Bod	Oxford, Bodleian Libraries
FO	Foreign Office
FRPS	Foreign Research and Press Service
FSU	Florida State University
HLSL	Harvard Law School Library
HLPR	Howard League for Penal Reform
HO	Home Office
IPPC	International Penal and Penitentiary Commission
KADOC	KADOC Documentation and Research Centre on Religion Culture and Society, Katholieke Universiteit Leuven
LIA	London International Assembly
LRP	Leon Radzinowicz Papers
LSE	London School of Economics
MBP	Marcel de Baer Papers
MFP	Margery Fry Papers
MRC	Modern Records Centre, University of Warwick
NIOD	Nederlands Instituut voor Oorlogsdocumentatie
OUA	Oxford University Archives
OUP	Oxford University Press
RIIA	Royal Institute of International Affairs
SC	Somerville College, Oxford
SGP	Sheldon Glueck Papers
SPSL	Society for the Protection of Science and Learning
TNA	The National Archives, Kew/London
UNA	United Nations Archives
UNWCC	United Nations War Crimes Commission
US	University of Southampton, Special Collections

Archive und Quellen

Archivalien

Belgien
Centre d'Etude Guerre et Société (CegeSoma), Brüssel
- Archives Albert de Vleeschauwer (AA 658)

KADOC-KU Leuven, Katholieke Universiteit Leuven
- Archives Albert de Vleeschauwer

Deutschland
Universitätsarchiv Bonn
- Personalakte Max Grünhut (PA 2624)

Frankreich
Archives Nationales Paris
- Papiers René Cassin (382AP)

Großbritannien
Bodleian Libraries, University of Oxford
- Papers of the Society for the Protection of Science and Learning
- Papers of Arthur Lehman Goodhart (1891–1978)
- Archive of John Allsebrook Simon, 1st Viscount Simon

Chatham House Archives, London
- Study Groups (Section 9)
- Conferences (Section 10)

Marcel de Baer Papers, London (privater Nachlass)
Oxford University Archives
- Max Grünhut, Reader (to 1951, Lecturer) in Criminology, 1947–1964 (UR 6/LCE/2)
- Department of Social Policy and Social Work: Records of the Barnett House Association (SC)

Oxford University Press Archives

- CG 62
- OP 242
- OP 243

Polish Institute and Sikorski Museum, London

- Korespondencja prof. Stefana Glazera, 1942–1943 (A53/7)
- Glaser, Stefan prof. (KOL. 252)

Somerville College, Oxford

- Margery Fry Papers

The National Archives, Kew/London

- Home Office (HO)
- Foreign Office (FO)
- Special Operations Executive (HS)
- Cabinet Office (CAB)
- Prison Commission and Home Office Prison Department (PCOM)

University of Reading, Archives, Special Collections

- Records of George Allen & Unwin Ltd.

University of Southampton, Special Collections

- Archives of the Anglo-Jewish Association (MS 137)

University of Warwick, Modern Records Centre

- Records of the Howard League for Penal Reform (MSS. 16)

Wiener Holocaust Library

- Suse Schwarzenberger, German Academics in the 20th Century: A Personal Story, London n.d.

Niederlande

Nederlands Instituut voor Oorlogsdocumentatie, Amsterdam

- Archief J. M. de Moor (234)

USA

Florida State University Libraries, Tallahassee, Florida, Special Collections & Archives

- Sir Leon Radzinowicz Papers

Harvard Law School Library

- Sheldon Glueck Papers, 1916–1972 (HOLLIS 601626)

United Nations Archives

- UNWCC (1943–1948), Records created by the Commission, the Committees, the Research Office, and the Far Eastern and Pacific Sub-Commission, Documents, Reports and Related Materials, International Commission for Penal Reconstruction and Development and its Committees and Sub-Committees: Reports and Notes, Bd. 37.

Zeitschriften

- Agenda: A Quarterly Journal of Reconstruction, Jg. 1942–1944
- Belgium, Jg. 1941–1943
- Bulletin of International News, Jg. 1942-1945
- Canadian Bar Review, Jg. 1942–1946
- Free World, Jg. 1942–1945
- Howard Journal, Jg. 1934–1948
- Journal of Comparative Legislation and International Law, Jg. 1938–1942
- Message: Belgian Review, Jg. 1942–1945

Selbständige Quellen

Alexander M. Carr-Saunders/Hermann Mannheim/Edmund C. Rhodes, Young Offenders: An Enquiry into Juvenile Delinquency, Cambridge 1942.

Ernst Fraenkel, The Dual State: A Contribution to the Theory of Dictatorship, New York 1941.

Margery Fry, The Ancestral Child (Clarke Hall Lectures 5), London 1940.

Margery Fry/Max Grünhut/Hermann Mannheim/Wanda Grabinska/C.D. Rackham, Lawless Youth: A Challenge to the New Europe: A Policy for the Juvenile Courts

prepared by the International Committee of the Howard League for Penal Reform 1942–1945, London 1947.
Stefan Glaser, Introduction à l'étude du droit international pénal, Bruxelles 1954.
Stefan Glaser, Urywki wspomnień, London 1974.
Sheldon Glueck, War Criminals: Their Prosecution & Punishment, New York 1944.
Sheldon Glueck/Eleanor Glueck, Unraveling Juvenile Delinquency, New York 1950.
Sheldon Glueck/Eleanor Touroff Glueck, Juvenile Delinquents Grown Up, New York 1940.
Max Grünhut, The Development of the German Penal System, 1920–1932 (English Studies in Criminal Science Pamphlet Series, Bd. 8), Toronto, Ontario 1944.
Max Grünhut, London Children in War-Time Oxford: A Survey of Social and Educational Results of Evacuation, hg. v. Barnett House, London 1947.
Max Grünhut, Penal Reform: A Comparative Study, Oxford 1948.
Max Grünhut, Juvenile Offenders Before the Court, Oxford 1956.
Howard League for Penal Reform, International Co-operation in Penal Matters, 1930.
Howard League for Penal Reform, Crime in the Overseas Dependencies of Great Britain, London 1931.
Howard League for Penal Reform, The Accused: An International Survey, London 1937.
Howard League for Penal Reform, Annual Reports, London 1938–1946.
Hersch Lauterpacht, The Law of Nations and the Punishment of War Crimes, in: British Yearbook of International Law, 21 (1944), S. 58–95.
London International Assembly, The Punishment of War Criminals: Recommendations of the London International Assembly, London 1944.
Hermann Mannheim, The Dilemma of Penal Reform, London 1939.
Hermann Mannheim, Social Aspects of Crime in England Between the Wars, London 1940.
Hermann Mannheim, War and Crime, London 1941.
Hermann Mannheim, Criminal Justice and Social Reconstruction, London 1946.
Leon Radzinowicz/Henry Carton de Wiart/Paul-Emile Janson, La lutte moderne contre le crime, Bruxelles 1930.
Leon Radzinowicz/J. W. Cecil Turner (Hg.), Penal Reform in England: Introductory Essays on Some Aspects of English Criminal Policy (English Studies in Criminal Science, 1), London 1940.
Royal Institute of International Affairs, The Problem of Germany: An Interim Report by a Chatham House Study Group, London 1943.
United Nations Department of Social Affairs, Probation and Related Measures (E/CN. 5/230.2), New York 1951.
United Nations Relief and Rehabilitation Administration, UNRRA: Organization, Aims, Progress, Washington, D.C. 1944.

United Nations War Crimes Commission (Hg.), History of the United Nations War Crimes Commission and the Development of the Laws of War, London 1948.
United Nations War Crimes Commission, Information Concerning Human Rights Abuses Arising from Trials of War Criminals, 15.5.1948.
Sam Bass Warner, Modern Trends in the American Law of Arrest (English Studies in Criminal Science, 5), Toronto 1943.

Literatur

Online-Ressourcen (zuletzt aufgerufen am 14.2.2022)

S. J. Bailey, Winfield, Sir Percy Henry (1878–1953), Lawyer and Jurist, in: Oxford Dictionary of National Biography, 23.9.2004, https://doi.org/10.1093/ref:odnb/36976.
Bart Coppein, Albert De Vleeschauwer, in: ODIS, 07.09.2019, www.odis.be/lnk/PS_3230.
S. M. Cretney, Martin [formerly Neugroschel], Andrew [pseud. Notarius] (1906–1985), lawyer, in: Oxford Dictionary of National Biography, 23.9.2004, https://www.oxforddnb.com/view/10.1093/ref:odnb/9780198614128.001.0001/odnb-9780198614128-e-64542.
Gerhard Dannemann, Rechtsvergleichung im Exil: Martin Wolff und das englische Recht, Antrittsvorlesung Humboldt-Universität zu Berlin, 1.7.2003, https://edoc.hu-berlin.de/bitstream/handle/18452/2342/dannemann.pdf?sequence=1&isAllowed=y.
Arthur L. Goodhart, Kenny, Courtney Stanhope (1847–1930), Jurist, in: Oxford Dictionary of National Biography, 23.9.2004, https://www-1oxforddnb-1com-1007135bi00c3.erf.sbb.spk-berlin.de/view/10.1093/ref:odnb/9780198614128.001.0001/odnb-9780198614128-e-34287.
Thomas L. Hodgkin, Fry, (Sara) Margery (1874–1958), in: Oxford Dictionary of National Biography, 24.5.2007, https://doi.org/10.1093/ref:odnb/33286.
Claus-Dieter Krohn, Emigration 1933–1945/1950, in: Europäische Geschichte Online, 2011, http://ieg-ego.eu/de/threads/europa-unterwegs/politische-migration/claus-dieter-krohn-emigration-1933-1945-1950.
Claus-Dieter Krohn, Exilforschung, Version: 1.0, Docupedia-Zeitgeschichte, 20.12.2012, http://dx.doi.org/10.14765/zzf.dok.2.253.v1.
Anne Logan, Eaton, Gertrude (1863–1940), musician, suffragist, and international penal reformer, in: Oxford Dictionary of National Biography, 8.12.2019, https://doi.org/10.1093/odnb/9780198614128.013.369158.

Anne Logan, MP and/or JP: An Examination of the Public Work of Selected Women During the Early Years of Women's Enfranchisement (c. 1920–1931), in: Open Library of Humanities 6 (2020) 2, https://olh.openlibhums.org/article/id/4641/.

Erling Lyngtveit, Andreas Aulie, in: Store norske leksikon, 13.2.2009, http://snl.no/Andreas_Aulie.

Terence Morris, Sir Leon Radzinowicz, in: The Guardian, 1.1.2000.

Jochen Oltmer, Migration und Zwangswanderungen im Nationalsozialismus, in: bpb.de, 15.3.2005, https://www.bpb.de/gesellschaft/migration/dossier-migration-ALT/56358/nationalsozialismus.

Catrin Smith, Paterson, Sir Alexander Henry (1884–1947), Penal Reformer and Prison Commissioner, in: Oxford Dictionary of National Biography, 23.9.2004, https://doi.org/10.1093/ref:odnb/35405.

Wanda G. Grabinska, former U.N. Official and Judge in Poland, in: New York Times, 6.1.1980, S. D19.

De Baer, Marcel, Marie, José, Emile, in: Prosopographie et répertoire des magistrats belges, 1795–1962, http://tethys.sipr.ucl.ac.be:8080/Prosopographie/main.jsp?action=detailler&index=9.

Unveröffentlichte Arbeiten

Maxime Brébant, Anglo-Belgian Contacts and the Punishment of War Crimes (1941–1950), M.A. thesis, University of Cambridge, 2009.

Maxime Brébant, International Cooperation and the Prosecution of German War Criminals: France, Belgium and the United Kingdom (1942–1954), Ph.D. thesis, University of Reading, 2013.

Julia Eichenberg, The London Moment: European Governments-in-Exile During the Second World War, Habilitation HU Berlin 2023.

Thomas Gidney, »An Anomaly among Anomalies«: Colonial Membership of the League of Nations, Dissertation Graduate Institute of International and Development Studies, Genf, 2020.

Louisa Laughton-Scott, Fallen Through the Cracks: The Unrecognized Contribution of the LIA and Its Members to the Human Rights Movement, B.A. thesis, University of Bristol, 2016.

Nationaal Archief/Jac Vos, Inventaris van het Archief van de Buitengewone Raad voor de Scheepvaart te Londen, (1939) 1940–1946, Nummer archiefinventaris: 2.16.31, 1975.

Anna Maria Geertrudis Smit, Nederlandse Maritieme Rechtspraak Op Her Grondgebied Van Groot-Brittannië Gedurende De Tweede Wereldoorlog: Een Wetenschappelijke Proeve O Het Gebied Van De Rechtsgeleerdheid, Dissertation Radboud Universiteit, Nijmegen, 1989.

Simeon Marty, Thinking Black in the Blitz: Pan-African Anti-Colonial Movements During the London Moment 1940–1945, Dissertation Humboldt-Universität zu Berlin.
Wei Wang, Chatham House's Planning for the Postwar World Order During the Second World War, Konferenzpapier »Citizens of the World«, 16.3.2017.
Marie-Anne Weisers, Juger les crimes contre les Juifs: Des Allemands devant les tribunaux belges, 1941–1951, Disseration Université Libre de Bruxelles, 2014.

Literatur

Paul Addison, Oxford and the Second World War, in: Trevor H. Aston/J. I. Catto (Hg.), The History of the University of Oxford, Bd. 8: The Twentieth Century, Oxford 1994.
Paul Addison, The Road to 1945: British Politics and the Second World War, London 1994.
Paul Addison, The Impact of the Second World War, in: Harriet Jones/Paul Addison (Hg.), A Companion to Contemporary Britain: 1939–2000, Malden, MA 2005, S. 3–22.
Andy Aitchison, Criminological Theory and International Crimes: Examining the Potential, in: Ilias Bantekas/Emmanouela Mylonaki (Hg.), Criminological Approaches to International Criminal Law, Cambridge 2014, S. 22–49.
Benedict Solomon Alper/Jerry F. Boren, Crime: International Agenda: Concern and Action in the Prevention of Crime and Treatment of Offenders, 1846–1972, Lexington 1972.
Antony Anghie, Imperialism, Sovereignty and the Making of International Law, Cambridge 2005.
David Armitage, The International Turn in Intellectual History, in: Darrin M. McMahon/Samuel Moyn (Hg.), Rethinking Modern European Intellectual History, Oxford 2014, S. 232–252.
Mitchell G. Ash, Räume des Wissens: Was und wo sind sie? Einleitung in das Thema, in: Berichte zur Wissenschaftsgeschichte 23 (2000) 3, S. 235–242.
Efi Avdela, When Juvenile Delinquency Became an International Post-War Concern: The United Nations, the Council of Europe and the Place of Greece, Wien 2018.
Ilias Bantekas, Introduction, in: Ilias Bantekas/Emmanouela Mylonaki (Hg.), Criminological Approaches to International Criminal Law, Cambridge 2014, S. 1–21.
Ben Barkow, Alfred Wiener and the Making of the Holocaust Library, London 1997.
Alison Bashford, Global Population: History, Geopolitics, and Life on Earth, New York 2014.
Alison Bashford/Philippa Levine (Hg.), The Oxford Handbook of the History of Eugenics, Oxford 2010.

M. Cherif Bassiouni (Hg.), The Contributions of Specialized Institutes and Non-Governmental Organizations to the United Nations Criminal Justice Program, The Hague 1995.

Christopher A. Bayly/Sven Beckert/Matthew Connelly/Isabel Hofmeyr/Wendy Kozol/Patricia Seed, Conversations on Transnational History, in: The American Historical Review 111 (2006) 5, S. 1441–1464.

Jack Beatson, Aliens, Enemy Aliens, and Friendly Enemy Aliens: Britain as a Home for Émigré and Refugee Lawyers, in: Jack Beatson/Reinhard Zimmermann (Hg.), Jurists Uprooted: German-Speaking Emigré Lawyers in Twentieth Century Britain, Oxford 2014, S. 73–104.

Jack Beatson/Reinhard Zimmermann (Hg.), Jurists Uprooted: German-Speaking Emigré Lawyers in Twentieth Century Britain, Oxford 2014.

Arnulf Becker Lorca, Mestizo International Law: A Global Intellectual History 1842–1933, Cambridge 2015.

Norman Bentwich, The Rescue and Achievement of Refugee Scholars: The Story of Displaced Scholars and Scientists, 1933–1952, Den Haag 1953.

Wolfgang Benz (Hg.), Deutsche Herrschaft: Nationalsozialistische Besatzung in Europa und die Folgen, Freiburg i.Br. 2022.

Marion Berghahn, Continental Britons: German-Jewish Refugees from Nazi Germany, Oxford 2007.

Volker R. Berghahn/Simone Lässig (Hg.), Biography Between Structure and Agency: Central European Lives in International Historiography, New York 2008.

Carsten Bernoth, Max Grünhut, in: Mathias Schmoeckel (Hg.), Die Juristen der Universität Bonn im »Dritten Reich«, Köln 2004, S. 251–279.

William Henry Beveridge, A Defence of Free Learning, London 1959.

Hans Erich Bödeker (Hg.), Biographie schreiben, Göttingen 2003.

Anthony Bottoms, Sir Leon Radzinowicz: An Appreciation, in: ders./Michael Tonry (Hg.), Ideology, Crime and Criminal Justice: A Symposium in Honor of Sir Leon Radzinowicz, Cullompton 2002, S. xiii–xvii.

Pierre Bourdieu, The Force of Law: Toward a Sociology of the Juridical Field, in: The Hastings Law Journal 38 (1987), S. 805–853, übers. v. Richard Terdiman.

Pierre Bourdieu, Die biographische Illusion, in: ders., Praktische Vernunft: Zur Theorie des Handelns, Frankfurt a. M. 1998, S. 75–82.

Detlef Brandes, Die Exilpolitik von Edvard Beneš 1939–1945, in: Arnold Suppan/Elisabeth Vyslonzil (Hg.), Edvard Beneš und die tschechoslowakische Aussenpolitik: 1918–1948, Frankfurt a. M. 2003, S. 157–164.

Leonie Breunung, Rechtswissenschaften, in: Claus-Dieter Krohn u.a. (Hg.), Handbuch der deutschsprachigen Emigration 1933–1945, Darmstadt 2008, S. 869–883.

Leonie Breunung/Manfred Walther, Die Emigration deutschsprachiger Rechtswissenschaftler ab 1933: Ein bio-bibliographisches Handbuch (Bd. 1: Westeuropäische Staaten, Türkei, Palästina/Israel, lateinamerikanische Staaten, Südafrikanische Union), Berlin 2010.

Laurence Brockliss, Welcoming and Supporting Refugee Scholars: The Role of Oxford's Colleges, in: Sally Crawford/Katharina Ulmschneider/Jaś Elsner (Hg.), Ark of Civilization: Refugee Scholars and Oxford University, 1930–1945, Oxford 2017, S. 62–76.

Christopher N.L. Brooke, A History of the University of Cambridge: 1870–1990, Cambridge 1993.

Hubertus Buchstein/Lisa Klingsporn (Hg.), Otto Kirchheimer – Gesammelte Schriften. Band 3: Kriminologische Schriften, Baden-Baden 2019.

Gunilla Budde/Sebastian Conrad/Oliver Janz (Hg.), Transnationale Geschichte: Themen, Tendenzen und Theorien, Göttingen 2006.

Peter Burke, What Is the History of Knowledge?, Cambridge 2016.

Christina Violet Butler, Barnett House, 1914 to 1964: A Record for Its Friends, Oxford 1964.

Samantha Caslin, Save the Womanhood!: Vice, Urban Immorality and Social Control in Liverpool, c. 1900–1976, Liverpool 2018.

David Cesarani/Tony Kushner, The Internment of Aliens in Twentieth Century Britain, London 1993.

R.S.T. Chorley, Hermann Mannheim: A Biographical Appreciation, in: The British Journal of Criminology 10 (1970) 4, S. 324–347.

Roger Stenson Clark, The United Nations Crime Prevention and Criminal Justice Program: Formulation of Standards and Efforts at Their Implementation, Philadelphia 1994.

Patricia Clavin, Defining Transnationalism, in: Contemporary European History 14 (2005) 4, S. 421–439.

Patricia Clavin/Glenda Sluga, Rethinking the History of Internationalism, in: dies. (Hg.), Internationalisms: A Twentieth-Century History, Cambridge 2016, S. 3–16.

William Clifford, The Standard Minimum Rules for the Treatment of Prisoners, in: The American Journal of International Law 66 (1972) 4, S. 232–244.

Benjamin Allen Coates, Legalist Empire: International Law and American Foreign Relations in the Early Twentieth Century, Oxford 2016.

Susan Cohen, Rescue the Perishing: Eleanor Rathbone and the Refugees, London 2010.

Martin Conway, The Sorrows of Belgium: Liberation and Political Reconstruction, 1944–1947, Oxford 2012.

Martin Conway/José Gotovitch (Hg.), Europe in Exile: European Exile Communities in Britain, 1940–1945, New York 2001.

Frederick Cooper/Ann Laura Stoler, Between Metropole and Colony: Rethinking a Research Agenda, in: dies. (Hg.), Tensions of Empire: Colonial Cultures in a Bourgeois World, Berkeley, CA 1997, S. 1–56.

Graham Cox, Seeking Justice for the Holocaust: Herbert C. Pell Versus the US State Department, in: Criminal Law Forum 25 (2014) 1–2, S. 77–110.

Sally Crawford/Katharina Ulmschneider/Jaś Elsner (Hg.), Ark of Civilization: Refugee Scholars and Oxford University, 1930–1945, Oxford 2017.

R. W. M. D., James William Cecil Turner, M.C., LL.D. 1886–1968, in: The Cambridge Law Journal 27 (1969) 1, S. 1–3.

Iwona Dadej, »The Napoleonic Civil Code is to Blame for My Decision to Study Law«: Female Law Students and Lawyers in the Second Polish Republic (1918–1939), in: Sara L. Kimble/Marion Röwekamp (Hg.), New Perspectives on European Women's Legal History, New York 2017, S. 217–246.

Ralf Dahrendorf, LSE: A History of the London School of Economics and Political Science, 1895–1995, Oxford 1995.

Diane de Bellefroid, The Commission pour l'Etude des Problèmes d'Après-Guerre (CEPAG) 1941–1944, in: Martin Conway/José Gotovitch (Hg.), Europe in Exile: European Exile Communities in Britain 1940–45, New York 2001, S. 121–134.

Volker Depkat, Biographieforschung im Kontext transnationaler und globaler Geschichtsschreibung, in: BIOS–Zeitschrift für Biographieforschung, Oral History und Lebensverlaufsanalysen 2 (2015) 1–2, S. 3–18.

Yves Dezalay/Mikael Rask Madsen, The Force of Law and Lawyers: Pierre Bourdieu and the Reflexive Sociology of Law, in: Annual Review of Law and Social Science 8 (2012), S. 433–452.

Antje Dietze, Cultural Brokers and Mediators, in: Matthias Middell (Hg.), The Routledge Handbook of Transregional Studies, London 2018, S. 494–502.

Monika Dommann/Svenja Goltermann/Kijan Espahangizi, Editorial, in: Monika Dommann (Hg.), Wissen, was Recht ist (Nach Feierabend), Zürich 2015, S. 7–11.

Marie-Sylvie Dupont-Bouchat, Du tourisme pénitentiaire à »l'Internationale des philanthropes«: La création d'un réseau pour la protection de l'enfance à travers les congrès internationaux (1840–1914), in: Paedagogica historica 38 (2002) 2–3, S. 533–563.

Thomas Duve, Von der Europäischen Rechtsgeschichte zu einer Rechtsgeschichte Europas in globalhistorischer Perspektive, in: Rechtsgeschichte 20 (2012), S. 18–71.

Jan Eckel, Hans Rothfels: Eine intellektuelle Biographie im 20. Jahrhundert, Göttingen 2005.

Jan Eckel, Weltsteuerung aus dem Geist der Sicherheit: Wie es zu einer neuen Weltordnung nach dem Ende des Zweiten Weltkriegs kam, in: 51 Grad (2016) 2, S. 12–15.

Sören Eden, Fraenkels »Doppelstaat« als Rechtsgeschichte: Arbeitsrecht und Politik während der NS-Diktatur, in: Zeithistorische Forschungen-Studies in Contemporary History 16 (2019) 2, S. 278–299.

Julia Eichenberg, Macht auf der Flucht: Europäische Regierungen in London, 1940–1944, in: Zeithistorische Forschungen/Studies in Contemporary History 15 (2018), S. 452–473.

Julia Eichenberg, Legal Legwork: How Exiled Jurists Negotiated Recognition and Legitimacy in Wartime London, 1939–1945, in: Marcus M. Payk/Kim Christian Priemel (Hg.), Crafting the International Order: Practitioners and Practices of International Law Since c. 1800, Oxford 2021, S. 162–190.

Mohamed M. El Zeidy, The Principle of Complementarity in International Criminal Law: Origin, Development and Practice, Boston 2008.

Charles Howard Ellis, The Origin, Structure and Working of the League of Nations, Clark, NJ 2003.

Johannes Feichtinger, Wissenschaft zwischen den Kulturen: Österreichische Hochschullehrer in der Emigration 1933–1945, Frankfurt a. M. 2001.

Sabina Ferhadbegović/Kerstin von Lingen/Julia Eichenberg, The United Nations War Crimes Commission (UNWCC), 1943–1948, and the Codification of International Criminal Law, in: Journal of the History of International Law 24 (2022) 3.

Jörg Fisch, Internationalizing Civilization by Dissolving International Society: The Status of Non-European Territories in Nineteenth-Century International Law, in: Martin H. Geyer/Johannes Paulmann (Hg.), The Mechanics of Internationalism: Culture, Society, and Politics from the 1840s to the First World War, Oxford 2001, S. 235–258.

Christian Fleck, The Role of Refugee Help Organizations in the Placement of German and Austrian Scholars Abroad, in: Edward Timms/Jon Hughes (Hg.), Intellectual Migration and Cultural Transformation: Refugees from National Socialism in the English-Speaking World, Wien 2003, S. 21–36.

Christian Fleck, Etablierung in der Fremde: Vertriebene Wissenschaftler in den USA nach 1933, Frankfurt a. M. 2015.

Michael Fleming, In the Shadow of the Holocaust: Poland, the United Nations War Crimes Commission, and the Search for Justice, Cambridge 2021.

Ludwik Fleck, Entstehung und Entwicklung einer wissenschaftlichen Tatsache: Einführung in die Lehre vom Denkstil und Denkkollektiv, 11. Aufl., Frankfurt a. M. 2017.

Ulrike Fontaine, Max Grünhut (1893-1964): Leben und wissenschaftliches Wirken eines deutschen Strafrechtlers jüdischer Herkunft, Frankfurt a. M. 1998.

John Forrester/Laura Cameron, Freud in Cambridge, Cambridge 2017.

Norbert Frei/Annette Weinke (Hg.), Toward a New Moral World Order? Menschenrechtspolitik und Völkerrecht seit 1945, Göttingen 2013.

Sabine Freitag, Reichweite und Grenzen einer Internationalisierung öffentlicher Debatten über Verbrechen und Strafe in England, ca. 1850–1935, in: Sylvia Kesper-Biermann/Petra Overath (Hg.), Die Internationalisierung von Strafrechtswissenschaft und Kriminalpolitik (1870–1930) 2007, S. 140–166.

Sabine Freitag, Kriminologie in der Zivilgesellschaft: Wissenschaftsdiskurse und die britische Öffentlichkeit, 1830–1945, München 2014.

Sabine Freitag/Désirée Schauz (Hg.), Verbrecher im Visier der Experten: Kriminalpolitik zwischen Wissenschaft und Praxis im 19. und frühen 20. Jahrhundert, Stuttgart 2007.

Sabine Freitag/Désirée Schauz, »Civil Society or Academia«? British and German Penal Reform Associations and Their Relation to the Emerging Science of Criminology (1860–1935), in: Kerstin Brückweh/Richard Wetzell (Hg.), Crime and Punishment in Modern Europe, 1870–1990, Cambridge/Mass. 2021.

David Garland, British Criminology Before 1935, in: The British Journal of Criminology 28 (1988) 2, S. 1–17.

David Garland, Of Crimes and Criminals: The Development of Criminology in Britain, in: Mike Maguire/Rod Morgan/Robert Reiner (Hg.), The Oxford Handbook of Criminology, Oxford, New York 1997, S. 11–56.

Martin H. Geyer/Johannes Paulmann, Introduction: The Mechanics of Internationalism, in: dies. (Hg.), The Mechanics of Internationalism: Culture, Society, and Politics from the 1840s to the First World War, Oxford 2001, S. 1–26.

Peter Gillman/Leni Gillmann, »Collar the Lot«: How Britain Interned and Expelled its Wartime Refugees, London 1980.

Idesbald Goddeeris, Stefan Glaser: Collaborator in European Umbrella Organisations, in: Michel Dumoulin (Hg.), Intégration ou représentation? Les exilés polonais en Belgique et la construction européenne, Louvain-la-Neuve 2005, S. 79–98.

Idesbald Goddeeris, The Temptation of Legitimacy: Exile Politics from a Comparative Perspective, in: Contemporary European History 16 (2007) 3, S. 395–405.

Horst Göppinger, Juristen jüdischer Abstammung im »Dritten Reich«: Entrechtung und Verfolgung, München 1990.

Michael D. Gordin, Introduction: Hegemonic Languages and Science, in: Isis 108 (2017) 3, S. 606–611.

Alexander K. A. Greenawalt, What is an International Crime?, in: Kevin Heller/Frédéric Mégret/Sarah Nouwen/Jens Ohlin/Darryl Robinson (Hg.), The Oxford Handbook of International Criminal Law, Oxford 2020, S. 293–316.

Anthony Grenville, Academic Refugees in Wartime Oxford: An Overview, in: Sally Crawford/Katharina Ulmschneider/Jaś Elsner (Hg.), Ark of Civilization: Refugee Scholars and Oxford University, 1930–1945, Oxford 2017, S. 50–76.

Patrycja Grzebyk, Emil Stanisław Rappaport: His Road from Abolition to Prosecution of Nations, in: Frédéric Mégret/Immi Tallgren (Hg.), The Dawn of a Discipline: International Criminal Justice and Its Early Exponents, Cambridge 2020, S. 93–117.

Peter M. Haas, Introduction: Epistemic Communities and International Policy Coordination, in: International Organization 46 (1992) 1, S. 1–35.

Andreas Hackl, Key Figure of Mobility: The Exile, in: Social Anthropology 25 (2017) 1, S. 55–68.

John Hagan/Wenona Rymond-Richmond, Darfur and the Crime of Genocide, Cambridge 2009.

Hans Henning Hahn, Möglichkeiten und Formen politischen Handelns in der Emigration: Ein historisch-systematischer Deutungsversuch am Beispiel des Exils in Europa nach 1830 und ein Plädoyer für eine international vergleichende Exilforschung, in: Archiv für Sozialgeschichte 23 (1983), S. 123–161.

Karl Härter, Die Formierung transnationaler Strafrechtsregime, in: Rechtsgeschichte/Legal History (2011) 18, S. 36–65.

Martina Henze, »Important Forums (...) Among an Increasingly International Penological Community«: Die internationalen Gefängniskongresse 1872–1935, in: Sylvia Kesper-Biermann/Petra Overath (Hg.), Die Internationalisierung von Strafrechtswissenschaft und Kriminalpolitik (1870–1930), Berlin 2007, S. 60–84.

Martina Henze, Netzwerk, Kongressbewegung, Stiftung: Zur Wissenschaftsgeschichte der internationalen Gefängniskunde 1827–1951, in: Désirée Schauz/Sabine Freitag (Hg.), Verbrecher im Visier der Experten: Kriminalpolitik zwischen Wissenschaft und Praxis im 19. und frühen 20. Jahrhundert, Stuttgart 2007, S. 55–77.

Martina Henze, Transnational Cooperation and Criminal Policy: The Prison Reform Movement, 1820s–1950s, in: Davide Rodogno (Hg.), Shaping the Transnational Sphere: Experts, Networks and Issues from the 1840s to the 1930s, New York, NY 2015, S. 197–217.

Madeleine Herren, Internationale Organisationen seit 1865: Eine Globalgeschichte der internationalen Ordnung, Darmstadt 2009.

Madeleine Herren, Geneva, 1919–1945: The Spatialities of Public Internationalism and Global Networks, in: Heike Jöns/Peter Meusburger/Michael Heffernan (Hg.), Mobilities of Knowledge, Cham 2017, S. 211–226.

Madeleine Herren/Isabella Löhr, Being International in Times of War: Arthur Sweetser and the Shifting of the League of Nations to the United Nations, in: European Review of History 25 (2018) 3–4, S. 535–552.

Madeleine Herren-Oesch, Hintertüren zur Macht: Internationalismus und modernisierungsorientierte Außenpolitik in Belgien, der Schweiz und den USA 1865–1914, München 2000.

Andreas Hess, The Political Theory of Judith N. Shklar: Exile from Exile, New York 2014.

Christopher Hill, Cabinet Decisions on Foreign Policy: The British Experience October 1938–June 1941, Cambridge 1991.

Francine Hirsch, The Soviets at Nuremberg: International Law, Propaganda, and the Making of the Postwar Order, in: American Historical Review 3 (2008) 3, S. 701–730.

Valerie Holman, Print for Victory: Book Publishing in Britain 1939–1945, London 2008.

Colin Holmes, British Government Policy Towards Wartime Refugees, in: Martin Conway/José Gotovitch (Hg.), Europe in Exile: European Exile Communities in Britain 1940–45, New York 2001, S. 11–34.

Roger Hood, Leon Radzinowicz, 1906–1999, in: Proceedings of the British Academy 111 (2001), S. 637–655.

Roger Hood, Hermann Mannheim and Max Grünhut: Criminological Pioneers in London and Oxford, in: The British Journal of Criminology 44 (2004) 4, S. 469–495.

Roger Hood, Hermann Mannheim (1889–1974) and Max Grünhut (1893–1964), in: Jack Beatson/Reinhard Zimmermann (Hg.), Jurists Uprooted: German-Speaking Emigré Lawyers in Twentieth Century Britain, Oxford 2014, S. 709–738.

Jan-Philipp Horstmann, Halbamtliche Wissenschaft: Internationale Statistikkongresse und preußische Professorenbürokraten, Paderborn 2020.

Akira Iriye, Nationale Geschichte, Internationale Geschichte, Globale Geschichte, in: Manfred Berg/Philipp Gassert (Hg.), Deutschland und die USA in der Internationalen Geschichte des 20. Jahrhunderts, Stuttgart 2004, S. 21–39.

Martina Jabs, Die Emigration deutscher Juristen nach Großbritannien: Der Beitrag deutscher Emigranten zum englischen Rechtsleben nach 1933, Osnabrück 1999.

John A. Jolowicz, Comparative Law in Twentieth-century England, in: Jack Beatson/Reinhard Zimmermann (Hg.), Jurists Uprooted: German-Speaking Emigré Lawyers in Twentieth Century Britain, Oxford 2014, S. 345–366.

Enid H. Jones, Margery Fry: The Essential Amateur, Yorck 1990.

Priscilla Dale Jones, British Policy Towards German Crimes Against German Jews, 1939–1945, in: Leo Baeck Institute Yearbook 36 (1991) 1, S. 339–366.

Judith Claudia Joos, Trustees for the Public? Britische Buchverlage zwischen intellektueller Selbständigkeit, wirtschaftlichem Interesse und patriotischer Verpflichtung zur Zeit des Zweiten Weltkriegs, Wiesbaden 2008.

Sylvia Kesper-Biermann, Die Internationale Kriminalistische Vereinigung: Zum Verhältnis von Wissenschaftsbeziehungen und Politik im Strafrecht 1889–1932, in: dies/Petra Overath (Hg.), Die Internationalisierung von Strafrechtswissenschaft und Kriminalpolitik (1870–1930), Berlin 2007, S. 85–107.

Sylvia Kesper-Biermann, Wissenschaftlicher Ideenaustausch und »kriminalpolitische Propaganda«: Die Internationale Kriminalistische Vereinigung (1889–1937) und der Strafvollzug, in: Désirée Schauz/Sabine Freitag (Hg.), Verbrecher im Visier der Experten: Kriminalpolitik zwischen Wissenschaft und Praxis im 19. und frühen 20. Jahrhundert, Stuttgart 2007, S. 79–97.

Sylvia Kesper-Biermann/Petra Overath, Internationalisierungsprozesse in der Geschichte von Strafrechtswissenschaft und Kriminalpolitik (1870–1930): Deutschland im internationalen Kontext, in: dies./Petra Overath (Hg.), Die Internationalisierung von Strafrechtswissenschaft und Kriminalpolitik (1870–1930): Deutschland im Vergleich, Berlin 2007, S. 3–16.

Lothar Kettenacker, Krieg zur Friedenssicherung: Die Deutschlandplanung der britischen Regierung während des Zweiten Weltkrieges, Göttingen 1989.

Robert H. Keyserlingk, Arnold Toynbee's Foreign Research and Press Service, 1939–43 and its Post-war Plans for South-East Europe, in: Journal of Contemporary History 21 (1986) 4, S. 539–558.

Walther Killy/Rudolf Vierhaus, Weis, Georg, in: Dictionary of German Biography, Bd. 10, Berlin 2011.

Anne Klein, Flüchtlingspolitik und Flüchtlingshilfe 1940–1942: Varian Fry und die Komitees zur Rettung politisch Verfolgter in New York und Marseille, Berlin 2007.

Christian Klein (Hg.), Handbuch Biographie: Methoden, Traditionen, Theorien, Stuttart 2009.

Arieh J. Kochavi, Britain and the Establishment of the United Nations War Crimes Commission, in: The English Historical Review 107 (1992) 423, S. 323–349.

Arieh J. Kochavi, Prelude to Nuremberg: Allied War Crimes Policy and the Question of Punishment, Chapel Hill/London 1998.

Kathrin Kollmeier, Staatenlos in einer staatlich geordneten Welt: Eine politische Signatur des 20. Jahrhunderts im Spannungsfeld von Souveränität, Menschenrechten und Zugehörigkeit, in: Neue Politische Literatur (2012) 1, S. 49–66.

Reinhart Koselleck, Sozialgeschichte und Begriffsgeschichte, Begriffsgeschichten: Studien zur Semantik und Pragmatik der politischen und sozialen Sprache, Frankfurt a. M. 2006, S. 9–31.

Reinhart Koselleck, »Erfahrungsraum« und »Erfahrungshorizont« – zwei historische Kategorien (1975), in: ders. (Hg.), Vergangene Zukunft: Zur Semantik geschichtlicher Zeiten, Frankfurt a. M. 2010, S. 349–375.

Martti Koskenniemi, The Gentle Civilizer of Nations: The Rise and Fall of International Law 1870–1960, Cambridge 2001.

Martti Koskenniemi, Hersch Lauterpacht and the Development of International Criminal Law, in: Journal of International Criminal Justice 2 (2004), S. 810–825.

Martti Koskenniemi, A History of International Law Histories, in: Bardo Fassbender/Anne Peters (Hg.), The Oxford Handbook of the History of International Law, Oxford 2012, S. 937–971.

Martti Koskenniemi, Law, Teleology and International Relations: An Essay in Counterdisciplinarity, in: International Relations 26 (2012) 1, S. 3–34.

Sandrine Kott, Internationalism in Wartime: Introduction, in: Journal of Modern European History 12 (2014) 3, S. 317–322.

Seth Koven/Sonya Michel, Womanly Duties: Maternalist Politics and the Origins of Welfare States in France, Germany, Great Britain, and the United States, 1880–1920, in: The American Historical Review 95 (1990) 4, S. 1076–1108.

Kateřina Králová, Das Vermächtnis der Besatzung: Deutsch-griechische Beziehungen seit 1940, Köln 2016.

Claus-Dieter Krohn/Patrick von Zur Mühlen/Gerhard Paul (Hg.), Handbuch der deutschsprachigen Emigration 1933–1945, Darmstadt 2008.

Magdalena Kubow, Poland and the Holocaust in the Polish-American Press, 1926–1945, Jefferson, NC 2020.

Stefan Kühl, Die Internationale der Rassisten: Aufstieg und Niedergang der internationalen Bewegung für Eugenik und Rassenhygiene im 20. Jahrhundert, Frankfurt a. M. 1997.

Dirk van Laak, Planung: Geschichte und Gegenwart des Vorgriffs auf die Zukunft, in: Geschichte und Gesellschaft 34 (2008) 3, S. 305–326.

Jan Lanicek, Governments-in-Exile and the Jews During and After the Second World War, in: Jan Lanicek/James Jordan (Hg.), Governments-in-Exile and the Jews During the Second World War, Edgware 2012, S. 73–94.

Jan Lanicek/James Jordan (Hg.), Governments-in-Exile and the Jews During the Second World War, Edgware 2012.

Simone Lässig, The History of Knowledge and the Expansion of the Historical Research Agenda, in: Bulletin of the German Historical Institute 59 (2016), S. 29–58.

Simone Lässig/Swen Steinberg, Knowledge on the Move: New Approaches toward a History of Migrant Knowledge, in: Geschichte und Gesellschaft 43 (2017) 3, S. 313–346.

Timothy Lenoir, Instituting Science: The Cultural Production of Scientific Disciplines, Redwood City, CA 1997.

Jörn Leonhard, Europäisches Deutungswissen in komparativer Absicht: Zugänge, Methoden und Potentiale, in: Zeitschrift für Staats- und Europawissenschaften 4 (2006) 3, S. 341–363.

Mark Lewis, The Birth of the New Justice: The Internationalization of Crime and Punishment, 1919–1950, Oxford 2014.

Kurt Lipstein, The History of the Contribution to Law by German-Speaking Jewish Refugees in the United Kingdom, in: Werner E. Mosse (Hg.), Second Chance: Two Centuries of German-speaking Jews in the United Kingdom, Tübingen 1991, S. 221–228.

James Loeffler/Moria Paz (Hg.), The Law of Strangers: Jewish Lawyers and International Law in the Twentieth Century, Cambridge 2019.

Anne Logan, Political Life in the Shadows: The Post-Suffrage Political Career of S. Margery Fry (1874–1958), in: Women's History Review 23 (2014) 3, S. 365–380.

Anne Logan, The International Work of Margery Fry in the 1930s and '40s, in: Women's History: The Journal of the Women's History Network 2 (2016) 6, S. 23–30.

Anne Logan, Feminism and Criminology in Britain, 1910–1950, in: Sara L. Kimble/ Marion Röwekamp (Hg.), New Perspectives on European Women's Legal History, New York 2017, S. 272–291.

Anne Logan, The Politics of Penal Reform: Margery Fry and the Howard League, London 2017.

Jan Logemann, Transatlantische Karrieren und transnationale Leben: Zum Verhältnis von Migrantenbiographien und transnationaler Geschichte, in: BIOS-Zeitschrift für Biographieforschung, Oral History und Lebensverlaufsanalysen 28 (2015) 1–2, S. 80–101.

Jan Logemann, Transatlantische Karrieren und transnationale Leben: zum Verhältnis von Migrantenbiographien und transnationaler Geschichte, in: BIOS – Zeitschrift für Biographieforschung, Oral History und Lebensverlaufsanalysen 2 (2017) 1–2.

Isabella Löhr, Lives beyond Borders, or: How to Trace Global Biographies, 1880–1950, in: Isabella Löhr/Madeleine Herren (Hg.), Lives Beyond Borders: A Social History, Leipzig 2014, S. 6–20.

Isabella Löhr, Solidarity and the Academic Community: The Support Networks for Refugee Scholars in the 1930s, in: Journal of Modern European History 12 (2014) 2, S. 231–246.

Louise London, Whitehall and the Jews, 1933–1948: British Immigration Policy, Jewish Refugees and the Holocaust, Cambridge 2001.

M. Lopez-Rey, United Nations Social Defence Policy and the Problem of Crime, in: Roger Hood (Hg.), Crime, Criminology, and Public Policy: Essays in Honour of Sir Leon Radzinowicz, New York 1975.

Mikael Rask Madsen/Antonin Cohen, Cold War Law: Legal Entrepreneurs and the Emergence of a European Legal Field (1945–1965), in: Volkmar Gessner/David Nelken (Hg.), European Ways of Law: Towards a European Sociology of Law, Oxford 2007, S. 175–202.

Mikael Rask Madsen/Yves Dezalay, In the »Field« of Transnational Professionals: A Post-Bourdieusian Approach to Transnational Legal Entrepreneurs, in: Leonard Seabroke/Lasse Henriksen (Hg.), Professional Networks in Transnational Governance, Cambridge 2017.

Daniel Maier-Katkin/Daniel P. Mears/Thomas J. Bernard, Towards a Criminology of Crimes against Humanity, in: Theoretical Criminology 13 (2009) 2, S. 227–255.

Andrei Mamolea, Vespasian V. Pella: International Criminal Justice as a Safeguard of Peace, 1919–1952, in: Frédéric Mégret/Immi Tallgren (Hg.), The Dawn of a Disci-

pline: International Criminal Justice and Its Early Exponents, Cambridge 2020, S. 49–92.
Simeon Marty, Thinking Black in the Blitz: Harold Moody, the League of Coloured Peoples and its Shift of Pan-African Ideas in Second World War London, in: Esboços 28 (2021) 48, S. 407–426.
Mark Mazower, No Enchanted Palace: The End of Empire and the Ideological Origins of the United Nations, Princeton 2009.
Mark Mazower, Ende der Zivilisation und Aufstieg der Menschenrechte: Die konzeptionelle Trennung Mitte des 20. Jahrhunderts, in: Stefan-Ludwig Hoffmann (Hg.), Moralpolitik: Geschichte der Menschenrechte im 20. Jahrhundert, Göttingen 2010, S. 41–62.
Ross McGarry/Sandra Walklate (Hg.), The Palgrave Handbook of Criminology and War, London 2016.
Ross McGarry/Sandra Walklate, A Criminology of War?, Bristol 2021.
Neil McLaughlin, Optimal Marginality: Innovation and Orthodoxy in Fromm's Revision of Psychoanalysis, in: The Sociological Quarterly 42 (2001), S. 271–288.
Frédéric Mégret, International Criminal Justice as a Peace Project, in: European Journal of International Law 29 (2018) 3, S. 835–858.
Frédéric Mégret, International Criminal Justice History Writing as Anachronism: The Past that Did Not Lead to the Present, in: Immi Tallgren/Thomas Skouteris (Hg.), The New Histories of International Criminal Law: Retrials, Oxford 2019, S. 72–89.
Frédéric Mégret, Henri Donnedieu de Vabres: Penal Liberal, Moderate Internationalist and Nuremberg Judge, in: Frédéric Mégret/Immi Tallgren (Hg.), The Dawn of a Discipline: International Criminal Justice and Its Early Exponents, Cambridge 2020, S. 146–173.
Frédéric Mégret/Immi Tallgren (Hg.), Dawn of a Discipline: International Criminal Justice and Its Early Exponents, Cambridge 2020.
Frédéric Mégret/Immi Tallgren, Introduction, in: dies. (Hg.), The Dawn of a Discipline: International Criminal Justice and Its Early Exponents, Cambridge 2020, S. 1–23.
Silke Mende, »Nicht rechts, nicht links, sondern vorn«: Eine Geschichte der Gründungsgrünen, München 2011.
Gabriele Metzler, Internationale Wissenschaft und nationale Kultur: Deutsche Physiker in der internationalen Community, 1900–1960, Göttingen 2000.
Terence Morris, British Criminology: 1935–48, in: The British Journal of Criminology 28 (1988) 2, S. 20–34.
Guillaume Mouralis, Le moment Nuremberg: Le procès international, les lawyers et la question raciale, Paris 2019.
Samuel Moyn, From Aggression to Atrocity: Rethinking the History of International Criminal Law, in: Kevin Heller/Frédéric Mégret/Sarah Nouwen/Jens Ohlin/

Darryl Robinson (Hg.), The Oxford Handbook of International Criminal Law, Oxford 2020, S. 341–360.
Frank Neubacher, Kriminologie, 4. Aufl., Baden-Baden 2020.
David Niget, From Criminal Justice to the Social Clinic: The Role of Magistrates in the Circulation of Transnational Models in the Twentieth Century, in: William S. Bush/David S. Tanenhaus (Hg.), Ages of Anxiety: Historical and Transnational Perspectives on Juvenile Justice, New York 2018, S. 15–38.
Alan Nissel, Continuing Crimes in the Rome Statute, in: Michigan Journal of International Law 25 (2003) 3, S. 653–689.
Karen M. Offen, European Feminisms, 1700–1950: A Political History 2000.
Jochen Oltmer, Globale Migration: Geschichte und Gegenwart, München 2016.
Anne Orford (Hg.), International Law and Its Others, Cambridge 2006.
Jürgen Osterhammel, Globalgeschichte, in: Hans-Jürgen Goertz (Hg.), Geschichte: Ein Grundkurs, Reinbek bei Hamburg 2007, S. 592–610.
Jürgen Osterhammel, Die Verwandlung der Welt: Eine Geschichte des 19. Jahrhunderts, München 2009.
Johan Östling/David Larsson Heidenblad/Erling Sandmo/Anna Nilsson Hammar/Kari Nordberg, The History of Knowledge and the Circulation of Knowledge. An Introduction, Circulation of Knowledge: Explorations in the History of Knowledge, Lund 2018, S. 9–33.
Marcus M. Payk, Frieden durch Recht? Der Aufstieg des modernen Völkerrechts und der Friedensschluss nach dem Ersten Weltkrieg, Berlin 2018.
Marcus M. Payk, »What We Seek Is the Reign of Law«: The Legalism of the Paris Peace Settlement After the Great War, in: European Journal of International Law 29 (2018) 3, S. 809–824.
Marcus M. Payk/Kim Christian Priemel (Hg.), Crafting the International Order: Practitioners and Practices of International Law Since c. 1800, Oxford 2021.
Susan Pedersen, Back to the League of Nations, in: The American Historical Review 112 (2007) 4, S. 1091–1117.
Devin O. Pendas, Auf dem Weg zu einem globalen Rechtssystem? Die Menschenrechte und das Scheitern des legalistischen Paradigmas des Krieges, in: Stefan-Ludwig Hoffmann (Hg.), Moralpolitik: Geschichte der Menschenrechte im 20. Jahrhundert, Göttingen 2010, S. 226–255.
Michele Pifferi, Global Criminology and National Tradition: The Impact of Reform Movements on Criminal Systems at the Beginning of the 20th Century, in: Thomas Duve (Hg.), Entanglements in Legal History: Conceptual Approaches 2014, S. 543–564.
Michele Pifferi, Criminology and the Rise of Authoritarian Criminal Law, 1930s–1940s, in: Stephen Skinner (Hg.), Ideology and Criminal Law: Fascist, National Socialist and Authoritarian Regimes, Oxford 2019, S. 105–124.

Heikki Pihlajamäki/Markus D. Dubber/Mark Godfrey (Hg.), The Oxford Handbook of European Legal History, Oxford 2018.

Dan Plesch, Human Rights after Hitler: The Lost History of Prosecuting Axis War Crimes, Washington, D.C. 2017.

Antony Polonsky, Introduction, in: Jan Lanicek/James Jordan (Hg.), Governments-in-Exile and the Jews During the Second World War, Edgware 2012, S. 1–34.

Kim Priemel, The Betrayal: The Nuremberg Trials and German Divergence, Oxford 2016.

Antoine Prost/Jay Winter, René Cassin and Human Rights: From the Great War to the Universal Declaration, Cambridge 2013.

Leon Radzinowicz, Hermann Mannheim (1889–1974), in: The British Journal of Criminology 28 (1988) 2, S. 18–19.

Leon Radzinowicz, Adventures in Criminology, London 1998.

Kapil Raj, Beyond Postcolonialism… and Postpositivism: Circulation and the Global History of Science, in: Isis 104 (2013) 2, S. 337–347.

Lutz Raphael, »Ideen als gesellschaftliche Gestaltungskraft im Europa der Neuzeit«: Bemerkungen zur Bilanz eines DFG-Schwerpunktprogramms, in: Lutz Raphael/Heinz-Elmar Tenorth (Hg.), Ideen als gesellschaftliche Gestaltungskraft im Europa der Neuzeit: Beiträge für eine erneuerte Geistesgeschichte (Ordnungssysteme 20), München 2006, S. 11–30.

Jessica Reinisch, Internationalism in Relief: The Birth (and Death) of UNRRA, in: Mark Mazower (Hg.), Post-War Reconstruction in Europe: International Perspectives, 1945–1949, Oxford 2011, S. 258–289.

Jessica Reinisch, Introduction: Agents of Internationalism, in: Contemporary European History 25 (2016) 2, S. 195–205.

Ulrich Reusch, Die Londoner Institutionen der britischen Deutschlandpolitik 1943–1948: Eine behördengeschichtliche Untersuchung, in: Historisches Jahrbuch (1980) 100, S. 318–443.

David Reynolds, From World War to Cold War: Churchill, Roosevelt, and the International History of the 1940s, Oxford 2006.

Werner Röder/Herbert A. Strauss (Hg.), Biographisches Handbuch der deutschsprachigen Emigration nach 1933 (Bd. 2), München 1980.

Felix Rösch (Hg.), Émigré Scholars and the Genesis of International Relations: A European Discipline in America?, Basingstoke 2014.

Gordon Rose, The Struggle for Penal Reform: The Howard League and its Predecessors, London 1961.

Jonathan Rose, Modernity and Print I: Britain 1890–1970, A Companion to the History of the Book, Malden, MA 2007, S. 341–353.

Or Rosenboim, The Emergence of Globalism: Visions of World Order in Britain and the United States, 1939–1950, Princeton 2017.

Alfred Leslie Rowse, Oxford in War-Time, in: Alfred Leslie Rowse (Hg.), The Spirit of English History, Oxford 1944, S. 260–265.

Leila J. Rupp, Worlds of Women: The Making of an International Women's Movement, Princeton, NJ 1997.

Miriam Rürup, Legal Expertise and Biographical Experience: Statelessness, Migrants, and the Shaping of New Legal Knowledge in the Postwar World, in: Geschichte und Gesellschaft 43 (2017) 3, S. 438–465.

Christoph Safferling, Internationales Strafrecht: Strafanwendungsrecht, Völkerstrafrecht, Europäisches Strafrecht, Heidelberg 2011.

Edward W. Said, Reflections on Exile and Other Literary and Cultural Essays, London 2001.

Philippe Sands, East West Street: On the Origins of Genocide and Crimes against Humanity, London 2016.

Philipp Sarasin, Was ist Wissensgeschichte?, in: Internationales Archiv für Sozialgeschichte der deutschen Literatur 36 (2011) 1, S. 159–172.

Adnan Sattar, Criminal Punishment and Human Rights: Convenient Morality, London 2019.

Pierre-Yves Saunier, Transnational History, Basingstoke 2013.

William Schabas/Carsten Stahn/Joseph Powderly/Dan Plesch/Shanti Sattler, The United Nations War Crimes Commission and the Origins of International Criminal Justice, in: Criminal Law Forum 25 (2014), S. 1–7.

Arvid Schors/Fabian Klose (Hg.), Wie Schreibt Man Internationale Geschichte? Empirische Vermessungen zum 19. und 20. Jahrhundert, Frankfurt a. M. 2023.

Gerhard Schreiber, Der Zweite Weltkrieg, München 2004.

Iris Schröder, Die Wiederkehr des Internationalen: Eine einführende Skizze, in: Zeithistorische Forschungen/Studies in Contemporary History 8 (2011) 3, S. 340–349.

Kristina Schulz, Exilforschung und Migrationsgeschichte: Berührungspunkte und Perspektiven, in: Matthieu Gillabert/Robert Tiphaine (Hg.), Zuflucht suchen/Chercher refuge: Phasen des Exils aus Osteuropa im Kalten Krieg/Les phases d'exil d'Europe centrale pendant la Guerre froide, Basel 2017.

James A. Secord, Knowledge in Transit, in: Isis 95 (2004) 4, S. 654–672.

Elke Seefried, Zukünfte: Aufstieg und Krise der Zukunftsforschung 1945–1980, Berlin 2015.

Daniel Marc Segesser, Recht statt Rache oder Rache durch Recht? Die Ahndung von Kriegsverbrechen in der internationalen wissenschaftlichen Debatte, 1872–1945, Paderborn 2010.

Kirsten Sellars, »Crimes against Peace« and International Law, Cambridge 2013.

Brian Simpson, Human Rights and the End of Empire: Britain and the Genesis of the European Convention, Oxford 2001.

Julia Sloth-Nielsen, The Role of International Human Rights Law in the Development of South Africa's Legislation on Juvenile Justice, in: Law, Democracy & Development 5 (2001) 1, S. 59–83.

Glenda Sluga, Editorial – the Transnational History of International Institutions, in: Journal of Global History 6 (2011) 2, S. 219–222.

Glenda Sluga, Turning International: Foundations of Modern International Thought and New Paradigms for Intellectual History, in: History of European Ideas 41 (2015) 1, S. 103–115.

Glenda Sluga/Patricia Clavin (Hg.), Internationalisms: A Twentieth-Century History, Cambridge 2016.

Vít Smetana/Kathleen Brenda Geaney (Hg.), Exile in London: The Experience of Czechoslovakia and the other Occupied Nations, 1939–1945, Prague 2017.

Alette Smeulers/Roelof Haveman, International Crimes and Criminology: An Agenda for Future Research, in: Alette Smeulers/Roelof Haveman (Hg.), Supranational Criminology: Towards a Criminology of International Crimes, Antwerpen 2008, S. 487–512.

George Smith/Liz Peretz/Teresa Smith, Social Enquiry, Social Reform and Social Action: One Hundred Years of Barnett House, Oxford 2014.

Alfons Söllner, Vom Staatsrecht zur »political science«? Die Emigration deutscher Wissenschaftler nach 1933, ihr Einfluß auf die Transformation einer Disziplin, in: Politische Vierteljahresschrift 31 (1990) 4, S. 627–654.

Alfons Söllner/Mitchell G. Ash, Introduction, in: Mitchell G. Ash/Alfons Söllner (Hg.), Forced Migration and Scientific Change: Emigré German-Speaking Scientists, Cambridge 1996, S. 1–6.

Daniel Speich Chassé/David Gugerli, Wissensgeschichte: Eine Standortbestimmung, in: traverse 18 (2012), S. 85–100.

Stephanie Steinle, Völkerrecht und Machtpolitik: Georg Schwarzenberger (1908–1991), Baden-Baden 2002.

Ernst C. Stiefel/Frank Mecklenburg, Deutsche Juristen im amerikanischen Exil (1933–1950), Tübingen 1991.

Waltraud Strickhausen, Großbritannien, in: Claus-Dieter Krohn u.a. (Hg.), Handbuch der deutschsprachigen Emigration 1933–1945, Darmstadt 2008, S. 251–269.

Peter Sutcliffe, The Oxford University Press: An Informal History, Oxford 1978.

Margit Szöllösi-Janze, Wissensgesellschaft in Deutschland: Überlegungen zur Neubestimmung der deutschen Zeitgeschichte über Verwissenschaftlichungsprozesse, in: Geschichte und Gesellschaft 20 (2004) 2, S. 277–313.

Immi Tallgren, Absent or Invisible?: »Women« Intellectuals and Professionals at the Dawn of a Discipline, in: Frédéric Mégret/Immi Tallgren (Hg.), The Dawn of a Discipline: International Criminal Justice and Its Early Exponents, Cambridge 2020, S. 381–413.

Ian Tyrrell, Transnational Nation: United States History in Global Perspective Since 1789, London 2015.
Rudi Van Doorslaer/Emmanuel Debruyne/Frank Seberechts/Nico Wouters, La Belgique docile: Les autorités belges et la persécution des Juifs en Belgique durant la Seconde Guerre mondiale, Bruxelles 2007.
Miriam Van Waters, Socialization of Juvenile Court Procedure, in: Journal of Criminal Law and Criminology 13 (1922) 1, S. 61–69.
Antoine Vauchez, The Making of the European Union's Constitutional Foundations: The Brokering Role of Legal Entrepreneurs and Networks, Transnational Networks in Regional Integration, Basingstoke 2010, S. 108–128.
Jakob Vogel, Von der Wissenschafts- zur Wissensgeschichte. Für eine Historisierung der »Wissensgesellschaft«, in: Geschichte und Gesellschaft 30 (2004) 4, S. 639–660.
Kerstin von Lingen, Setting the Path for the UNWCC: The Representation of European Exile Governments on the London International Assembly and the Commission for Penal Reconstruction and Development, 1941–1944, in: Criminal Law Forum 25 (2014) 1–2, S. 45–76.
Kerstin von Lingen, »Crimes against Humanity«: Eine Ideengeschichte der Zivilisierung von Kriegsgewalt 1864–1945, Paderborn 2018.
Kerstin von Lingen, Legal Flows: Contributions of Exiled Lawyers to the Concept of »Crimes Against Humanity« During the Second World War, in: Modern Intellectual History 17 (2020) 2, S. 507–525.
Ana Filipa Vrdoljak, Human Rights and Genocide: The Work of Lauterpacht and Lemkin in Modern International Law, in: European Journal of International Law 20 (2010), S. 1184–86.
Sandra Walklate/Ross McGarry, Criminology and War: Transgressing the Borders, London 2015.
Reece Walters, Social Defence and International Reconstruction: Illustrating the Governance of Post-War Criminological Discourse, in: Theoretical Criminology 5 (2001) 2, S. 203–221.
Reece Walters, Deviant Knowledge: Criminology, Politics and Policy, London 2013.
Ulrike Walton-Jordan, Safeguards against Tyranny: The Impact of German Émigré Lawyers on British Legal Policy Towards Germany, 1942–1946, in: Anthony Grenville (Hg.), German-Speaking Exiles in Great Britain, Amsterdam 2000, S. 1–24.
Gerhard L. Weinberg, A World at Arms: A Global History of World War II, 2. Aufl., Cambridge; New York 2005.
Paul Weindling, The Impact of German Medical Scientists on British Medicine: A Case Study of Oxford, 1933–45, in: Mitchell G. Ash/Alfons Söllner (Hg.), Forced Migration and Scientific Change: Emigré German-Speaking Scientists, Cambridge 1996, S. 86–115.

Annette Weinke, Die Nürnberger Prozesse, München 2006.

Annette Weinke, Vom »Nie wieder« zur diskursiven Ressource: Menschenrechte als Strukturprinzip internationaler Politik seit 1945, in: Norbert Frei/Annette Weinke (Hg.), Toward a New Moral World Order? Menschenrechtspolitik und Völkerrecht seit 1945, Göttingen 2013, S. 12–38.

Annette Weinke, Von »Gentlemen Lawyers« und »barfüßigen Richtern«: Zum Einfluss juridischer Felder auf Menschenrechtsdiskurse und -praktiken seit 1945, in: Geschichte in Wissenschaft und Unterricht 66 (2015) 1/2, S. 25–45.

Annette Weinke, Gewalt, Geschichte, Gerechtigkeit: Transnationale Debatten über deutsche Staatsverbrechen im 20. Jahrhundert, Göttingen 2016.

Annette Weinke, The Tale of the »Two Germanies«: Twentieth-Century Germany in the Debates of Anglo-American International Lawyers and Transitional Justice Experts, in: Jens Steffek/Leonie Holthaus (Hg.), Prussians, Nazis and Peaceniks: Changing images of Germany in International Relations, Manchester 2020, S. 123–144.

Annette Weinke, Individualizing Guilt at Nuremberg, in: Stefanie Bock/Eckart Conze (Hg.), Rethinking the Crime of Aggression: International and Interdisciplinary Perspectives, Den Haag 2022, S. 209–223.

Annette Weinke/Leora Bilsky (Hg.), Jewish-European Émigré Lawyers: Twentieth Century International Humanitarian Law as Idea and Profession, Göttingen 2021.

Marie-Anne Weisers, La justice belge, les bourreaux allemands et la Shoah, Brüssel 2020.

Richard Wetzell, Nazi Criminal Justice in the Transnational Arena: The 1935 International Penal and Penitentiary Congress in Berlin, in: Stephen Skinner (Hg.), Ideology and Criminal Law: Fascist, National Socialist and Authoritarian Regimes, Oxford 2019, S. 77–104.

Sara Weydner, A Lawyer in Exile: Johannes M. de Moor and the Circulation of Legal Knowledge in Wartime London, in: Journal of the History of International Law 24 (2022) 3, S. 391–406.

Jan Widacki, The Polish Years of Leon Radzinowicz: A Contribution to Biography, in: Archiwum Kryminologii XLI (2019) 2, S. 365–379.

Karolina Wierczyńska/Grzegorz Wierczyński, Stefan Glaser: Polish Lawyer, Diplomat and Scholar, in: Frédéric Mégret/Immi Tallgren (Hg.), The Dawn of a Discipline: International Criminal Justice and Its Early Exponents, Cambridge 2020, S. 306–334.

E. Thomas Wood/Stanisław M. Jankowski, Karski: How One Man Tried to Stop the Holocaust 2014.

Ben Wubs, International Business and National War Interests: Unilever Between Reich and Empire, 1939–45, London 2008.

Henri Antony Zee, In Ballingschap: De Nederlandse Kolonie in Engeland 1940–1945, Amsterdam 2005.

Reinhard Zimmermann, »Was Heimat hieß, nun heißt es Hölle«: The Emigration of Lawyers from Hitler's Germany: Political Background, Legal Framework, and Cultural Context, in: Jack Beatson/Reinhard Zimmermann (Hg.), Jurists Uprooted: German-Speaking Emigré Lawyers in Twentieth Century Britain, Oxford 2014, S. 1–72.

Susan Zimmermann, International–transnational: Forschungsfelder und Forschungsperspektiven, in: Berthold Unfried/Jürgen Mittag/Marcel van der Linden (Hg.), Transnationale Netzwerke im 20. Jahrhundert: Historische Erkundungen zu Ideen und Praktiken, Individuen und Organisationen, Wien 2008, S. 27–46.

13879685
9878230